PRÉCURSEURS

ET DISCIPLES DE

DESCARTES

PAR

ÉMILE SAISSET

ANCIEN MAITRE DE CONFÉRENCES A L'ÉCOLE NORMALE,
PROFESSEUR D'HISTOIRE DE LA PHILOSOPHIE A LA FACULTÉ DES LETTRES
DE PARIS.

DEUXIÈME ÉDITION

Roger Bacon.
La Réforme de Ramus.
La Vie et l'Œuvre de Descartes.
Spinoza et la Philosophie des Juifs.
La Personne de Malebranche.
Leibnitz
et la dernière philosophie allemande.

PARIS
LIBRAIRIE ACADÉMIQUE
DIDIER ET Cⁱᵉ, LIBRAIRES-ÉDITEURS
35, QUAI DES AUGUSTINS

1862

Réserve de tous droits

PRÉCURSEURS ET DISCIPLES

DE

DESCARTES

DU MÊME AUTEUR :

ESSAI DE PHILOSOPHIE RELIGIEUSE, 3e édition.	1 vol. in-12.
MÉLANGES D'HISTOIRE, DE MORALE ET DE CRITIQUE.	1 vol. in-12.
ESSAIS SUR LA PHILOSOPHIE ET LA RELIGION AU XIXe SIÈCLE. .	1 vol. in-12.
OENÉSIDÈME. . . . . . , ...	1 vol. in-8º.
DE VARIA SANCTI ANSELMI IN PROSLOGIO ARGUMENTI FORTUNA. .	1 vol. in-8º.
INTRODUCTION A LA CITÉ DE DIEU DE SAINT AUGUSTIN.	1 vol. in-8º.
LA CITÉ DE DIEU DE SAINT AUGUSTIN.	4 vol. in-12.
INTRODUCTION CRITIQUE AUX OEUVRES DE SPINOZA.	1 vol. in-8º
OEUVRES DE SPINOZA, traduites en français pour la première fois, nouvelle édition.	3 vol. in-12.
EULER, LETTRES A UNE PRINCESSE D'ALLEMAGNE, avec une introduction et des notes, 2e édition.	2 vol. in-12.
MANUEL DE PHILOSOPHIE, publié en collaboration avec MM. Jules Simon et Amédée Jacques, 3e édition.	1 vol. in-8º.

En préparation :

HISTOIRE DU SCEPTICISME.	3 vol. in-8º.
1. Les Sceptiques de l'antiquité. . . . . 1 vol. in-8º.	
2. Les Sceptiques des temps modernes. . . . . 2 vol. in-8º.	

Paris. — Typ. de P.-A. Bourdier et Cie, rue Mazarine, 30.

AVANT-PROPOS

L'ouvrage que nous offrons aujourd'hui au public est formé d'un certain nombre d'études historiques se rapportant toutes à un même objet, savoir la philosophie de Descartes, tour à tour considérée dans ses origines, dans ses doctrines fondamentales et dans la suite de ses développements. Avouons-le toutefois : si ces études forment un tout, si nous avons rencontré l'enchaînement et l'unité, c'est sans les avoir cherchés, par une sorte de bonne fortune et d'heureux hasard. Collaborateur de la *Revue des Deux Mondes* et particulièrement attentif à ce qui intéresse la philosophie et son histoire, nous avons écrit, pendant ces dernières années, tantôt sur Roger Bacon, tantôt sur Maïmonide et Spinoza, tantôt sur Malebranche, à mesure que des publications intéressantes nous en présentaient l'occasion. Qu'est-il arrivé? c'est qu'au bout de quelque temps, par suite de l'analogie des matières, par suite aussi peut-être d'une certaine unité de vues dans l'appréciation des personnes et des choses, nos articles se sont rapprochés d'eux-mêmes, et moyennant les retranchements nécessaires, les retouches, les remaniements et les additions convenables, il en est résulté une sorte de livre qui s'est, pour ainsi dire, fait tout seul.

Loin de nous toutefois la prétention d'avoir écrit l'histoire du cartésianisme. Cette histoire n'est pas à faire; elle est faite, ou du moins elle se fait depuis trente ans sous nos yeux. L'illustre éditeur de Descartes, promoteur, ici comme toujours, des grandes entreprises philosophiques, a jeté les premières bases et donné l'élan[1]. Sont accourus bientôt sur ses traces M. Francisque Bouillier, M. Bordas Demoulin[2], M. Renouvier[3], d'autres encore, parmi lesquels il faut donner un rang à part à un maître justement regretté, le savant, l'ingénieux, le modeste et aimable

---

[1] *Œuvres complètes de Descartes*, publiées par Victor Cousin, onze volumes in-8°, 1824. — *Histoire de la philosophie*, cours de 1829, tome I. — *Fragments de philosophie cartésienne*, un vol. in-12, 1845. — *Fragments de philosophie moderne*, un vol. in-12, 1856.

[2] *Le Cartésianisme ou la véritable rénovation des sciences*, deux vol. in-8°, 1843.

[3] *Manuel de philosophie moderne*, un vol. in-12, 1842.

M. Damiron[1]. Tous ces travaux sont destinés sans doute à venir se fondre quelque jour dans une grande composition définitive, idéal très-élevé, mais non pas inaccessible, dont un des écrivains que nous venons de nommer se rapproche de plus en plus dans les éditions successivement agrandies et remaniées de son excellent ouvrage : *Histoire de la philosophie cartésienne*[2]. Pour nous, nous ne visons pas si haut : loin de vouloir supplanter l'architecte, nous lui offrons de bon cœur tout ce que nous avons pu recueillir d'utiles matériaux.

Notre première étude est consacrée à Roger Bacon, le plus original peut-être des précurseurs de la philosophie moderne. A la vérité Roger Bacon ressemble plus à son illustre homonyme et compatriote lord Verulam qu'à notre Descartes ; mais s'il est Anglais de génie comme de naissance, il nous appartient par son enseignement, par sa gloire et par ses malheurs. « C'est en France et à Paris, ainsi que l'a établi M. Cousin, que Roger Bacon acheva ses études, prit le bonnet de docteur, enseigna, fit ses expériences et ses découvertes, et à deux époques différentes fut condamné à une réclusion plus ou moins juste par le général de son or-

---

[1] *Essai sur l'histoire de la philosophie en France au XVIIe siècle*, deux vol. in-8°, 1846.

[2] Voyez la dernière édition du livre de M. Francisque Bouillier. 1854, deux vol. in-8°.

dre, Jérôme d'Ascoli, dans ce fameux couvent des franciscains ou des cordeliers qui occupait le terrain actuel de l'École de médecine[1]. » Mais la patrie de Descartes a un meilleur titre encore pour revendiquer Roger Bacon. Si en effet l'Angleterre, il y a deux ans à peine, a résolu enfin d'élever à un de ses plus illustres enfants le monument qu'il attendait depuis le treizième siècle, c'est aux recherches d'un philosophe français, c'est à ses véhémentes adjurations qu'il faut surtout faire honneur de ce résultat. Avant 1848, nous n'avions de Roger Bacon que son fameux *Opus majus*, dans l'édition excellente, mais incomplète, de Samuel Jebb. On en était là, quand M. Cousin, explorant la bibliothèque de Douai, mit la main sur un manuscrit où il ne tarda pas à reconnaître sous un titre inexact et parmi d'autres documents un ouvrage inédit de Roger Bacon, d'une importance capitale, l'*Opus tertium*. D'autres découvertes suivirent celles-là, et M. Cousin, sentant bien que le moment était venu de reconstruire dans son ensemble l'œuvre dispersée du *Docteur admirable*, adressa un éloquent appel au patriotisme des savants de Cambridge et d'Oxford. Sa voix fut entendue, et dans le vaste et imposant recueil des auteurs célèbres du moyen âge qui se publie à Londres par les ordres du Parlement, on a tout récemment commencé de faire à Roger Bacon la place

---

[1] *Journal des savants*, mars 1848.

qui lui est due[1]. En même temps, un de nos jeunes savants, M. Émile Charles, publiait sur la vie, les œuvres et la doctrine de Roger Bacon une monographie complète, fruit excellent de six années de recherches, de voyages et de méditations[2].

C'est grâce à tous ces travaux qu'il nous est devenu possible de restituer une des plus grandes figures du moyen âge. Roger Bacon est éminemment un précurseur. De toutes les grandes pensées qui ont suscité la Renaissance et la philosophie moderne, il n'en est pas une qu'on ne trouve dans ses écrits. Il a combattu la méthode abstraite de la scholastique au moment où tout fléchissait sous son empire. A l'Aristote controuvé des docteurs il a opposé l'Aristote véritable, celui des textes authentiques. Versé dans le grec, dans l'hébreu, il a pressenti l'immense avenir réservé à l'étude comparative des langues. Mais l'idée féconde qui chez lui domine toutes les autres, c'est l'idée d'une philosophie nouvelle fondée sur l'observation de la nature, sur l'analyse et l'expérience. Or il ne se borne pas, comme après lui Bacon de Vérulam, à décrire et à célébrer avec éloquence les procédés d'expérimentation et d'induction, il donne à la fois le précepte et l'exemple.

---

[1] *Rogeri Baconi opera hactenus inedita,* London, 1859. Le premier volume seul a paru.

[2] *Roger Bacon,* sa vie, ses œuvres, ses doctrines, d'après des textes inédits, par Émile Charles, professeur de philosophie à la Faculté des lettres de Bordeaux, 1861, un vol. in-8°.

Comme Descartes, au génie des vues générales il joint le don des découvertes particulières. Il est inventeur en optique, en astronomie, et s'efforce d'étendre aux sciences morales et jusqu'à la métaphysique elle-même les méthodes expérimentales.

Si la figure de Roger Bacon mieux connue s'est agrandie à nos yeux, je n'oserais pas dire qu'un autre précurseur de Descartes, l'éloquent et infortuné Ramus, ait eu tout à fait autant de bonheur. Certes ce n'est point la faute de M. Waddington[1], car Ramus ne pouvait rencontrer ni un historien plus habile, plus instruit, plus scrupuleux, ni un appréciateur plus compétent. Mais quelque redoublement de sympathie qu'excite le beau récit de M. Waddington pour la personne de son héros, rien ne peut faire que Ramus ait été autre chose qu'un grand homme d'école et un humaniste du premier ordre. Plus M. Waddington, avec son analyse pénétrante et lumineuse, excelle à nous faire connaître à fond les écrits de Ramus, autrefois si populaires et tirés à vingt éditions, aujourd'hui si rares et si oubliés, plus il nous fait voir que la valeur philosophique de sa réforme était inférieure au bruit qu'elle a fait. Oui, le Ramisme a été au seizième siècle un événement considérable; oui, Ramus a réuni sur la place Cambray une jeunesse aussi ardente et aussi nombreuse que celle qui

---

[1] *Ramus, sa vie, ses écrits et ses opinions*, par Charles Waddington, professeur agrégé de philosophie à la faculté des lettres de Paris, 1855, un vol. in-8º.

suivait Abélard vers la montagne Sainte-Geneviève ; oui, l'Europe entière a retenti du bruit de son nom. Mais si ce courageux novateur, ce professeur populaire, cet éloquent cicéronien a eu le mérite, après Érasme, Laurent Valla, Vivès et tant d'autres, de combattre la méthode scholastique, quand il a voulu remplacer la logique d'Aristote par une logique nouvelle, il a échoué. C'est à Bacon, c'est surtout à Descartes qu'il était réservé d'accomplir une réforme radicale, non plus seulement pédagogique et littéraire, mais véritablement philosophique.

Exposer les grandes lignes de la philosophie cartésienne, en suivre et en expliquer les principaux développements depuis le dix-septième siècle jusqu'à nos jours, tel est le but commun des quatre études que nous avons consacrées à Descartes, à Spinoza, à Malebranche et à Leibnitz. Quel est le véritable sens du cartésianisme ? C'est une question qui divise encore les philosophes et qui se rattache par des liens étroits à tous les problèmes de notre temps. Les uns ne voient dans la philosophie de Descartes qu'un faux système qui a péri, comme tant d'autres, et péri sans retour. Ce système, disent-ils, a pu faire un moment illusion, tant qu'on n'en a pas aperçu les conséquences. Mais Malebranche et Spinoza sont arrivés et alors la lumière s'est faite. Il est devenu évident que le dernier mot de Descartes c'était le panthéisme. — D'autres s'inscrivent en faux contre ce jugement. Ils refusent de reconnaître Spinoza pour un véritable car tésien. Ils nient que l'auteur de l'*Éthique* ait trouvé dans Descartes les moindres germes d'erreur. Tout au plus, Descartes aurait-il mal défini la substance; encore a-t-il corrigé sa définition, de sorte qu'en définitive il est pur de tout mauvais levain; il reste l'expression la plus parfaite du spiritualisme, et la philosophie actuelle n'a rien de mieux à faire que de reprendre ses traditions.

De ces deux opinions extrêmes sur le sens et la valeur du cartésianisme, quelle est la vraie? Selon nous, ni l'une ni l'autre. Comment trouver ici la juste mesure et dégager la solution moyenne dans sa délicatesse et sa précision? Il fallait oser entreprendre de faire la part exacte du vrai et du faux dans la philosophie de Descartes, d'en signaler d'abord les résultats certains et durables, puis d'y faire toucher au doigt, parmi les hypothèses éphémères et les erreurs, ces semences de panthéisme signalées par la critique de Leibnitz. Or ceci nous engageait inévitablement dans la question délicate et compliquée des origines du panthéisme de Spinoza.

Nous l'avons résolûment abordée, avec de grandes précautions toutefois, car le problème vient de s'agrandir et de prendre une face nouvelle à la suite des grands travaux récemment publiés sur la philosophie des Juifs et sur celle des Arabes. M. Franck nous avait, il y a vingt ans, dévoilé les mystères de la Kabbale[1]; aujour-

---

[1] *La Kabbale* ou la philosophie religieuse des Hébreux, 1 vol. in-8°, 1843.

d'hui, M. Munk livre à tous les yeux l'ouvrage capital de Moses Maïmonide, le fameux *Moré Néboukhîm* [1]. Le moment est venu de savoir quelle a été au juste l'influence de la Kabbale et celle de Maïmonide sur les idées de Spinoza. Le problème est de conséquence ; car si Spinoza n'est qu'un disciple des anciens philosophes juifs, l'apparition de sa doctrine au dix-septième siècle perd de sa gravité ; elle n'est plus qu'un accident curieux du développement philosophique des enfants d'Israël. Et voilà Descartes affranchi d'une paternité bien lourde, voilà les origines de la philosophie française complétement purifiées. C'est à merveille ; mais s'il résulte, au contraire, de l'étude impartiale des traditions juives que Spinoza n'a pu y trouver les principes de son panthéisme, et que c'est dans Descartes qu'il les faut aller chercher, les choses alors prennent un autre tour, et le problème posé devant la philosophie de notre siècle, ce n'est pas de ressusciter Descartes et de ramener les esprits en arrière, mais de vaincre Spinoza et d'aller en avant. Tel est le procès. Heureusement les pièces sont là, et des profanes eux-mêmes, comme nous sommes, les peuvent consulter. Que résulte-t-il de cet examen ? Un premier point, facile à établir, grâce aux recherches précises et pro-

---

[1] *Le Guide des égarés* de Moses Maïmonide, traduit en français pour la première fois, par M. Munk, de l'Institut. Le premier volume a paru en 1856, le second en 1861.

fondes de M. Franck : c'est qu'il n'existe entre les idées de la Kabbale et celles de Spinoza aucune analogie précise et certaine. La question n'est plus si simple, quand on passe de la Kabbale à Maïmonide et à ses commentateurs averrhoïstes. Ici, pour ne pas faire fausse route, il faut d'abord écarter du débat un article sur lequel tout le monde est d'accord, savoir que Spinoza a emprunté à Maïmonide sa méthode d'exégèse biblique. Point de dissidence à cet égard. Bien que Spinoza comme interprète de la Bible doive beaucoup à l'esprit de son temps, il est certain qu'il s'est inspiré des traditions du rationalisme juif[1]. Cette filiation était connue depuis longtemps, et les nouvelles publications la confirment. Le débat se concentre donc sur le problème philosophique. Or ce qui ressort le plus fortement de la comparaison des idées de Spinoza avec celles de Maïmonide, ce sont les différences. Il y a sans doute des analogies, quelques-unes même très-intéressantes, mais on en a beaucoup exagéré la portée. Je ne conteste pas qu'à travers les écrits de Maïmonide on ne sente circuler un courant d'idées panthéistes, tantôt acceptées par le docteur juif, comme par exemple la théorie de l'indivisibilité absolue de Dieu, tantôt net-

---

[1] L'exégèse rationaliste appliquée à l'Écriture sainte n'est pas au dix-septième siècle le fait du seul Spinoza. Presque tous les cartésiens y inclinent, notamment Malebranche, tout sincère croyant qu'il est.

tement répudiées, comme l'existence nécessaire de la matière [1] et l'absorption future des âmes dans l'unité. Mais d'où viennent ces idées? On le sait aujourd'hui, elles viennent d'Alexandrie; ce sont des lambeaux de ce grand système de mysticisme panthéiste inauguré par Plotin. Or s'il y a entre les doctrines alexandrines et celles de Spinoza des analogies générales, à cause de la donnée panthéiste qui leur est commune, il n'en est pas moins vrai que ces deux systèmes diffèrent profondément, et que la construction métaphysique de Spinoza est d'une originalité incontestable. Spinoza a-t-il donc tiré de son seul génie le système développé dans l'*Ethica?* Il est certain que non, et que son véritable maître, c'est Descartes.

Voilà ce que nous croyons avoir solidement démontré, et nous l'avons fait avec un soin d'autant plus scrupuleux que, différant quelque peu d'avis sur ce point avec un illustre maître [2], nous avions contre nous l'autorité qui nous est la plus respectable et la plus imposante, non-seulement en philosophie, mais aussi dans ces épineuses questions d'histoire où les dissentiments, pour n'avoir pas de gravité, ne sont pas sans quelque importance.

[1] Voyez les beaux articles que publie M. Franck sur le *Guide des égarés*, dans le *Journal des savants*, cahiers de février et mars 1862.

[2] *Histoire générale de la philosophie*, de M. Cousin, dernière édition, 1861, pages 441 et suivantes.

Une des raisons qui nous encouragent à penser que notre explication des origines de Spinoza est la véritable, c'est qu'elle seule fait comprendre les rapports incontestables signalés depuis longtemps entre Spinoza et Malebranche. Aussi bien, comment se ferait-il, si le panthéisme de Spinoza ne venait pas en partie de Descartes, que peu d'années après sa mort, vingt esprits éminents qui n'avaient pu se communiquer leurs pensées, Malebranche, Clauberg, Geulincx, Deurhoff, les uns protestants, les autres catholiques, ceux-ci en France, ceux-là en Allemagne, d'autres en Hollande et en Angleterre, tous aient tiré de certains principes de Descartes les mêmes conséquences ? La ressemblance est surtout frappante entre Malebranche et Spinoza. Ce sont deux frères jumeaux dans la famille cartésienne. On a dit de Malebranche : c'est Spinoza chrétien. On pourrait dire de Spinoza : c'est ce qu'aurait été Malebranche, né juif, nourri des idées de Maïmonide et des averrhoïstes, et n'ayant pas pour se prémunir contre les entraînements de la logique la haute barrière d'une éducation chrétienne.

Cet air de famille se marque jusque dans la personne des deux philosophes, et nous n'avons pas résisté au plaisir de mettre à profit les découvertes récentes de M. l'abbé Blampignon[1] pour montrer les deux fils les plus illustres de Descartes, semblables par

---

[1] *Étude sur Malebranche*, d'après des documents manuscrits,

une complexion chétive, par l'amour de la méditation solitaire, par la pureté et l'innocence de leur vie, par leur admirable désintéressement, comme aussi par l'opiniâtreté de leur caractère et leur attachement indomptable à leurs opinions.

Mais le plus grand avantage de notre manière d'envisager le spinozisme, c'est qu'elle donne à la réforme de Leibnitz son véritable sens. Ce n'est pas d'hier qu'on sait qu'aux yeux de Leibnitz le défaut capital du cartésianisme, c'est la passivité des substances, et que le dessein essentiel de sa réforme, ç'a été d'introduire la notion de la force dans toutes les parties de la philosophie. Les nouvelles publications qui se sont accumulées depuis ces dernières années, notamment les morceaux inédits découverts en Allemagne par M. Erdmann et M. Grotefend, et en France par M. Foucher du Careil, n'ont pas créé un nouveau Leibnitz, mais elles ont éclairci et agrandi l'ancien. Leibnitz reste l'homme d'une seule idée, l'idée dynamique [1]. C'est par elle qu'il a substitué à la doctrine de Descartes une philosophie nouvelle. A ceux qui veulent que Descartes n'ait jamais

---

suivie d'une correspondance inédite, par l'abbé Blampignon, un vol. in-8º.

[1] Voyez l'admirable article de Maine de Biran sur Leibnitz à la suite du livre des *Rapports du physique et du moral*. Parmi les études plus récentes, on trouvera l'idée dynamique de Leibnitz mise en un beau jour dans l'excellent ouvrage de M. Félix Nourrisson, un des deux lauréats du dernier concours de l'Académie des sciences morales et politiques.

failli, que sa doctrine soit exempte de toute erreur, je demande pourquoi le premier cartésianisme a succombé pour renaître purifié dans la doctrine de Leibnitz. Car si je comprends bien cette évolution de la philosophie moderne, Leibnitz est à la fois le réformateur et le continuateur de Descartes. Tandis que Spinoza altère et corrompt le cartésianisme en le poussant aux abîmes, Leibnitz le sauve en le corrigeant.

Est-ce à dire que Leibnitz ait prononcé le dernier mot de l'esprit humain et qu'il faille en revenir à la monadologie et à l'harmonie préétablie? Non, pas plus qu'au mécanisme cartésien et à la théorie des tourbillons. Ce n'est pas en vain que la philosophie du dix-huitième siècle a paru dans le monde. L'école écossaise, l'école de Locke et de Condillac ont eu leurs raisons d'être. Enfin la critique de Kant est venue, et elle a profondément modifié tous les problèmes. Je sais que Kant lui-même n'a pas toujours été fidèle à l'idée mère de son entreprise philosophique, qu'il y a au fond de son admirable analyse de l'intelligence le germe d'un système tout aussi exclusif et tout aussi fragile que les constructions de Malebranche et de Spinoza, et qu'enfin le panthéisme est sorti une seconde fois du sein d'une doctrine qui semblait faite pour en décourager à jamais l'esprit humain. Je sais cela, et personne ne déplore plus que moi les récentes aberrations spéculatives de l'Allemagne; mais, après tout, l'hégélianisme n'est qu'une aventure; l'œuvre analytique de

Kant reste, et il est désormais acquis à la philosophie que toute métaphysique sérieuse doit avoir pour base l'étude des lois de la pensée et les données de l'observation.

Observons donc la nature et l'humanité ; loin de nous les recherches abstraites et les jeux de l'imagination ! Quand on nous conseille de nous livrer à des échappées métaphysiques sur l'ensemble de l'univers, on tend un piége à notre naïveté. Plus de romans, plus d'aventures, prenons la philosophie au sérieux. Attachons-nous de plus en plus à l'homme, à l'homme intérieur, et peut-être, si nous savons, à l'exemple des maîtres du spiritualisme contemporain, pénétrer dans les profondeurs de cette source inépuisable de vérité, peut-être nous sera-t-il donné d'ajouter quelque chose aux trésors spirituels dont nous avons reçu l'héritage.

Émile SAISSET.

I

ROGER BACON

D'APRÈS DE NOUVEAUX DOCUMENTS

ROGER BACON

D'APRÈS DE NOUVEAUX DOCUMENTS [1]

Au siècle dernier, il y avait encore à Oxford, au delà de la ville, dans un faubourg situé sur l'autre bord de la rivière, une vieille tour qu'on faisait visiter aux étrangers comme ayant autrefois servi de lieu d'étude et d'observatoire au frère Bacon, *friar Bacon's study* [2]. C'est là, suivant la tradition, qu'il se retirait pour étudier le ciel et y lire le secret des choses de la terre ; c'est là

---

[1] Article écrit pour la *Revue des Deux Mondes* à l'occasion de deux publications récentes : *Roger Bacon, sa vie, ses œuvres, ses doctrines, d'après des documents inédits*, par M. Émile Charles, Paris 1861. — *Fr. Roger Bacon opera quædam hactenus inedita*, London 1860.

[2] Cette tour, pendant les guerres civiles, servait de poste d'observation, et on en trouve la gravure dans l'ouvrage de Joseph Skelton : *Oxonia antiqua restaurata*, t. II, p. 2, Oxford 1823.

qu'il cherchait le *grand œuvre* en compagnie de son bon ami frère Thomas Bungey et d'autres nécromans et sorciers que la légende lui associe :

> The nigromancie thair saw i eckanone,
> Of Benytas, Bengo and friar Bacone, etc. [1].

Ce fut sans doute dans le coin le plus caché de cette mystérieuse retraite [2] que Bacon et son ami fabriquèrent cette fameuse tête d'airain qui parlait et rendait des oracles. La tradition nous peint les deux moines interrogeant la tête miraculeuse : ils lui demandent un moyen de ceindre leur chère Albion d'une muraille inexpugnable. La tête reste d'abord muette, puis, au moment où les magiciens découragés se laissent distraire à d'autres soins, tout à coup la tête parle et leur révèle le grand secret. Hélas! ils ne l'ont pas entendu. Qui sait si, en recueillant cette légende, plus d'un bon Anglais de nos jours ne se prendra point à

---

[1] Voyez le *Miroir enchanté* de Douglas, poëte écossais de la fin du quinzième siècle.

[2] Un Anglais plein de savoir et de courtoisie, M. Gordon, ancien élève de l'université d'Oxford, nous écrit à ce propos : « Voici une historiette qui circulait dans ma jeunesse parmi mes camarades de l'Université : le docteur Cyril Jackson, doyen de Christ-Church, plus tard précepteur du prince de Galles (Georges IV), ne passait jamais sous la voûte de la tour de Roger Bacon, dans la crainte qu'elle ne s'écroulât sur lui. Il y avait en effet une prophétie suivant laquelle cette tour devait s'écrouler quand un plus grand homme que Bacon passerait dessous. »

regretter que la tête d'airain de frère Bacon n'ait pas été conservée, et qu'elle ne puisse pas dire son secret à l'oreille attentive de lord Palmerston? Que d'alarmes et d'argent épargnés à l'amirauté anglaise! que de soucis de moins pour M. Gladstone! Aussi bien il s'en faut que tout soit à rejeter dans ces traditions bizarres où le sentiment national conspire avec les fantaisies de la légende pour travestir un homme de génie en sorcier. Roger Bacon était Anglais de génie et de cœur, comme il l'était de naissance. Sa grande idée, celle qui recommande son nom et le rapproche de l'illustre chancelier, son compatriote et son homonyme, cette idée est profondément britannique : c'est l'idée du génie de l'homme asservissant la nature à ses volontés, c'est la prise de possession de l'univers par l'industrie.

Comment se fait-il que l'Angleterre, si renommée par le culte pieux qu'elle rend à ses grands hommes, ait si longtemps laissé dormir dans l'oubli les pensées et les écrits de Roger Bacon, et livré au caprice de la tradition populaire la mémoire d'un de ses plus illustres enfants? Je n'ose pas dire, avec M. de Humboldt, que Roger Bacon soit *la plus grande apparition du moyen âge*[1]; mais à coup sûr il est digne de prendre place, au siècle de saint Louis, à côté de saint Thomas, de saint Bonaventure et d'Albert le Grand. Deux moines ses compatriotes, Duns Scot et Okkam, ont leur monument; seul, le plus grand moine de l'Angleterre attend encore l'achèvement du sien.

---

[1] *Cosmos*, t. II, p. 398.

Il faut aller du treizième siècle jusqu'au dix-huitième pour rencontrer un travail sérieux consacré à Roger Bacon. En 1733, le docteur Samuel Jebb, habile et savant homme, sur les instances de Richard Mead, médecin de la cour, publia la première édition de l'*Opus majus*. C'est un beau travail, bien qu'il pèche à la fois par excès et par défaut, puisqu'il insère dans l'*Opus majus* des chapitres qui n'en font point partie, et supprime, on ne sait par quelle méprise, tout un livre de la plus grande importance, le livre septième, qui contenait la morale. Voilà tout ce que l'Angleterre jusqu'à ces derniers temps a fait pour Roger Bacon ; c'est à un Français, à un de nos compatriotes, érudit passionné autant qu'éminent philosophe, qu'elle a laissé le soin et l'honneur de reprendre les travaux de Samuel Jebb, et de susciter en faveur de l'illustre franciscain d'Oxford un mouvement de recherches qui ne s'arrêtera plus, s'il plaît à Dieu, jusqu'au jour où justice entière sera faite et où Roger Bacon aura retrouvé le rang qu'il mérite dans l'histoire de l'esprit humain. En 1848, M. Cousin, tout occupé de ses travaux sur la philosophie du moyen âge, découvrit dans la bibliothèque de Douai un manuscrit inédit de Roger Bacon. Cette grande mémoire l'intéressa. « Nous ne pouvions oublier, dit-il, cet ingénieux et infortuné franciscain qui, à la fin du treizième siècle, comprit la haute utilité des langues, enrichit l'optique d'une foule d'observations et même d'expériences importantes, signala le vice du calendrier julien et prépara la réforme grégorienne, inventa la poudre à canon ou du moins la renouvela, qui enfin, pour avoir été plus éclairé que son siècle dans les sciences physiques, en reçut le nom de *doctor mirabilis*, passa pour sorcier et subit la longue et absurde persécution qui a consacré sa mémoire auprès de la postérité. Nous attachions d'autant plus de prix à retrouver quelque ouvrage inédit de Roger Bacon qu'un examen attentif nous a laissé la conviction que, si par sa naissance Roger Bacon appartient à l'Angleterre, c'est en France et à Paris qu'il acheva ses études, prit le bonnet de docteur, enseigna, fit ses expériences et ses découvertes, et à deux époques différentes fut condamné à une réclusion plus ou moins juste par le général de son ordre, Jérôme d'Ascoli, dans ce fameux couvent des franciscains ou des cordeliers qui occupait le terrain actuel de l'École de médecine [1]. »

Plein de ces grands souvenirs, M. Victor Cousin s'appliqua à l'étude du manuscrit de Douai, et ne tarda pas à y reconnaître, sous un titre inexact et au milieu d'autres documents, un ouvrage capital de Roger Bacon, l'*Opus tertium*. On savait qu'après avoir envoyé au Pape Clément IV, son protecteur, l'*Opus majus*, Roger Bacon avait écrit, sous le nom d'*Opus minus*, un second ouvrage qui devait être tout ensemble l'abrégé et le complément du premier ; mais ce qu'on savait moins, ce qu'on avait perdu de vue depuis Samuel Jebb, c'est que Roger Bacon avait fait un troisième et suprême effort pour réunir dans une sorte d'encyclopédie l'ensemble de ses pensées et de ses découvertes. Ce dernier

[1] *Journal des Savants*, mars 1848.

mot de son génie, c'est l'*Opus tertium*. M. Cousin a le mérite de l'avoir fait connaître pour la première fois et d'en avoir mis en lumière les côtés les plus intéressants. Ce n'est pas tout : depuis 1848, M. Cousin a rendu un nouveau service à la mémoire de Roger Bacon en découvrant dans la bibliothèque d'Amiens[1] un manuscrit qui contient une sorte de commentaire de Roger Bacon sur la physique et la métaphysique d'Aristote. Ce manuscrit a de l'importance. On y voit Roger Bacon aux prises avec les grands problèmes de la métaphysique. Or c'est là un côté de son génie resté jusqu'à ce jour complétement inconnu. Aussi M. Cousin, arrivé au terme de ses recherches sur les manuscrits inédits de Roger Bacon, adressait-il un noble appel aux savants de France et d'Angleterre. Il demandait à quelque jeune et consciencieux amateur de la philosophie du moyen âge de s'enfoncer dans l'étude du manuscrit d'Amiens, lui promettant pour prix de ses peines une ample et riche moisson; il stimulait le patriotisme des savants d'Oxford et de Cambridge, et les adjurait de compléter la publication de Samuel Jebb. Ni l'Angleterre ni la France n'ont fermé l'oreille à ces pressantes réclamations. Dans le vaste recueil qui se publie par les ordres du parlement anglais [2], on a compris les œuvres de Roger Bacon.

---

[1] Amiens s'est enrichi des livres et des manuscrits de l'antique abbaye de Corbie. Voyez *Journal des Savants*, août 1848.

[2] Voici le titre de cette collection : *Rerum Britannicarum medii ævi Scriptores*, or Chronicles and memorials of Great-Britain and Ireland during the middle age, published by the autority of her Majesty's treasury, under the direction of the master of the

Tout récemment encore, un professeur de l'université de Dublin a retrouvé en partie le complément de l'*Opus majus*, et on nous fait espérer la publication prochaine du morceau tout entier [1]. Voici enfin un savant français, M. Émile Charles, qui nous donne sur la vie, les œuvres et les doctrines de Roger Bacon une monographie complète [2]. Elle est le résultat de six années de recherches et d'efforts. Rien n'a pu lasser la patience ni refroidir le zèle de ce jeune bénédictin de la philosophie. Voyages lointains et coûteux, transcriptions pénibles, déchiffrements laborieux, aucune épreuve ne l'a rebuté. Nul manuscrit connu n'a échappé à ses recherches. Il en a demandé de nouveaux à toutes les bibliothèques, à la Bodleienne, au *British Museum*, à la collection Sloane, au musée Ashmole, à la Bibliothèque impériale, à la Mazarine, à tous les collèges d'Oxford, à toutes les collections de Londres, de Paris, de Douai, d'Amiens. Le fruit de tant de soins, de fatigues et de veilles est un ouvrage des plus distingués que la Faculté des lettres

---

rolls. — La publication des écrits inédits de Roger Bacon a été confiée à M. I. S. Brewer, professeur de littérature anglaise au collége du roi à Londres. Nous n'avons encore qu'un volume, qui a paru en 1859 et qui contient l'*Opus tertium*, l'*Opus minus*, le *Compendium philosophiæ*, et comme appendice, le traité *De nullitate magiæ*.

[1] *On the Opus majus of Roger Bacon*, by John Kells Ingram, fellow of Trinity College, professor of English literature in the University of Dublin. Dublin 1858.

[2] *Roger Bacon, sa vie, ses œuvres, ses doctrines, d'après des textes inédits*, par Émile Charles, professeur de philosophie à la faculté des lettres de Bordeaux ; 1 vol. in-8°.

de Paris, après une soutenance brillante en Sorbonne, a consacré par un suffrage unanime.

Certes la matière est loin d'être épuisée, et il y a encore beaucoup à faire pour tirer de son obscurité séculaire la figure de Roger Bacon. La recherche pourtant nous a paru assez avancée pour essayer de donner une idée du *docteur admirable*, de raconter les vicissitudes de sa destinée, de caractériser enfin l'œuvre trop oubliée du plus hardi génie que le moyen âge ait enfanté.

I

On sait au juste où naquit Roger Bacon : ce fut à Ilchester, dans le Sommersetshire. La date de sa naissance est moins bien connue; la plus probable est 1214. Il était d'une famille noble, riche et considérée. Son frère aîné joua un rôle dans les discordes civiles du règne d'Henri III; il prit parti pour le roi contre les barons.

Roger, né cadet et animé d'une vocation ardente pour les études, fut destiné à l'église et envoyé par sa famille à l'université d'Oxford. Le collége de Morton et celui du Nez de Bronze, *Brazen nase hall*, se disputent encore l'honneur de l'avoir élevé. Dès cette époque lointaine, Oxford se signalait déjà par le goût des langues et des sciences mathématiques, et surtout par un esprit particulier d'indépendance et de liberté dans les choses spéculatives comme dans les choses pratiques. Roger y trouva les maîtres qui convenaient le mieux au tour naturel de son génie et de son caractère, Robert Bacon, son parent (probablement son oncle), Richard Fitzacre le dominicain, Adam de Marsh, Edmond Rich, et entre tous ce fameux Robert Grosse-Tête, évêque de Lincoln, théologien passionné pour les lettres, caractère énergique et hardi, si connu par ses démêlés avec le pape Innocent IV, qu'il osa un jour qualifier d'hérétique et d'antechrist.

L'esprit de Roger Bacon se déploya tout à l'aise dans cette asmosphère de science curieuse et de libre critique. Nous le voyons figurer à côté de son parent Robert dans une scène solennelle, où il prélude par des hardiesses politiques à des témérités encore plus dangereuses.

En 1233, le jour de la Saint-Jean, le roi Henri III eut une entrevue avec les barons mécontents; il lui fallut subir un long sermon, de sévères réprimandes. Le prédicateur qu'on avait choisi pour cette mission était le frère Robert, le parent de Roger Bacon. Le sermon à peine fini, le moine apostropha directement le roi, et lui déclara que toute paix durable était impossible s'il ne bannissait de ses conseils l'évêque de Winchester, Pierre Desroches, objet de la haine des Anglais. « Les assistants se récriaient à tant d'audace; mais le roi, se recueillant en lui-même, sut se faire violence. Le voyant calmé, un clerc de l'assemblée, célèbre déjà par son esprit, osa adresser au roi cette raillerie : « Seigneur roi, savez-vous les dangers qu'on a le plus à redouter quand on navigue en pleine mer?— Ceux-là le savent, repartit Henri, qui ont l'habitude de ces voyages.—Eh bien! je vais vous le dire, reprit le clerc, ce sont les *pierres* et les *roches*. » Et il voulait désigner par là Pierre Desroches, l'évêque de Winchester [1]. »

Ce plaisant audacieux n'était autre que Roger Bacon; il avait alors dix-neuf ans. Sa première éducation terminée à Oxford, il vint la compléter à Paris. C'était l'usage universel du temps. L'université de Paris attirait l'Anglais Roger Bacon comme elle attira l'Allemand Albert, l'Italien saint Thomas, le Belge Henri de Gand. Les détails manquent sur ce premier séjour de Roger Bacon à Paris; mais il est certain qu'il s'y livra à de profondes études, y reçut le grade de docteur, et commença de s'y faire une grande réputation.

Est-ce pendant son premier séjour à Paris ou seulement à son retour à Oxford que Roger Bacon entra dans l'ordre de Saint-François? On l'ignore. Qu'un tel homme se soit fait moine et moine franciscain, c'est ce que pouvait à peine comprendre un illustre érudit dont les hommes de ma génération ont pu saluer la noble et vénérable vieillesse, et qui savait par expérience ce que les vocations prématurées laissent de chaînes et de regrets. « Que faisait parmi des franciscains, s'écrie Daunou avec un accent qui semble dénoter un secret et amer retour sur lui-même, que faisait parmi ces moines un homme de génie impatient d'acquérir des lumières

---

[1] *Chronique de Matthieu Paris*, p. 265.

et de les répandre [1] ? » Les réflexions qu'ajoute l'ancien oratorien ne sont pas moins curieuses : « Roger Bacon, s'il voulait embrasser l'état monastique, eût bien mieux fait de se vouer aux frères prêcheurs, inquisiteurs, il est vrai, et persécuteurs hors de leurs couvents, mais jaloux d'attirer et de conserver dans leur ordre tous les hommes qui se distinguaient par des productions scientifiques ou littéraires, religieuses ou philosophiques. Ils en ont possédé, encouragé, honoré un très-grand nombre, en dirigeant contre ceux qui ne leur appartenaient pas le zèle intolérant de leur institut. Les franciscains, au contraire, toujours gouvernés, si l'on excepte saint Bonaventure, par des généraux d'un mince talent et d'un médiocre savoir, ne se sentaient qu'humiliés de la présence et de la gloire des hommes de mérite qui s'étaient égarés parmi eux. Roger Bacon a ressenti plus qu'aucun autre les effets de cette envieuse malveillance, et il faut convenir que nul ne l'a provoquée autant que lui, puisqu'il était alors et qu'il est encore, par l'étendue et l'éclat de son génie, le plus illustre des frères mineurs. »

Il y aurait peut-être bien quelque chose à dire sur cette peinture un peu chargée des deux ordres rivaux de Saint-Dominique et de Saint-François; mais comment ne pas s'associer aux regrets pathétiques du vieux Daunou, quand on songe aux persécutions qui vont as-

---

[1] Voyez, dans l'*Histoire littéraire de la France*, t. xx, p. 230, la notice de M. Daunou, interrompue par sa mort; un digne héritier de son érudition, M. J.-V. Le Clerc, l'a complétée par de savantes recherches bibliographiques.

saillir notre franciscain, tourmenter sa vie entière, comprimer l'essor de son génie, arrêter le cours de ses travaux et s'acharner jusque sur ses écrits et sur sa mémoire?

Il est aujourd'hui certain [1] que Roger Bacon a subi deux persécutions distinctes, l'une qui a duré environ dix ans, de 1257 à 1267, saint Bonaventure étant général des franciscains; l'autre, encore plus cruelle et plus longue, de 1278 à 1292, pendant le généralat de Jérôme d'Ascoli, devenu pape (en 1288) sous le nom de Nicolas IV. Pourquoi ces sévérités redoublées? Si l'on interroge les historiens de l'ordre, Wadding par exemple, on les trouve presque muets. Il semble qu'ils aient voulu ensevelir dans le même oubli les souffrances et la gloire de leur victime. Roger Bacon avait-il péché contre les mœurs? Non. Sa vie était pure, ses mœurs innocentes. S'était-il révolté contre les dogmes de la foi? Pas davantage; le christianisme n'a pas eu de croyant plus sincère, l'Église de serviteur plus dévoué. Avait-il contesté l'autorité du saint-siége? Point du tout. C'est même en s'appuyant sur un pape ami des lettres qu'il essayait de se dérober aux entraves de son couvent.

Quel est donc son crime? Un mot de Wadding le laisse entendre, quoique discrètement. Il fut condamné, dit-il, *propter quasdam novitates suspectas*. En effet,

---

[1] Voyez M. Cousin, *Journal des Savants*, cahiers de mars, avril, mai, juin 1848. — Comp. M. Émile Charles, *Roger Bacon, sa vie*, etc., p. 11 et suiv.

Roger Bacon a été un esprit essentiellement novateur. Comme tous ses pareils, il est mécontent de son siècle. Il se plaint surtout de l'autorité exclusive qu'on accorde à Aristote. Au lieu d'étudier la nature, dit-il, on perd vingt ans à lire les raisonnements d'un ancien. « Pour moi, ajoute-t-il résolûment, s'il m'était donné de disposer des livres d'Aristote, je les ferais tous brûler, car cette étude ne peut que faire perdre le temps, engendrer l'erreur et propager l'ignorance au delà de tout ce qu'on peut imaginer [1]. » Ce n'est pas que Roger Bacon méconnaisse le génie d'Aristote ; mais, dit-il, avant de l'admirer, il faut le comprendre, et pour le comprendre il faut le lire dans l'original. Or c'est ce dont les docteurs les plus vantés de ce temps sont incapables. Ils admirent un faux Aristote défiguré par des traducteurs imbéciles.

Roger Bacon n'épargne personne. On a cru voir dans ses attaques contre Albert le Grand et saint Thomas la trace de la rivalité naissante des moines de Saint-François et des enfants de Saint-Dominique. Il n'en est rien. Roger Bacon n'est pas moins âpre contre Alexandre de Halès, l'oracle des franciscains, que contre le dominicain Albert le Grand. « Je ne fais exception pour aucun ordre, dit-il en propres termes, *nullum ordinem excludo* [2]. » Il est sans ménagement pour la subtilité, la sécheresse, la diffusion des théologiens, pour leurs pesantes et interminables *Sommes*. Suivant lui, ce qu'il

---

[1] *Compendium Theologiæ*, pars I, cap. 2.
[2] Voyez l'ouvrage de M. Charles, p. 107.

y a d'utile dans Albert le Grand pourrait être résumé dans un traité qui ne serait pas la vingtième partie de ses écrits. Et ailleurs, sur un ton encore plus vif : « On vante beaucoup, dit-il, la Somme du frère Alexandre de Halès; la vérité est qu'un cheval en aurait sa charge, mais cette Somme tant vantée n'est pas de lui. » Qu'est-ce que saint Thomas? *Vir erroneus et famosus*, c'est ainsi que l'irrévérend franciscain désigne l'Ange de l'école. Impitoyable pour les théologiens chrétiens, il n'épargne pas beaucoup plus les arabes : Avicenne est plein d'erreurs, Averrhoès a emprunté à d'autres tout ce qu'il a de bon et de vrai; il n'a tiré de son propre fonds que ses erreurs et ses chimères. « Et l'on ose prétendre, s'écrie Roger Bacon, qu'il n'y a plus rien à faire en philosophie, qu'elle a été achevée dans ces temps-ci, tout récemment, à Paris! » Quelle illusion! La science est fille du temps; elle n'est pas faite d'ailleurs pour devenir facile et vulgaire. « Ce qui est approuvé du vulgaire, dit durement Roger Bacon, est nécessairement faux [1]. » Aussi ne se dissimule-t-il pas qu'il est dans la destinée des hommes de génie d'être méprisés par la foule et persécutés. Qu'importe? il faut rendre à la foule mépris pour mépris. « La foule a été dédaignée de tout temps par les grands hommes qu'elle a méconnus; elle n'assista pas avec le Christ à la transfiguration, et trois disciples seulement furent choisis. Ce fut après avoir suivi pendant deux ans les prédications de Jésus que la foule l'abandonna et s'écria : Crucifiez-

---

[1] *De mirabili potestate*, 47.

le ¹ ! » — Mais une telle perspective n'a rien qui fasse fléchir le courage de Roger Bacon. « Ceux qui ont voulu introduire quelque réforme dans la science ont toujours été en butte aux contradictions et arrêtés par les obstacles. Et cependant la vérité triomphait, et elle triomphera jusqu'au temps de l'Antechrist ². »

On comprend sans peine qu'un esprit et un caractère de cette trempe n'étaient pas à leur place dans un couvent. Les moines ne comprenaient rien à ce frère étrange qui passait sa vie dans sa tour d'Oxford à observer les astres et à faire des expériences de physique. Ils y soupçonnaient quelque odieux mystère, peut-être un secret commerce avec les démons. On se disait à l'oreille que frère Roger se vantait d'avoir inventé de prodigieuses machines, un appareil pour s'élever dans les airs, un autre pour naviguer sans rameurs avec une vitesse inouïe. On parlait de miroirs incendiaires capables de détruire une armée en un instant, d'un automate doué de la parole, de je ne sais quel androïde prodigieux. Tout cela se faisait-il sans un peu de magie? Un homme en si bonne intelligence avec les puissances infernales pouvait-il rester disciple et serviteur du Christ? N'avait-il pas emprunté à ses amis les Arabes, sectateurs de Mahomet, cette horrible et diabolique doctrine que l'apparition des prophètes, l'origine et le progrès des religions tiennent aux conjonctions des astres, que la loi chrétienne en particulier dépend de

---

¹ *Opus majus*, p. 6.
² *Ibid.*, p. 13.

la conjonction de Jupiter avec Mercure, et enfin, prodige d'erreur et d'iniquité! que la conjonction de la lune avec Jupiter sera le signal de la chute de toutes les religions?

Telles étaient les rumeurs du couvent, et, comme à l'ordinaire, un peu de vrai s'y mêlait à beaucoup de faux. Les supérieurs avertis envoyèrent le frère incriminé d'Oxford à Paris, et là commença pour lui un régime de sévère surveillance et d'inquisition tracassière qui dura dix ans, et fut poussé quelquefois jusqu'aux châtiments les plus humiliants. Il faut entendre Roger Bacon raconter lui-même au saint-père ses tribulations dans ce préambule de l'*Opus tertium*, découvert par M. Cousin, et qui rappelle l'*Historia calamitatum* d'Abélard. D'abord il lui fut défendu de rien écrire, à plus forte raison d'enseigner. Quel supplice pour un homme dévoré de la passion de répandre ses idées, et qui répétait sans cesse le mot de Sénèque : Je n'aime à apprendre que pour enseigner! — Le voilà réduit à la méditation solitaire; on lui refuse toute espèce de livres, on lui retranche ses instruments de mathématiques. S'il s'occupe des plus simples calculs, s'il veut dresser des tables astronomiques, surtout s'il essaye de former de jeunes novices à l'observation des astres, on s'effraye, on lui interdit ces nobles et innocents exercices comme des œuvres du démon. La moindre des punitions qu'il encoure en cas de désobéissance, c'est le jeûne au pain et à l'eau.

Pendant que frère Roger se consumait au milieu de ces indignités, un rayon du lumière vint tout à coup éclairer sa cellule et réjouir son cœur. On annonce l'exaltation d'un nouveau pape. C'est un Français, Guy Foulques [1], esprit généreux et libéral, ami des lettres et ami de Bacon. Avant d'entrer dans l'Église, il avait passé par la guerre et par la jurisprudence. Choisi pour secrétaire par saint Louis, il devint rapidement archevêque, cardinal, puis légat du pape en Angleterre. Ce fut là qu'il entendit parler de ce moine d'Oxford dont les travaux excitaient une admiration mêlée de jalousie et de frayeur. Ne pouvant communiquer directement avec le frère, il se servit d'un ami commun, Rémond de Laon, et sut par lui que Roger préparait un grand ouvrage sur la réforme de la philosophie. Quand Roger fut exilé à Paris, Foulques lui écrivit plusieurs fois, mais inutilement, la défense des supérieurs étant absolue.

On devine quelle fut la joie du pauvre franciscain en apprenant l'exaltation de son protecteur. Il sentit l'espérance entrer dans son âme. Nous trouvons dans l'*Opus tertium* le contre-coup de cette allégresse : « Que béni soit Dieu, le père de Notre-Seigneur Jésus-Christ, qui a exalté sur le trône de son royaume un prince

---

[1] Je ne sais pourquoi M. Charles italianise le nom de Foulques et l'appelle constamment Guido Fulcodi. Passe peut-être pour Fulcodi, mais pourquoi Guido? Guy Foulques était né à Saint-Gilles sur le Rhône. Il entra dans les ordres à la mort de sa femme, fut archevêque de Narbonne en 1259, cardinal-évêque de Sabine en 1261, légat du pape Urbain II en Angleterre pour apaiser la querelle d'Henri III et des barons, enfin pape en 1265. Voyez la notice de Daunou et les travaux de M. Cousin.

éclairé qui veut servir les intérêts de la science! Les prédécesseurs de votre Béatitude, occupés par les affaires de l'Église, harcelés par les rebelles et les tyrans, n'eurent pas le loisir de songer à la direction des études libérales; mais, grâce à Dieu, la main droite de Votre Sainteté a déployé dans les airs son étendard triomphant, tiré le glaive du fourreau, plongé dans les enfers les deux partis opposés et rendu la paix à l'Église. Le temps est propice aux œuvres de la sagesse [1]. »

Malgré la surveillance étroite qui l'entourait, Roger Bacon parvint à faire passer des lettres au nouveau pape; un chevalier nommé Bonnecor se chargea de les porter et d'y joindre les explications nécessaires. Clément IV ne tarda pas à répondre; nous avons sa lettre, Wadding, l'historien des franciscains, l'a copiée dans les archives du Vatican :

Lettre du pape Clément IV à Roger Bacon.

« A notre fils chéri le frère Roger dit Bacon, de l'ordre des frères mineurs : Nous avons reçu avec reconnaissance les lettres de votre dévotion, et nous avons pris bonne note des paroles que notre cher fils, le chevalier Bonnecor, y a ajoutées, pour les expliquer, avec autant de fidélité que de prudence. Afin que nous sachions mieux où vous en voulez venir, nous voulons et vous ordonnons, au nom de notre autorité apostolique, que, nonobstant toute injonction contraire de

---

[1] *Opus tertium*, cap. 2, manuscrit de Douai. On peut maintenant confronter les extraits de l'*Opus tertium* avec l'édition récente publiée à Londres et mentionnée plus haut.

quelque prélat que ce soit, ou toute constitution de votre ordre, vous ayez à nous envoyer au plus vite l'ouvrage que nous vous avons prié de communiquer à notre cher fils Rémond de Laon, quand nous étions légat. Nous voulons encore que vous vous expliquiez dans vos lettres sur les remèdes qu'on doit appliquer à ces maux si dangereux que vous nous signalez, et qu'avec le plus de secret possible vous vous mettiez en devoir sans aucun délai.

« Donné à Viterbe, le 10 des calendes de juillet, de notre pontificat la deuxième année. »

En lisant cette lettre, si honorable pour Clément IV, on remarquera qu'il n'ose pas exiger la délivrance de son protégé. Lui le vicaire de Jésus-Christ, le successeur de Grégoire VII, il s'humilie jusqu'à demander le secret à un moine de Saint-François, tant était grand le prestige de cet ordre redoutable, qui forçait les chefs de l'Église, les empereurs et les rois à compter avec lui : immense armée, à la fois disciplinée et remuante, que plusieurs papes eurent la pensée de détruire, sans en avoir le courage ou le pouvoir, et qui se crut un instant à la veille de substituer à l'ordre établi en Europe une sorte de république universelle dont le général des franciscains aurait été le chef ! Aussi bien la lettre de Clément IV fut loin de mettre un terme aux épreuves de Roger Bacon. Elle ranima son courage, mais elle n'améliora pas, bien plus elle aggrava sa position.

On le gardait à vue, on lui défendait de communiquer avec le dehors, on l'exténuait de jeûnes et de macérations. Il se mit à l'œuvre pourtant ; mais comment se procurer les livres, l'argent et jusqu'au parchemin nécessaire? Il lui fallait des aides pour ses expériences et ses calculs, on les lui refusait ; il lui fallait des copistes, il ne savait où en trouver. Dans son ordre, ils eussent livré ses écrits aux supérieurs ; hors de son ordre, il n'avait que les copistes de Paris, mercenaires bien connus par leur infidélité, et qui n'auraient pas manqué de rendre publics ces écrits dont le pape devait avoir les prémices. Il lui fallait enfin de l'argent, et ce fut là de toutes les difficultés la plus dure à surmonter. Simple moine, Roger n'avait rien et ne pouvait rien avoir. Il excusait le saint-père, « qui, assis au faîte de l'univers et l'esprit embarrassé de mille soucis, n'avait pas pensé à lui faire tenir quelque somme ; » mais il maudissait les intermédiaires qui n'avaient rien su dire au pontife et ne voulaient pas débourser un seul denier. Il eut beau leur promettre d'en écrire au pape et de les faire rentrer dans leurs avances ; il eut beau s'adresser à son frère, qui était fort riche, mais que le guerre avait ruiné, puis à plusieurs prélats, à *ces personnages*, écrivait-il au pape avec amertume, *dont vous connaissez le visage, mais non pas le cœur*, partout il fut éconduit ; sa probité même fut soupçonnée. « Combien de fois n'ai-je point passé pour un malhonnête homme ! combien de fois on m'a rebuté et leurré de vaines espérances ! Que de hontes et d'angoisses j'ai dévorées en dedans de moi ! » Désespéré, il s'adresse enfin à des amis presque aussi pauvres que lui, les décide à vendre une partie de leur modeste avoir et à engager le reste à des conditions usuraires. Et grâce à tant d'efforts et d'humiliations, à quoi parvient-il? à réunir une somme de 60 livres !

Et pendant ce temps, comme le remarque fort bien le dernier historien de Roger Bacon [1], pendant que le pauvre franciscain s'épuisait en efforts de tout genre au fond de sa cellule de la porte Saint-Michel, ses rivaux de gloire et de génie vivaient dans la faveur des papes et des rois. Saint Thomas dînait à la table de saint Louis, et Albert le Grand donnait à l'empereur cette fastueuse hospitalité que la légende a encore rehaussée de ses fantastiques couleurs.

A ces entraves indirectes se joignaient de mauvais traitements personnels. On voulait à tout prix le faire renoncer à son travail; Bacon refusait d'obéir, appuyé sur la lettre du saint-père. Dans cette lutte, la violence fut poussée jusqu'aux dernières extrémités; elles furent si graves qu'il n'ose en faire le récit dans un ouvrage qui doit passer par la main des copistes. « Je vous donnerai peut-être, dit-il au pape, des détails certains sur les mauvais traitements que j'ai subis, mais je les écrirai de ma main à cause de l'importance du secret [2]. »

Ce fut au milieu de ces tracasseries, de ces obstacles et de ces violences que Roger Bacon parvint à écrire l'*Opus majus*, qu'il fit porter au pape par un jeune homme nommé Jean, son disciple bien-aimé. Le pape se décida enfin à intervenir. Par ses ordres, Roger Bacon fut rendu à la liberté; il put revoir le pays natal,

---

[1] M. Émile Charles, 25 et suiv.
[2] *Opus tertium*, cap. 2.

sa chère ville d'Oxford, et reprendre, avec son ami Thomas Bungey, l'exécution de ses vastes projets scientifiques. Malheureusement cette période de faveur et de liberté fut bien courte. Un an à peine s'était écoulé que Clément IV mourut et qu'on lui donna pour successeur un pape qui devait la tiare à l'influence du général des franciscains. Désormais privé de tout appui, Roger Bacon retomba sous le poids des préventions et des haines qu'il avait un instant conjurées.

La persécution ne l'avait pas changé. Il continuait de parler et d'écrire, et à ses objections contre les philosophes en renom et les théologiens autorisés il joignait les attaques les plus hardies contre les légistes et les princes, contre les prélats et les ordres mendiants, osant même dénoncer l'ignorance et les mœurs dissolues du clergé et la corruption de la cour romaine. L'orage accumulé sur sa tête éclata en 1278. A saint Bonaventure, qui, en dépit de son surnom de docteur séraphique, n'avait pas été doux pour Roger Bacon, mais qui du moins portait dans le gouvernement quelque chose de l'élévation de son esprit et de la douceur relative de son caractère, venait de succéder Jérôme d'Ascoli, caractère énergique, étroit, inflexible. Jérôme vint à Paris tenir un chapitre général de l'ordre. On y fit d'abord comparaître le frère Pierre-Jean d'Olive, suspect de partager les erreurs de Jean de Parme et de l'*Évangile éternel*. Après lui, ce fut le tour de Roger Bacon. Nous ne savons rien de ce procès, sinon que défense fut faite d'embrasser les opinions du frère rebelle, et qu'il fut lui-même jeté en prison.

En vain Roger s'adressa-t-il au pape Nicolas III. Jérôme l'avait prévenu auprès du saint-père, et les cris de détresse du malheureux franciscain furent étouffés. Cette nouvelle et plus terrible épreuve, sur laquelle tout détail nous manque, dura quatorze ans. Ce ne fut qu'en 1592, après la mort de Jérôme d'Ascoli (pape depuis 1288 sous le nom de Nicolas IV), que le nouveau général de l'ordre, Raymond Galfred ou Gaufredi, rendit à Roger Bacon la liberté. L'infortuné n'était plus en état d'en abuser ; il touchait à quatre-vingts ans Il s'éteignit peu de temps après à Oxford. Les haines qui l'avaient opprimé pendant sa vie s'acharnèrent sur ses écrits après sa mort. On cloua ses écrits sur des planches pour en empêcher la lecture et les laisser pourrir dans la poussière et l'humidité.

II

Il ne faut point s'attendre à trouver dans l'*Opus majus*, ni dans aucun autre ouvrage de Roger Bacon, un système général de philosophie. Sous ce rapport, l'analogie est frappante entre le moine d'Oxford et son grand homonyme le chancelier d'Angleterre. Lisez le *De Augmentis* et le *Novum Organum*, vous y chercheriez vainement une nouvelle métaphysique ; mais vous y trouverez une méthode et des vues supérieures sur la réforme de la philosophie et la constitution de l'esprit humain. Dans les écrits de Roger Bacon, vous ne trouverez aussi qu'une méthode et des vues générales ; mais ce qui est prodigieux, c'est que le franciscain du treizième siècle préconise la même méthode et s'élève aux mêmes vues que le contemporain de Galilée et de Kepler.

Il y a pourtant une différence notable entre les deux Bacon, et elle est tout à l'avantage de Roger. Le chancelier a été sans aucun doute un grand esprit, un grand promoteur ; mais on ne peut nier qu'il ne lui ait manqué un don essentiel, celui qu'ont possédé au degré le plus élevé les Descartes et les Pascal : il lui a manqué ce don d'invention qui fait pénétrer le génie de l'homme dans les mystères de la nature. Bacon de Verulam n'a rien découvert de vraiment capital. Admirable quand il décrit la vraie méthode, quand il en célèbre les avantages et en prophétise les conquêtes, on dirait qu'il perd ses ailes dès qu'il veut entrer dans la sphère des applications. Il ne cesse pas d'être ingénieux et brillant; mais inventif avec grandeur, mais véritablement fécond, il ne l'est pas.

Roger Bacon a plus de fécondité dans le génie. Ce n'est pas seulement un promoteur, c'est un inventeur. S'il n'a pas connu et décrit la méthode d'observation et d'induction avec cette netteté, cette suite, cette puissance qu'on ne peut assez admirer dans le dernier Bacon, on peut dire qu'il l'a maniée avec plus d'assiduité et de bonheur. Le génie du chancelier regarde la nature de haut ; celui du franciscain vit avec elle dans un commerce intime et familier. Aussi lui a-t-elle confié quelques-uns de ses secrets. Si Roger Bacon était né au seizième siècle, il eût été Kepler ou Galilée. — Ajoutez enfin que Roger Bacon, sans avoir une grande originalité en métaphysique, est plus métaphysicien que Bacon de Verulam, qui ne l'est pas du tout. Roger n'a pas inventé sans doute un système nouveau sur l'origine et la nature des choses ; mais il a pris part aux grandes controverses métaphysiques de son temps, et là encore il a laissé des traces que l'histoire de l'esprit humain doit recueillir.

Ce qu'il y a peut-être en lui de plus extraordinaire, c'est le sentiment net et profond qu'il a eu des vices de la philosophie de son temps. Songez que nous sommes au treizième siècle. C'est l'âge d'or de la scolastique ; c'est l'époque héroïque des grands docteurs, d'Alexandre de Halès, le docteur irréfragable, et de saint Thomas d'Aquin, le docteur angélique, amenant à leur suite Duns Scot, le docteur subtil, Henri de Gand, le docteur solennel. On n'en est plus à Aristote de Boèce et aux combats un peu mesquins de la dialectique étroite du onzième siècle. L'horizon s'est élargi ; tous les problèmes essentiels de la philosophie et de la théologie ont été soulevés ; on vénère toujours Aristote, mais c'est l'Aristote des Arabes, non plus seulement le logicien de l'*Organon*, mais l'auteur du traité *de l'Ame*, de la *Physique*, de la *Métaphysique* et de l'*Histoire des Animaux*, Aristote-psychologue, naturaliste, théologien. Voici saint Thomas, le maître des maîtres, qui, Aristote d'une main, la Bible de l'autre, se dispose à résumer tous les travaux de son siècle dans une encyclopédie gigantesque et à écrire pour l'instruction des âges futurs cette immortelle *Somme* où tous les problèmes de la science et de la foi sont décomposés dans leurs éléments, régulièrement discutés, magistralement résolus, où la sagesse profane représentée par le *Philosophe* contracte un mariage qui semble indissoluble avec la science sacrée, monument unique par l'ordre, la proportion, la grandeur de l'ensemble, comme par la finesse, l'abondance et la précision des détails.

Certes, si jamais la science humaine a présenté l'image de l'éternel et du définitif, c'est au siècle de saint Thomas. Eh bien! il y avait alors sous le froc de Saint-François un homme, un seul, qui n'était point dupe de ces magnifiques apparences, qui, scrutant les bases de l'édifice, en discernait, en touchait du doigt les parties fragiles et caduques. Et ce même homme, ébauchant dans sa pensée prophétique le plan d'un édifice plus vaste et plus solide, payait de sa personne et abordait vigoureusement l'exécution.

Roger Bacon élève contre la philosophie scolastique trois accusations capitales : il lui reproche d'abord sa crédulité aveugle pour l'autorité d'Aristote, puis son insigne ignorance de l'antiquité sacrée et de l'antiquité profane, poussée à tel point que son Aristote même est un Aristote controuvé; enfin, et c'est là son grief radical, il l'accuse de se mouvoir dans un cercle d'abstractions, de rester étrangère au sentiment de la réalité et à la contemplation de la nature, par suite d'être artificielle, subtile, disputeuse, pédantesque, et d'enfermer l'esprit humain dans l'école, loin de la nature et des œuvres de Dieu. C'est bien là le fond de la polémique victorieuse que la renaissance et l'âge moderne ont dirigée contre la scolastique. Les Bruno, les Campanella, les Ramus, Bacon de Verulam lui-même, ne porteront pas un regard plus pénétrant sur les vices de la philosophie du moyen âge. Ils lui feront le même procès. Seulement Bacon le franciscain a perdu ce procès contre son siècle pour avoir eu raison trop tôt, tandis que Bacon le chancelier l'a gagné, non pour avoir mieux plaidé, mais pour avoir trouvé des juges meilleurs.

Rien n'égale la véhémence de Roger Bacon, quand il proteste contre le joug d'Aristote. Quoi de plus arbitraire, dit Roger, que de déclarer un certain jour que tel philosophe est infaillible? « Il y a un demi-siècle à peine, Aristote était suspect d'impiété et proscrit des écoles. Le voilà aujourd'hui érigé en maître souverain! Quel est son titre? Il est savant, dit-on; soit, mais il n'a pas tout su. Il a fait ce qui était possible pour son temps, mais il n'est pas parvenu au terme de la sagesse. Avicenne a commis de graves erreurs, et Averrhoès prête à la critique sur plus d'un point. Les saints eux-mêmes ne sont pas infaillibles; ils se sont souvent trompés, souvent rétractés, témoin saint Augustin, saint Jérôme et Origène [1]. » — « Mais, dit l'école, il faut respecter les anciens. » — « Eh! sans doute, les anciens sont vénérables, et on doit se montrer reconnaissant envers eux pour nous avoir frayé la route; mais on ne doit pas oublier que ces anciens furent hommes et qu'ils se sont trompés plus d'une fois : ils ont même commis

---

[1] *Compendium philosophiæ*, cap. 1.

d'autant plus d'erreurs qu'ils sont plus anciens, car les plus jeunes sont en réalité les plus vieux ; les générations modernes doivent surpasser en lumières celles d'autrefois, puisqu'elles héritent de tous les travaux du passé. »

Ainsi parle un moine vers 1267. En recueillant aujourd'hui cette parole si neuve alors, si hardie et si ingénieuse : *les plus jeunes sont en réalité les plus vieux*, ne croyez-vous pas entendre l'auteur du *De Augmentis* s'écrier : *Antiquitas seculi juventus mundi*[1], ou l'auteur des *Pensées* comparer le genre humain à un homme unique qui ne meurt jamais et qui apprend et avance toujours?

Dans cette lutte commune contre Aristote, Roger Bacon a cet avantage sur les hommes de la renaissance et des temps modernes qu'il a profondément étudié le grand philosophe dont il répudie la tyrannie, et qu'il rend pleine justice à ses travaux. « Je pardonnerais, dit-il, plus volontiers l'abus qu'on fait d'Aristote, si ceux qui l'invoquent étaient en état de le comprendre et de l'apprécier; mais ce qui m'indigne, c'est qu'on célèbre Aristote sans l'avoir lu. » Aussi bien, poursuit Roger, ce n'est pas chose facile que de connaître la philosophie d'Aristote. On n'en possède que des parties souvent mutilées. Il y a beaucoup d'ouvrages d'un prix infini qu'on ne retrouve plus. Aristote n'avait-il pas écrit, au témoignage de Pline, un millier de volumes? Il n'en reste qu'un petit nombre. L'*Organon* lui-même présente des lacunes. L'original de l'*Histoire des*

---

[1] *De Dignitate et augmentis scientiarum*, libr. I, § 38.

animaux avait cinquante livres; les exemplaires latins n'en contiennent que dix-neuf. On n'a conservé que dix livres de la *Métaphysique*, et dans la traduction la plus répandue il manque une foule de chapitres et une infinité de lignes. Quant aux sciences qui traitent des secrets de la nature, on n'en a que de misérables fragments. Maintenant ces fragments épars de l'œuvre immense d'Aristote, est-on capable de les comprendre? On les lit, mais non pas dans l'original, qu'on ne connaît pas. On s'en rapporte aux versions latines. Or quoi de plus indigne de confiance que les traducteurs latins d'Aristote? C'est d'abord Michel Scot, qui, ne sachant pas le grec, s'est servi d'un juif espagnol nommé Andréas; c'est Gérard de Crémone, qui ne sait ni le latin ni le grec et ne comprend rien à ses propres versions; c'est Hermann l'Allemand, qui a avoué ne pas avoir osé traduire la *Poétique* d'Aristote, parce qu'il ne l'entendait pas; c'est Guillaume de Morbecke, le plus ignorant de tous, bien qu'il soit aujourd'hui florissant et fournisse de traductions son ami Thomas d'Aquin. Ainsi cet Aristote dont on fait l'incarnation de toute sagesse humaine, et qu'on prétend mettre d'accord avec la sagesse divine, on ne le connaît pas! Connaît-on mieux la sagesse divine elle-même, l'antiquité sacrée? pas davantage. Et pourquoi cela? c'est qu'on ne sait pas plus l'hébreu que le grec. Parmi les textes sacrés, les uns sont mal traduits, les autres font absolument défaut : il nous manque deux livres des Machabées; nous n'avons plus les écrits d'Origène, de saint Basile, de saint Grégoire de Nazianze. D'un autre côté, les livres saints sont pleins d'obscurités, et saint Jérôme lui-même ne les a pas toujours bien compris. Que faut-il faire? Au lieu de défigurer la Bible de plus en plus, et de la mettre en méchants vers dont on charge la mémoire des enfants, il faut instituer dans les écoles une étude sérieuse de la grammaire et des langues. Et quand on aura formé des lecteurs capables d'entendre les textes, il faudra se mettre en quête de découvrir les monuments que nous avons perdus. Pourquoi les prélats et les riches n'enverraient-ils pas des savants en Italie et dans l'Orient pour y recueillir des manuscrits grecs? Pourquoi ne pas imiter le saint évêque de Lincoln, Robert Grosse-Tête, qui a chargé à grands frais nombre de personnes instruites d'aller à la recherche des monuments de l'antiquité profane et de l'antiquité sacrée? Ne serait-ce pas là un digne objet de la sollicitude du saint-siége? Les infidèles à convertir par des missionnaires qui parleraient leur langue, l'Église grecque à réconcilier, quelle magnifique perspective, sans parler des avantages de cette connaissance des langues pour le commerce et l'amitié des nations! Il faut donc introduire dans l'éducation commune les quatre langues philosophiques, c'est-à-dire le grec, l'hébreu, l'arabe et le chaldéen. C'est de là que sont venues toutes les sciences; voilà les ancêtres dont nous sommes les fils et les héritiers. Dieu donne la sagesse à qui lui plaît; il ne lui a pas convenu de la donner aux Latins, et la philosophie n'a été achevée que trois fois depuis le commencement du monde : chez les Hébreux, chez les Grecs et chez les Arabes [1].

[1] *Opus tertium*, cap. 10, manuscrit de Douai.

Qui parle de la sorte? qui célèbre avec cet enthousiasme et cette véhémence l'étude de la langue grecque et des langues orientales, l'épuration des monuments, la critique des textes fondée sur une philologie exacte et sur une érudition universelle? Ne vous croiriez-vous pas transportés à l'école de Florence auprès des Médicis, dans la société de Marsile Ficin, de Pic de La Mirandole, de Politien, ou même en plein collége de France, au temps de Turnèbe et de Budé?

Comme ces grands rénovateurs de l'esprit humain, Roger Bacon est plein d'enthousiasme pour la belle et noble antiquité. C'est au point qu'il va, lui chrétien sincère et moine de vocation et de mœurs, jusqu'à placer les moralistes de la Grèce au-dessus des docteurs de l'école. « Il est étrange que nous chrétiens, nous soyons sans comparaison inférieurs dans la morale aux philosophes anciens. Qu'on lise les dix livres de l'*Éthique* d'Aristote, les traités innombrables de Sénèque, de Cicéron et de tant d'autres, et on verra que nous sommes dans l'abîme des vices, et que la grâce de Dieu peut seule nous sauver. Le zèle de la chasteté, de la douceur, de la paix, de la constance et de toutes les vertus fut grand chez les philosophes, et il n'y a pas un homme assez absurdement entiché de ses vices qui n'y renonçât sur-le-champ, s'il lisait leurs ouvrages, tant sont éloquents leurs éloges de la vertu et leurs invectives contre le vice! Le pire de tous les vices, c'est la colère, qui détruit tous les hommes et l'univers entier; eh bien! l'homme le plus emporté, s'il lisait avec soin

les trois livres de Sénèque, rougirait de s'irriter[1]. »
Roger Bacon a pour Sénèque un goût particulier. Il ne peut le louer assez d'avoir recommandé de faire chaque soir son examen de conscience. Voilà, dit-il, un admirable argument pour la morale! Un païen, sans les lumières de la grâce et de la foi, est arrivé là conduit par la seule force de sa raison[2].

Mais si l'étude des anciens faite avec indépendance et éclairée par l'érudition et la critique est une étude féconde, il en est une bien plus féconde encore et bien plus nécessaire : c'est l'étude sans laquelle toutes les autres sont vaines, l'étude de la nature, la contemplation directe des œuvres de Dieu. Nous touchons ici au vice mortel de la philosophie des écoles. Elle se consume en vaines disputes; elle s'aiguise, se raffine et se confond en subtilités; elle ignore la vie. Il n'y a qu'un remède à ce mal, c'est de constituer les sciences expérimentales. Ici Roger Bacon trace des pages mémorables, qui, à quatre siècles d'intervalle, annoncent tour à tour le *Novum Organum* et le *Discours de la Méthode*. Voici d'abord quelques pensées détachées, qui tiendraient fort bien leur place parmi les meilleurs aphorismes de lord Verulam.

« J'appelle science expérimentale celle qui néglige les argumentations, car les plus forts arguments ne prouvent rien, tant que les conclusions ne sont pas vérifiées par l'expérience. »

---

[1] *Opus tertium*, cap. 14.
[2] *Ibid.*, cap. 75, manuscrit de Douai, fol. 82.

« La science expérimentale ne reçoit pas la vérité des mains de sciences supérieures; c'est elle qui est la maîtresse, et les autres sciences sont ses servantes. »

« Elle a le droit en effet de commander à toutes les sciences, puisqu'elle seule certifie et consacre leurs résultats. »

« La science expérimentale est donc la reine des sciences et le terme de toute spéculation [1]. »

Ce ne sont là que des aperçus rapides et comme des éclairs de génie. Voici des pensées plus suivies et d'un plus large développement : « Dans toute recherche, il faut employer la meilleure méthode possible. Or cette méthode consiste à étudier dans leur ordre nécessaire les parties de la science, à placer au premier rang ce qui réellement doit se trouver au commencement, le plus facile avant le plus difficile, le général avant le particulier, le simple avant le composé; il faut encore choisir pour l'étude les objets les plus utiles en raison de la brièveté de la vie; il faut enfin exposer la science avec toute clarté et toute certitude, sans mélange de doute et d'obscurité. Or tout cela est impossible sans l'expérience, car nous avons bien divers moyens de connaître, c'est-à-dire l'autorité, le raisonnement et l'expérience; mais l'autorité n'a pas de valeur, si on n'en rend compte, *non sapit nisi detur ejus ratio*; elle ne fait rien comprendre, elle fait seulement croire; elle s'impose à l'esprit sans l'éclairer. Quant au raisonnement, on ne peut distinguer le sophisme de la démonstration qu'en

---

[1] *Opus tertium*, dans le manuscrit de Douai.

vérifiant la conclusion par l'expérience et par la pratique. » — Page vraiment admirable! Cette fière indépendance, cette haine de l'obscurité, ce besoin d'idées claires et distinctes, cet amour de l'ordre et de la simplicité, ne sont-ce pas les traits distinctifs du *Discours de la Méthode* et les propres expressions de Descartes?

Roger Bacon distingue, comme fera plus tard le *Novum Organum*, deux sortes d'observations : l'une passive et vulgaire, et l'autre active et savante. A celle-là seulement convient le nom d'expérience. « Il y a une expérience naturelle et imparfaite, dit-il, qui n'a pas conscience de sa puissance, qui ne se rend pas compte de ses procédés, qui est à l'usage des artisans et non des savants. Au-dessus d'elle, au-dessus de toutes les sciences spéculatives et de tous les arts, il y a l'art de faire des expériences qui ne soient pas débiles et incomplètes [1]. » Mais à quelle condition l'expérience atteindra-t-elle des résultats précis, elle qui opère toujours sur des phénomènes fugitifs et changeants? à condition d'appeler à son secours les instruments de précision, et le premier de tous, le calcul. « Les physiciens doivent savoir, dit Roger Bacon, que leur science est impuissante, s'ils n'y appliquent le pouvoir des mathématiques, sans lesquelles l'observation languit et n'est capable d'aucune certitude [2]. » Bacon s'était lui-même engagé si avant dans cette voie neuve et hardie, que dans un traité *De multiplicatione specierum*, qui lui

---

[1] *Opus tertium*, cap. 13.
[2] *Opus majus*, édition de Jebb, p. 199.

avait coûté, dit-il, dix ans de travail, il avait essayé l'œuvre réservée à Descartes et à Newton, la réduction de toutes les actions réciproques des corps à des lois mathématiques.

Armée de l'expérience et du calcul, la science pourra s'élever au-dessus des faits, car les faits en eux-mêmes ne sont pas l'objet de la science. Les faits peuvent avoir leur utilité, mais la science vise plus haut que l'utile : elle aspire au vrai. Elle ne se contente pas de faits, elle veut saisir des lois, des causes, *canones, universales regulæ*. « Si Aristote prétend, au deuxième livre de la *Métaphysique*, que la connaissance des raisons et des causes surpasse l'expérience, il parle d'une expérience inférieure. Celle que j'ai en vue s'étend jusqu'à la cause, et la découvre à l'aide de l'observation. Alors seulement l'esprit est satisfait; toute incertitude a disparu, et le philosophe se repose dans l'intuition de la vérité [1]. »

Les lois de la nature découvertes; la spéculation a terminé son ouvrage; c'est à la pratique de commencer le sien. Ici, nous l'avouerons, l'ardente imagination de Roger Bacon l'emporte au delà du raisonnable et du possible. Comme il ne connaît pas de limites à la science de l'homme, il n'en met pas à son pouvoir. Aucune force dans la nature n'est si cachée que l'esprit de l'homme ne puisse l'atteindre, et sa volonté la maîtriser. L'univers connu, c'est l'univers conquis. « On fabriquera des instruments pour naviguer sans le secours des rameurs et faire voguer les plus grands vaisseaux,

---

[1] *De Cœlestibus*, cap. 1, manuscrit de la Mazarine.

avec un seul homme pour les conduire, plus vite que s'ils étaient pleins de matelots; des voitures qui rouleront avec une vitesse inimaginable sans aucun attelage; des instruments pour voler, au milieu desquels l'homme assis fera mouvoir quelque ressort qui mettra en branle des ailes artificielles battant l'air comme celles des oiseaux; un petit instrument de la longueur de trois doigts et d'une hauteur égale pouvant servir à élever ou abaisser sans fatigue des poids incroyables. On pourra, avec son aide, s'enlever avec ses amis du fond d'un cachot au plus haut des airs, et descendre à terre à son gré. Un autre instrument servira pour traîner tout objet résistant sur un terrain uni, et permettre à un seul homme d'entraîner mille personnes contre leur volonté; il y aura un appareil pour marcher au fond de la mer et des fleuves sans aucun danger, des instruments pour nager et rester sous l'eau, des ponts sur les rivières sans piles ni colonnes, enfin toutes sortes de mécaniques et d'appareils merveilleux [1]. »

Que le lecteur moderne se garde d'être trop sévère pour ces promesses brillantes où quelques chimères se mêlent à plus d'une espérance prophétique. Ni Kepler, ni Descartes, ni Leibnitz lui-même ne se sont préservés d'un peu d'illusion, et peut-être est-il nécessaire, même aux hommes supérieurs, pour atteindre un but proportionné aux forces humaines, de viser plus haut et de prendre leur élan vers l'inaccessible et l'infini.

---

[1] Les traits de ce tableau sont tirés du traité: *De Mirabili* et d'un fragment inédit du *Traité de Mathématiques.*

III

Parmi les découvertes innombrables (je parle de découvertes proprement scientifiques) dont une critique peu sévère, depuis Wood jusqu'à M. Pierre Leroux, fait honneur à Roger Bacon, quelles sont celles qui lui appartiennent d'une manière authentique? Question délicate et compliquée sur laquelle les nouveaux documents pourront fournir plus d'une information précieuse, mais que nous toucherons d'une main discrète, laissant aux juges spéciaux et compétents le soin de la discuter.

Le titre scientifique le plus certain de Roger Bacon, c'est la réforme du calendrier. Il est aujourd'hui incontestable que le moine franciscain a proposé à Clément IV cette réforme, sollicitée aussi par Copernic, et qui ne s'est accomplie que sous Grégoire XIII, en 1582.

« Les défauts du calendrier, dit Roger Bacon, sont devenus intolérables au sage et font horreur à l'astronome. Depuis le temps de Jules César, et malgré les corrections qu'ont essayées le concile de Nicée, Eusèbe, Victorinus, Cyrillus, Bède, les erreurs n'ont fait que s'aggraver; elles ont leur origine dans l'évaluation de l'année, que César estime être de trois cent soixante-cinq jours et un quart, ce qui tous les quatre ans amène l'intercalation d'un jour entier; mais cette évaluation est exagérée, et l'astronomie nous donne le moyen de savoir que la longueur de l'année solaire est moindre d'un cent-trentième de jour (environ onze minutes); de là vient qu'au bout de cent trente années[1] on a compté un jour de trop, et cette erreur se trouverait redressée si on retranchait un jour après cette période. »

« L'Église, continue Roger Bacon, avait d'abord fixé l'équinoxe du printemps au 25 mars, et maintenant au 21 ; mais l'équinoxe n'arrive pas à cette date. Cette année (Roger écrivait en 1267), l'équinoxe du printemps a eu lieu le 13 mars, et tous les 125 ans environ il avancera d'un jour. L'Église se trompa d'ailleurs dès le principe ; 140 ans après l'incarnation, Ptolémée trouvait que l'équinoxe du printemps avait lieu le 22 mars; il y a de cela 1127 ans. Aujourd'hui il a lieu le 13, c'est-à-dire neuf jours plus tôt, et en divisant 1267 par 9, on obtient 124, qui est le nombre d'années au bout duquel les équinoxes avancent d'un jour. L'Église prétend que le solstice d'hiver tombait le jour de la nativité de Jésus-Christ, le 25 décembre : c'est une erreur. La vérification de Ptolémée l'ayant fixé en l'an 140 au 22, il ne pouvait être, en l'an premier, qu'un peu plus d'un jour en retard, c'est-à-dire du 23 au 24. L'équinoxe du printemps ne pouvait être non plus, en l'an premier, le 25 mars, puisque Ptolémée l'a fixé, pour l'an 140, au 22 de ce même mois; encore moins peut-il être, comme on le compte aujourd'hui, le 21, d'après l'usage de l'Église ; en réalité il vient le 13 à peu près, puisqu'en 124 ans il avance d'un jour. Donc

---

[1] Rigoureusement cent vingt-huit.

d'abord les équinoxes ne sont pas fixes, et puis ils n'arrivent pas aux jours indiqués par l'Église. »

Les erreurs qui concernent les lunaisons ne sont pas relevées par Roger Bacon avec moins de sagacité et d'exactitude. « Le calendrier actuel, dit-il, indique mal les nouvelles lunes; en 76 ans, la nouvelle lune avance sur l'époque fixée par le calendrier de 6 heures 40 minutes [1]; au bout de 356 ans, l'erreur sera d'un jour entier. » En ajoutant d'autres erreurs à celle-là, Roger Bacon arrive à ce résultat qu'après 4266 ans la lune sera pleine dans le ciel et nouvelle sur le calendrier, et il conclut en adressant au pape cette énergique et éloquente adjuration : « Une réforme est nécessaire; toutes les personnes instruites dans le comput et l'astronomie le savent et se raillent de l'ignorance des prélats, qui maintiennent l'état actuel. Les philosophes infidèles, arabes et hébreux, les Grecs qui habitent parmi les chrétiens, comme en Espagne, en Égypte, et dans les contrées de l'Orient, et ailleurs encore, ont horreur de la stupidité dont font preuve les chrétiens dans leur chronologie et la célébration de leurs solennités. Et cependant les chrétiens ont maintenant assez de connaissances astronomiques pour s'appuyer sur une base certaine. Que votre Révérence donne des ordres, et vous trouverez des hommes qui sauront remédier à ces défauts, à ceux dont j'ai parlé et à d'autres encore (car il y en a treize en tout), sans compter leurs ramifications infinies. Si cette œuvre glorieuse s'accomplissait du temps de votre

---

[1] Plus exactement : de 6 heures 8 minutes.

Sainteté, on verrait s'achever une des entreprises les plus grandes, les meilleures et les plus belles qui jamais aient été tentées dans l'Église de Dieu. »

Roger Bacon ne réduit pas ses vues astronomiques à la question particulière du calendrier. Il attaque sur tous les points le système de Ptolémée, et ce qui est fort à son honneur, il l'attaque à l'endroit même qui devait attirer le regard sévère de Copernic et susciter le nouveau système du monde. Le Cosmos de Ptolémée, avec ses emboîtements infinis, avec ses excentriques et ses épicycles, lui paraît artificiel, compliqué, trop asservi aux apparences des sens et infiniment éloigné de la simplicité de la nature.

Si en astronomie Roger Bacon annonce Copernic, l'on peut dire qu'en optique il prépare Newton. A la vérité, les travaux des Arabes dans l'une et l'autre science, particulièrement ceux d'Alpetragius et d'Alhasen, lui ont beaucoup servi; mais il a le mérite, éminent pour l'époque, d'avoir décrit le mécanisme délicat et compliqué de l'œil avec une rare précision et soupçonné l'action de la rétine. Ce n'est pas non plus un faible service d'avoir soutenu contre Aristote que la propagation de la lumière n'est pas instantanée [1], et que la lumière des étoiles leur appartient en propre et ne

---

[1] M. de Humboldt ayant attribué l'honneur de cette découverte à Bacon de Verulam (*Cosmos*, t. III, p. 86), je citerai le texte de Roger Bacon : « Tous les auteurs, dit-il, y compris Aristote, prétendent que la propagation de la lumière est instantanée ; la vérité est qu'elle s'effectue dans un temps très-court, mais mesurable. » (*Opus majus*, p. 298 et 300.)

leur vient pas du soleil, enfin d'avoir essayé de rendre compte de la scintillation stellaire et d'expliquer le phénomène si curieux, et encore si discuté, des étoiles filantes. A son avis, ces météores ne sont pas de véritables étoiles, mais des corps relativement assez petits, *corpora parvæ quantitatis*, qui traversent notre atmosphère et s'enflamment par la rapidité même de leur mouvement.

En fait d'optique, on a attribué à Roger Bacon l'invention des verres de lunette, celle du microscope et du télescope. On voit en effet dans le préambule de l'*Opus tertium* qu'en envoyant son ouvrage à Clément IV, Roger avait chargé Jean, son élève chéri, de remettre au saint-père une lentille de cristal [1]; mais cette indication est vague. Ce qui est hors de contestation, c'est que Roger avait étudié de près le phénomène des réfractions, particulièrement celle qui concourt à produire l'arc-en-ciel, et cherché la loi de déviation des rayons lumineux passant à travers l'atmosphère.

Sa part d'invention en chimie n'est pas aussi facile à démêler [2]. A-t-il découvert le phosphore, le manganèse, le bismuth? a-t-il inventé la poudre à canon? La for-

---

[1] « Puer vero Johannes portavit crystallum sphæricum ad experiendum, et instruxi eum in demonstratione et figuratione hujus rei occultæ. » (*Opus tertium*, ch. 31 du manuscrit de Douai.) — Comparez pages 110 et 111 de la grande édition de Londres, dirigée par M. J.-S. Brewer, Londres, 1859.

[2] Voyez les intéressantes leçons de *philosophie chimique* données au Collége de France par M. Dumas.

mule chimique en est certainement dans ses écrits ; mais peut-être l'avait-il empruntée aux Arabes, ainsi que beaucoup d'autres recettes et observations. Les hommes du métier savent d'ailleurs qu'entre une observation de détail même heureuse, une formule chimique même exacte, un pressentiment même divinateur, entre tout cela et une véritable découverte scientifique il y a une différence infinie. Le fait est qu'en cherchant peu philosophiquement l'introuvable pierre philosophale, les alchimistes ont rencontré beaucoup de vérités qu'ils ne cherchaient pas. Roger Bacon est plus souvent un alchimiste et un astrologue qu'un véritable astronome et un chimiste digne de ce nom. Il croit à la transmutation des métaux et à l'influence des conjonctions célestes sur les événements humains. Les Arabes lui ont assuré qu'Artéphius avait vécu mille vingt-cinq ans, et que l'élixir chimique ferait vivre plus longtemps encore. Il donne des électuaires où entrent l'or potable, des herbes, des fleurs, du *sperma ceti*, de l'aloès, de la chair de serpent, etc.

Alchimiste et astrologue, il ne lui manquait rien pour être un magnétiseur. Je trouve en effet dans Roger Bacon cette grande découverte du dix-huitième siècle, le magnétisme animal, de sorte que s'il a la gloire d'avoir fait pressentir tantôt Copernic, tantôt Descartes, tantôt Newton, il n'a pas échappé au malheur de devancer Mesmer. « L'âme, dit-il, agit sur le corps, et son acte principal, c'est la parole. Or la parole, proférée avec une pensée profonde, une volonté droite, un grand désir et une forte conscience, conserve en elle-même la puissance que l'âme lui a communiquée et la porte à l'extérieur ; c'est l'âme qui agit par elle et sur les forces physiques et sur les autres âmes qui s'inclinent au gré de l'opérateur. La nature obéit à la pensée, et les actes de l'homme ont une énergie irrésistible. Voilà en quoi consistent les caractères, les charmes et les sortiléges ; voilà aussi l'explication des miracles et des prophéties, qui ne sont que des faits naturels. Une âme pure et sans péché peut par là commander aux éléments et changer l'ordre du monde ; c'est pourquoi les saints ont fait tant de prodiges [1]. »

Il faut pardonner à Roger Bacon, qui a devancé de trois siècles les grandes vues des temps modernes, de ressembler par plus d'un mauvais côté aux génies aventureux du seizième siècle. J'avoue qu'il a des traits de Cardan et de Paracelse ; mais il est plus juste de le rapprocher de Kepler. Comme ce grand astronome, il associe les calculs précis et les vues de génie avec les caprices d'une imagination exaltée. Comme lui encore, et je retrouve cette faiblesse dans quelques contemporains, disciples un peu attardés de l'ingénieuse et chimérique renaissance, il introduit les mathématiques dans les choses religieuses et morales, expliquant la trinité par la géométrie et voyant entre l'effusion de la grâce et celle des rayons lumineux les plus belles analogies. Ce qui rachète ces écarts, c'est une sincérité, une candeur, une naïveté parfaites. La source où Roger Bacon puise son ardeur, ce n'est pas le fol orgueil d'étonner le vul-

---

[1] *Opus majus*, p. 251. Comp. *Opus tertium*, cap. 27.

gaire, ou la convoitise des biens matériels; non, c'est la noble ambition de comprendre et de coordonner toutes les parties de l'immense vérité, et de rendre la vérité elle-même secourable et bienfaisante au genre humain.

IV

Promoteur de la vraie méthode, inventeur dans les sciences, Roger Bacon est-il aussi un métaphysicien original? C'est ce que nous laisserait croire volontiers M. Émile Charles, qui a le mérite d'avoir étudié le premier sur l'ensemble des manuscrits cette face du génie de Bacon signalée par M. Cousin, mais encore mal connue et quelque peu incertaine. Nous n'avons nulle peine à comprendre chez M. Charles quelque excès de complaisance et de faveur; mais nous lui demandons la permission de ne nous y associer que dans une certaine mesure. Roger Bacon, je le reconnais, n'est pas un pur savant, et personne ne ressemble moins que lui à ce qu'on appelle aujourd'hui un homme spécial; les grandes controverses métaphysiques de son temps l'ont occupé, cela est notable, cela est intéressant, cela complète la figure du personnage. Il importe par conséquent à l'histoire de la philosophie de rechercher ses opinions sur la matière et la forme, sur le principe de l'individuation, sur les espèces sensibles et les espèces intelligibles, et c'est ce que fait M. Charles avec une grande abondance d'informations, un choix curieux de textes courageusement recueillis. Mais Roger Bacon est-il un métaphysicien vraiment original, égal ou supérieur à ses contemporains Albert le Grand et saint Thomas d'Aquin? M. Charles ose l'affirmer, sauf quelquefois à s'en dédire. Je le crois plus près de la vérité quand il s'en dédit.

Le docte interprète de Roger Bacon pose fort bien le problème métaphysique de la substance : il le pose dans les termes mêmes où le treizième siècle le posa, c'est-à-dire en partant de la distinction de la matière et de la forme; mais à peine M. Charles a-t-il indiqué un peu superficiellement cette distinction célèbre établie par Aristote, qu'il se hâte de déclarer qu'elle n'a pour lui qu'une valeur logique. A son avis, dans la réalité des choses, l'idée de la substance est une idée simple. Voilà qui aurait mérité d'être éclairci et prouvé. Après avoir posé la question de la matière et de la forme, M. Charles pense que la solution qu'en a donnée Bacon *est certainement la plus originale du siècle;* puis, tout en maintenant ce grand éloge, il l'explique en disant que le principal mérite des idées de Bacon sur la substance, *c'est d'être le plus négatives possible;* car, ajoute le savant auteur, la meilleure théorie de la matière et de la forme, c'est celle de Descartes, qui supprime le problème. Descartes a-t-il en effet supprimé le problème, et le plus grand philosophe du monde peut-il supprimer un problème qui a sa racine dans la nature des choses et dans la constitution de l'esprit humain? Ce n'est pas à la légère que le génie profondément pénétrant d'Aristote avait imposé à qui veut pénétrer la nature intime d'un être quelconque ces deux questions : quelle est la substance de cet être, c'est-à-dire le fond, la base, le sujet de ses attributs et de ses modes? et puis quelle est l'essence de cet être, c'est-à-dire son attribut distinctif, caractéristique? La substance, c'est ce qu'Aristote appelle la matière; l'essence, c'est ce qu'il nomme la forme. Il est clair que le problème est parfaitement sérieux et absolument inévitable, à moins de supprimer la métaphysique, moyen de simplification très à la mode aujourd'hui, mais qui n'était pas à l'usage de Descartes.

Même quand il ne s'agit que d'expliquer le monde corporel, Descartes trouve devant lui le problème de la matière et de la forme, et il le résout en imaginant une étendue indéfinie, mobile, figurable et divisible, matière première qui devient toute espèce de corps en recevant une figure et un mouvement déterminés. Ainsi Descartes a eu beau faire, il n'a pu supprimer le problème, et s'il l'avait en effet écarté entièrement, il n'eût pas été un grand métaphysicien. Comment donc Roger Bacon peut-il avoir droit à être proclamé l'auteur de la doctrine la plus originale sur la substance qui ait paru au treizième siècle, s'il s'est borné à écarter un problème inévitable? Il faudrait, pour justifier cet éloge, qu'on démontrât, soit à l'aide de Bacon, soit par de nouveaux raisonnements, que le problème de la matière et de la forme n'existe réellement pas.

Et j'en dirai autant d'un autre problème étroitement lié à celui-là, et fort agité au moyen âge, le problème de l'individuation ou de l'individualité. Ces deux questions ont l'air d'être nouvelles au temps de saint Thomas et de Duns Scot. Ce sont les mots qui trompent. L'esprit humain est ingénieux : quand on dédaigne un problème métaphysique sous une certaine forme pédantesque et vieillie, il feint de quitter la partie et de faire acte de modestie; puis il invente subtilement des formules nouvelles sous lesquelles se cache le problème éconduit, et voilà les métaphysiciens qui se remettent à l'ouvrage, et les générations nouvelles qui se passionnent pour leurs systèmes et leurs combats. Je crains que M. Charles n'ait pas démêlé que le problème de l'individualité n'est autre que le problème de la matière et de la forme, lequel n'est lui-même qu'un aspect du problème éternel des réalistes et des nominaux.

Mais voyons un peu ce que dit Roger Bacon sur la matière et la forme. M. Charles admire la clarté de sa théorie : cela prouve qu'il n'est pas difficile en fait de clarté. Ce que j'entrevois pour ma part dans cette doctrine obscure et indécise, c'est d'abord que tout individu réel, esprit ou corps, corps brut ou corps vivant, esprit humain ou esprit angélique, en tant qu'il est réel, en tant qu'il est une substance, possède matière et forme, c'est-à-dire peut être envisagé par la raison sous le point de vue de l'indétermination ou de la possibilité, ou sous celui de la détermination et de l'actualité. Il y a donc matière spirituelle et matière corporelle, matière angélique et matière humaine. Il n'est donc pas vrai que la forme soit le principe unique de la différence des êtres, comme le veulent de célèbres docteurs, ni que la matière soit, chez l'homme, le principe de l'individuation [1], comme il plaît à d'autres de le soutenir.

Cette théorie paraît plaire beaucoup à l'historien de Roger Bacon ; j'aurais voulu me rendre mieux compte de ses motifs d'admiration. Il dit qu'elle a l'avantage de faire comprendre l'existence des lois générales de la nature, tandis que les autres doctrines rendent ces lois impossibles. Ceci est tout simplement une contre-vérité, car avec la théorie de Roger Bacon, chaque individu ayant sa matière propre et sa forme propre, je ne vois plus quel rapport d'analogie il peut avoir avec d'autres individus. Au contraire, chez saint Thomas par exemple, qui enseigne que le principe d'identité entre les hommes, c'est la forme ou l'âme, et que le principe de différence, c'est la matière ou le corps, on s'explique par l'identité de la forme les lois générales du genre humain ; et quant aux individus, ils trouvent dans la substance ou dans la matière leur principe d'individuation [2]. Ou bien, si l'on admet avec d'autres docteurs que tous les êtres finis sortent d'une commune matière, voilà encore l'explication des lois générales, car alors la matière est le principe des analogies, et la forme le principe des différences. M. Charles prétend que la théorie

---

[1] Voyez les extraits du *Communia naturalium* donnés par M. Charles, d'après le manuscrit de la Mazarine, page 368 et suiv.

[2] Saint Thomas a beaucoup varié sur cette question si abstruse du principe de l'individuation. Consultez le savant ouvrage de M. Charles Jourdain : *La philosophie de saint Thomas d'Aquin*, tome I, page 271 sqq.

de Roger Bacon a l'avantage d'éviter les *formes séparées* du docteur angélique, conception en effet fort bizarre et fort périlleuse, et plusieurs autres difficultés attachées à la théorie thomiste de l'individualité. Soit; mais à la place de ces inconvénients il y en a d'autres. Comment Roger Bacon expliquerait-il l'union de l'âme et du corps, si l'âme et le corps, ayant chacun leur matière et leur forme spéciales, constituent par là même deux êtres profondément séparés, sans analogie réelle et sans union concevable? Et puis le moyen, je vous prie, de comprendre l'immutabilité de Dieu, si Dieu même a une matière en tant qu'il est substance? Je n'insiste pas; mais en vérité je ne vois pas en quoi Roger Bacon mérite le brevet d'originalité métaphysique qu'on veut lui donner. Roger Bacon se trompe en voulant supprimer un problème qui est inhérent à la métaphysique; puis, au lieu de le supprimer, il adopte une solution particulière, sujette à mille objections.

Voici un passage notable de Roger Bacon sur l'universel qui me paraît en pleine contradiction avec la théorie que son historien lui attribue sur la matière et la forme: « Il y a des sophistes, dit Roger [1], qui veulent montrer que l'universel n'est rien, ni dans l'âme, ni dans les choses, et ils s'appuient sur des visions comme celle-ci : que tout ce qu'il y a dans le singulier est singulier. Suivant eux, l'universel n'est rien dans les choses, et le seul rapport entre les objets indivi-

---

[1] Extrait du *De Communibus naturalium*, troisième partie de l'*Opus tertium*, d'après le manuscrit de la Mazarine.

duels consiste dans l'analogie, et non dans la participation à une nature commune; entre un homme et un autre homme, il n'y a d'autre rapport qu'une analogie... »

C'est bien là la doctrine de l'universel, telle qu'elle résulterait des principes de Roger Bacon sur la matière et la forme; cette doctrine est fort connue : elle s'appelle le nominalisme. Qu'arrive-t-il? après lui avoir donné des gages, Roger se ravise et la combat : il distingue dans l'individu deux sortes de caractères, les uns absolus et individuels, les autres relatifs, résultant des rapports de cet individu avec tous ceux qui lui sont unis par une nature commune, telle par exemple que l'humanité. Mais s'il en va de la sorte, si Socrate et Platon, outre leur nature individuelle, participent à une nature commune, il n'est plus vrai que tout être ait sa matière propre et sa forme propre. Il faut que soit la matière, soit la forme aient un caractère général, et alors qu'il y ait entre la matière et la forme autre chose qu'une différence purement logique et artificielle. Je m'étonne qu'un esprit aussi pénétrant que M. Charles n'ait pas vu cette contradiction. Il félicite Roger Bacon d'avoir écarté le problème de l'individuation et d'avoir presque dit, comme plus tard Okkam : *Et ideo non est quærenda causa individuationis.* C'est facile à dire, et au surplus je conçois Okkam se moquant des hæccéités de Duns Scot, le *magister abstractionum*, et des universaux du réalisme. Il n'admet, lui, que des individus ou plutôt que des phénomènes, doctrine très-simple, j'en conviens, très-commode surtout, et que des hommes d'esprit, fils déguisés de Condillac, nous donnent aujourd'hui pour le dernier mot de la science hégélienne; mais nier la substance, ce n'est pas en écarter le problème, c'est le résoudre dans le sens du scepticisme absolu.

Ainsi, d'aucune façon, je ne puis souscrire à la prétendue originalité de la doctrine de Roger Bacon, soit sur la matière et la forme, soit sur l'universel, soit sur l'individuation. J'accorderai que Roger Bacon, tout enclin qu'il fût par vocation et par génie à s'adonner avec passion aux sciences, a eu ce rare mérite d'avoir compris l'importance de la métaphysique; j'accorderai qu'il applique à ces matières un goût de simplicité et une force de bon sens qui l'inspirent quelquefois très-heureusement, comme lorsqu'il rejette cet intermédiaire inutile que la scolastique établissait entre l'esprit et ses objets sous le nom d'espèces sensibles et intelligibles. C'est fort bien fait de souffler sur les fantômes de l'abstraction, mais à condition de ne point aller jusqu'à la négation des problèmes inévitables et des réalités certaines. Roger Bacon incline au nominalisme, mais il y incline sans le savoir. Il n'a pas sur ce point la hardiesse et la netteté de Roscelin, ni la finesse ingénieuse d'Abélard; c'est un nominaliste indécis, et la preuve qu'il n'a pas pleinement conscience de la portée de ses systèmes, c'est qu'il est en théologie d'une orthodoxie parfaite, vraiment moine par ce côté, et moine du treizième siècle, mettant la foi par-dessus tout, acceptant tous les mystères avec humilité, et par surcroît la suprématie du pape et la supériorité du droit canonique sur le droit civil. Que nous sommes loin de la logique d'un Okkam !

Cette médiocrité du sens métaphysique chez Roger Bacon, jointe à cette exacte orthodoxie théologique, achève de le caractériser et de le mettre en un juste rapport avec son siècle et avec les siècles qui ont suivi. A un premier aperçu, celui qui ne songerait qu'aux persécutions qu'il a subies dans son ordre pourrait le prendre pour un moine en pleine révolte, comme aussi, à ne regarder qu'à la hardiesse de certaines vues, on serait tenté de voir en lui un libre penseur, un libertin. Ce serait se tromper dans les deux cas. Roger Bacon n'est point un Luther ni un Bruno. Au milieu de ses élans les plus audacieux vers l'avenir, il reste un franciscain contemporain de saint Bonaventure. Cela est tout simple, on est toujours de son siècle par quelque endroit. Supposer un homme qui n'aurait avec ses contemporains aucun point de ressemblance, c'est supposer plus qu'un prodige, c'est imaginer un monstre, une apparition inexplicable et inutile. Roger Bacon a subi, et qui plus est, librement accepté les conditions de la vie morale au treizième siècle. Il s'est fait moine par vocation, et il est resté moine dans le fond le plus intime de ses croyances. Pour lui, la vérité réside dans les saintes Écritures; il ne reste qu'à l'en faire sortir ou à l'y rattacher; c'est à quoi sert la philosophie. L'Écriture sainte, c'est la main fermée; la philosophie, c'est la main ouverte. Pourquoi les philosophes anciens ont-ils pressenti les plus hautes vérités du christianisme?

c'est d'abord qu'ils ont recueilli par des voies mystérieuses cette première révélation que les patriarches se sont transmise dans son intégrité, et qui s'est communiquée par lambeaux aux sages de tous les pays. Et puis, il y a une raison plus simple et plus profonde de l'accord nécessaire de la philosophie et de la théologie : c'est qu'elles ont la même origine. Ce sont deux rayons du même soleil, car la raison qui éclaire les philosophes, cette *intelligence active*, comme ils disent, qui excite et allume toutes les intelligences, c'est le Verbe même de Dieu, le Verbe qui s'est fait chair et qui a habité parmi nous [1].

Voilà, certes, une manière très-élevée de concevoir l'harmonie de la science et de la foi ; mais qui ne reconnaît à l'instant que cette doctrine est celle-là même qu'ont enseignée tous les grands théologiens du treizième siècle ? Comment se fait-il maintenant que Roger Bacon se montre pénétré d'un si profond dédain pour l'œuvre d'Alexandre de Hales, d'Albert le Grand et de saint Thomas, et qu'il ait employé sa vie à ouvrir une autre voie à ses contemporains ? Voici, je crois, la clef de cette énigme.

Roger Bacon connaît à fond la théologie chrétienne, et il la tient pour absolument vraie. Or, qu'est-ce que la théologie, sinon la solution régulière et raisonnée de tous les grands problèmes qui intéressent l'humanité ? Il y a dans les dogmes du christianisme, et parmi les obscurités mêmes des mystères, une métaphysique

---

[1] *Opus majus*, page 28. Comp. *Opus tertium*, cap. 24.

secrète. La Trinité est-elle autre chose qu'une explication de la nature de Dieu, explication incomplète, il est vrai, lumière mêlée d'ombre, mais proportionnée à nos faibles yeux, en attendant qu'ils soient capables de supporter le plein jour de la vérité contemplée *facie ad faciem*? S'agit-il de concevoir l'origine de l'homme et de toutes choses? La théologie l'explique par la puissance créatrice du Verbe. Et quant à la condition terrestre du genre humain, la religion n'en montre-t-elle pas la cause première dans le péché originel, dogme redoutable et qui pourtant se rattache par des nœuds étroits aux dogmes consolants de l'incarnation et de la rédemption, gages de notre salut et de notre félicité future? Recueillir et comprendre ces dogmes autant que la raison le permet, en saisir les rapports et l'enchaînement, c'est véritablement connaître les premières causes et les premiers principes des choses. Or cette connaissance, c'est ce qu'on appelle proprement la métaphysique. S'il en est ainsi, quelle est l'œuvre la plus féconde que la science humaine ait à se proposer? Quant aux causes premières, la théologie seule les connaît et les enseigne. Reste la région des causes secondes, la région de l'homme et de l'univers. Or, pour connaître l'univers et l'homme, faut-il spéculer d'une manière abstraite sur la cause matérielle et sur la cause formelle, inventer des *espèces intentionnelles*, des *hæccéités*, des *entités*, monde fantastique où l'esprit s'agite stérilement et se consume en vains combats? ou bien encore faut-il tourmenter les écrits d'un ancien, qu'on érige en oracle, sans savoir le lire ni le comprendre, pour aboutir, sous prétexte de conciliation, à corrompre la foi par Aristote et Aristote par la foi? Non, il y a quelque chose de mieux à faire : c'est de laisser là les disputes de l'école et les livres d'Aristote, et de contempler l'univers. Le grand livre de la nature est là ; Dieu l'a mis sous nos yeux pour nous engager à le lire sans cesse et à y chercher les plans de sa sagesse et les secrets de sa toute-puissance. Voilà l'objet de la véritable philosophie.

C'est ainsi que je me représente l'œuvre de Roger Bacon. Je ne vois point en lui un panthéiste enivré de l'infinité des mondes comme Bruno ; j'y trouve moins encore un de ces observateurs à tête dure et étroite qui ne veulent rien voir au delà des phénomènes. C'est un esprit vaste et hardi, capable d'embrasser tout l'horizon de l'esprit humain, mais rebuté par les vices de la métaphysique de l'école, et qui a eu le pressentiment des sciences de la nature à ce degré où le pressentiment est du génie. En dépit de quelques défaillances, la gloire de Roger Bacon est en sûreté. Loin d'avoir reçu quelque diminution des nouvelles recherches de l'érudition française, cette imposante figure en a été à la fois éclaircie et agrandie. Roger Bacon reste, parmi les esprits éminents du moyen âge, le plus extraordinaire. Docteur vraiment merveilleux par l'étendue et la variété de ses connaissances en tout genre comme par la fière indépendance et l'héroïque énergie de son caractère, il a eu en partage, avec le don des vues générales, un autre privilége supérieur, cet esprit d'invention et de découverte qui n'appartient qu'aux meilleurs parmi les plus grands. Certes il est beau d'être un saint Thomas d'Aquin, je veux dire d'exprimer un grand siècle, de lui donner une voix majestueuse et longtemps écoutée ; mais il y a un privilége peut-être plus beau encore, et à coup sûr plus périlleux : c'est de contredire les préjugés de son temps au prix de sa liberté et de son repos, et de se faire, par un miracle d'intelligence, le contemporain des hommes de génie à venir.

II

LA RÉFORME DE RAMUS

LA RÉFORME DE RAMUS[1]

Il est assez de mode en ce moment de décrier l'histoire de la philosophie : c'est, dit-on, une étude épuisée. Platon et Aristote, Descartes et Leibnitz nous ont dit tous leurs secrets ; il est temps que ces illustres morts reposent en paix dans leurs tombeaux et que les vivants prennent la parole.

Voilà un fier langage, voilà, qui mieux est, un généreux appel et qui mérite d'être entendu. Oui, certes, l'érudition et la critique, la plus vaste érudition, la plus fine et la plus profonde critique, ne suffisent point aux besoins de l'esprit humain. Il faut conclure, il faut affirmer, il faut aboutir à des théories et à des systèmes.

---

[1] Ce morceau a été écrit pour la *Revue des Deux Mondes* à l'occasion du savant et curieux ouvrage de M. Charles Waddington : *Ramus, sa vie, ses écrits et ses opinions*, 1 vol. in-8º.

Tout cela est incontestable, et quant à nous, loin de nous plaindre de la nouvelle disposition des esprits et de ces aspirations dogmatiques qui éclatent de toutes parts, nous en éprouvons une véritable joie, y voyant un symptôme des plus heureux, un signe de vitalité intellectuelle et morale. Mais quoi! pour mieux aimer la philosophie, serons-nous obligés d'en dédaigner l'histoire?—Non, dira-t-on, cette histoire a son prix; mais, grâce à Dieu, elle n'est plus à faire, elle est faite. —Il y a ici une grande illusion. Que l'histoire de la philosophie ait été inaugurée avec éclat depuis quarante années, et que cette œuvre immense, poursuivie par un heureux concours d'esprits ingénieux et puissants, soit aujourd'hui fort avancée, je n'en disconviens pas, et j'y vois un des titres d'honneur de notre siècle; mais que tout soit fini, voilà ce que je conteste très-positivement.

Examinons un peu. La philosophie commence-t-elle avec Pythagore et Thalès? Cela pouvait se dire au siècle dernier; depuis les travaux de Colebrooke, cela ne se dit plus. Évidemment il y a eu près des rives du Gange un développement très-vaste, très-varié, très-original, de la pensée humaine. C'est tout un monde de systèmes, d'écoles, de noms illustres, qui nous apparaît au delà des temps historiques, dans un lointain mystérieux. Colebrooke et Eugène Burnouf sont les Cuviers de ce monde disparu. Et sans doute ces philologues créateurs ont ressaisi quelques débris, reconstitué quelques systèmes; mais qu'ils ont laissé de découvertes à faire à leurs successeurs, et qu'il faudra de travaux et de temps avant que les noms de Kapila, de Patandjali, de Kanada, de Djaïmini, de Vyâsa, soient des noms populaires, entourés de cette auréole de gloire qui couronne les noms d'Anaxagore, de Socrate et de Platon! Remarquez, je vous prie, que je n'ai rien dit de la philosophie chinoise. Abel Rémusat, lui, a pourtant conquis son droit de cité dans la république des philosophes, et là encore s'ouvrent devant l'érudition des champs fertiles à moissonner. Quand un savant et consciencieux sinologue nous donnait, il y a quinze ans, un monument plein de grandeur et de mystère, *le Livre de la Voie et de la Vertu* [1], de Lao-Tseu, il ne nous dissimulait pas que le rival de Confucius, si grand qu'ait été son rôle, n'est que le premier anneau d'une chaîne de philosophes qui s'est prolongée à travers un grand nombre de siècles et qui se continue encore.

Je reconnais que l'histoire de la philosophie grecque et latine, à n'en considérer que les grandes parties, est dans un état voisin de l'achèvement; mais, sans parler de mille obscurités de détail qui ne céderont qu'aux efforts de l'érudition la plus rare et la plus délicate, voici une lacune bien considérable à signaler : la philosophie des Pères de l'Église attend un historien. Et sans elle pourtant le moyen âge ne sera jamais éclairci. Quel abîme de complications que cette enfance de l'esprit moderne! Saint Augustin s'y mêle avec saint Denys

[1] Lao-Tseu, *Tao te King*, composé dans le sixième siècle avant l'ère chrétienne, traduit en français et publié avec le texte chinois et un commentaire perpétuel, par Stanislas Julien, in-8°, 1842.

l'Aréopagite et Scot Érigène, l'onde pure du fleuve platonicien avec les affluents orageux et troublés de l'école d'Alexandrie. Bientôt les idées d'Aristote, protégées par l'autorité de sa logique, s'infiltrent partout. Et qui ne sait que ce sont les Arabes qui ont appris le péripatétisme aux Albert le Grand et aux saint Thomas? L'histoire de la philosophie arabe, voilà encore une lacune immense; voilà un livre à écrire. M. Renan en a donné un beau chapitre dans son *Averrhoès;* nulle autre main ne serait plus capable d'élever le monument.

Mais nous ne voulons parler en ce moment que de la philosophie moderne; son histoire est si peu terminée que, depuis deux ans, il s'est publié un grand nombre d'écrits pleins de recherches nouvelles et intéressantes sur Ramus, sur le cartésianisme, sur Spinoza et Leibnitz, sur Kant et Hegel. Attachons-nous d'abord à Ramus, à ce courageux précurseur de Descartes dans la réforme de l'esprit humain.

Rien de plus animé, de plus dramatique, de plus attrayant que cette première époque de la philosophie moderne qu'on appelle la renaissance; aussi a-t-elle eu sa bonne part dans les travaux de l'école moderne. Vanini, Giordano Bruno, Jacob Bœhme, ont les premiers attiré les regards, et c'était justice; mais Vanini et Bruno sont des Italiens, Bœhme est Allemand. Qu'est-ce à dire? la France serait-elle restée étrangère au mouvement de la renaissance philosophique? Non, certes, car s'il est au seizième siècle un personnage remarquable par l'audace de ses entreprises et l'étendue de son influence, c'est un Français, un compatriote de Calvin, l'illustre et infortuné Ramus.

Les grands traits de cette figure historique, dispersés dans de Thou, dans Étienne Pasquier, dans Scévole de Sainte-Marthe, ont été réunis par Bayle et par Brucker, sans parler des dévots de Ramus comme Nancel et ces deux savants hommes, Freigius et Banosius, dont les petits dissentiments ont égayé Voltaire [1]. Malgré le nombre et la richesse de ces matériaux, il restait encore une foule de particularités à éclaircir; il restait à faire connaître les écrits de Ramus, autrefois si populaires et tirés à vingt éditions, aujourd'hui si prodigieusement rares; il restait enfin à caractériser le génie et l'influence de ce puissant réformateur, qui a tant honoré la philosophie et la France. M. Waddington s'est chargé de cette noble entreprise, philosophique et patriotique tout à la fois. Il a écrit la biographie de Ramus avec un soin religieux et en homme qui ne veut rien laisser à faire après lui. Aussi bien il n'y aura désormais aucune part d'inconnu dans les moindres détails de cette orageuse carrière terminée par une fin si tragique. C'est un récit complet et définitif, modèle de patience, d'exactitude et d'érudition.

Pierre de la Ramée naquit dans un village du pays Vermandois, à Cuth, entre Noyon et Soissons, non pas en 1502, selon la conjecture de quelques historiens, mais, comme l'établit M. Waddington, en 1515. Nous

---

[1] *Dictionnaire philosophique*, art. *Du Quisquis de Ramus ou la Ramée.*

savons par Ramus lui-même, et il a le bon goût de s'en faire honneur, que son père était laboureur et son grand-père charbonnier. A l'âge de huit ans, cet enfant quitte son village et va demeurer à Paris. Qu'y vient-il chercher? la fortune? non, la science. Il se fait domestique d'un écolier du collége de Navarre, et parvient ainsi à suivre les cours de la faculté des arts, où il rencontre pour compagnons d'étude Ronsard et deux futurs cardinaux, Charles de Bourbon et Charles de Lorraine. Dans la journée, Ramus servait son maître; la nuit il lisait Cicéron.

Qu'enseigna-t-on à Ramus pendant ses trois années de philosophie? la logique d'Aristote. Et quel fut l'effet de cet enseignement? on en peut juger par le coup d'essai du jeune logicien; ce fut une thèse ainsi conçue : *Que tout ce qu'enseigne Aristote n'est que fausseté.* Le scandale fut immense, mais le talent parut si merveilleux que Ramus se fit applaudir et fut reçu maître ès arts. Ce succès était une surprise, et la philosophie officielle attendait l'occasion de s'en venger. Ramus ne tarda pas à la lui fournir; il publia coup sur coup deux ouvrages également hardis, l'un où il reprenait la doctrine d'Aristote pour la renverser de fond en comble, l'autre où il proposait une nouvelle dialectique [1].

Deux péripatéticiens d'importance, Joachim de Périon, docteur de Sorbonne, et Antoine de Govéa relè-

---

[1] Petri Rami Veromandui *Dialecticæ partitiones*, etc., Parisiis, 1543. — Ejusdem *Aristotelicæ animadversiones*, Parisiis, 1543. — Sur ces deux ouvrages, consultez le catalogue des écrits de Ramus, savamment dressé par M. Waddington.

vent le gant. Pendant qu'ils argumentent, le recteur de l'Université dénonce le novateur à la censure de la faculté de théologie. Bientôt l'Université en corps se prononce et sollicite des magistrats un arrêt pour la suppression immédiate des deux ouvrages incriminés. Ramus est cité devant le prévôt de Paris. L'émotion grossissant toujours, l'affaire est portée à la grand'-chambre du parlement; enfin elle paraît si grave qu'elle est évoquée au conseil du roi. On nomme, pour entendre Ramus, une commission où ses adversaires sont en majorité, et le procès se termine par un arrêt du conseil où le roi de France se prononce en faveur du système d'Aristote :

« François, par la grâce de Dieu, roy de France [1]... Comme entre les aultres grandes sollicitudes que nous avons tousjours eues de bien ordonner et establir la chose publique de nostre royaulme, nous ayons mis toute la peine que possible nous a esté de l'accroistre et enrichir de toutes bonnes lettres et sciences à l'honneur et gloire de Nostre-Seigneur et au salut des hommes. Et puis naguères advertiz du trouble advenu à nostre chère et aymée fille l'Université de Paris, à cause de deux libvres faictz par maistre Pierre Ramus, intitulez l'ung *Dialecticæ Institutiones*, et l'autre *Aristotelicæ Animadversiones*... Et que, parce qu'en son libvre des *Animadversions* il reprenoit Aristote, estoit évidemment cogneue et manifestée son ignorance, voire

---

[1] Nous citons, avec M. Waddington, le texte très-rare de la *Sentence* imprimée à part. (Paris, 1543, quatre feuillets.)

qu'il avoit mauvaise volonté, de tant qu'il blasmoit plusieurs choses qui sont bonnes et véritables, et mettoit sus à Aristote plusieurs choses à quoy il ne pense oncques...

« Avons condamné, supprimé et aboly les dits deux libvres... Faisons inhibitions et défenses à tous imprimeurs... et semblablement au dit Ramus de ne plus lire les dits libvres, ne lire en dialectique ne philosophie, en quelque manière que ce soit, sans nostre expresse permission : aussi de ne plus user de telles médisances et invectives contre Aristote, ne aultres anciens autheurs receus et approuvez, ne contre nostre dicte fille l'Université et supposts d'icelle, sous les peines que dessus... »

Ramus n'était point homme à se laisser abattre par ce coup. Un parti nombreux et redoutable était contre lui; mais il avait pour lui ce souffle puissant de rénovation intellectuelle qui, à l'aide de l'imprimerie, commençait à circuler partout, au sein des parlements, parmi la haute bourgeoisie, dans les écoles, et pénétrait déjà jusqu'à l'autorité royale. Ce même roi, auquel les cris de l'Université viennent d'arracher un odieux et ridicule édit en faveur d'Aristote, avait fondé le Collége de France. Or quel était le sens de cette création? un sens libéral et réformateur. En effet, toute l'économie du Collége royal porte l'empreinte d'une conquête de l'esprit nouveau sur la vieille tradition universitaire. L'enseignement y est donné à tous sans condition. Et quel en est le cadre? aussi vaste que l'esprit humain. L'Université n'enseignait guère que le latin et Aristote; au

Collège de France, on commence à enseigner les langues orientales, la littérature grecque, la philosophie de Socrate et de Platon. Chose qui paraîtra étrange à plusieurs, l'hébreu et le grec ont été au seizième siècle des nouveautés, des hardiesses, des instruments de liberté et de progrès! Et ce qui marque bien le caractère libéral de la noble institution naissante, c'est que l'autorité royale, qui s'était d'abord associée aux adversaires de Ramus, finit par instituer Ramus lui-même au Collège royal comme professeur de philosophie et d'éloquence. Donner une chaire publique à l'adversaire déclaré d'Aristote et consacrer l'association de l'éloquence et de la philosophie à une époque où le syllogisme imposait à tous les esprits le joug impérieux de ses formules inflexibles, voilà certes une initiative hardie dont il faut être reconnaissant à la royauté.

L'apparition de Ramus au Collège de France fut un événement. Des milliers d'auditeurs accoururent sur la place Cambrai, passant par le même chemin qu'avaient gravi autrefois ces armées d'ardents écoliers qui accompagnaient Abélard sur la montagne Sainte-Geneviève. Devant cette foule immense et diverse, où le clergé, le parlement, la cour, ont leurs représentants, et qui cache plus d'un adversaire attentif, Ramus déclare hautement ses desseins. Il vient ranimer la philosophie mourante, en lui rendant la méthode libre et généreuse de Socrate et de Platon. Assez longtemps les formules d'une logique stérile et sans vie ont enchaîné les esprits et desséché les âmes. Le jour est venu de quitter les disputes vaines et de secouer la poussière de l'école pour aller respirer l'air pur et la grande lumière de la belle antiquité. La philosophie n'est pas dans un seul livre, dans Aristote moins qu'ailleurs. Elle n'est pas même tout entière dans Socrate et dans Platon ; elle est aussi dans Homère, dans Virgile, dans Cicéron, dans les grands poëtes et les grands orateurs, dans tout ce qui est pénétré d'une inspiration sublime, dans tout ce qui éclaire, échauffe et vivifie le cœur des hommes.

On se figure l'effet de telles pensées produites par un homme déjà célèbre, à deux pas de la vieille Sorbonne, en face de l'armée péripatéticienne des maîtres de l'Université. Ramus était éloquent. Tandis que la nouveauté de ses idées excitait les intelligences, il captivait l'oreille et l'imagination par le charme d'une élégance alors inouïe. Avec beaucoup de chaleur et de grâce, il avait le don supérieur de l'homme qui enseigne, je veux dire l'autorité. Tous les contemporains sont d'accord sur ce point. « Ramus, dit Scévole de Sainte-Marthe, était surtout remarquable, lorsqu'en présence d'une foule immense d'auditeurs, il interprétait avec une grande dignité de geste et de langage les grands écrivains latins, et singulièrement Cicéron. »

Écoutons un juge sans complaisance, le spirituel et malicieux Brantôme : « Monsieur Ramus estoit un fort disert et éloquent orateur, et peu s'en est-il veu de semblables ; car il avoit une grâce inégale à toute autre qui secouroit davantage son éloquence... » Brantôme rapproche Ramus d'un autre professeur du Collége de France, le savant Turnèbe : « Monsieur Turnébus fut aussi un très-sçavant homme en grec et en latin, mais non qu'il eust *telle piaffe de parler en seigneur*, comme Ramus. » Enfin voici un éloge qui efface tous les autres; il est de la bouche d'Étienne Pasquier : « Ramus, dit ce grave et judicieux personnage, Ramus, en enseignant la jeunesse, estoit un homme d'estat. »

Le nouvel enseignement philosophique retentit au delà de Paris et de la France; il se répandit dans toute l'Europe. Un contemporain nous assure que nombre d'étrangers faisaient le voyage de Paris rien que pour entendre Ramus, et comme, après avoir fait des cours éloquents, il publiait des livres hardis, non plus seulement en latin à l'usage des savants, mais en français et pour tout le monde, ce qui n'était pas la moins heureuse, ni la moins féconde de ses nouveautés [1], Ramus devint un personnage européen. Aussi, quand les troubles politiques et religieux de la Ligue le forcèrent à quitter pour un temps la France, ses visites aux principales académies de l'Europe, à Strasbourg, à Berne, à Zurich, à Heidelberg, à Genève, furent une suite d'ovations. Il faisait des cours sur Cicéron, sur Quintilien, sur Platon; on l'écoutait avec transport, on lui donnait des fêtes, on le saluait du nom de Platon français.

Le dénoûment de cette carrière active et brillante est

---

[1] Le premier ouvrage de philosophie écrit en français, plus de soixante ans avant le *Discours de la Méthode*, c'est la *Dialectique* de Ramus. Voici le titre de la première édition : « Dialectique de Pierre de la Ramée à Charles de Lorraine, cardinal, son Mécène. » A Paris, chez Wéchel, 1555, in-4°, 140 pages. M. Waddington a donné, à la fin de son livre, la préface ingénieuse et éloquente de la Ramée, accompagnée de vingt lettres inédites.

malheusement trop connu : Ramus avait embrassé la réforme ; il fut une des victimes de la Saint-Barthélemy. Quelques sentiments de regret et d'indignation qui s'élèvent ici dans le cœur de tout honnête homme, l'occasion serait mal choisie pour faire le procès aux chefs du parti catholique. Ni Catherine de Médicis, ni Charles IX, ni la Ligue, ne sont directement responsables de cette mort. Loin de là, Ramus a été protégé toute sa vie par les cardinaux de Lorraine et de Bourbon ; Henri II et Charles IX l'ont comblé de faveurs. — Après le massacre de Vassy, Ramus obtint un sauf-conduit du roi pour quitter Paris, et Catherine lui ouvrit un asile à Fontainebleau. S'il ne put remonter dans sa chaire, du moins il en garda le titre, et le cardinal de Bourbon voulut que le traitement de ses places fût doublé.

Ce n'est donc point la passion religieuse qu'il faut accuser, pas plus que la passion politique ; c'est une haine toute personnelle. Le véritable auteur de la mort de Ramus est son collègue Jacques Charpentier, qui profita de l'impunité accordée à l'assassinat politique et religieux pour faire massacrer Ramus par des sicaires. C'est un point que M. Waddington a établi à la suite d'une information régulière, poursuivie avec un soin scrupuleux et une modération parfaite.

La question est maintenant d'apprécier la valeur philosophique de Ramus, et c'est ici que je ne puis souscrire entièrement aux conclusions de son savant historien.

Selon M. Waddington, Ramus est le plus grand philosophe et même le seul philosophe de la renaissance, et l'influence qu'il a exercée sur son siècle n'est comparable qu'à celle de Descartes sur le sien. Comparez ces deux époques, nous dit M. Waddington. De même que tous les philosophes du dix-septième siècle se partagent en cartésiens ou semi-cartésiens et anti-cartésiens, de même le seizième siècle a ses ramistes, ses semi-ramistes et ses anti-ramistes, lesquels sont répandus sur la face entière de l'Europe, en Suisse, en Allemagne, aux Pays-Bas, en Angleterre, en Écosse, en Italie, et jusqu'en Danemark, en Espagne et en Portugal.

Ce rapprochement est curieux sans doute, mais n'a-t-il pas plus d'apparence que de réalité? Je conviens que l'influence de Ramus offre pour ainsi dire une grande surface ; mais a-t-elle eu beaucoup de profondeur? En un mot, Ramus fut-il autre chose qu'un grand homme d'école? Je ne le crois pas. Quand M. Waddington proclame Ramus le plus grand philosophe du seizième siècle, il est clair qu'il ne pense ni à Montaigne ni à Rabelais. Il prend le mot philosophe dans son sens le plus strict. Eh bien ! soit ; mais à ce compte le seizième siècle nous présente encore des hommes tels que Vanini, Pomponace, Campanella, Telesio, et surtout cet infortuné jeune homme, qu'un sentiment exalté des grandeurs de l'esprit moderne fit périr à trente ans sur un bûcher, en qui débordaient l'esprit, la verve, l'imagination et l'enthousiasme, — le défenseur de Copernic, le platonicien novateur, le noble, l'ingénieux, l'éloquent, le chimérique et sublime Giordano Bruno.

Pour être élevé au-dessus de tant d'esprits supérieurs,

qu'a donc fait Ramus? Je le demande à son exact et habile interprète. A-t-il, comme Descartes, attaché son nom à un vaste mouvement d'idées? non. A-t-il jeté dans le monde un système original? pas davantage. A-t-il du moins ranimé quelque grand système, comme Bruno le platonisme alexandrin? encore une fois non. Quel est donc le titre philosophique de Ramus? Je n'en vois plus qu'un seul dont on puisse le gratifier : c'est d'avoir été l'inventeur ou le promoteur d'une méthode. Ramus, en effet, a écrit sur la dialectique; il a combattu l'*Organon* d'Aristote et célébré la méthode de Socrate et de Platon.

Est-ce ainsi que M. Waddington entend les choses? Je dirai alors que si Ramus avait en effet inauguré une méthode nouvelle, ou seulement ranimé une ancienne méthode tombée dans l'oubli, je consentirais à le rapprocher, sinon de Descartes, qui a bien d'autres gloires avec celle-là, au moins de Bacon. Et en effet il pourrait y avoir une certaine grandeur à substituer au syllogisme d'Aristote la dialectique de Platon, cette méthode si souple, si libre, si hardie, si éminemment propre à la découverte et à l'invention; mais il faut le dire, tout en admirant avec transport Socrate et Platon, Ramus les connaît peu et les entend mal. J'ose assurer qu'il n'a jamais soupçonné la véritable portée de la dialectique platonicienne. Écoutez-le quand il célèbre ce qu'il appelle la véritable méthode : « Il n'y a qu'une méthode, qui a été celle de Platon et d'Aristote aussi bien que d'Hippocrate et de Galien... Cette méthode se retrouve dans Virgile et dans Cicéron, dans Homère et dans Démosthènes; elle préside aux mathématiques, à la philosophie, aux jugements et à la conduite des hommes [1]. »

Quoi de plus vague que ces indications, et, si l'on veut presser les choses, quoi de plus incohérent? Dire que la vraie méthode philosophique est dans Virgile et dans Cicéron, dans Homère et dans Démosthènes, c'est parler non en logicien, mais en humaniste [2]. Si Ramus veut dire en général qu'il faut s'inspirer de tous les beaux génies, au lieu de suivre les règles étroites de l'école, il a raison, il parle d'or; voilà un bon conseil, mais ce n'est pas une méthode.

Ramus essaye-t-il de préciser un peu sa méthode prétendue, il fait voir qu'il n'en a pas le secret, car il dit qu'elle préside à la fois à la philosophie et aux mathématiques. Or quelle est la méthode des mathématiques? c'est la méthode par définition et démonstration, celle-là même dont Aristote a tracé les lois. Est-ce par hasard cette méthode que Ramus conseille à la philosophie? Mais alors que nous parle-t-il de quitter Aristote pour Platon, et de restaurer la méthode socratique et platonicienne? Socrate et Platon ne procédaient pas par syllogisme. Ils n'exposaient pas la vérité toute trouvée à des disciples dociles; ils faisaient profession de ne rien savoir et de chercher sans cesse la vérité; ils la cherchaient par l'observation. Voilà une grande méthode,

---

[1] Voyez la préface des *Scolæ in liberales artes*, et M. Waddington, p. 343.

[2] M. Waddington en fait loyalement l'aveu, page 374.

et c'est l'honneur de Bacon et de Descartes de l'avoir rendue à l'esprit humain, qui semblait l'avoir oubliée, et d'en avoir ranimé la fécondité immortelle. L'un convie l'esprit moderne à l'observation de la nature, l'autre l'invite à se replier sur lui-même; l'un et l'autre excluent la méthode raisonneuse, abstraite, nominale, des scolastiques; l'un et l'autre sont pour l'observation. Ramus a-t-il connu et décrit cette méthode? certainement non. L'a-t-il seulement entrevue? Si peu en vérité qu'au contraire il lui tourne le dos, quand il conseille formellement la méthode démonstrative, non pas seulement pour la géométrie, où elle est parfaitement de mise, mais pour les sciences physiques, où elle ne saurait s'appliquer.

Au fond, toutes les inventions de Ramus, toutes ces nouveautés dont on fait un peu trop de bruit et qu'on appelle pompeusement le ramisme, tout cela se réduit à quelques simplifications, à quelques perfectionnements de détail qu'il a introduits dans la vieille théorie du syllogisme. Mais alors pourquoi donc a-t-il passé sa vie à combattre la logique d'Aristote? Si la méthode du raisonnement est la méthode universelle des sciences, alors l'*Organon* est le dernier mot de la logique; que dis-je? c'est le code complet et définitif de l'esprit humain.

On se demande ce que Ramus pouvait attaquer dans le chef-d'œuvre du philosophe de Stagyre? Rien d'essentiel en vérité. Aussi que faisait-il? Il niait l'authenticité de l'*Organon*, thèse insoutenable. Il reprochait à Aristote de ne pas avoir défini ni divisé la logique, deux accusations aussi mesquines qu'injustes. A vrai dire, Ramus attaquait Aristote, non en philosophe, mais en lettré. Il n'attaquait même pas le véritable Aristote, mais l'Aristote des écoles, et ici sa critique avait, j'en conviens de grand cœur, une importance et une efficacité réelles. Il reprochait à la logique des écoles d'être subtile, compliquée, abstraite, de tourner l'esprit aux distinctions vaines et aux stériles disputes, de dessécher l'imagination, de fausser le jugement, d'étouffer le goût de la grande éloquence et de toutes les beautés supérieures.

La réforme de Ramus n'était donc pas proprement une réforme philosophique, mais une réforme pédagogique, littéraire, morale. Je reconnais l'importance et la légitimité de cette réforme. En agissant puissamment sur la jeunesse, Ramus a excité et fécondé les esprits. Les génies les plus divers, un d'Ossat, un Milton, un Arminius, se sont honorés d'avoir été ses disciples. C'était un grand professeur, un grand homme d'école ; mais je ne puis accorder qu'il ait été ni un grand philosophe, ni un grand logicien.

Je le loue de s'être enrôlé dans la croisade contre la scolastique, bien qu'il ait mal choisi ses points d'attaque et qu'il ne soit venu qu'après Lefèvre d'Étaples, Érasme, Laurent Valla, Vivès et beaucoup d'autres ; je lui sais gré d'avoir écrit d'excellents livres de classe qui ont simplifié les méthodes, associé heureusement la rhétorique et la logique, répandu le goût de la belle littérature, stimulé l'esprit de libre recherche ; je rends hommage à son caractère, bien que son désir des nouveautés allât jusqu'à le rendre un peu trop contredisant, comme le reproche lui en a été fait par Rabelais [1] et par Théodore de Bèze [2]; j'admire ses vertus, son zèle pour la vérité, son ardeur indomptable, sa fermeté, sa chasteté, sa droiture; je déplore sa cruelle et sanglante mort; mais je réserve à d'autres ce sentiment particulier d'admiration qui ne s'attache qu'à la grandeur du génie. Je lis avec curiosité, quand je parviens à les rencontrer, ses

[1] Rabelais, s'étant trouvé mêlé par le recteur Pierre Galland aux querelles de l'Université avec Ramus, se moque de tous deux dans son *Pantagruel* : « Mais que ferons-nous (dit Jupiter à Priapus) de ce Rameau et de ce Galland, qui, caparaçonnez de de leurs marmitons, suppôts et astipulateurs, brouillent toute ceste académie de Paris? J'en suis en grande perplexité. ... L'ung ha quelque sçavoir, l'aultre n'est ignorant. L'ung aime les gens de bien, l'aultre est des gens de bien aimé. L'ung est ung fin et cauld regnard, l'aultre mesdisant, mesescrivant et aboyant contre les anticques philosophes et orateurs comme ung chien. » (*Pantagruel*, nouveau prologue du livre IV.)

[2] Ramus, devenu protestant, porta dans les choses religieuses l'ardeur novatrice qu'il avait déployée dans les choses d'enseignement et de littérature. On pense bien que cela ne pouvait plaire aux rigides calvinistes de Genève; aussi Théodore de Bèze traite-t-il Ramus fort durement : « Ce faux dialecticien, dit-il, que plusieurs savants ont surnommé jadis le *rameau de Mars*, a engagé une assez grave dispute sur tout le gouvernement de l'Église, qu'il prétend devoir être démocratique, non aristocratique, ne laissant au conseil presbytéral que les propositions. C'est pourquoi le synode de Nîmes, auquel j'assistais, a condamné cette opinion, qui, à mon avis, est complétement absurde et pernicieuse. S'il se soumet avec sa petite bande, à la bonne heure; sinon, il causera de grands embarras, car c'est un homme toujours prêt à porter le trouble dans ce qui est le mieux ordonné. » (Voyez Bayle, *Dictionnaire critique*, art. *Ramus*.)

rares et précieux écrits, surtout sa *Dialectique*, le premier ouvrage de philosophie qui ait été écrit en langue française; mais je me donne bien de garde de les placer à côté du *De Augmentis*, et moins encore à côté du *Discours de la méthode* et des *Méditations*.

III

DESCARTES

SA VIE ET SON ŒUVRE

DESCARTES

SA VIE ET SON ŒUVRE [1]

On ne se ferait qu'une faible idée du génie de Descartes et des services qu'il a rendus à l'esprit humain, si l'on ne prenait soin de se rendre compte de l'état déplorable où ce grand homme trouva les sciences et la philosophie. Certes, la liberté de la pensée était immense au seizième siècle ; mais la liberté ne vaut que par ses fruits. Or que produisait-elle à cette époque ? de deux choses l'une : ou des imitations stériles et tout artificielles des grandes philosophies de l'anti-

---

[1] Ce morceau a été écrit pour le *Plutarque français*. Il nous a paru trouver naturellement sa place dans un livre consacré aux précurseurs et aux disciples de Descartes. Nous l'avons donc repris, mais à condition, bien entendu, de le refondre et de l'agrandir, soit à l'aide de plusieurs de nos propres écrits, soit en faisant notre profit des pièces inédites qui ont été découvertes et publiées dans ces derniers temps.

quité, ou de vaines utopies et des systèmes monstrueux. Lisez les *Dialogues* de Vanini, lisez la *Cité du Soleil* de Campanella, ou même le *De l'infinito principio e uno* de Giordano Bruno : vous n'y serez pas moins choqué de l'insupportable emphase des promesses que de la pauvreté des résultats. Combien ces informes ébauches étaient, à mille égards, inférieures à la philosophie qu'on voulait remplacer !

Il serait curieux de rapprocher, par exemple, deux génies qu'en des temps différents Naples a donnés à la France, Vanini et saint Thomas, et de comparer la *Somme de théologie* avec l'*Amphithéâtre magique et divin, chrétien et physique, astrologico-catholique, de la divine Providence*. D'un côté, quelle magnifique et sévère ordonnance, et de l'autre quel chaos ! Ici, quelle gravité ! et là, quelle puérile jactance ! Quelle précision, quelle exactitude, quelle mesure chez le saint docteur ! et dans le libre penseur, quelle intempérance, quelle indécision, quel dérèglement ! Mais, si énorme que soit la différence de ces deux ouvrages, un intervalle plus grand encore les sépare d'un autre livre, bien modeste et bien chétif, à ce qu'il semble, mais qui est le germe d'où va sortir un nouveau monde : je parle du *Discours de la Méthode*. On ne doit pas oublier qu'en publiant cet ouvrage, Descartes y joignait comme supplément la *Dioptrique*, la *Géométrie* et les *Météores*. Ainsi, d'un seul coup, il fondait sur la base d'une méthode nouvelle deux sciences encore à peu près inconnues et d'une portée infinie, la physique mathématique et l'application de l'algèbre à la géométrie, et en même temps il préludait aux *Méditations* et aux *Principes*, c'est-à-dire à une métaphysique originale et à l'explication mécanique de l'univers. Il faut ici le déclarer hautement, en mettant à part tout sentiment déplacé de patriotisme : jamais homme au monde n'a été doué à ce degré du génie créateur. Sans Descartes, l'Angleterre n'eût jamais porté Newton, ni l'Allemagne Leibnitz. Newton a découvert, je le sais, le vrai système du monde ; mais Descartes lui en avait pour ainsi dire remis la clef en réduisant la découverte de ce système à un problème de mécanique. Et de même, si Leibnitz a pour jamais attaché son nom au calcul de l'infini, on peut dire qu'il n'y serait certainement pas venu sans l'analyse cartésienne.

Combien pâlit plus encore à côté du vrai fondateur de la philosophie moderne la gloire trop célébrée de Bacon! Sans imiter, contre l'auteur du *Novum Organum*, les injustes sévérités de Joseph de Maistre, qui avait pour haïr Bacon des raisons dont, grâce à Dieu, nous sommes affranchi, sans refuser à ce rare génie l'incontestable honneur d'avoir réduit en beaux et lumineux préceptes des méthodes que d'autres avaient pratiquées avant lui, et qui du reste, il faut bien l'ajouter, n'ont rien produit entre ses mains de considérable, osons dire que Bacon est si peu le fondateur de la philosophie du dix-septième siècle qu'il nous fait beaucoup plutôt l'effet d'un homme du siècle précédent. Il a le noble enthousiasme des Bruno et des Pomponace, mais il en a aussi la bizarrerie et l'emphase. Lui-même se compare sans cesse à Christophe Colomb : je le veux bien; mais c'est un Christophe Colomb qui se borne à pressentir l'Amérique et à la chanter en très-beau langage, laissant à d'autres le soin de la découvrir et de l'explorer.

Le vrai Christophe Colomb, c'est Descartes. Autant Bacon reste inconnu à son siècle, autant Descartes remplit le sien. Tout y ressent son influence, tout y porte l'empreinte de son génie, tout y est teint de ses couleurs. Les plus grands, les plus libres esprits s'honorent de le suivre; Arnauld, Bossuet, Fénelon admirent et adoptent sa métaphysique. Malebranche, en lisant un de ses moindres écrits, se sent éclairé et comme ébloui d'une lumière surnaturelle, et, vouant au génie créateur qui a réveillé le sien une admiration presque religieuse, il s'écrie que le genre humain doit plus de vérités au seul Descartes qu'à tous les autres philosophes pris ensemble qui se sont succédé depuis deux mille ans. Éloge immense et qui ne paraîtra pas trop exagéré, si l'on songe que Descartes donnait à la fois à son siècle les découvertes les plus merveilleuses et la méthode qui devait les étendre et les féconder. Suivons depuis ses premiers pas et dans tout le cours de son développement ce génie extraordinaire qui a voulu tout devoir à lui-même, rien au passé ou à ses contemporains.

René Descartes naquit le 31 mars 1596. C'est à Lahaye, petite ville de Touraine, entre Tours et Poitiers, que sa mère lui donna le jour, mais il avait été conçu à Rennes, et sa famille appartenait à une des plus anciennes maisons de la Bretagne. Le nom de ses pères s'écrivait autrefois *Des Quartes*, et dans un titre latin du quatorzième siècle, *De Quartis*. Son grand-père se jeta dans Poitiers en 1569 avec le comte du Lude, pour en soutenir le siége contre les réformés ; mais son père préféra la robe à l'épée et fut nommé conseiller au parlement de Bretagne en 1586. Il eut d'une première femme un fils qui devint comme lui conseiller au parlement de Bretagne, une fille qui se maria depuis au seigneur du Crevis, et un troisième enfant qui fut Descartes. Le titre de seigneur du Perron, qu'on trouve souvent joint à son nom, lui vient d'une petite seigneurie en Poitou qui appartenait à sa famille et qui lui fut donnée en propre, lors du partage de la succession de sa mère [1].

Dès l'âge de huit ans (en 1604), Descartes fut envoyé par son père au nouveau collége des jésuites établi tout récemment à La Flèche pour la noblesse française dans un palais de Henri IV et doté par ce prince d'un revenu de onze mille écus d'or. Après l'attentat de Ravaillac, lorsque le cœur du roi fut porté à la maison de La Flèche,

---

[1] Voir la *Vie de Descartes* par Baillet, et l'excellente *Notice biographique sur Descartes* de M. Adolphe Garnier. Outre ces deux ouvrages, nous avons puisé, pour tout notre travail, dans les écrits suivants : *Pensées de Descartes*, par l'abbé Eymery ; *Exposition de la philosophie de Descartes*, dans les *Fragments* de M. Royer-Collard ; *Du* COGITO ERGO SUM, dans les *Fragments* de M. Cousin ; *Notice sur Descartes*, par Michelot ; *Éloge de Descartes*, par Thomas, avec des notes bibliographiques.

Nous avons tiré aussi plus d'un renseignement curieux et nouveau des publications récentes de M. Foucher du Careil sur Descartes.

Descartes fut un des vingt-quatre gentilshommes choisis pour l'aller recevoir.

On vit éclater dès le collége la supériorité et l'indépendance d'esprit de celui qui devait un jour renouveler la face des sciences. Il embarrassait son régent de philosophie de mille objections. Voici quelle était sa manière d'argumenter : il s'attachait d'abord à la définition de tous les mots de la question, faisait expliquer le sens des principes reçus dans l'école, proposait ensuite certaines vérités, et quand on en était demeuré d'accord avec lui, il présentait son argument, dont il était alors très-difficile de venir à bout.

Quelque intérêt que prît Descartes à la philosophie, cette étude ne le satisfaisait pas. La logique de ses maîtres lui paraissait chargée d'une foule de préceptes inutiles ou dangereux; il s'occupait à l'en séparer, *comme le statuaire*, dit-il lui-même, *travaille à tirer une Minerve d'un bloc de marbre qui est informe*. Leur métaphysique le révoltait par la barbarie des mots et le vide des idées, leur physique par l'obscurité du jargon et par la fureur d'expliquer tout ce qu'elle n'expliquait pas. Les mathématiques seules le contentèrent; il y trouva l'évidence qu'il cherchait partout. Quelques auteurs prétendent qu'il inventa, étant encore au collége, sa fameuse *Analyse*. Ce serait un prodige bien plus étonnant encore que celui de Newton, qui, à vingt-cinq ans, avait trouvé le calcul de l'infini, et de Leibnitz qui cherchait à quinze ans dans les jardins de Leipzig la conciliation de la philosophie d'Aristote avec celle de Platon.

Descartes trouva au collége, dans deux de ses maîtres, le P. Charlet et le P. Dinet, deux amis avec lesquels il resta en correspondance toute sa vie. C'est aussi dans cette maison qu'il se lia avec le P. Mersenne, qui entra depuis aux Minimes, et qui était venu terminer ses études à La Flèche au moment où Descartes y commençait les siennes. Mersenne avait près de huit ans de plus que son jeune camarade. Il est donc probable qu'ils eurent au collége peu de relations; mais quand ils se retrouvèrent dans le monde, le souvenir de ces premières années de leur jeunesse fut un lien et un charme de plus dans leur étroite amitié.

Sorti de La Flèche à 16 ans (en 1612), Descartes passa une première année à Rennes au sein de sa famille. L'année suivante, il fut envoyé à Paris sous la conduite d'un valet de chambre. On a parlé avec quelque exagération des premiers désordres de sa jeunesse. Descartes se livra sans doute avec ardeur aux plaisirs de son âge; mais ce qui prouve qu'il ne s'y laissa point entraîner sans réserve, c'est sa liaison avec le jeune Mydorge, fils d'un conseiller au parlement et neveu du président Chrétien de Lamoignon, aussi bien que son commerce intime avec Mersenne, qui était venu faire sa théologie à la Sorbonne et avait déjà reçu l'ordination. Mydorge avait la passion des sciences mathématiques et physiques. Cherchant un état qui lui laissât le loisir de les cultiver, il se fit trésorier de France en la généralité d'Amiens, seulement pour avoir un titre. Il dépensa près de cent mille écus à fabriquer des verres d'optique, des miroirs ardents et autres instruments d'expérience.

Mersenne avait aussi un goût décidé pour la géométrie. En compagnie de pareils hommes, il est difficile de croire que Descartes ait ressenti pour les plaisirs du monde un bien vif attrait. Le P. Mersenne ayant reçu (en 1614) une obédience de la part de son provincial pour aller demeurer à Nevers, Descartes se retira de plus en plus du monde. Tout à coup, il rompt avec ses amis et ses connaissances; il loue une petite maison dans un quartier désert du faubourg Saint-Germain, et y passe les années 1615 et 1616, appliqué à l'étude et inconnu de tous. Ce ne fut qu'au bout de plus de deux ans qu'un ami le rencontra par hasard dans une rue écartée, s'obstina à le poursuivre jusque chez lui, et le rentraîna enfin dans le monde.

A vingt et un ans, Descartes crut que le moment était venu pour lui de prendre du service. La répugnance qu'il éprouvait à servir sous le maréchal d'Ancre le décida à suivre l'exemple de plusieurs jeunes gentilshommes de la noblesse française qui allaient alors apprendre le métier de la guerre sous le prince Maurice de Nassau en Hollande. Il préparait son équipage, lorsqu'il apprit la mort du maréchal d'Ancre, tué au Louvre, comme on sait, par les gens de M. de Vitry, capitaine des gardes du corps. Cet événement ne changea pas la résolution de Descartes, et il alla droit au Brabant hollandais se mettre dans les troupes du prince Maurice en qualité de volontaire.

Le véritable but de Descartes, en prenant du service, n'était pas de se faire une carrière militaire; il voulait voyager, étudier les hommes, et se mettre à l'épreuve de tous les accidents de la vie. Afin de n'être gêné par aucune force supérieure, il renonça d'abord à toute charge et s'entretint à ses dépens. Il dut cependant recevoir une fois la paye pour faire acte de soldat, et garda cet argent toute sa vie comme un souvenir de son service militaire.

Descartes avoue dans une de ses lettres qu'étant jeune il avait aimé véritablement la guerre; mais il prétend que cette inclination n'était que l'effet d'une chaleur du foie, qui, s'étant apaisée dans la suite du temps, fit tomber aussi cette inclination. « Bien que la coutume et l'exemple, dit-il ailleurs, fassent estimer le métier de la guerre comme le plus noble de tous, pour moi, qui le considère en philosophe, je ne l'estime qu'autant qu'il vaut, et même j'ai bien de la peine à lui donner place entre les professions honorables, voyant que l'oisiveté et le libertinage sont les deux principaux motifs qui y portent aujourd'hui la plupart des hommes. »

Se trouvant de loisir dans l'hiver de 1618 à 1619, Descartes le consacra à des méditations et à des écrits sur les sciences. Déjà à Paris, apprenant l'escrime, il en avait écrit la théorie : en Hollande, réfléchissant à un autre art qui lui avait procuré beaucoup de plaisir, la musique, il composa un *Compendium musicæ*. Il faut joindre à ce dernier morceau quelques autres écrits de la même époque, qui, comme les deux précédents, ne nous sont point parvenus : 1° *Quelques considérations sur les sciences en général;* 2° *Quelque chose de l'algèbre;* 3° *Democritica;* 4° *Experimenta;* 5° *Præ-*

ambula, avec cette épigraphe : *Initium sapientiæ timor Domini;* 6° enfin, un morceau intitulé *Olympica*, d'environ douze pages, avec ces mots en marge : *X novembris 1619, intelligere cœpi fundamentum inventi mirabilis* [1].

Dans cette première partie de la vie de Descartes, les sciences, et principalement les mathématiques, étaient son étude de prédilection. Passant un jour dans une rue de Bréda, Descartes voit un grand concours de gens occupés à lire une affiche où était posé, suivant l'usage du temps, un problème à résoudre. Il s'approche; mais l'affiche était en flamand, qu'il n'entendait pas. Il prie un homme qui était à côté de lui de la lui expliquer. C'était un mathématicien nommé Beckmann, principal du collége de Dordrecht. Le principal, homme grave, voyant un petit officier français en habit uniforme, crut

---

[1] Plusieurs de ces essais de la jeunesse des Descartes viennent d'être retrouvés et publiés par M. Foucher du Careil. Nous signalerons, comme particulièrement remarquable, le morceau que l'éditeur intitule : *Cartesii cogitationes privatæ*, et qui n'est autre peut-être que les *Olympica*. La théorie cartésienne de l'automatisme des bêtes est en germe dans ce passage : *Ex animalium quibusdam actionibus valde perfectis suspicamur ea liberum arbitrium non habere.* — Voici encore une pensée d'un grand caractère et bien marquée de l'empreinte cartésienne : *Tria mirabilia fecit Dominus : res ex nihilo, liberum arbitrium et Hominem Deum.* — Grâce à ces nouveaux documents, on a la preuve matérielle d'un fait déjà connu vaguement par un passage du *Discours de la méthode*, savoir que Descartes, dès l'âge de vingt-quatre ans, en 1620, dix-sept ans avant sa première publication, celle du *Discours* en 1637, avait trouvé sa méthode et en connaissait l'immense portée.

qu'un problème de géométrie n'était pas fort intéressant pour lui ; et, apparemment pour le plaisanter, il lui offrit de lui expliquer l'affiche, à condition qu'il résoudrait le problème. C'était une espèce de défi, Descartes l'accepta ; le lendemain matin, le problème était résolu. Beckmann fut fort étonné ; il entra en conversation avec le jeune homme, et il se trouva que le militaire de vingt ans en savait beaucoup plus sur la géométrie que le vieux professeur de mathématiques. Deux ou trois ans après, étant à Ulm en Souabe, il eut une aventure à peu près pareille avec Faulhaber, mathématicien allemand. Celui-ci venait de donner un gros livre sur l'algèbre, et il traitait Descartes assez lestement, comme un jeune officier aimable et qui ne paraissait pas tout à fait ignorant. Cependant un jour, à quelques questions qu'il lui fit, il se douta que Descartes pourrait bien avoir quelque mérite. Bientôt, à la clarté et à la rapidité de ses réponses sur les questions les plus abstraites, il reconnut dans ce jeune homme le plus puissant génie, et ne regarda plus qu'avec respect celui qu'il croyait honorer en le recevant chez lui.

Il ne paraît pas qu'au service de Maurice de Nassau Descartes ait pris part à aucune action de guerre considérable. La mort de Barneveldt ayant laissé le prince d'Orange désoccupé, Descartes, que le désir de voyager poursuivait toujours, alla prendre du service dans les troupes du duc de Bavière, allié de l'empereur, contre les protestants. Ce fut là, comme il le raconte lui-même, que le commencement de l'hiver l'arrêta dans un quartier, où, ne trouvant aucune conversation qui le divertît, et n'ayant d'ailleurs, par bonheur, aucuns soins ni passions qui le troublassent, il demeurait tout le jour enfermé dans un poêle, où il avait tout loisir de s'entretenir de ses pensées. On peut conjecturer qu'avec cette disposition d'esprit, Descartes fut spectateur beaucoup plus qu'acteur, suivant sa maxime, dans les affaires de la campagne. Entré à Prague avec l'armée victorieuse, savez-vous ce qui l'occupe? il cherche dans la patrie de Ticho-Brahé les traces du séjour et des travaux de ce grand homme.

Après avoir fait une nouvelle campagne, celle de Hongrie, sous les ordres du comte de Bucquoy, Descartes, à la mort de ce général, abandonna définitivement la profession des armes. Il traversa la Moravie, la Silésie, visita les côtes de la mer Baltique et le Holstein, s'embarqua sur l'Elbe, prit terre dans la Frise orientale, parcourut les côtes de la mer d'Allemagne, et se rembarqua pour la Frise occidentale. Ce fut pendant cette traversée que cinq ou six mariniers de la West-Frise pensèrent disposer de celui qui devait faire la révolution de l'esprit humain. Pour être plus libre, il avait pris à Embden un bateau pour lui seul et son valet. Les mariniers, à qui son air doux et tranquille et sa petite taille n'imposaient pas apparemment beaucoup, formèrent le complot de le tuer, afin de profiter de ses dépouilles. Comme ils ne se doutaient pas qu'il entendît leur langue, ils eurent l'heureuse imprudence de tenir conseil devant lui. Par bonheur, Descartes savait le hollandais; il se lève tout à coup, change de contenance, tire l'épée avec fierté, et menace de percer le premier qui oserait approcher. Cette audace les intimida, et Descartes fut sauvé.

Après un nouveau séjour en Hollande et une course à Bruxelles (1622), Descartes rentra en France, et alla visiter à Rennes son père, qui le mit en possession de la part qui lui revenait dans la fortune de sa mère ; c'était trois fiefs en métairies, le Perron, la Grande-Maison et le Marchais, plus une maison de ville à Poitiers, et plusieurs arpents de terre labourable. Il pensa un instant à acheter une charge, fit une course en 1623 à Paris, où il retrouva le P. Mersenne, revint à Rennes, et prenant enfin son parti, vendit ses biens et recommença sa vie de méditations et de voyages. En septembre 1623, il part pour l'Italie, traverse les Alpes, où il médite son *Traité des météores*, visite le pays des Grisons, la Valteline, le Tyrol, court jusqu'à Inspruck, revient à Venise pour assister au mariage du doge avec la mer Adriatique, se rend à Lorette pour y accomplir un vœu formé dans son poêle d'Allemagne à l'occasion d'un songe mystérieux [1], et de là va voir à Rome les fêtes

---

[1] On trouve quelques détails sur ce songe et sur le pèlerinage à Lorette dans le morceau découvert par M. Foucher du Careil et cité plus haut : « En novembre 1619, dit Descartes, j'ai eu un songe pendant lequel j'ai récité le poëme VII d'Ausone : *Quod vitæ sectabor iter?*... C'est dans l'année 1620 que j'ai commencé à comprendre le fondement de l'invention merveilleuse... Avant la fin de novembre, je gagnerai Lorette à pied depuis Venise, si cela se peut commodément et si c'est l'usage ; sinon je ferai du moins ce voyage avec toute la dévotion qu'on a coutume d'y apporter, et je terminerai complétement mon traité avant Pâques ; et si les livres ne me manquent pas, et si le mien m'en paraît

du jubilé, qui laissent dans son âme les plus fortes impressions.

De retour pour la troisième fois en France, Descartes songea encore à se marier et à acheter une charge ; mais aucun de ces deux projets ne put réussir. La personne à laquelle il fit un instant la cour, et qui fut depuis connue dans le monde comme une femme d'esprit sous le nom de madame du Rosay, racontait que la seule galanterie que Descartes lui eût jamais dite, c'est qu'il ne trouvait pas de beauté comparable à celle de la vérité, ou encore qu'il mettait trois choses sur le même rang et au nombre des plus difficiles à rencontrer : une belle femme, un bon livre, et un excellent prédicateur.

Le projet d'acheter une charge n'eut pas un plus heureux succès. Pour se mettre en état de la remplir, Descartes se rendit à Paris, où il voulait étudier la procédure chez un procureur au Châtelet ; mais il n'étudia que la physique et la géométrie, avec Mydorge, Mersenne, et d'autres savants hommes dont il acquit l'amitié, le P. Gibieuf de l'Oratoire, Des Argus, qui le présenta au cardinal de Richelieu, l'abbé Picot, dont il fit l'agent de ses affaires domestiques et le receveur de ses rentes de Bretagne et de Poitou.

La campagne du siége de La Rochelle, à laquelle participa Descartes en 1628, sur l'appel fait par le roi à tous les gentilshommes qui l'entouraient, ne le dé-

---

digne, je le publierai comme je l'ai promis aujourd'hui 1620, 23 décembre. »

tourna que faiblement de ses études, où il s'enfonça de plus en plus, et auxquelles il se décida à consacrer sa vie tout entière. Pour les cultiver dans une paix et une indépendance parfaites, il résolut de se fixer en Hollande, dont le climat froid convenait d'ailleurs à son tempérament beaucoup mieux que celui de Paris ou de la Touraine, où la chaleur trop forte ne lui faisait, disait-il, enfanter que des chimères.

Ce fut au mois de mars 1629, à l'âge de trente-trois ans, que Descartes alla s'établir dans ce pays de son choix, et y passer les vingt années les mieux remplies de sa vie. Écoutons-le raconter à son ami Balzac son existence solitaire et méditative avec une grâce et une fraîcheur d'imagination qu'on n'attendrait peut-être pas de cette plume austère.

« Monsieur, j'ai porté ma main contre mes yeux, pour voir si je ne dormais point, lorsque j'ai lu dans votre lettre que vous aviez dessein de venir ici, et maintenant encore je n'ose me réjouir autrement de cette nouvelle que comme si je l'avais seulement songée. Toutefois je ne trouve pas fort étrange qu'un esprit grand et généreux comme le vôtre ne se puisse accommoder à ces contraintes serviles auxquelles on est obligé dans la cour ; et puisque vous m'assurez tout de bon que Dieu vous a inspiré de quitter le monde, je croirais pécher contre le Saint-Esprit si je tâchais à vous détourner d'une si sainte résolution. Même vous devez pardonner à mon zèle, si je vous convie de choisir Amsterdam pour votre retraite, et de le préférer, je ne dirai pas seulement à tous les couvents des capucins et des chartreux, où force honnêtes gens se retirent, mais aussi à toutes les plus belles demeures de France et d'Italie, et même à ce célèbre ermitage dans lequel vous étiez l'année passée. Quelque accomplie que puisse être une maison des champs, il y manque toujours une infinité de commodités qui ne se trouvent que dans les villes, et la solitude même qu'on y espère ne s'y rencontre jamais toute parfaite. Je veux bien que vous y trouviez un canal qui fasse rêver les plus grands parleurs, et une vallée si solitaire qu'elle puisse leur inspirer du transport et de la joie ; mais malaisément se peut-il faire que vous n'ayez aussi quantité de petits voisins qui vous vont quelquefois importuner, et de qui les visites sont encore plus incommodes que celles que vous recevez à Paris : au lieu qu'en cette grande ville où je suis, n'y ayant aucun homme (excepté moi) qui n'exerce la marchandise, chacun y est tellement attentif à son profit, que j'y pourrais demeurer toute ma vie sans être jamais vu de personne. Je vais me promener tous les jours parmi la confusion d'un grand peuple, avec autant de liberté et de repos que vous sauriez faire dans vos allées ; et je n'y considère pas autrement les hommes que j'y vois que je ferais les arbres qui se rencontrent en vos forêts, ou les animaux qui y paissent : le bruit même de leur fracas n'interrompt pas plus mes rêveries que ne ferait celui de quelque ruisseau. Que si je fais quelquefois réflexion sur leurs actions, j'en reçois le même plaisir que vous feriez de voir les paysans qui cultivent vos campagnes ; car je vois que tout leur travail sert à embellir le lieu de ma demeure et à faire que je n'y aie manque d'aucune chose. Que s'il y a du plaisir à voir croître les fruits en vos vergers et à y être dans l'abondance jusqu'aux yeux, pensez-vous qu'il n'y en ait pas bien autant à voir venir ici des vaisseaux qui nous apportent abondamment tout ce que produisent les Indes, et tout ce qu'il y a de rare en l'Europe? Quel autre lieu pourrait-on choisir au reste du monde où toutes les commodités de la vie et toutes les curiosités qui peuvent être souhaitées soient si faciles à trouver qu'en celui-ci? quel autre pays où l'on puisse dormir avec moins d'inquiétude, où il y ait toujours des armées sur pied, exprès pour nous garder, où les emprisonnements, les trahisons, les calomnies soient moins connus, et où il soit demeuré plus de reste de l'innocence de nos aïeux? Je ne sais comment vous pouvez tant aimer l'air d'Italie, avec lequel on respire si souvent la peste, et où toujours la chaleur du jour est insupportable, la fraîcheur du soir malsaine, et où l'obscurité de la nuit couvre des larcins et des meurtres. Que si vous craignez les hivers du septentrion, dites-moi quelles ombres, quel éventail, quelles fontaines vous pourraient si bien préserver à Rome des incommodités de la chaleur, comme un poêle et un grand feu vous exempteront ici d'avoir froid. Au reste, je vous dirai que je vous attends avec un petit recueil de rêveries qui ne vous seront peut-être pas désagréables; et soit que vous veniez ou que vous ne veniez pas, je serai toujours passionnément, » etc. (15 mai 1631.)

C'est au sein de cette vie conforme à ses goûts de liberté et de méditation que Descartes rassemblait les idées qui allaient constituer sa nouvelle philosophie. Il était occupé à terminer son traité de la lumière, qu'il appelait *son Monde*, et où il soutenait l'opinion du mouvement de la terre, et allait l'envoyer au P. Mersenne pour le faire imprimer à Paris, lorsqu'il apprit la condamnation de Galilée. Il en ressentit des impressions qui aujourd'hui paraissent excessives, et, poussant la prudence jusqu'à une timidité dont il est difficile de ne pas le blâmer, il renonça à la publication de son traité, et faillit même le jeter au feu. Citons encore ici une lettre de Descartes : elle peint le caractère du temps et celui du philosophe.

« J'en étais à ce point, écrit-il au P. Mersenne, lorsque j'ai reçu votre dernière, de l'onzième de ce mois ; et je voulais faire comme les mauvais payeurs qui vont prier leurs créanciers de leur donner un peu de délai, lorsqu'ils sentent approcher le temps de leur dette. En effet, je m'étais proposé de vous envoyer *mon Monde* pour ces étrennes ; et il n'y a pas quinze jours que j'étais encore tout résolu de vous en envoyer au moins une partie, si le tout ne pouvait être transcrit en ce temps-là ; mais je vous dirai que m'étant fait enquérir ces jours à Leyde et à Amsterdam si le système du monde de Galilée n'y était point, à cause qu'il me semblait avoir appris qu'il avait été imprimé en Italie l'année passée, on m'a mandé qu'il était vrai qu'il avait été imprimé, mais que tous les exemplaires en avaient été brûlés à Rome au même temps, et lui condamné à quelque amende ; ce qui m'a si fort étonné que je me suis quasi résolu de brûler tous mes papiers, ou du moins de ne les laisser voir à personne. Car je ne me suis pu imaginer que lui, qui est Italien, et même bien voulu du pape, ainsi que j'entends, ait pu être criminalisé pour autre chose sinon qu'il aura sans doute voulu établir le mouvement de la terre, lequel je sais bien avoir été censuré autrefois par quelques cardinaux, mais je pensais avoir ouï dire que depuis on ne laissait pas de l'enseigner publiquement, même dans Rome, et je confesse que s'il est faux, tous les fondements de ma philosophie le sont aussi, car il se démontre par eux évidemment ; et il est tellement lié avec toutes les parties de mon Traité, que je ne l'en saurais détacher sans rendre tout le reste défectueux. Mais, comme je ne voudrais pour rien du monde qu'il sortît de moi un discours où il se trouvât le moindre mot qui fût désapprouvé de l'Église, aussi aimé-je mieux le supprimer que de le faire paraître estropié (28 novembre 1633)..... — Je sais bien qu'on pourrait dire que tout ce que les inquisitions de Rome ont décidé n'est pas incontinent article de foi pour cela, et qu'il faut premièrement que le concile y ait passé ; mais je ne suis point si amoureux de mes pensées que de me vouloir servir de telles exceptions pour avoir moyen de les maintenir ; et le désir que j'ai de vivre en repos et de continuer la vie que j'ai commencée en prenant pour devise : *Bene vixit bene qui latuit*, fait que je suis plus aise d'être délivré de la crainte que j'avais d'acquérir plus de connaissances que je ne désire, par le moyen de mon écrit, que je ne suis fâché d'avoir perdu le temps et la peine que j'ai employée à le composer... » (10 janvier 1634.)

On pense involontairement, en lisant ces lettres, au témoignage rendu à la prudence de Descartes par un théologien qui n'était pourtant pas médiocrement sévère en matière d'orthodoxie : « M. Descartes, dit Bossuet, a toujours craint d'être noté par l'Église, et on lui voit prendre sur cela des précautions qui allaient jusqu'à l'excès. » Par un étrange et juste retour, ces paroles de Bossuet, qui pouvaient au dix-septième siècle servir de protection à la renommée de Descartes, sont aujourd'hui une sorte de tache à sa mémoire.

Mais à quoi servent toutes les précautions de la prudence humaine? Descartes voulait échapper à tout prix à la persécution, il ne fut guère plus heureux que Galilée. Tandis qu'il se couvrait du côté des catholiques, en supprimant son *Traité du Monde,* et se ménageant auprès des jésuites ses anciens maîtres, un orage fondit sur lui du côté des protestants.

Le *Discours de la Méthode* avait paru en juin 1637, accompagné de la *Dioptrique,* des *Météores* et de la *Géométrie.* On voit que Descartes se donnait au public tout entier d'un seul coup, comme géomètre à la fois, comme physicien et comme philosophe. C'était plus qu'il n'en fallait pour exciter l'envie. Elle se personnifia dans le célèbre Voët ou Voetius, ministre, et plus tard recteur de l'Université, à Utrecht.

Voët commença les hostilités en 1639 par des thèses sur l'athéisme. Descartes n'y était point nommé, mais on avait eu soin d'y insérer toutes ses opinions comme celles d'un athée. En 1640, secondes et troisièmes thèses où était renouvelée la même calomnie. Régius, disciple de Descartes et professeur de médecine, soutenait la circulation du sang : autre accusation criminelle contre Descartes. Ordonnance des magistrats, qui défendent d'introduire des nouveautés dangereuses. En 1641, Voët se fait élire recteur de l'Université d'Utrecht. N'osant point encore attaquer le maître, il veut d'abord faire condamner le disciple comme hérétique. Quatrièmes thèses publiques contre Descartes. En 1642, décret des magistrats pour défendre la philosophie nouvelle.—En 1643, Voët eut recours à des troupes auxiliaires. Il alla les chercher dans l'Université de Groningue, où un nommé Schook ou Schookius s'associa à ses fureurs. C'était un de ces méchants subalternes qui n'ont pas même l'audace du crime, et qui, trop lâches pour attaquer par eux-mêmes, sont assez vils pour nuire sous les ordres d'un autre. Il débuta par un gros livre contre Descartes, dont le but était de prouver que la nouvelle philosophie menait droit au scepticisme, à l'athéisme et *à la frénésie*. Descartes crut enfin qu'il était temps de répondre. Il avait déjà écrit une petite lettre sur Voët, et celui-ci n'avait pas manqué de la faire condamner comme injurieuse et attentatoire à la religion réformée dans la personne d'un de ses principaux pasteurs. Dans sa réponse contre le nouveau livre, Descartes se proposait trois choses : d'abord de se justifier lui-même, car jusqu'alors il n'avait rien répondu à plus de douze libelles; ensuite de justifier ses amis et ses disciples; enfin de démasquer un homme aussi odieux que Voët, qui, par une ignorance hardie et sous le masque de la religion, séduisait la populace et aveuglait les magistrats. Mais les esprits étaient trop échauffés : il ne réussit point. Sentence contre Descartes, où ses lettres sur Voët sont déclarées libelles diffamatoires. Ce fut alors que les magistrats travaillèrent à lui faire son procès secrètement et sans qu'il en fût averti. Leur intention était de le condamner comme athée et comme calomniateur : comme athée, apparemment parce qu'il avait donné de nouvelles preuves de l'existence de Dieu; comme calomniateur, parce qu'il avait repoussé les calomnies de ses ennemis. Descartes apprit par une espèce de hasard qu'on lui faisait son procès. Il s'adressa à l'ambassadeur de France, qui se servit de l'autorité du prince d'Orange pour faire arrêter les procédures déjà très-avancées [1].

On conçoit aisément que ces odieuses persécutions aient contribué à dégoûter Descartes du séjour de la

---

[1] Nous devons encore à M. Foucher du Careil la lettre éloquente et mémorable que Descartes adressa à l'ambassadeur de France, M. de la Thuillère. En voici un passage où respire l'énergie d'une âme altière et profondément blessée : « Je ne pense pas que l'Académie d'Utrecht possède le droit de royale inviolabilité, droit sacré que je respecterais même dans un ennemi. Mais depuis que j'ai cessé d'être un enfant qu'on mène à la férule, je ne vois pas pourquoi je supporterais ses injures plutôt que celles des particuliers. J'aurais pu la traiter selon ses mérites ; mais comme elle est d'un âge tendre, ainsi qu'elle le dit elle-même, comme elle ne fait encore que sortir du berceau, je l'ai épargnée autant que j'ai pu, et par cette modération, je crois avoir acquis des droits à sa reconnaissance et à celle de ses directeurs. » (Voyez toute la lettre, avec plusieurs autres lettres inédites d'un grand prix, dans la publication de M. Foucher du Careil, deuxième partie, page 42 sqq.)

Hollande, et à lui faire accepter quelques années plus tard les offres de la reine Christine. Diverses circonstances l'avaient rappelé momentanément en France en 1644, 1647 et 1648, mais sans jamais l'y fixer. Les empressements dont il fut l'objet à Paris ne parvinrent pas à le séduire. « Je m'aperçus, dit-il dans une de ses lettres, qu'on voulait m'avoir en France à peu près comme les grands seigneurs veulent avoir dans leur ménagerie un éléphant, ou un lion, ou quelques animaux rares. Ce que je pus penser de mieux sur leur compte, ce fut de les regarder comme des gens qui auraient été bien aises de m'avoir à dîner chez eux ; mais en arrivant je trouvais leur cuisine en désordre et la marmite renversée... »

Les troubles de la Fronde, auxquels Descartes fait ici allusion, n'empêchèrent pas le cardinal Mazarin de donner à l'illustre philosophe une pension de trois mille livres, qui, malgré le triste état des finances, lui fut payée exactement jusqu'à son départ pour la Suède. Le titre de cette pension portait qu'elle lui était accordée *en considération de ses grands mérites, et de l'utilité que sa philosophie et les recherches de ses longues études procuraient au genre humain ; comme aussi pour l'aider à continuer ses belles expériences, qui requéraient de la dépense.*

Ce fut dans un de ces rapides voyages en France que Descartes se lia avec M. de Chanut ; et cette amitié étroite eut pour lui des suites importantes, lorsque son digne ami fut nommé résident de France en Suède : ce fut M. de Chanut qui appela sur ses écrits et sur sa personne l'attention de la reine Christine. Il était dans la destinée de Descartes d'avoir pour disciples les deux femmes les plus célèbres du temps, la princesse Élisabeth et la reine Christine. Avant d'accompagner Descartes auprès de la fille de Gustave-Adolphe, disons un mot de sa première disciple, la princesse palatine.

Élisabeth de Bohême, fille de ce fameux électeur palatin qui disputa à Ferdinand II les royaumes de Hongrie et de Bohême, fut plus que l'élève intelligente de Descartes, elle fut son amie. Recherchée par Ladislas IV, roi de Pologne, elle préféra le plaisir de cultiver son âme dans la retraite à l'honneur d'occuper un trône. Sa mère, dans son enfance, lui avait appris six langues; elle possédait parfaitement les belles-lettres. Son génie la porta aux sciences profondes : elle étudia la philosophie et les mathématiques; mais dès que les premiers ouvrages de Descartes lui tombèrent entre les mains, elle crut n'avoir rien appris jusqu'alors. Elle le fit prier de la venir voir, pour qu'elle pût l'entendre lui-même. Descartes lui trouva un esprit aussi facile que profond : en peu de temps elle fut au niveau de sa géométrie et de sa métaphysique. Bientôt après, Descartes lui dédia ses *Principes;* il la félicita d'avoir su réunir tant de connaissances dans un âge où la plupart des femmes ne savent que plaire. Il continua jusqu'à la fin de sa vie un commerce de lettres avec elle.

La reine Christine, qui voulut être aussi l'amie de Descartes, est trop connue pour qu'il ne suffise pas ici de la nommer. Cette princesse, ayant lu les ouvrages de Descartes, lui fit écrire en 1647, pour savoir de lui en quoi consistait le *souverain bien*. La plupart des princes, ou ne font pas de ces questions-là, ou les font à des courtisans plutôt qu'à des philosophes, et alors la réponse est facile à deviner. Celle de Descartes fut un peu différente : il faisait consister le souverain bien dans la volonté ferme d'être vertueux, et dans le charme de la conscience qui jouit de sa vertu. C'était une belle leçon de morale pour une reine ; Christine en fut si contente, qu'elle lui écrivit de sa main pour le remercier. Peu de temps après, Descartes lui envoya son *Traité des Passions*. En 1649, la reine lui fit faire les plus vives instances pour l'engager à venir à Stockholm, et déjà elle avait donné ordre à un de ses amiraux pour l'aller prendre et le conduire en Suède. Après avoir longtemps hésité, Descartes partit enfin, séduit sans doute par l'espoir d'être mis par la reine en mesure de continuer en grand ses expériences de physique et de physiologie. Il arriva au commencement d'octobre à Stockholm. La reine le reçut avec une distinction qu'on dut remarquer dans une cour. Elle commença par l'exempter de tous les assujettissements des courtisans ; elle sentait bien qu'ils n'étaient pas faits pour Descartes. Elle convint ensuite avec lui d'une heure où elle pourrait l'entretenir tous les jours et recevoir ses leçons. On sera assez étonné quand on saura que ce rendez-vous d'un philosophe et d'une reine était à cinq heures du matin, dans un hiver très-cruel. Christine, passionnée pour les sciences, s'était fait un plan de commencer la journée par ses études, afin de pouvoir donner le reste au gouvernement de ses États.

Elle fut si satisfaite de la philosophie de Descartes,

qu'elle résolut de le fixer en Suède par toutes sortes de moyens. Son projet était de lui donner, à titre de seigneurie, des terres considérables dans les provinces les plus méridionales de son royaume, pour lui et pour ses héritiers à perpétuité. Elle espérait ainsi l'enchaîner par ses bienfaits; mais ses généreux desseins ne purent se réaliser. Descartes était à peine à Stockholm depuis quatre mois qu'il fut attaqué mortellement par le climat. Il n'avait pas osé réclamer contre le régime de vie que lui imposait Christine en le faisant venir tous les jours au palais à cinq heures du matin, pendant la saison la plus rigoureuse de l'année et sous un climat auquel il n'était pas habitué. Pour aller de l'hôtel de l'ambassadeur de France, où il logeait, au palais de la reine, il fallait traverser un pont fort long et tout découvert, et pendant ce trajet un carrosse était un faible rempart contre le froid. M. de Chanut lui-même, plus accoutumé que Descartes à ce pays, et d'un tempérament plus robuste, fut atteint d'une inflammation de poitrine; et il sortait de son lit de malade pour la première fois, lorsque Descartes entra dans le sien. Pendant les huit premiers jours de la maladie, Descartes s'obstina à refuser d'être saigné. Dévoré par la fièvre, il s'adressait dans son délire aux médecins de la reine : « Ah! messieurs, leur disait-il, épargnez le sang français. » Le huitième jour, il se laissa saigner; mais il n'était plus temps. Il eut du moins pendant sa maladie la consolation de voir le tendre intérêt qu'on prenait à sa santé. La reine envoyait savoir deux fois par jour de ses nouvelles. Monsieur et madame de Chanut lui prodiguaient les soins les plus dévoués. Sentant venir sa fin, le malade envoya chercher le P. Viogué, aumônier de l'ambassade, et ne voulut plus s'entretenir que de sujets de piété. « Çà, mon âme, disait-il, il y a longtemps que tu es captive ; voici l'heure où tu dois sortir de prison et quitter l'embarras de ce corps ; il faut souffrir cette désunion avec joie et courage. » Le soir du neuvième jour, il eut une défaillance. Revenu un moment après, il sentit qu'il fallait mourir. On courut chez M. de Chanut ; il vint pour recueillir le dernier soupir et les dernières paroles de son ami, mais il ne parlait plus. On le vit seulement lever les yeux au ciel, comme un homme qui implorait Dieu pour la dernière fois. En effet, il mourut la même nuit, le 11 février, à quatre heures du matin, âgé de près de cinquante-quatre ans.

M. de Chanut, accablé de douleur, envoya aussitôt son secrétaire au palais, pour avertir la reine, à son lever, que Descartes était mort. Christine en l'apprenant versa des larmes. Elle voulut le faire enterrer auprès des rois et lui élever un mausolée ; des vues de religion s'opposèrent à ce dessein.

Seize ans après, en 1666, le corps de Descartes fut transporté en France. On coucha ses ossements sur les cendres qui restaient, et on les enferma dans un cercueil de cuivre. C'est ainsi qu'ils arrivèrent à Paris, où on les déposa dans l'église Sainte-Geneviève. Le 24 juin 1667, on lui fit un service solennel avec la plus grande magnificence. On devait après le service prononcer son oraison funèbre ; mais il vint un ordre exprès de la cour qui défendit qu'on la prononçât. L'histoire doit dire que l'homme qui sollicita et obtint cet ordre fut le P. Le Tellier.

Ce rapide récit de la vie et de la mort de Descartes serait trop incomplet si nous n'ajoutions quelques particularités sur sa personne, sa manière de vivre et son caractère.

Descartes était d'une taille au-dessous de la moyenne. Un de ses adversaires l'appelle *Homuncio*. Sa tête était fort grosse, son front large et avancé, ses cheveux noirs et rabattus jusqu'aux sourcils. A quarante-trois ans, il les remplaça par une perruque modelée sur la forme de ses cheveux ; et, regardant cette substitution comme favorable à la santé, il pressa son ami Picot de suivre son exemple. Ses yeux étaient trés-écartés, son nez saillant et large, mais allongé, sa bouche grande ; sa lèvre inférieure dépassait un peu celle de dessus ; la coupe du visage était assez ovale ; son teint avait été pâle dès l'enfance, un peu cramoisi dans la jeunesse, et devint olivâtre dans l'âge mur ; il avait à la joue une petite bulbe qui s'écorchait de temps en temps et renaissait toujours. Sa figure exprimait la méditation et la sévérité. Sa voix était faible à cause d'une légère altération de poumons qu'il avait apportée en naissant. Il avait été, pendant son enfance, tourmenté d'une toux sèche qu'il avait héritée de sa mère. Depuis l'âge de dix-neuf ans, il prit le gouvernement de sa santé et se passa du secours des médecins. Son hygiène était de mener un train de vie uniforme, d'éviter tout changement brusque ; sa médecine, la diète, un exercice modéré, et la confiance dans les forces de la nature.

Ses vêtements annonçaient du soin, mais non du faste; il ne courait pas après les modes, mais il ne les bravait pas non plus. Le noir était la couleur qu'il préférait : en voyage, il portait une casaque de gris-brun.

Les revenus dont il eut la jouissance après la mort de son père et celle de son oncle maternel paraissent s'être élevés à 6,000 ou 7,000 livres; dans les dernières années de sa vie, il faut y ajouter la pension de 3,000 livres qui lui fut payée par la France. Il n'était ni avare, ni cupide; mais cependant il savait défendre ses intérêts. A propos des affaires de la succession de son oncle, il écrivait : « Je n'ai donné aucune charge à mon frère d'agir pour moi dans mes affaires; que s'il s'ingère de faire quelque chose en mon nom ou comme se faisant fort de moi, il en sera désavoué. Lorsqu'il se plaint que cela se fait à son préjudice, il témoigne encore avoir envie de se faire mon procureur malgré moi, comme il a fait aux partages de la succession de mon père, pour me ravir mon bien sous ce prétexte, et sur l'assurance qu'il a que j'aime mieux perdre que de plaider. Ainsi sa plainte est semblable à celle d'un loup qui se plaindrait que la brebis lui fait tort de s'enfuir lorsqu'elle a peur qu'il ne la mange... » Ce frère aîné, M. Descartes de la Bretaillère, dont l'avidité est ici caractérisée en termes si vifs et si mérités, avait la sottise de croire, ainsi que toute sa famille, qu'en écrivant des livres René Descartes avait dérogé. Aussi, lorsque son père mourut, on ne jugea point à propos de l'en instruire. Il y avait déjà près de quinze jours que le vieillard était enterré, quand Descartes lui écrivit la lettre du monde la plus tendre. Il se justifiait d'habiter dans un pays étranger, loin d'un père qu'il aimait. Il lui marquait le désir qu'il avait de faire un voyage en France pour le revoir, pour l'embrasser, pour recevoir encore une fois sa bénédiction... Lorsque la lettre de Descartes arriva, il y avait déjà un mois que son père était mort. On se souvint alors qu'il y avait dans les pays étrangers une autre personne de la famille et on lui écrivit par bienséance. Descartes ne se consola point de n'avoir pas reçu les dernières paroles et les derniers embrassements de son père.

Descartes était doux, affable pour ses domestiques; il paya jusqu'à sa mort une pension à sa nourrice. Quant aux secrétaires ou copistes qu'il employa successivement pour l'aider dans ses recherches et ses expériences, il les traitait comme ses égaux et s'occupait de leur avancement; la plupart devinrent gens de mérite et ont fini par acquérir une honorable position.

Ses mœurs étaient pures. La seule faiblesse que ses ennemis aient pu lui reprocher n'a servi qu'à révéler la sensibilité de son âme. On sait qu'il eut une fille nommée Francine : elle naquit en Hollande le 13 juillet 1635, et fut baptisée sous son nom. Quelques auteurs ont prétendu que Descartes était marié secrètement; mais dans un de ces entretiens où l'âme, abandonnée à elle-même, s'épanche librement au sein de l'amitié, Descartes avoua lui-même le contraire. Il se disposait à faire transporter sa fille en France, pour y faire son éducation, quand elle mourut tout à coup entre ses bras, le 7 septembre 1640 : elle n'avait que cinq ans. Il fut inconsolable de cette mort. Jamais, disait-il, il n'avait éprouvé de plus grande douleur. Il aimait à s'en entretenir avec ses amis; il prononçait souvent le nom de sa chère Francine; il en parlait avec le regret le plus tendre, et il écrivit lui-même l'histoire de cette enfant à la tête d'un ouvrage qu'il comptait donner au public.

Il paraît difficile de justifier entièrement Descartes sur deux parties de son caractère : nous avons vu, en diverses occasions, sa prudence portée jusqu'à la faiblesse; on peut dire aussi que le juste sentiment de la supériorité de son génie s'exalta quelquefois jusqu'à un orgueil excessif. Qu'il nous suffise de citer ici une de ses lettres à Mersenne, qui lui avait signalé quelque analogie entre sa géométrie et les travaux de Viète : « J'ai commencé, dit Descartes, où il (Viète) avait achevé, ce que j'ai fait toutefois sans y penser, car j'ai plus feuilleté Viète depuis que j'ai reçu votre dernière lettre que je n'avais fait auparavant... Au reste, ayant déterminé, comme j'ai fait en chaque genre de question, tout ce qui s'y peut faire, et montré les moyens de le faire, je prétends qu'on ne doit pas seulement croire que j'ai fait quelque chose de plus que ceux qui m'ont précédé, mais aussi qu'on doit se persuader que *nos neveux ne trouveront jamais rien en cette matière que je ne pusse avoir trouvé aussi bien qu'eux, si j'eusse voulu prendre la peine de le chercher.* Je vous prie que ceci demeure entre nous, car j'aurais une grande confusion que d'autres sussent que je vous ai tant écrit sur ce sujet. »

(*Lettres au R. P. Mersenne*, 1637, lettre 73.) Cette hauteur d'âme de Descartes le rendit quelquefois injuste pour ses adversaires. Mais ces taches légères s'effacent dans l'éclat de tant de rares vertus, et on peut dire qu'en Descartes l'âme fut toujours au niveau de l'esprit, et l'homme aussi grand que le philosophe.

Nous n'avons encore vu que la partie de lui-même qu'il a toujours voulu dérober à l'attention publique. Essayons de nous élever avec lui à ces hautes spéculations qui furent les vrais événements de sa vie et les plus constants objets de ses affections.

Nous avons cité la plupart des grands ouvrages de Descartes en racontant sa vie : le *Discours de la Méthode* (publié en 1637 avec la *Géométrie*, les *Météores* et la *Dioptrique*), les *Méditations métaphysiques* (1641), les *Principes* (1644), le *Traité des passions* (1646). Ce sont les deux premiers ouvrages surtout qui renferment la philosophie de Descartes avec ses véritables caractères. Dans les *Principes*, cette philosophie, réduite en formules, prend une apparence sèche et scolastique, au lieu que dans le *Discours de la Méthode* et les *Méditations*, on la sent pleine de jeunesse, de naturel et de vie.

Descartes y raconte lui-même, avec une naïveté pleine de grandeur et de charme, l'histoire fidèle du développement de son esprit, depuis ses premières réflexions du collége jusqu'au jour où il se crut assez fort pour construire une philosophie nouvelle.

« J'ai été, nous dit-il, nourri aux lettres dès mon

enfance, et pour ce qu'on me persuadait que par leur moyen on pouvait acquérir une connaissance claire et assurée de tout ce qui est utile à la vie, j'avais un extrême désir de les apprendre. Mais sitôt que j'eus achevé tout ce cours d'études, au bout duquel on a coutume d'être reçu au rang des doctes, je changeai entièrement d'opinion ; car je me trouvai embarrassé de tant de doutes et d'erreurs qu'il me semblait n'avoir fait autre profit en tâchant de m'instruire sinon que j'avais découvert de plus en plus mon ignorance. »

Voilà Descartes arrivé à ce point qui est pour Socrate le commencement de la sagesse. Comme Socrate aussi, le sentiment de son ignorance va bientôt le ramener à se recueillir en lui-même et à prendre pour devise la grande maxime de la philosophie de l'antiquité : γνῶθι σεαυτόν.

« Je ne laissais pas toutefois, continue Descartes, d'estimer les exercices auxquels on s'occupe dans les écoles. Je savais que les langues qu'on y apprend sont nécessaires pour l'intelligence des livres anciens, que la gentillesse des fables réveille l'esprit, que les actions mémorables des histoires le relèvent et qu'étant lues avec discrétion elles aident à former le jugement, que la lecture de tous les bons livres est comme une conversation avec les plus honnêtes gens des siècles passés qui en ont été les auteurs, et même une conversation étudiée en laquelle ils ne nous découvrent que les meilleures de leurs pensées, que l'éloquence a des forces et des beautés incomparables, que la poésie a des délicatesses et des douceurs très-ravissantes, que les mathématiques ont des inventions très-subtiles et qui peuvent beaucoup servir tant à contenter les curieux qu'à faciliter tous les arts et diminuer le travail des hommes, que les écrits qui traitent des mœurs contiennent plusieurs enseignements et plusieurs exhortations à la vertu qui sont fort utiles, que la théologie enseigne à gagner le ciel, que la philosophie donne moyen de parler vraisemblablement de toutes choses et se faire admirer des moins savants, que la jurisprudence, la médecine et les autres sciences apportent des honneurs et des richesses à ceux qui les cultivent, et enfin qu'il est bon de les avoir toutes examinées, même les plus superstitieuses et les plus fausses, afin de connaître leur juste valeur et se garder d'en être trompé. »

Le jugement plus détaillé de Descartes sur les mathématiques et la philosophie mérite particulièrement d'être recueilli : « Je me plaisais surtout aux mathématiques, à cause de la certitude et de l'évidence de leurs raisons ; mais je ne remarquais point encore leur vrai usage, et pensant qu'elles ne servaient qu'aux arts mécaniques, je m'étonnais de ce que, leurs fondements étant si fermes et si solides, on n'avait rien bâti dessus de plus relevé... Je ne dirai rien de la philosophie sinon que, voyant qu'elle a été cultivée par les plus excellents esprits qui aient vécu depuis plusieurs siècles, et que néanmoins il ne s'y trouve encore aucune chose dont on ne dispute et par conséquent qui ne soit douteuse, je n'avais point assez de présomption pour espérer d'y rencontrer mieux que les autres, et que considérant combien il peut y avoir de diverses opinions touchant une même matière qui soient soutenues par des gens doctes, sans qu'il y en puisse avoir jamais plus d'une seule qui soit vraie, je réputais presque pour faux tout ce qui n'était que vraisemblable...

« C'est pourquoi, sitôt que l'âge me permit de sortir de la sujétion de mes précepteurs, je quittai entièrement l'étude des lettres, et me résolvant de ne plus chercher d'autre science que celle qui se pourrait trouver en moi-même ou bien dans le grand livre du monde, j'employai le reste de ma jeunesse à voyager, à voir des cours et des armées, à fréquenter des gens de diverses humeurs et conditions, à recueillir diverses expériences, à m'éprouver moi-même dans les diverses rencontres que la fortune me proposait, et partant à faire telle réflexion sur les choses qui se présentaient que j'en pusse tirer quelque profit... Mais après que j'eus employé quelques années à étudier ainsi dans le livre du monde et à tâcher d'acquérir quelque expérience, je pris un jour résolution d'étudier aussi en moi-même et d'employer toutes les forces de mon esprit à choisir les chemins que je devais suivre, ce qui me réussit beaucoup mieux, ce me semble, que si je ne me fusse jamais éloigné ni de mon pays, ni de mes livres. »

Le génie novateur de Descartes éclate ici en caractères sensibles. Comme tous les révolutionnaires, il est plein de mépris pour le passé et le présent. Le voilà qui rejette les livres et le commerce des hommes, il s'enferme dans sa pensée : que va-t-il faire? des ruines d'abord, mais bientôt aussi un édifice nouveau, bâti sur des plans qui n'appartiennent qu'à lui.

« L'une de mes premières pensées, nous dit-il avec une simplicité parfaite et une sorte de bonhomie charmante qui sert de voile à sa hardiesse, fut que je m'avisai de considérer que souvent il n'y a pas tant de perfection dans les ouvrages composés de plusieurs pièces et faits de la main de divers maîtres qu'en ceux auxquels un seul a travaillé. Aussi voit-on que les bâtiments qu'un seul architecte a entrepris et achevés, ont coutume d'être plus beaux et mieux ordonnés que ceux que plusieurs ont tâché de raccommoder en faisant servir de vieilles murailles qui avaient été bâties à d'autres fins. Il est vrai que nous ne voyons point qu'on jette à terre toutes les maisons d'une ville pour le seul dessein de les refaire d'autre façon et de rendre les rues plus belles; mais on voit bien que plusieurs font abattre les leurs pour les rebâtir, et que même quelquefois ils y sont contraints, quand elles sont en danger de tomber d'elles-mêmes et que les fondements n'en sont pas bien fermes. A l'exemple de quoi je me persuadai qu'il n'y aurait véritablement point d'apparence qu'un particulier fît dessein de réformer un état, en y changeant tout dès les fondements et en le renversant pour le redresser, ni même aussi de réformer le corps des sciences ou l'ordre établi dans les écoles pour les enseigner, mais que, pour toutes les opinions que j'avais reçues jusqu'alors en ma créance, je ne pouvais mieux faire que d'entreprendre une bonne fois de les en ôter, afin d'y en remettre par après ou d'autres meilleures, ou bien les mêmes, lorsque je les aurais ajustées au niveau de la raison...

« Mais comme un homme qui marche seul et dans les ténèbres, je me résolus d'aller si lentement et d'user de tant de circonspection en toutes choses que, si je n'avançais que fort peu, je me garderais bien au moins de tomber ; même je ne voulus point commencer à rejeter tout à fait aucune des opinions qui s'étaient pu glisser autrefois en ma créance sans y avoir été introduites par la raison, que je n'eusse auparavant employé assez de temps à faire le projet de l'ouvrage que j'entreprenais, et à chercher la vraie méthode pour parvenir à la connaissance de toutes les choses dont mon esprit serait capable. »

Cette méthode préparatoire, Descartes la réduit à ces quatre grandes règles qu'il faut transcrire avec un religieux respect comme les saints canons de la philosophie :

« Le premier précepte était de ne recevoir jamais aucune chose pour vraie que je ne la connusse évidemment être telle, c'est-à-dire d'éviter soigneusement la précipitation et la prévention, et de ne comprendre rien de plus en mes jugements que ce qui se présenterait si clairement et si distinctement à mon esprit que je n'eusse aucune occasion de le mettre en doute. Le second, de diviser chacune des difficultés que j'examinerais en autant de parcelles qu'il se pourrait et qu'il serait requis pour les mieux résoudre. Le troisième, de conduire par ordre mes pensées, en commençant par les objets les plus simples et les plus aisés à connaître, pour monter peu à peu comme par degrés jusqu'à la connaissance des plus composés, et supposant même de l'ordre entre ceux qui ne se précèdent pas naturellement les uns les autres. Et le dernier, de faire partout des dénombrements si entiers et des revues si générales que je fusse assuré de ne rien omettre. »

Descartes avait vingt-trois ans quand il se traça cette méthode si simple dans sa nouveauté, si rigoureuse dans sa hardiesse. Mais toujours prudent au milieu des projets les plus audacieux, Descartes résolut, avant d'appliquer sa méthode à la réforme radicale de ses pensées, de consacrer plusieurs années à en faire l'épreuve sur des problèmes moins profonds, ceux des sciences mathématiques et physiques.

« Et comme ce n'est pas assez, nous dit-il, avant de commencer à rebâtir le logis où l'on demeure, que de l'abattre et de faire provision de matériaux et d'architectes ou de s'exercer soi-même à l'architecture, et outre cela, d'en avoir soigneusement tracé le dessin, mais qu'il faut aussi s'être pourvu de quelque autre où on puisse être logé commodément pendant le temps qu'on y travaillera; ainsi, afin que je ne demeurasse point irrésolu en mes actions, pendant que la raison m'obligeait de l'être en mes jugements, et que je ne laissasse pas de vivre dès lors le plus heureusement que je pourrais, je me formai une morale par provision, qui ne consistait qu'en trois ou quatre maximes dont je veux bien vous faire part. »

La première de ces maximes pratiques de Descartes demande à être interprétée selon son vrai sens : « Elle était, dit-il, d'obéir aux lois et aux coutumes de mon pays, retenant constamment la religion en laquelle Dieu m'a fait la grâce d'être élevé dès mon enfance, et me gouvernant en tout autre chose suivant les opinions les plus modérées... »

On a affecté de nos jours de prendre le change sur la pensée de Descartes; on a prétendu séparer sa cause de celle du rationalisme, sous le vain prétexte que Descartes n'admettait point une liberté absolue de penser, et acceptait expressément les vérités révélées comme une limite infranchissable à la spéculation philosophique. C'est une grande erreur. Le doute méthodique, comme on va le voir tout à l'heure, n'excepte rien, pas même Dieu; seulement, avant de s'y engager, Descartes, prévoyant qu'il pourra durer plus d'un jour et le mener loin, sent la nécessité de se donner des règles provisoires de conduite, et en vrai sage, c'est à la religion qu'il les emprunte, à la religion de ses pères. Or il est clair que la religion ici n'est point considérée comme un système de vérités spéculatives, mais comme une règle pour la pratique. Descartes le déclare expressément : c'est une morale qu'il se donne, et une *morale par provision*. Je rappelle ses propres termes, afin que toute équivoque soit impossible. Ce serait donc une tentation bien vaine que celle de nier ou d'obscurcir ce qu'il y a dans le cartésianisme de plus clair et de plus avéré, je veux dire le fait de la sécularisation définitive de la raison. L'éternel honneur de Descartes, c'est d'avoir accompli ce grand ouvrage que les siècles avaient préparé. Si l'on a conçu de nos jours la funeste pensée de le détruire, qu'on renonce du moins à prendre Descartes pour complice.

Mais revenons au *Discours de la Méthode*, et admirons la sagesse des règles que se donne Descartes pour la conduite de la vie. Nous y trouverons la vraie peinture de son caractère, où la décision s'unissait à la prudence, et l'ambition la plus haute à une admirable possession de soi-même et de ses désirs.

« Ma seconde maxime, nous dit-il, était d'être le plus ferme et le plus résolu en mes actions que je pourrais, et de ne suivre pas moins constamment les opinions les plus douteuses, lorsque je m'y serais une fois déterminé, que si elles eussent été très-assurées : imitant en ceci les voyageurs qui, se trouvant égarés en quelque forêt, ne doivent pas errer en tournoyant tantôt d'un côté, tantôt d'un autre, mais marcher toujours le plus droit qu'ils peuvent vers un même côté, et ne le changer point pour de faibles raisons, encore que ce n'ait peut-être été au commencement que le hasard seul qui les ait déterminés à le choisir ; car, par ce moyen, s'ils ne vont justement où ils désirent, ils arriveront au moins à la fin quelque part où vraisemblablement ils seront mieux que dans le milieu d'une forêt. Et ainsi les actions de la vie ne souffrant souvent aucun délai, c'est une vérité très-certaine que, lorsqu'il n'est pas en notre pouvoir de discerner les plus vraies opinions, nous devons suivre les plus probables, et même qu'encore que nous ne remarquions point davantage de probabilité aux unes qu'aux autres, nous devons néanmoins nous déterminer à quelques-unes, et les considérer après, non plus comme douteuses en tant qu'elles se rapportent à la pratique, mais comme très-vraies et très-certaines à cause que la raison qui nous y a fait déterminer se trouve telle. Et ceci fut capable dès lors de me délivrer de tous les repentirs et les remords qui ont coutume d'agiter les consciences de ces esprits faibles et chancelants qui se laissent aller inconstamment à pratiquer comme bonnes les choses qu'ils jugent après être mauvaises.

« Ma troisième maxime était de tâcher toujours plutôt à me vaincre que la fortune, et à changer mes désirs que l'ordre du monde, et généralement de m'accoutumer à croire qu'il n'y a rien qui soit entièrement en notre pouvoir que nos pensées, en sorte qu'après que nous avons fait notre mieux touchant les choses qui nous sont extérieures, tout ce qui manque de nous réussir est au regard de nous absolument impossible. Et ceci seul me semblait être suffisant pour m'empêcher de rien désirer à l'avenir que je n'acquisse, et ainsi pour me rendre content ; car notre volonté ne se portant naturellement à désirer que les choses que notre entendement lui représente en quelque façon comme possibles, il est certain que, si nous considérons tous les biens qui sont hors de nous comme également éloignés de notre pouvoir, nous n'aurons pas plus de regret de manquer de ceux qui semblent être dus à notre naissance, lorsque nous en serons privés sans notre faute, que nous n'en avons de ne posséder pas les royaumes de la Chine ou du Mexique, et que faisant, comme on dit, de nécessité vertu, nous ne désirerons pas davantage d'être sains étant malades, ou d'être libres étant en prison, que nous ne faisons maintenant d'avoir des corps d'une matière aussi peu corruptible que les diamants, ou des ailes pour voler comme les oiseaux. »

L'esprit ainsi réglé, l'âme armée contre toutes les chances de la fortune, Descartes employa neuf ans à rouler, comme il dit, çà et là dans le monde, tâchant d'y être spectateur plutôt qu'acteur dans toutes les comédies qui s'y jouent, jusqu'à ce qu'enfin il jugea le moment venu de se recueillir, et de se rendre compte une fois pour toutes de lui-même et de l'univers.

Le fondement de la philosophie de Descartes, c'est le fameux *Cogito, ergo sum;* mais Descartes n'arrive à cette première vérité qu'après avoir passé par le doute universel. Il faut donc d'abord faire l'histoire de ce doute et expliquer comment Descartes en est sorti.

Le doute de Descartes ne naquit point comme celui des anciens sceptiques du désespoir de connaître la vérité; mais « ayant remarqué que dès ses premières années il avait reçu quantité de fausses opinions pour véritables, et pensant que ce qu'il avait fondé depuis sur des principes si mal assurés ne pouvait être que fort douteux et incertain, il résolut de déraciner de son esprit toutes les erreurs qui avaient pu s'y glisser, ne tendant qu'à rejeter la terre mouvante et le sable pour trouver le roc et l'argile. » Afin d'y parvenir, il jugea que le seul moyen était de « rejeter comme absolument faux tout ce en quoi il pourrait imaginer le moindre doute, afin de voir s'il ne resterait point après cela quelque chose en sa créance qui fût entièrement indubitable. »

Ce fut pour mettre ce projet à exécution que Descartes entreprit la revue, non point de toutes ses opinions, mais « de tous les principes sur lesquels toutes ses anciennes opinions étaient appuyées, parce que la ruine des fondements entraîne nécessairement avec soi tout le reste de l'édifice. » Dans cette revue, il attaque successivement l'autorité des sens, celle de la mémoire, du raisonnement, et la certitude même des vérités nécessaires.

Il adresse aux sens cette première objection, qu'il a quelquefois éprouvé qu'ils sont trompeurs. C'est une raison de se défier de leur témoignage ; mais quoi, « si les sens sont trompeurs quelquefois touchant des choses fort peu sensibles ou fort éloignées, il s'en rencontre néanmoins beaucoup d'autres desquelles il semble qu'on ne peut raisonnablement douter. » — Il est vrai, répond Descartes ; mais ne nous arrive-t-il pas de voir en songe toutes ces mêmes choses, et ne nous paraît-il pas qu'elles existent réellement, quoique alors elles n'aient aucune réalité ? Or comment discerner la veille du sommeil ? « Il n'y a manifestement point d'indices certains par où l'on puisse les distinguer nettement. »

Il oppose à la mémoire et au raisonnement le même genre d'objection. Souvent la mémoire nous abuse, et « les plus habiles se méprennent en raisonnant, même touchant les plus simples matières de géométrie, et y font des paralogismes. »

Après avoir ainsi mis en doute les vérités contingentes et déduites, en démontrant la faillibilité des facultés qui nous les donnent, il reste les notions simples et universelles qui subsisteraient encore dans notre esprit, quand bien même tout ce qui est contingent et composé serait anéanti, et les rapports nécessaires que notre esprit conçoit entre ces notions. « Encore que toutes les choses particulières et générales puissent être imaginaires, dit Descartes, toutefois il faut nécessairement avouer qu'il y en a au moins quelques autres encore plus simples et plus universelles qui sont vraies et existantes, du mélange desquelles toutes les images des choses qui sont en notre pensée, soit vraies et réelles, soit feintes et fantastiques, sont formées. De ce genre de choses est la nature corporelle en général et son étendue, ensemble la figure des choses étendues, leur quantité ou grandeur et leur nombre, comme aussi le lieu où elles sont, le temps qui mesure leur durée, et autres semblables. C'est pourquoi, peut-être, que de là nous ne conclurons pas si mal, si nous disons que la physique, l'astronomie, la médecine, et toutes les autres sciences qui dépendent de la considération des choses composées, sont fort douteuses et incertaines, mais que l'arithmétique, la géométrie et les autres sciences de cette nature qui ne traitent que de choses fort simples et fort générales, sans se mettre beaucoup en peine si elles sont dans la nature ou si elles n'y sont pas, contiennent quelque chose de certain et d'indubitable : car, soit que je veille ou que je dorme, deux et trois, joints ensemble, formeront toujours le nombre cinq, et le carré n'aura jamais plus de quatre côtés. »

Pour mettre de pareilles vérités en doute, les objections tirées des erreurs de nos facultés sont trop faibles; Descartes invoque un scepticisme d'une nature plus destructive. Il trouve dans son esprit une « certaine opinion qu'il y a un Dieu qui peut tout et par qui il a été fait et créé tel qu'il est. Or, que sais-je, dit-il, s'il n'a point fait qu'il n'y ait aucune terre, aucun ciel, aucun corps étendu, aucune figure, aucune grandeur, aucun lieu, et que néanmoins j'aie les sentiments de toutes ces choses? que sais-je s'il n'a point fait que je me trompe aussi toutes les fois que je fais l'addition de deux et de trois, ou que je nombre les côtés d'un carré? — Mais Dieu me tromperait? — « S'il répugnait à sa bonté, répond Descartes, que je me trompasse toujours, cela semblerait aussi lui être contraire de permettre que je me trompe quelquefois, et néanmoins je ne puis douter qu'il ne le permette. » — Ne puis-je pas d'ailleurs supposer à la place de Dieu « un certain mauvais génie, non moins rusé et trompeur que puissant, qui aurait employé toute son industrie à me tromper? »

Rien ne peut résister à ce dernier argument; il achève de ruiner l'autorité des sens, de la mémoire, du raisonnement, déjà ébranlée par l'argument tiré des erreurs où tombent ces facultés, et il enveloppe dans le même arrêt toutes les notions universelles et toutes les vérités nécessaires.

C'est maintenant contre le mauvais génie que Descartes va lutter. Voici sa position vis-à-vis cet être formidable : « Je suppose que toutes les choses que je vois sont fausses; je me persuade que rien n'a jamais été de ce que ma mémoire menteuse me représente; je pense n'avoir aucun sens ; je crois que le corps, la figure, l'étendue, le mouvement et le lieu ne sont que des fictions de mon esprit ; qu'est-ce donc qui pourra être assuré véritable? peut-être rien autre chose sinon qu'il n'y a rien au monde de certain. »

Cela est bien audacieux ; mais Descartes l'était, et c'est son audace qui a secoué le joug de l'autorité. Voyons maintenant comment il ressaisira ce qu'il a perdu ; il ne demande, comme Archimède, qu'un point ferme et indubitable, *minimum quid quod sit certum et inconcussum :* où le trouvera-t-il?

« Je me suis persuadé, dit Descartes, qu'il n'y avait rien du tout au monde ; mais me suis-je aussi persuadé que je n'étais point? Tant s'en faut ; j'étais sans doute, si je me suis persuadé quelque chose. Mais il y a un je ne sais quel trompeur très-puissant et très-rusé qui emploie toute son industrie à me tromper toujours. Il n'y a donc point de doute que je suis s'il me trompe ; et qu'il me trompe tant qu'il voudra, il ne saura jamais faire que je ne sois rien tant que je penserai être quelque chose... Je pense, donc j'existe. »

Voilà le *minimum quid inconcussum* que Descartes cherchait, voilà sa première victoire sur le mauvais génie.

On sait toutes les controverses auxquelles a donné lieu le *Cogito, ergo sum.* Gassendi, le premier, accusa Descartes de faire un cercle vicieux : « Cette proposition, dit l'auteur subtil des *Cinquièmes Objections,* cette proposition : *Je pense, donc je suis,* suppose cette majeure : ce qui pense existe ; et par conséquent implique une pétition de principe. » — L'objection de Gassendi a été répétée par une foule de philosophes, notamment par Reid, et elle a pris dans le monde une certaine autorité ; mais Descartes lui-même y répond d'une manière victorieuse : « Je ne fais point, dit-il à son antagoniste, de cercle vicieux ; car je ne suppose point de majeure. Je soutiens que cette proposition : *Je pense, donc j'existe*, est une vérité particulière qui s'introduit dans l'esprit sans le secours d'une autre plus générale, et indépendamment de toute déduction logique. Ce n'est pas un préjugé, mais une vérité naturelle qui frappe d'abord et irrésistiblement l'intelligence. Pour vous, ajoute Descartes, vous pensez que toute vérité particulière repose sur une vérité générale dont il faut la déduire par des syllogismes selon les règles de la dialectique. Imbu de cette erreur, vous me l'attribuez gratuitement ; votre méthode constante est de supposer de fausses majeures, de faire des paralogismes et de me les imputer. »

Le vrai caractère du *Cogito, ergo sum* une fois rétabli par les propres paroles de Descartes, on comprendra mieux les deux grandes conséquences qu'il en tire immédiatement : l'une sur la nature de l'âme, fondement du spiritualisme ; l'autre sur le critérium de la vérité, fondement du rationalisme.

« Je suis, dit Descartes, mais que suis-je ? une chose qui pense. Qu'est-ce qu'une chose qui pense ? c'est une chose qui doute, qui entend, qui conçoit, qui affirme, qui nie, qui veut, qui ne veut pas, qui imagine aussi et qui sent. — Examinant donc avec attention ce que j'étais, et voyant que je pouvais feindre que je n'avais aucun corps, et qu'il n'y avait aucun monde ni aucun lieu où je fusse, mais que je ne pouvais pas feindre pour cela que je n'étais point, et qu'au contraire, de cela même que je pensais à douter de la vérité des autres choses il suivait très-évidemment et très-certainement que j'étais, au lieu que si j'eusse seulement cessé de penser, encore que tout le reste de ce que j'avais imaginé eût été vrai, je n'aurais aucune raison de croire que j'eusse été, je connus de là que j'étais une substance dont toute l'essence ou la nature n'est que de penser, et qui peut-être n'a besoin d'aucun lieu ni ne dépend d'aucune chose matérielle, en sorte que ce moi, c'est-à-dire l'âme par laquelle je suis ce que je suis, est entièrement distincte du corps, et même qu'elle est plus aisée à connaître que lui, et qu'encore qu'il ne fût point, elle ne laisserait pas d'être tout ce qu'elle est. »

« Après cela, je considérai en général ce qui est requis à une proposition pour être vraie et certaine ; car, puisque je venais d'en trouver une que je savais être telle, je pensai que je devais savoir aussi en quoi consiste cette certitude. Et ayant remarqué qu'il n'y a rien du tout en ceci : *Je pense, donc je suis*, qui m'assure que je dis la vérité, sinon que je vois très-clairement que pour penser il faut être, je jugeai que je pouvais prendre pour règle générale, que les choses que nous concevons fort clairement et fort distinctement sont toutes vraies, mais qu'il y a seulement quelque difficulté à bien remarquer quelles sont celles que nous concevons distinctement. »

L'évidence, en d'autres termes, la clarté et la distinction des idées, voilà le flambeau de Descartes et de toute philosophie digne de ce nom. A sa lumière, et sur le fondement de l'existence personnelle, Descartes va découvrir et appuyer toutes les autres existences.

Celle de Dieu est la première qui l'occupe. Il la prouve de deux manières : d'abord en s'appuyant sur la notion de l'être parfait, telle que chacun de nous le trouve dans sa conscience, étroitement liée au sentiment de son imperfection propre ; c'est là la preuve de la troisième méditation, preuve *a posteriori*, selon Descartes, parce que toute simple qu'elle soit et bien que fondée sur une notion rationnelle, elle implique une donnée expérimentale. Vient ensuite une preuve d'un genre tout différent, la preuve de la cinquième méditation, qui est toute *a priori*, Descartes y faisant abstraction complète de l'expérience, et raisonnant sur le concept idéal de l'être parfait comme les géomètres raisonnent sur le cercle et sur le triangle. Commençons par la première démonstration, la seule vraiment solide, la seule qui appartienne en propre à Descartes et à l'esprit nouveau.

Descartes passe toutes ses idées en revue, et il les classe en trois catégories distinctes : celles qui lui viennent des objets extérieurs, et qu'il appelle *adventices;* celles qui sont son propre ouvrage, comme une chimère, une montagne d'or, et auxquelles il donne le nom de *factices;* enfin, au-dessus de toutes ces idées, celles qui sont antérieures à toute expérience et à toute combinaison artificielle, ce sont les fameuses *idées innées*.

La principale de ces idées, c'est l'idée de l'être parfait. Descartes la constate, la recueille, et, la livrant au raisonnement, s'en sert pour construire un argument assez compliqué dans la forme, mais très-simple au fond, qui revient à ceci : Je suis un être imparfait, entouré de choses imparfaites; et toutefois, du sein de cette imperfection, je m'élève par l'irrésistible élan de ma pensée et de mon cœur à l'idée d'une perfection souveraine qui possède dans leur plénitude et unit en soi l'intelligence, la puissance, la sagesse, tous ces attributs, en un mot, dont je n'aperçois qu'une ombre en moi-même et autour de moi. D'où me vient cette idée sublime? elle ne peut sortir de mon fonds imparfait et misérable, et je ne puis pas davantage en avoir emprunté le modèle à cet imparfait univers : il reste que cette idée de la perfection me vienne de l'être parfait lui-même, qui l'a mise en moi pour être comme la marque de l'ouvrier empreinte sur son ouvrage [1].

Cette preuve est aussi remarquable par sa profondeur que par sa simplicité intrinsèque. Pour comprendre la forme un peu trop scolastique que Descartes lui a donnée, et les objections que Gassendi et Hobbes ont soulevées contre elle, il faut distinguer entre la réalité objective d'une idée et sa réalité formelle. Éclaircissons cette distinction à l'aide d'une comparaison qui nous est fournie par un philosophe contemporain [2] : « Une lettre de

---

[1] *Méditations*, III.
[2] M. Royer-Collard, *Fragments*.

change ne contient pas la réalité de la somme qu'elle représente ; cette somme n'est réellement que dans la caisse du banquier ; toutefois la lettre de change contient la somme d'une certaine manière, puisqu'elle en tient lieu. Cette somme est encore contenue ailleurs d'une autre façon : elle est virtuellement dans le crédit du banquier qui a souscrit la lettre. Si l'on voulait exprimer ces différences dans la langue de Descartes, on dirait que la somme est contenue *formellement* dans la caisse du banquier, *objectivement* dans la lettre de change qu'il a souscrite, et *éminemment* dans le crédit qui lui a donné le pouvoir de la souscrire, et qu'ainsi la caisse contient la réalité *formelle* de la somme, la lettre de change sa réalité *objective*, et le crédit du banquier sa réalité *éminente*. »

Ces distinctions bien comprises, on s'expliquera que Descartes assigne à nos différentes idées divers degrés de perfection et de dignité suivant leur réalité objective, leur réalité formelle restant la même. Puis, il pose ce principe que toute idée a nécessairement une cause qui renferme autant de réalité formelle ou éminente que l'idée contient de réalité objective. Or comme l'idée de Dieu ou de l'être parfait a une réalité objective infinie, il s'ensuit que la cause de cette idée a une réalité formelle infinie, c'est-à-dire est Dieu lui-même :

« C'est, dit-il, une chose manifeste par la lumière naturelle qu'il doit y avoir pour le moins autant de réalité dans la cause efficiente et totale que dans son effet ; car d'où est-ce que l'effet peut tirer sa réalité, sinon de sa cause, et comment cette cause la lui pourrait-elle communiquer, si elle ne l'avait en elle-même ? Et de là il suit non-seulement que le néant ne saurait produire aucune chose, mais aussi que ce qui est plus parfait, c'est-à-dire qui contient en soi plus de réalité, ne peut être une suite et une dépendance du moins parfait. Et cette vérité n'est pas seulement claire et évidente dans les effets qui ont cette réalité que les philosophes appellent actuelle ou formelle, mais aussi dans les idées où l'on considère seulement la réalité qu'on nomme objective ; par exemple, la pierre qui n'a point encore été, non-seulement ne peut pas maintenant commencer d'être, si elle n'est produite par une chose qui possède en soi formellement ou éminemment tout ce qui entre en la composition de la pierre, c'est-à-dire qui contienne en soi les mêmes choses ou d'autres plus excellentes que celles qui sont dans la pierre ; et la chaleur ne peut être produite dans un sujet qui en était auparavant privé, si ce n'est par une chose qui soit d'un ordre, d'un degré ou d'un genre au moins aussi parfait que la chaleur, et ainsi des autres. Mais encore, outre cela, l'idée de la chaleur ou de la pierre ne peut pas être en moi, si elle n'y a été mise par quelque cause qui contienne en soi pour le moins autant de réalité que j'en conçois dans la chaleur ou dans la pierre ; car encore que cette cause-là ne transmette en mon idée aucune chose de sa réalité actuelle ou formelle, on ne doit pas pour cela s'imaginer que cette cause doive être moins réelle ; mais on doit savoir que toute idée étant un ouvrage de l'esprit, sa nature est telle qu'elle ne demande de soi aucune autre réalité formelle que celle qu'elle reçoit et emprunte de la pensée où de l'esprit, dont elle est seulement un mode, c'est-à-dire une manière ou façon de penser. Or, afin qu'une idée contienne une telle réalité objective plutôt qu'une autre, elle doit sans doute avoir cela de quelque cause dans laquelle il se rencontre pour le moins autant de réalité formelle que cette idée contient de réalité objective ; car si nous supposons qu'il se trouve quelque chose dans cette idée qui ne se rencontre pas dans sa cause, il faut donc qu'elle tienne cela du néant. Mais pour imparfaite que soit cette façon d'être par laquelle une chose est objectivement ou par représentation dans l'entendement par son idée, certes on ne peut pas néanmoins dire que cette façon et manière-là d'être ne soit rien, ni par conséquent que cette idée tire son origine du néant. »

Descartes revient alors sur ses différentes sortes d'idées, et il trouve qu'à l'exception de celle de Dieu, toutes peuvent à la rigueur venir de son propre fonds. « Partant, dit-il, il ne reste que la seule idée de Dieu dans laquelle il faut considérer s'il y a quelque chose qui n'ait pu venir de moi-même. Par le nom de Dieu, j'entends une substance infinie, éternelle, immuable, indépendante, toute-connaissante, toute-puissante, et par laquelle moi-même et toutes les autres choses qui sont (s'il est vrai qu'il y en ait qui existent) ont été créées et produites. Or ces avantages sont si grands et si éminents que plus attentivement je les considère et moins je me persuade que l'idée que j'en ai puisse tirer son origine de moi seul. Et par conséquent il faut nécessairement conclure de tout ce que j'ai dit auparavant que Dieu existe ; car, encore que l'idée de la substance soit en moi de cela même que je suis une substance, je n'aurais pas néanmoins l'idée d'une substance infinie, moi qui suis un être fini, si elle n'avait été mise en moi par quelque substance qui fût véritablement infinie. »

Telle est la preuve de la troisième méditation, à laquelle Descartes ajoute une preuve subsidiaire tirée de sa propre existence. Si Dieu n'existait pas, dit-il, par qui aurais-je été créé? ce n'est pas par moi ; car si c'était par moi, je me serais donné toutes les perfections dont j'ai l'idée, et de plus j'aurais la conscience d'un pouvoir par lequel je me conserverais, puisque c'est un axiome généralement reçu que la conservation d'une substance requiert à chaque instant de la durée la même cause que celle qui l'a tirée du néant. D'un autre côté, je ne puis pas supposer que mes parents soient la cause de mon existence ; car, en tant qu'être pensant, je n'ai point été produit par mes parents, qui d'ailleurs ne me conservent point. Enfin, si j'existe, ce ne peut être par un être moins parfait que Dieu, car il n'aurait pu me donner l'idée de perfection. Donc je n'ai pu être créé que par Dieu ; d'où il suit que Dieu existe.

Voici maintenant une démonstration d'un caractère profondément différent : c'est celle de la cinquième méditation qui repose sur ce principe, que l'idée de Dieu étant l'idée d'un être parfait, il est impossible qu'aucune perfection lui manque réellement ; il est donc nécessaire qu'il existe, car l'absence de l'existence serait une imperfection. « Il n'y a pas moins de répugnance, dit Descartes, de concevoir un Dieu, c'est-à-dire un être souverainement parfait auquel manque l'existence, c'est-à-dire quelque perfection, que de concevoir une montagne qui n'ait point de vallée, ou un triangle dont les trois angles ne soient pas égaux à deux droits. »

Cet argument célèbre, n'eût-il aucune valeur intrinsèque, mériterait encore la plus sérieuse considération pour avoir occupé tant de hautes intelligences. Inventé par saint Anselme, il a été rejeté au moyen âge par saint Thomas, par Duns Scot, par Gerson; renouvelé dans les temps modernes par Descartes, accepté par Malebranche, Bossuet, Fénelon, vivement attaqué par Gassendi, défendu et développé par Leibnitz, soumis enfin, au dix-huitième siècle, à une critique nouvelle et très-approfondie par Emmanuel Kant, l'argument de saint Anselme divise encore aujourd'hui les philosophes.

Saint Anselme, dans son grand ouvrage intitulé *Monologium*, dont l'objet n'est rien de moins qu'une théorie toute rationnelle de la nature de Dieu, avait démontré l'existence de l'être suprême par les preuves platoniciennes qu'il avait empruntées à son guide favori, saint Augustin [1]. Bien que ces preuves soient très-simples, saint Anselme nous raconte lui-même [2] qu'elles ne le satisfaisaient pas encore sous ce rapport, et qu'il se mit à chercher un argument unique dont la simplicité fût parfaite.

« Après de longues méditations toujours inutiles, je

---

[1] *Monologium*, ch. i, ii, iii et iv.
[2] *Proslogium*, préambule.

ne cherchais plus qu'à délivrer mon esprit d'une idée qui l'occupait vainement, lorsque tout à coup la démonstration dont je désespérais se découvrit à mon esprit. » Voici cette démonstration sous la propre forme que saint Anselme lui a donnée, dans un ouvrage composé tout exprès, le célèbre *Proslogium*[1]. « Accordez-moi donc, ô mon Dieu! vous qui accordez à la foi l'intelligence d'elle-même, de comprendre que vous êtes, et ce que vous êtes, aussi bien que je le crois. Or je crois que vous êtes un être tel qu'on n'en peut concevoir de plus grand. Est-ce qu'une semblable nature n'existerait pas, parce que l'insensé a dit dans son cœur : Il n'y a point de Dieu! Mais certes, l'insensé lui-même, quand il entend ces paroles : *Un être tel qu'on ne peut rien concevoir de plus grand,* l'insensé, dis-je, comprend ce qu'il entend, et ce qu'il comprend est dans son intelligence alors même qu'il ne comprend pas que la chose dont je lui parle existe réellement. Car autre chose est avoir dans l'esprit l'idée d'un être, autre chose est concevoir que cet être existe. Ainsi, quand un peintre médite un ouvrage qu'il va composer, il a dans l'esprit l'idée de cet ouvrage, quoiqu'il ne pense pas que cet ouvrage est réellement composé : mais quand le tableau est terminé, alors le peintre tout à la fois en conçoit l'idée et pense qu'il est réellement composé. L'insensé est donc convaincu d'avoir tout au moins dans l'esprit cet être tel qu'on n'en peut concevoir de plus grand, puisqu'il comprend ces paroles,

---

[1] *Proslogium*, chap. II, III, IV.

quand on les prononce, et que ce qu'il comprend est dans son esprit. Or il est impossible que l'être tel qu'on n'en peut concevoir de plus grand n'existe que dans l'esprit. Car, s'il n'existait que dans l'esprit, on pourrait penser à ce même être comme existant à la fois dans l'esprit et dans la réalité, ce qui est plus que de n'exister que dans l'esprit. Si donc l'être tel qu'on n'en peut concevoir de plus grand n'existe que dans l'esprit, on arrive à cette conséquence que l'être tel qu'on n'en peut concevoir de plus grand est aussi l'être tel qu'on peut concevoir un être plus grand, ce qui est certainement impossible. Concluons donc sans aucun doute qu'un être tel qu'on ne peut rien concevoir de plus grand existe tout ensemble dans l'esprit et dans la réalité. »

Voilà dans sa forme et sa simplicité primitives cet argument tant controversé, que saint Anselme n'a point emprunté à saint Augustin [1], mais qu'il a tiré de son propre fonds, et dont l'histoire doit lui laisser l'honneur et la responsabilité. Aussitôt que le *Proslogium* parut, une voix s'éleva pour le combattre, celle d'un moine de Marmoutier, nommé Gaunilon, qui écrivit contre le *Proslogium* un petit ouvrage fort ingénieux, sous le titre de *Liber pro insipiente*. Saint Anselme ne dédaigna pas de répondre à cette réfutation [2], curieux

---

[1] Tennemann a confondu l'argument du *De libero arbitrio* avec celui du *Proslogium*.

[2] S. Anselmi *Liber apologeticus* contra Gaunilonem respondentem pro insipiente.

prélude des discussions qui s'élevèrent un siècle plus tard, avec tant de force et d'éclat, entre Descartes et ses adversaires.

Traversons ce long intervalle et voyons la forme nouvelle que l'argument de saint Anselme revêtit entre les mains du père de la philosophie moderne, qui, tout en croyant de très-bonne foi le découvrir, en avait peut-être reçu le germe dans ses études scolastiques aux jésuites de La Flèche.

« Or maintenant, dit-il, si de cela seul que je puis tirer de ma pensée l'idée de quelque chose, il s'ensuit que tout ce que je reconnais clairement et distinctement appartenir à cette chose lui appartient en effet, ne puis-je pas tirer de ceci un argument et une preuve démonstrative de l'existence de Dieu? Il est certain que je ne trouve pas moins en moi son idée, c'est-à-dire l'idée d'un être souverainement parfait, que celle de quelque figure et de quelque nombre que ce soit; et je ne connais pas moins clairement et distinctement qu'une actuelle et éternelle existence appartient à sa nature, que je connais que tout ce que je puis démontrer de quelque figure ou de quelque nombre appartient véritablement à la nature de cette figure ou de ce nombre; et partant, encore que tout ce que j'ai conclu dans les méditations précédentes ne se trouvât point véritable, l'existence de Dieu devrait passer en mon esprit au moins pour aussi certaine que j'ai estimé jusqu'ici toutes les vérités des mathématiques qui ne regardent que les nombres et les figures, bien qu'à la vérité cela ne paraisse pas d'abord entièrement manifeste, mais semble avoir quelque apparence de sophisme. Car ayant accoutumé, dans toutes les autres choses, de faire distinction entre l'existence et l'essence, je me persuade aisément que l'existence peut être séparée de l'essence de Dieu, et qu'ainsi on peut concevoir Dieu comme n'étant pas actuellement. Mais néanmoins, lorsque j'y pense avec plus d'attention, je trouve manifestement que l'existence ne peut non plus être séparée de l'essence de Dieu que de l'essence d'un triangle rectiligne la grandeur de ses trois angles égaux à deux droits, ou bien de l'idée d'une montagne l'idée d'une vallée; en sorte qu'il n'y a pas moins de répugnance de concevoir un Dieu, c'est-à-dire un être souverainement parfait, auquel manque l'existence, c'est-à-dire auquel manque quelque perfection, que de concevoir une montagne qui n'ait pas de vallée. »

Bien que toute l'école cartésienne, sans en excepter Leibnitz, ait admis la légitimité de cet argument, on ne peut se dissimuler que les objections dirigées contre lui par Kant ne soient invincibles, et que ce philosophe n'ait marqué avec une parfaite justesse le défaut capital de la preuve de Descartes, savoir : la confusion de la nécessité logique et abstraite, créée par l'analyse des notions, avec la nécessité réelle et actuelle des choses. La vérité est qu'en fait, l'idée de Dieu ne se sépare jamais, dans la conscience, de la foi en son existence réelle. Nier Dieu, c'est n'y pas penser. L'athéisme n'est que sur les lèvres, il ne peut être dans l'esprit et dans le cœur. Comme disait saint Anselme, dès que Dieu est pour nous *in intellectu*, il est aussi pour nous *in re;* ou, suivant les termes de Descartes, l'existence actuelle est enfermée dans l'idée de Dieu. Voilà le fonds solide et inébranlable de toutes ces argumentations dont la forme seule succombe sous l'argumentation de Kant : on a pu ravir un syllogisme à la logique, on n'ôtera pas la preuve cartésienne à la raison et au genre humain. « Le dernier des hommes, a dit un grand écrivain qui a su réfuter à son tour la réfutation kantienne, le dernier des hommes, dans le sentiment de la misère inhérente à sa nature bornée, conçoit obscurément et vaguement l'être tout parfait, et ne peut le concevoir sans se sentir soulagé et relevé, sans éprouver le besoin et le désir de retrouver et de posséder encore, ne fût-ce que pendant le moment le plus fugitif, la puissance et la douceur de cette contemplation, conception, notion, idée, sentiment; car qu'importent ici les mots, puisqu'il n'y a pas de mots pour l'âme? La pauvre femme dont Fénelon enviait la prière ne prononçait pas de savantes paroles; elle pleurait en silence, abîmée dans la pensée de l'Être parfait et infini, témoin invisible et consolateur secret de ses misères. Nous ressemblons tous à cette pauvre femme. Concevoir l'Être parfait du sein de notre imperfection, c'est déjà un perfectionnement, un pressentiment sublime, un éclair dans notre nuit, une source vive dans notre désert, un coin du ciel dans la prison de la vie. Toutes ces fortes expressions peignent la scène intérieure qui se passe dans toutes les âmes, dans celle de Platon ou de Leibnitz comme dans celle du dernier des hommes, qui relève l'un, humilie l'autre, et les confond dans le sentiment de la même nature, de la même misère, de la même grandeur [1]. »

Descartes s'est donc convaincu qu'il y a un Dieu, et par là il se flatte d'avoir établi ou confirmé toutes les autres existences, particulièrement celle des corps, que le doute universel avait ébranlée [2]. Voilà un grand pas

---

[1] M. Cousin, *Leçons sur Kant*, leçon VI.

[2] L'existence de Dieu démontrée, Descartes en conclut qu'il est impossible qu'il nous trompe, « puisque en toute fraude et tromperie il se rencontre quelque imperfection. » D'où il suit que la faculté de juger, que nous tenons de Dieu, n'est point elle-même trompeuse. Appuyé sur ce principe, Descartes prouve, ainsi qu'il suit, l'existence des choses corporelles :

« Je ne puis douter qu'il n'y ait en moi une faculté passive de sentir, c'est-à-dire de recevoir et de connaître les idées des choses sensibles ; mais elle me serait inutile, s'il n'y avait aussi en moi ou en quelque autre chose une faculté active, capable de former et de produire ces idées. Or cette faculté ne peut être en moi en tant que je ne suis qu'une chose qui pense, vu qu'elle ne présuppose point ma pensée, et aussi que ces idées-là me sont souvent représentées sans que j'y contribue en aucune façon et même souvent contre mon gré ; il faut donc qu'elle soit en quelque substance différente de moi dans laquelle toute la réalité qui est objectivement dans les idées soit contenue formellement ou éminemment, et cette substance est ou une nature corporelle dans laquelle est contenu formellement et en effet tout ce qui est objectivement dans ces idées, ou bien c'est Dieu même ou quelque autre créature plus noble que le corps dans laquelle cela même est contenu éminemment. Or, Dieu n'étant point trompeur, il est très-manifeste qu'il ne m'envoie pas ces idées immédiatement par lui-même, ni aussi par l'entremise de quelque créature dans laquelle leur réalité ne soit pas contenue formellement, mais seulement éminemment. Car, ne m'ayant donné aude fait, mais combien de questions il reste à poser à Descartes! Et d'abord, qu'est-ce que l'être tout parfait? C'est, dit-il, l'être qui possède toutes les perfections possibles. Mais comment déterminer ces perfections et s'en faire une idée?

« Pour connaître la nature de Dieu autant que la mienne en était capable, répond Descartes, je n'avais qu'à considérer, de toutes les choses dont je trouvais en moi quelque idée, si c'était perfection ou non de les posséder ; et j'étais assuré qu'aucune de celles qui marquaient quelque imperfection n'était en lui, mais que toutes les autres y étaient [1]. » Soit, cette règle est admirable, mais enfin quelles sont ces perfections?

« Par le nom de Dieu, dit Descartes, j'entends une substance infinie, éternelle, immuable, indépendante, toute-connaissante, toute-puissante, et par laquelle moi-même et toutes les autres choses qui sont (s'il est vrai qu'il y en ait qui existent) ont été créées et produites. »

Que d'énigmes dans cette définition? Dieu y est posé comme créateur, par conséquent comme distinct de l'univers, et se suffisant à soi-même. Mais si Dieu se suffit,

---

cune faculté pour connaître que cela soit, mais au contraire une très-grande inclination à croire qu'elles partent des choses corporelles, je ne vois pas comment on pourrait l'excuser de tromperie, si en effet ces idées partaient d'ailleurs ou étaient produites par d'autres causes que par des choses corporelles : et partant il faut conclure qu'il y a des choses corporelles qui existent. »

[1] *Discours de la Méthode,* I, p. 161.

pourquoi a-t-il créé le monde? est-ce par un caprice passager qui a fait naître un monde périssable et borné? l'œuvre alors semble indigne de l'ouvrier. Est-ce par une action éternelle d'où émane un monde infini? l'œuvre et l'ouvrier semblent se confondre. Et puis cet univers est-il abandonné au hasard? ou s'il est gouverné par la Providence, comment comprendre le libre arbitre, l'erreur, le mal? Tant de désordres apparents ou réels seront-ils expliqués un jour? Que peut espérer l'homme? Où s'arrête la raison? où commence la foi? voilà ce que je voudrais apprendre de Descartes, et voilà par malheur ce que ne me disent ni le *Discours de la Méthode*, ni les *Méditations*. Descartes a-t-il reculé devant ces problèmes? je ne le crois pas. A-t-il craint de compromettre des vérités bien démontrées par des théories discutables qu'il réservait pour ses amis? Voyons, consultons ses lettres, fouillons dans les moins connus de ses écrits; pressons-en les moindres indications et tâchons de savoir ce qu'il a pensé ou conjecturé sur ces problèmes alors moins agités peut-être, mais qui sont devenus les plus sérieux de notre temps.

Premièrement, ce Dieu, cet être tout parfait, est-il ou non distinct de l'univers? existe-t-il en soi se suffisant pleinement à soi-même au sein de ses perfections infinies, ou bien faut-il le concevoir comme étant à la fois la substance et la cause de l'univers, et n'existant qu'à condition de devenir successivement toutes choses? Sur ce point capital, aucun doute : il est clair que Descartes a conçu Dieu comme un être radicalement distinct de l'univers. Se suffire, exister en soi, posséder l'être, non en puissance, comme fait un germe qui se développe, mais en acte, comme fait un être accompli, c'est là pour Descartes le propre caractère de la Divinité : « ...Lorsque je fais réflexion sur moi, dit-il, non-seulement je connais que je suis une chose imparfaite, incomplète et dépendante d'autrui, qui tend et qui aspire sans cesse à quelque chose de meilleur et de plus grand que je ne suis, mais je connais aussi en même temps que celui duquel je dépends possède en soi toutes ces grandes choses auxquelles j'aspire et dont je trouve en moi les idées, non pas indéfiniment et seulement en puissance, mais qu'il en jouit en effet, actuellement et infiniment, et ainsi qu'il est Dieu[1]. »

Dieu donc est un être complet et qui se suffit. Mais alors pourquoi est-il devenu créateur? Est-ce par accident, caprice, hasard? ou par quelque nécessité mystérieuse? ou plutôt, n'est-ce point par sagesse et par bonté? De ces trois alternatives, on croirait volontiers que la dernière est la seule où Descartes ait pu s'arrêter : car il proclame un Dieu libre; et cependant la vérité est qu'il repousse cette alternative avec énergie, ce qui le rejette forcément vers les deux autres.

Descartes refuse d'admettre toute autre raison de la création de l'univers que la volonté absolue de Dieu, volonté entièrement arbitraire et indifférente en soi. Dire que Dieu s'est résolu à donner l'être aux créatures parce que l'univers, idéalement représenté dans les conseils éternels de sa sagesse, lui a paru bon et digne

---

[1] *Méditations*, I, p. 290.

d'exister, c'est supposer que les êtres, antérieurement à l'acte divin qui les réalise, ont une existence idéale, une convenance, une beauté, une perfection, en un mot une essence propre et éternelle, avec des rapports nécessaires qui en résultent et qui constituent un ordre inviolable et indépendant. Or dire cela, c'est porter atteinte à la toute-puissance divine, laquelle ne donne pas seulement l'existence à toutes choses, mais aussi l'essence. C'est elle seule qui les constitue tout ce qu'elles sont. Elle leur donne par sa seule vertu leur beauté, leur convenance, leur perfection. Avant l'acte créateur, l'univers n'était ni bon, ni mauvais, ni digne, ni indigne de l'existence. Par rapport à lui, la volonté de Dieu était absolument indifférente. Pourquoi donc Dieu s'est-il résolu à créer plutôt qu'à ne créer pas? question déraisonnable, qui suppose que les choses divines se comportent comme les choses humaines. Dans l'homme, la volonté n'est jamais indifférente, ou du moins cette indifférence est le plus bas degré de la liberté [1]. Nos actions les plus sérieuses et les plus nobles sont déterminées par des motifs qui se tirent de la nature et de la convenance des choses; mais la volonté divine, antérieure à toutes choses, est de soi indifférente et indéterminée [2].

Telle est la doctrine expresse de Descartes : « Quant à la liberté du franc arbitre, dit-il, il est certain que la raison ou l'essence de celle qui est en Dieu est bien différente de celle qui est en nous, d'autant qu'il répugne

---

[1] *Méditations*, I, p. 298.
[2] *Sixièmes objections*, II, p. 324.

que la volonté de Dieu n'ait pas été de toute éternité indifférente à toutes les choses qui ont été faites ou qui se feront jamais, n'y ayant aucune idée qui représente le bien ou le vrai, ce qu'il faut croire, ce qu'il faut faire ou ce qu'il faut omettre, qu'on puisse feindre avoir été l'objet de l'entendement divin avant que sa nature ait été constituée telle par la détermination de sa volonté. Et je ne parle pas ici d'une simple priorité de temps, mais bien davantage, je dis qu'il a été impossible qu'une telle idée ait précédé la détermination de la volonté de Dieu par une priorité d'ordre ou de nature, ou de raison raisonnée, ainsi qu'on les nomme dans l'École, en sorte que cette idée du bien ait porté Dieu à élire l'un plutôt que l'autre. Par exemple, ce n'est pas pour avoir vu qu'il était meilleur que le monde fût créé dans le temps que dès l'éternité, qu'il a voulu le créer dans le temps ; et il n'a pas voulu que les trois angles d'un triangle fussent égaux à deux droits, parce qu'il a connu que cela ne pouvait se faire autrement, etc.; mais, au contraire, parce qu'il a voulu créer le monde dans le temps, pour cela il est ainsi meilleur que s'il eût été créé dès l'éternité ; et d'autant qu'il a voulu que les trois angles d'un triangle fussent nécessairement égaux à deux droits, pour cela, cela est maintenant vrai, et il ne peut pas être autrement, et ainsi de toutes les autres choses [1]. »

A ce compte, dirai-je à Descartes, la volonté libre de Dieu n'est pas seulement le principe des existences,

---

[1] *Réponse aux sixièmes objections*, II, p. 348 et suiv.

mais aussi celui des essences, et il faut dire que Dieu a créé la vérité comme il a créé l'univers.—Oui, certes, répond-il résolûment : « Il est certain que Dieu est aussi bien l'auteur de l'essence comme de l'existence des créatures ; or cette essence n'est autre chose que ces vérités éternelles, lesquelles je ne conçois point émaner de Dieu comme les rayons du soleil ; mais je sais que Dieu est auteur de toutes choses, et que ces vérités sont quelque chose, et par conséquent qu'il en est l'auteur. »

Descartes abonde si fortement dans ce sens qu'il traite l'opinion contraire de paganisme et de superstition. Il écrit au P. Mersenne : « C'est en effet parler de Dieu comme d'un Jupiter ou d'un Saturne, et l'assujettir au Styx et aux destinées, que de dire que ces vérités sont indépendantes de lui. Ne craignez point, je vous prie, d'assurer et de publier partout que c'est Dieu qui a établi ces lois en la nature, ainsi qu'un roi établit ses lois en son royaume[1]. » Il ne restait plus après cela qu'à dire, et Descartes n'y manque pas, que si deux fois deux font quatre, c'est parce que Dieu l'a voulu[2].

Ainsi, tout dans l'univers, non-seulement les individus, mais leurs rapports possibles, leur ordre et leurs lois, tout est suspendu à un premier vouloir divin, vouloir absolument arbitraire, acte primitif dont il ne faut pas chercher la raison, car il n'a d'autre raison que soi-même.

[1] *Lettres*, vi, p. 109.
[2] *Réponse aux sixièmes objections*, ii, p. 353.

Maintenant les êtres de l'univers ayant une fois reçu l'existence, la conservent-ils par la force de leur nature? nullement, car mon existence d'aujourd'hui n'est liée par aucun rapport nécessaire à mon existence d'hier ni à celle de demain : « ..... Tout le temps de ma vie peut être divisé en une infinité de parties, chacune desquelles ne dépend en aucune façon des autres; et ainsi, de ce qu'un peu auparavant j'ai été, il ne s'ensuit pas que je doive maintenant être, si ce n'est qu'en ce moment quelque cause me produise et me crée pour ainsi dire derechef, c'est-à-dire me conserve [1]. »

Généralisant cette observation, Descartes pose en principe que la conservation des substances est une création continuée. Et non-seulement il applique ce principe à toutes les substances, mais il n'hésite pas à l'étendre à Dieu lui-même. Il prétend, et malgré Catérus et Arnauld qui réclament [2], il persiste à soutenir qu'on peut concevoir en Dieu une puissance positive par laquelle il se donne à lui-même en quelque façon l'existence et toutes les perfections que l'existence parfaite enveloppe, de sorte que Dieu est en ce sens la cause de soi-même, *causa sui* [3]. Et pareillement, on peut concevoir en Dieu un acte inhérent à sa puissance infinie par lequel il se conserve éternellement. Non, certes, qu'il soit raisonnable de se représenter Dieu comme antérieur à lui-même, comme différent de lui-même, comme effet de lui-même, toutes conceptions et ex-

---

[1] *Méditations*, I, p. 286.
[2] *Réponse aux premières objections*, I, p. 359.
[3] *Réponse aux quatrièmes objections*, II, p. 61.

pressions visiblement absurdes; mais enfin il n'en est pas moins certain que la puissance infinie, inépuisable et surabondante de Dieu est une sorte de cause très-positive par laquelle il possède et conserve éternellement son être et ses perfections [1].

De Dieu se créant et se conservant pour ainsi dire lui-même par un seul acte indivisible, Descartes passe aux créatures, et il tire ici de son principe une application très-remarquable : c'est la loi célèbre de la conservation dans l'univers de la même quantité de mouvement. Il répugne en effet de concevoir l'acte créateur comme variable et successif. Point d'inconstance ni d'effort en Dieu. Tout en lui est immuable, et bien que nous soyons obligés, pour mieux nous représenter l'ordre de la création, de le concevoir comme se développant avec le temps, « si nous considérons la toute-puissance de Dieu, nous devons juger que tout ce qu'il a fait a eu dès le commencement toute la perfection qu'il devait avoir [2]. » Maintenant, puisqu'un seul acte a fait le monde, son mouvement et ses lois, nous devons croire aussi qu'un seul acte le conserve en la même façon et avec les mêmes lois, et en conséquence maintient incessamment dans l'univers corporel une même quantité de mouvement [3]. L'esprit de l'homme, sujet au temps et livré à ses vicissitudes, distingue, dans sa faiblesse, l'acte créateur qui a tout fait sortir du néant,

---

[1] *Réponse aux premières objections*, I, p, 380. — Comp. *Réponse aux quatrièmes objections*, II, 70.

[2] *Principes*, part. II, § 45.

[3] Même ouvrage, part. II, § 36.

et l'acte conservateur qui maintient tout dans l'existence ; mais au vrai, il n'y a qu'un acte parfait, immuable, éternel, par lequel les êtres changeants de ce monde sont créés et à chaque instant conservés, c'est-à-dire recréés dans toute la suite de leur durée.

On demandera maintenant à Descartes si cet acte divin produit un effet proportionné à la puissance divine, je veux dire un univers infini en grandeur, ou s'il se réduit à semer quelques êtres d'un jour dans l'immensité de l'espace et du temps.

Descartes ne peut échapper à cette question. Il le peut moins qu'aucun autre philosophe; car c'est un de ses principes que l'étendue est l'essence de la matière, par où il entend expressément que la matière avec toutes ses qualités et tous ses modes est tout entière dans l'étendue. Il suit de là que partout où il y a de l'étendue, c'est-à-dire de la longueur, de la largeur et de la profondeur, il y a de la matière. Dès lors, il est clair qu'on ne peut pas demander s'il y a du vide au delà de l'univers ; ce serait demander s'il y a de l'étendue au delà de l'étendue. La seule question est de savoir si la matière ou l'étendue peuvent ou non être conçues comme finies? Or essayez de concevoir des étendues de plus en plus vastes, vous verrez qu'il y a toujours nécessairement quelque chose au delà. Figurez-vous un globe immense ; ce globe, du moment qu'il a des limites, est borné par une étendue plus vaste qui l'environne et sans laquelle lui-même n'existerait pas. Il suit de là que le monde cartésien est nécessairement infini en étendue. Et Descartes a fort bien vu cette conséquence; seulement, dans son livre des *Principes,* il a cru devoir en atténuer l'expression : L'étendue du monde, dit-il, est indéfinie [1]. Pourquoi indéfinie et non infinie? c'est qu'il faut réserver à Dieu le nom d'infini [2]. Dieu seul, en effet, est absolument infini, en tant que possédant toutes les perfections sans aucune borne possible. L'univers matériel n'est infini que d'une façon relative et déterminée. Qui sait d'ailleurs si cette impossibilité de concevoir des bornes à l'univers ne procède point du défaut de notre entendement plutôt que de la nature des choses? Ainsi parle Descartes au livre des *Principes*, mais, dans ses lettres, il s'affranchit de toutes ces atténuations dictées par la prudence; il se moque de ceux qui *enferment l'œuvre de Dieu dans une boule* [3], et déclare sans détour qu'un monde fini est pour lui une contradiction [4].

Mais le débat va s'agrandir. Un correspondant illustre et inattendu entre en scène : c'est la reine Christine en personne qui veut savoir ce qu'il faut penser, non-seulement de l'étendue du monde, mais aussi de sa durée et en général de sa grandeur. En effet, si le monde est infini en étendue, pourquoi ne le serait-il pas en durée? pourquoi ne le serait-il pas aussi par le nombre de ses créatures?

Descartes commence par écarter de la question tout scrupule de piété : il invoque un certain nombre de

[1] *Les principes de la philosophie*, part. II, 21.
[2] Même ouvrage, part. I, 27.
[3] Lettre à M. de Chanut, x, p. 12.
[4] Lettre à Henri Morus, x, p. 241.

docteurs de l'Église, entre autres le subtil et profond Nicolas de Cusa :

« Je me souviens, dit-il, que le cardinal de Cusa et plusieurs autres docteurs ont supposé le monde infini, sans qu'ils aient jamais été repris de l'Église pour ce sujet; au contraire, on croit que c'est honorer Dieu que de faire concevoir ses œuvres fort grands [1]... »

Nous pouvons donc en sûreté de conscience concevoir l'univers comme une étendue sans bornes peuplée de globes innombrables. Dirons-nous aussi que la durée du monde est illimitée dans le passé comme dans l'avenir? Quant à l'avenir, Descartes n'a aucun doute, et il rassure aisément la reine Christine : Car la foi nous enseigne que la terre et les cieux périront, c'est-à-dire changeront de face, mais le monde, c'est-à-dire la matière dont ils sont composés, ne périra jamais; la preuve en est que la foi promet une vie éternelle à nos corps après la résurrection.

Mais de ce que la durée du monde est sans limite du côté de l'avenir, s'ensuit-il qu'elle le soit également du côté du passé? non; et pourquoi cela? c'est, dit Descartes, que les parties de la durée ne dépendent pas les unes des autres. Il n'en est pas du monde d'aujourd'hui par rapport au monde d'hier, comme d'une certaine partie de l'étendue par rapport à l'étendue environnante. Le globe terrestre ne peut exister sans l'espace qui l'entoure, au lieu que la durée présente de l'univers ne résulte pas nécessairement de sa durée passée et

---

[1] *Lettres*, x, p. 46.

n'implique pas sa durée future. Si donc la durée illimitée du monde dans l'avenir est indubitable, sa durée illimitée dans le passé n'est que simplement possible.

Il en est de même du nombre des créatures. Dieu a pu répandre dans l'immensité des cieux un nombre illimité d'êtres intelligents. L'a-t-il fait? nous l'ignorons; seulement, cela est extrêmement probable, et ici nous avons l'avantage de voir concourir l'autorité de la révélation et celle de la science : « Lorsque l'Écriture sainte parle en divers endroits de la multitude innombrable des anges, elle confirme entièrement cette opinion... Et les astronomes, qui en mesurant la grandeur des étoiles les trouvent beaucoup plus grandes que la terre, la confirment aussi ; car si de l'étendue infinie du monde on infère qu'il doit y avoir des habitants ailleurs qu'en la terre, on le peut inférer aussi de l'étendue que tous les astronomes lui attribuent, à cause qu'il n'y en a aucun qui ne juge que la terre est plus petite au regard de tout le ciel que n'est un grain de sable au regard d'une montagne [1]. »

Grandeur matérielle de l'univers, grandeur morale des êtres intelligents, grandeur infinie de Dieu, tout nous assure que le monde a toute l'étendue et toute la perfection possibles : « ... Lorsque nous aimons Dieu et que par lui nous nous joignons de volonté avec toutes les choses qu'il a créées, d'autant que nous les concevons plus grandes, plus nobles, plus parfaites, d'autant nous estimons-nous aussi davantage, à cause que nous

---

[1] *Lettres*, x, p. 52.

sommes des parties d'un tout plus accompli, et d'autant avons-nous plus de sujet de louer Dieu à cause de l'immensité de ses œuvres. »

Ainsi un Dieu parfait et infini, qui se suffit pleinement à lui-même dans la possession éternelle de ses infinies perfections ; puis en vertu d'un acte de liberté absolue, acte souverain qui n'a d'autre raison que soi, une création d'une grandeur, d'une variété et d'une richesse inépuisables, que la toute-puissance divine conserve d'heure en heure par le même acte qui la créa : d'une part le monde des corps, parfaitement un dans son extension indéfinie, fait d'une seule matière mue et divisée en mille façons, d'où sortent par les lois très-simples du seul mouvement toutes les merveilles des cieux, toutes les formes de l'organisation et de la vie ; et à côté de cet univers matériel, le monde des esprits, peuplé d'une variété innombrable d'êtres intelligents, qui tous ont une même essence, la pensée, comme tous les corps ont une base commune, l'étendue, êtres supérieurs dont la vie est de penser et qui n'agissent sur les corps que d'une manière accidentelle, capables avec l'assistance divine de changer la direction de tel ou tel mouvement, mais incapables d'accroître et de diminuer la quantité absolue de mouvement départie à l'univers une fois pour toutes : voilà le Cosmos[1] de Descartes, et au-dessus du Cosmos voilà son Dieu.

[1] Ce serait ici le moment d'exposer la théorie fameuse des tourbillons, fondement de toute la physique de Descartes ; mais cette théorie, depuis longtemps condamnée, n'a plus qu'un in-

Quel est le rôle de l'homme dans cet immense univers? Par son côté matériel, l'homme n'est rien ou bien

térêt historique. Bornons-nous à citer l'opinion qu'en avait, en un siècle très-malveillant pour Descartes, un philosophe dont l'approbation ne sera pas suspecte d'un excès d'indulgence, d'Alembert : « Ces tourbillons, devenus aujourd'hui ridicules, on conviendra, j'ose le dire, qu'on ne pouvait alors imaginer mieux. Les observations astronomiques qui ont servi à les détruire étaient encore imparfaites ou peu constatées ; rien n'était plus naturel que de supposer un fluide qui transporte les planètes ; il n'y avait qu'une longue suite de phénomènes, de raisonnements et de calculs, et par conséquent une longue suite d'années, qui pût faire renoncer à une théorie si séduisante. Elle avait d'ailleurs l'avantage singulier de rendre raison de la gravitation des corps par la force centrifuge du tourbillon même, et je ne crains pas d'avancer que cette explication de la pesanteur est une des plus belles et des plus ingénieuses hypothèses que la philosophie ait jamais imaginées. Aussi a-t-il fallu, pour l'abandonner, que les physiciens aient été entraînés, comme malgré eux, par la théorie des forces centrales et par des expériences faites longtemps après. Reconnaissons donc que Descartes, forcé de créer une physique toute nouvelle, n'a pu la créer meilleure, qu'il a fallu, pour ainsi dire, passer par ces tourbillons pour arriver au vrai système du monde, et que s'il s'est trompé sur les lois du mouvement, il a du moins deviné le premier qu'il devait y en avoir. »

Nous ne pouvons pas non plus insister beaucoup sur les découvertes mathématiques de Descartes ; qu'il nous suffise d'en indiquer ici, d'après le jugement des maîtres, les traits les plus généraux et les plus caractéristiques.

Dans les mathématiques, Descartes a porté le langage algébrique au plus haut degré de simplicité et de généralité. Avant lui, les produits successifs ou puissances d'une quantité étaient représentés par des signes empruntés à la géométrie ; il y substitua des chiffres, dont la valeur exprime combien de fois cette peu de chose : il est un mode petit et fragile de cette étendue infinie, et il faut toute son ignorance et tout

quantité est multipliée par elle-même. Le premier il fit voir que les racines négatives, rejetées jusqu'alors comme inutiles, sont tout aussi propres à résoudre une question que les racines positives. Dirigé par une admirable sagacité, il trouva le moyen de déterminer le nombre des racines réelles, positives et négatives, d'une équation, d'après l'ordre qu'ont entre eux les signes des termes qui la composent. Ce fut lui qui développa la méthode des indéterminées, à peine entrevue par Viète, et qui en fit une application claire et distincte aux équations du quatrième degré. Plusieurs auteurs ont écrit et l'on répète encore souvent que Descartes est l'inventeur de l'application de l'algèbre à la géométrie. Cela n'est pas parfaitement exact : Viète est le premier qui en ait donné une méthode régulière et générale. L'erreur vient sans doute de l'usage si heureux et si entendu que notre philosophe en a fait, et des découvertes admirables dont il l'a enrichie. C'est, en effet, à son seul génie qu'on doit la belle application de l'algèbre à la théorie des courbes et des fonctions variables, l'une des branches les plus fécondes des mathématiques. Il a encore employé la géométrie et l'analyse pour résoudre un assez grand nombre de questions de physique, et s'est ainsi rendu l'un des fondateurs d'une science mixte devenue aujourd'hui de la plus haute importance.

Ce service n'est pas le seul que Descartes ait rendu à la physique. Vainement Huyghens a revendiqué en faveur de Snellius, physicien hollandais, la découverte de la véritable loi de la réfraction ; il est incontestable que le philosophe français l'a publiée le premier dans sa *Dioptrique*, ouvrage plein de génie, mais qu'il était impossible de rendre complet dans un temps où la réfrangibilité inégale des divers rayons de la lumière était inconnue ; on y remarque aussi d'ingénieuses tentatives pour corriger les verres de lunette de l'aberration de sphéricité. Enfin, dans son *Traité des météores*, Descartes a donné de l'arc-en-ciel une explication très-juste, fondée sur l'expérience du prisme, dont on n'avait pas encore fait l'analyse.

son orgueil pour s'imaginer que ces globes sans nombre sont faits pour lui. Non, il est trop clair que l'homme n'est point le centre de l'univers visible, et en général, ce n'est point une marque de sagesse de chercher pour quelle fin Dieu a formé telle ou telle créature. Le vrai titre de la grandeur de l'homme, c'est sa pensée qui le rend semblable à l'esprit divin. Car si l'âme est présente au corps, ce n'est point par son essence, mais par son action, comme Dieu est présent à l'immensité de ses œuvres, non par une extension physique, mais par sa puissance.

Les actions de l'âme sont volontaires et libres, et c'est un autre trait qui la rapproche de Dieu; car il y a dans la volonté humaine quelque chose d'infini : « ... L'entendement ne s'étend qu'à ce peu d'objets qui se présentent à lui, et sa connaissance est toujours fort limitée : au lieu que la volonté en quelque sens peut sembler infinie, parce que nous n'apercevons rien qui puisse être l'objet de quelque autre volonté, même de cette immense qui est en Dieu, à quoi la nôtre ne puisse aussi s'étendre [1] ... »

Cette volonté, nous la sentons libre, et si quelque raisonneur en demande la preuve, Descartes lui répond : « Que la liberté de notre volonté se connaît sans preuve, par la seule expérience que nous en avons [2]. » Mais, dira-t-on, nous savons aussi que Dieu a dû préordonner toute chose par un acte unique et souverain.

---

[1] *Les principes de la philosophie*, part. I, 35.
[2] Même ouvrage, 29.

Descartes répond que notre pensée est finie et la toute-puissance de Dieu infinie : «... Ce qui fait que nous avons bien assez d'intelligence pour connaître clairement et distinctement que cette puissance est en Dieu, mais que nous n'en avons pas assez pour comprendre tellement son étendue que nous puissions savoir comment elle laisse les actions des hommes entièrement libres et indéterminées, et que, d'autre côté, nous sommes aussi tellement assurés de la liberté et de l'indifférence qui est en nous, qu'il n'y a rien que nous connaissions plus clairement; de façon que la toute-puissance de Dieu ne nous doit point empêcher de le croire. Car nous aurions tort de douter de ce que nous apercevons intérieurement et que nous savons par expérience être en nous, parce que nous ne comprenons pas une autre chose que nous savons être incompréhensible de sa nature [1]. »

Si la volonté de l'homme est libre et sans limites, son pouvoir est très-restreint. L'âme est dans le corps comme une étrangère. Elle ne peut changer sa constitution, ni faire autre chose que modifier quelque peu la direction de ses mouvements. La santé, la richesse, les honneurs, la puissance, tous les biens extérieurs, en un mot, ne sont jamais complétement en notre pouvoir. Une seule chose en ce monde dépend toujours de nous, c'est la résolution de faire ce qui est raisonnable. Là est la vertu, là est aussi le seul bonheur possible ici-bas.

Que deviendra l'homme à la mort? Son âme est im-

---

[1] *Les principes de la philosophie*, part. I, 41.

mortelle de sa nature; car elle n'est point sujette à ces configurations changeantes qui font que tout corps, en tant que mode de l'étendue, doit périr. De plus l'âme est par essence une chose qui pense, et il est de sa nature de penser toujours. Loin d'être liée au corps par un rapport nécessaire, elle n'a aucune communication naturelle avec lui, étant d'une essence toute autre. Leur union est une sorte de miracle qui ne pourrait se concevoir sans l'assistance divine. Lors donc que le corps périt, l'âme n'est point atteinte, mais au contraire affranchie et rendue à elle-même.

Cette immortalité est-elle donc absolument nécessaire et certaine? nécessaire, non; car la durée future de l'âme suit naturellement, mais non nécessairement, de sa durée présente. Tout dépend de la volonté de Dieu, laquelle est impénétrable [1]. De là un doute que Descartes ne craint point de confier à son illustre amie, la princesse Élisabeth : « ... Pour ce qui est de l'état de l'âme après cette vie, j'en ai bien moins de connaissance que M. d'Igby [2]; car, laissant à part ce que la foi nous en enseigne, je confesse que par la seule raison naturelle, nous pouvons bien faire beaucoup de conjectures à notre avantage, et avoir de belles espérances, mais non point aucune assurance [3]. » Cette espérance suffit au sage pour ne pas craindre la mort, et elle l'empêche en même temps de la souhaiter : car il y a tou-

---

[1] Voyez la lettre au P. Mersenne, VIII, p. 431.

[2] Le chevalier d'Igby, seigneur anglais catholique, auteur d'un ouvrage sur l'immortalité de l'âme.

[3] *Lettres*, IX, p. 369. — Comp. *Passions de l'âme*, IV, p. 209.

jours plus de biens que de maux dans cette vie. Il est un bien surtout, le plus excellent de tous, qui ne dépend que de nous seuls, la bonne volonté, et ce bien nous donne une sérénité d'âme supérieure aux jouissances les plus enviées.

Voilà ce que dit la philosophie, interprète de la raison éclairée par l'évidence. Où l'évidence cesse, elle s'arrête; au delà est la révélation qui nous parle au nom de la foi. D'un côté les vérités naturelles qui se conçoivent et se démontrent; de l'autre, les vérités surnaturelles qui échappent à l'entendement et se fondent sur la tradition extérieure et l'autorité. Pour en traiter il faut être investi d'une mission supérieure; mais grâce à Dieu, qu'on soit savant ou non en théologie, le chemin du ciel est ouvert à tous.

Telles sont dans leur vaste ensemble les pensées et les conjectures de Descartes sur les choses divines et humaines. Certes, toutes ces vues m'imposent, sinon toujours par leur solidité, du moins par leur grandeur et leur hardiesse. Ce que j'y goûte surtout, c'est cette admirable méthode qui fonde la spiritualité de l'âme et l'existence de Dieu sur un premier fait d'observation inaccessible au doute. Je recueille aussi avec soin cette belle règle que Descartes propose à qui veut concevoir les attributs de la Divinité, de n'admettre en son essence que les choses qui peuvent être conçues comme parfaites et d'en exclure tout ce qui suppose quelque privation ou quelque imperfection. Tout cela est simple, lumineux, fortement uni; tout cela me satisfait pleinement; mais quand j'en viens à considérer les vues particulières de Descartes sur les perfections de Dieu et sur les rapports du Créateur avec le monde et l'humanité, quand je cherche à lier ses pensées, à en suivre les conséquences, je trouve qu'elles ne forment point un tout homogène; je crois y saisir le conflit de pensées et de tendances contraires.

Ne parlons pas de ce doute étrange, de ce doute que Descartes lui-même appelle *hyperbolique* et qui introduisant l'hypothèse d'un Dieu trompeur, met en question la véracité naturelle de notre intelligence, et par là ébranle le fondement de toute certitude; n'insistons pas non plus sur les bizarres circuits de raisonnement auxquels Descartes se condamne en faisant dépendre notre croyance à l'existence des corps de la démonstration de l'existence de Dieu; oublions que l'idéalisme de Malebranche et de Berkeley et le scepticisme de Hume sont peut-être en germe dans ces paradoxes cartésiens; concentrons notre critique sur le point le plus grave, je veux dire sur l'idée que Descartes s'est formée de la nature de Dieu et de ses rapports avec l'univers.

Il est clair pour quiconque a lu avec un peu de soin le livre des *Méditations* que l'intention de Descartes a été d'y démontrer un Dieu profondément distinct du monde, un Dieu qui renferme en soi toutes les puissances de l'être conçues dans leur épanouissement complet, un Dieu qui se suffit et qui crée librement l'univers, un Dieu qui est une intelligence, une pensée en possession d'elle-même, une personne.

Je n'en puis douter quand je lis cette définition de Dieu : « Par le nom de Dieu j'entends une substance infinie, éternelle, immuable, indépendante, toute connaissante, toute puissante, et par laquelle moi-même et toutes les autres choses qui sont..... ont été créés et produites [1]. » Je n'en puis douter, quand je vois Descartes assigner pour caractère essentiel de la Divinité qu'elle n'a pas besoin, comme les êtres finis, d'aspirer à quelque chose de meilleur, d'où il suit qu'elle ne possède point la sagesse et la félicité en puissance, mais en acte, qu'elle n'est donc point sujette à un développement indéfini, mais en possession d'une plénitude immuable, qu'elle est en un mot l'être parfait jouissant de la perfection [2]. Je n'en puis douter enfin, quand je relis une de ces pages si naïvement et si profondément religieuses où Descartes se plaît à contempler la Divinité comme objet suprême d'adoration et d'amour. « Il me semble très à propos, dit-il en terminant sa troisième Méditation, de m'arrêter quelque temps à la contemplation de ce Dieu tout parfait, de peser tout à loisir ses merveilleux attributs, de considérer, d'admirer et d'adorer l'incomparable beauté de cette immense lumière, au moins autant que la force de mon esprit, qui en demeure en quelque sorte ébloui, me le pourra permettre. Car, comme la foi nous apprend que la souveraine félicité de notre vie ne consiste que dans la contemplation de la majesté divine, ainsi expérimentons-

---

[1] *Méditations*, I, p. 280.
[2] *Ibid.*, I, p. 289.

nous dès maintenant qu'une semblable méditation, quoique incomparablement moins parfaite, nous fait jouir du plus grand contentement que nous soyons capables de ressentir en cette vie. »

Le Dieu de Descartes est donc un Dieu personnel, et rien n'est plus éloigné de sa pensée que le Dieu indéterminé du panthéisme. Il l'eût certainement repoussé avec énergie. Son esprit en est si peu occupé qu'il ne songe pas même à l'écarter. Et cependant, quand je considère certaines théories de Descartes en elles-mêmes, abstraction faite de ses intentions, je ne puis me dissimuler qu'elles pourraient favoriser le panthéisme, à son insu et contre son gré.

Déjà, dans sa démonstration de l'existence de Dieu, il y a une sorte de combat entre deux méthodes opposées. Tous ses raisonnements semblent avoir une base commune, l'idée de l'être parfait; mais cette ressemblance n'est que dans la forme. Au fond, il y a deux démonstrations radicalement différentes, celle de la troisième Méditation qui part d'un fait de conscience, et celle de la cinquième Méditation qui part d'un concept abstrait. Celle-là, suivant les propres expressions de Descartes [1], prouve Dieu par ses effets, c'est-à-dire par cette image de lui-même qu'il a gravée dans notre âme, s'élevant de l'image au modèle, de l'effet à la cause ; celle-ci, négligeant les effets et les réalités, prétend saisir par la raison seule l'essence ou la nature de Dieu et en déduire son existence. Passez de la troisième Méditation à la cin-

---

[1] *Réponse aux premières objections*, I, p. 395.

quième : au lieu d'un homme qui rentre en lui-même pour y trouver la vérité, qui s'assure d'abord de sa pensée et de son existence propre, et bientôt, trouvant cette pensée incertaine, sujette à l'erreur, pleine de limites et d'imperfections, remonte vers l'idéal d'une pensée accomplie, d'une perfection sans mélange, d'un être existant par soi, au lieu de ce mouvement naturel et spontané d'une âme qui cherche Dieu, je trouve un géomètre qui raisonne sur des axiomes généraux et des définitions abstraites, ou plutôt un philosophe nourri dans l'École, exercé aux raffinements de l'abstraction, aux subtilités et aux prestiges de l'art de raisonner, et qui prétend d'une définition faire sortir un être, de l'abstrait le concret, du possible le réel.

Ici je crois saisir la trace d'une lutte qui se retrouve dans toute la suite des pensées de Descartes, la lutte de l'esprit de spéculation abstraite et de l'esprit d'observation. Je relis ses écrits dans l'ordre où il les a composés, et j'y sens le progrès de cette lutte. Le *Discours de la Méthode* contient toutes les preuves de l'existence de Dieu qui seront plus tard développées dans les *Méditations;* mais le raisonnement et l'abstraction n'y ont presque aucune place, et tout est dominé par une observation profonde de la conscience humaine. Dans les *Méditations*, un œil attentif découvre déjà un notable changement. La démonstration géométrique, entièrement mise à part, n'a plus aucun rapport, même lointain, avec la conscience et la vie réelle. Dans les *Principes*, l'esprit géométrique se donne pleine carrière, et je n'aperçois plus aucun vestige de l'esprit d'observation.

Chose bien remarquable, Descartes qui y reprend et y résume toutes ses preuves de l'existence de Dieu, place au premier rang la démonstration mathématique. Ainsi, cette preuve qui se montre à peine dans le *Discours de la Méthode*; qui dans les *Méditations* est reléguée au dernier rang et introduite comme par hasard, cette preuve devient la preuve fondamentale, dont toutes les autres paraissent n'être que des accessoires.

En général, les *Principes* présentent le spectacle du triomphe complet de l'esprit géométrique. C'est au point que le *Cogito ergo sum*, ce premier principe, cet esprit vivant de la philosophie de Descartes, y a perdu complétement son caractère. Ce n'est plus un fait de conscience, c'est une conclusion, Descartes le dit en propres termes [1], la conclusion d'un syllogisme dont la majeure ne peut être que celle-ci : le néant n'a pas de qualité [2].

Voilà donc toute cette grande et simple philosophie changée, ou, pour mieux dire, voilà son esprit étouffé et disparu. Pour établir l'existence du moi, il nous faut un syllogisme ; pour l'existence de Dieu, des syllogismes ; enfin pour s'assurer de l'existence des corps, encore des syllogismes. Géométrie impuissante ! stérile entassement d'abstractions, incapables de donner un atome de réalité, de mouvement et de vie !

Si l'excès de l'esprit géométrique s'était réduit à obscurcir des vérités très-simples en les accablant sous d'inutiles raisonnements, le mal n'eût pas été irréparable.

---

[1] *Principes*, part. I, 7.
[2] *Ibid.*, part. I, 11 et 52.

Mais en même temps que je vois Descartes substituer aux intuitions de la conscience des concepts abstraits et géométriques, il me semble aussi qu'il tend manifestement à effacer dans tous les êtres ce principe d'activité qui constitue leur essence et leur vie. C'est ce qui fait le danger de cette théorie, assez innocente au premier abord, que la conservation des créatures est une création continuée.

Si Descartes voulait dire que l'acte créateur et l'acte conservateur ne sont en Dieu qu'un seul et même acte, d'accord. Mais il va plus loin ; il semble croire qu'il y a dans toute créature une défaillance actuelle de l'être qui appelle à chaque instant le *Fiat* divin. Et cette idée me semble bien grave et bien périlleuse, surtout si je viens à me demander à quoi se réduisent pour Descartes la substance corporelle et la substance spirituelle.

Quand Descartes analyse les facultés de l'âme en observateur, il distingue la volonté, essentiellement active, de l'entendement, qui est passif, et fait de la volonté le siége de la liberté et de la responsabilité morale. Il va jusqu'à soutenir que la volonté, loin d'être finie, comme l'entendement, qui n'embrasse qu'un nombre déterminé d'objets, est en quelque sorte infinie, pouvant se porter vers un nombre d'objets illimités. De cette disproportion entre l'entendement et la volonté naît le mauvais usage possible de celle-ci, et voilà la racine de l'erreur et de toutes nos fautes [1].

Il y aurait peut-être beaucoup à dire sur ces vues

---

[1] *Méditations*, I, p. 304.

psychologiques ; mais enfin les traits essentiels de l'âme humaine n'y sont point trop altérés. Au contraire, quand Descartes perd de vue la conscience et livre son esprit au démon de la géométrie, à la place de ce moi vivant et actif qui a conscience de son unité dans le libre déploiement de ses puissances, vient se substituer le concept abstrait et mort de chose pensante, *res cogitans*, répondant trait pour trait à un autre concept sur lequel s'appuie toute la physique de Descartes, le concept de chose étendue, *res extensa*.

Descartes enseigne que chaque substance a un attribut principal et que celui de l'âme est la pensée, comme l'étendue est celui du corps [1]. Et comment connaît-on ces deux sortes de substances, l'âme et le corps ? par un seul et même procédé, c'est-à-dire en déduisant la substance de la connaissance que nous avons de ses attributs : « A cause, dit-il, que l'une de nos notions communes est que le néant ne peut avoir aucuns attributs, ni propriétés où qualités ; c'est pourquoi, lorsqu'on en rencontre quelqu'un, on a raison de conclure qu'il est l'attribut de quelque substance et que cette substance existe. »

Nous voilà en pleine logique, en pleine géométrie, loin, bien loin du monde des réalités. Rien de plus artificiel et de plus contraire à toutes les données de l'observation, que cette transformation systématique de l'âme et du corps en deux types abstraits : la chose pensante et la chose étendue. Qu'est-ce en effet pour

---

[1] *Principes,* part. I, p. 53.

Descartes que les corps? Appelle-t-il ainsi les objets des sens, et comme disait l'antiquité, les *choses sensibles?* Point du tout. Descartes retranchant arbitrairement toutes les qualités sensibles des corps, sous prétexte qu'elles sont obscures, non-seulement la chaleur, la couleur et autres semblables, mais même la solidité, sans laquelle pourtant les corps seraient pour nous comme s'ils n'étaient pas, Descartes déclare que les seules qualités réelles de la matière sont les qualités mathématiques, savoir : l'étendue, la figure, la divisibilité et le mouvement. Or il n'a point de peine à ramener par l'analyse toutes ces qualités à une seule, l'étendue; car la figure n'est que la limite de l'étendue, le mouvement un changement de relations dans l'étendue, et la divisibilité une suite logique de cette même étendue. L'étendue est donc tout l'être des corps. Or, l'étendue exclut toute idée de force et d'action. Voilà donc le monde matériel réduit par une suite de retranchements arbitraires et par des analyses d'une rigueur factice, à une étendue passive, inerte, destituée de toute énergie, incapable de se donner le moindre mouvement. Ce n'est plus là l'univers, ce riche et brillant univers que nous montrent nos sens, plein de variété, d'activité et de vie; c'est un concept mathématique, une pure abstraction.

Descartes a-t-il fait aussi bon marché de l'activité de l'âme humaine? heureusement non. L'esprit d'observation a ici prévalu sur l'esprit de système et Descartes a toujours réservé les droits de la volonté et la liberté. Mais quelque esprit moins sensé et plus rigoureux pourra venir, qui effaçant la distinction, peu solide en effet, de l'entendement conçu comme fini et de la volonté conçue comme infinie, ramènera la volonté à l'entendement, l'entendement à une série de pensées passives, et définira l'âme humaine : *une collection de modalités de la pensée,* comme Descartes a défini le corps : *une collection de modalités de l'étendue,* si bien qu'il ne lui restera plus alors qu'à donner pour base commune à toutes ces modalités éphémères la substance unique et universelle.

Cette disposition fatale à effacer l'activité naturelle des créatures et par suite à exagérer la toute-puissance divine m'explique ce paradoxe étrange de Descartes que Dieu jouit d'une liberté absolue, à ce point que le vrai et le bien dépendent de la volonté de Dieu.

Pris en lui-même et à la rigueur, ce système est hérissé de difficultés et pour tout dire d'absurdités manifestes. Si le vrai et le bien dépendent de la volonté divine, ils n'ont plus un caractère absolu. Et qu'est-ce que cette volonté divine? une volonté arbitraire, une volonté nécessairement indifférente, puisqu'elle est antérieure à toute vérité et à tout bien. Cette volonté, c'est le caprice, c'est le hasard.

Dire que les êtres de ce monde dépendent de la libre volonté de Dieu, cela est solide et vrai, parce que ces êtres n'ont rien de nécessaire en leur existence. Mais dire que cette volonté est absolument arbitraire et indifférente, qu'elle agit sans motif de sagesse ou de bonté, que si le monde existe, ce n'est point parce que Dieu a jugé meilleur de le créer que de le laisser dans le néant, mais que Dieu l'ayant créé sans motif, il vaut mieux dès lors qu'il existe que s'il n'existait pas, c'est déjà s'engager dans une voie douteuse ; que sera-ce de soutenir que si le cercle a ses rayons égaux, c'est parce que Dieu l'a voulu, et de se représenter Dieu comme décidant par un acte de volonté que deux et deux feront quatre ? N'est-ce point là la plus étrange des conceptions ? Cela même est-il sérieux ? Car, enfin, si la volonté libre de Dieu fait la vérité, elle doit faire aussi l'être. Il faut donc aller jusqu'à soutenir que l'être même de Dieu est postérieur à sa volonté, qu'il se détermine librement à être, qu'il aurait pu se décider à n'être pas, ce qui précipite dans un véritable abîme d'extravagances.

Cet excès d'absurdité chez un philosophe aussi sensé que Descartes est fait pour inspirer quelque défiance. On se dit qu'il doit y avoir ici quelque malentendu. Et en effet le paradoxe de Descartes s'explique, si je ne me trompe, par ses vues sur la liberté dans l'homme et en Dieu.

Descartes a toujours et partout incliné à confondre deux choses profondément distinctes, l'entendement et la volonté. C'est sa doctrine expresse que la volonté et l'entendement sont identiques dans l'essence divine : « En Dieu, dit-il, ce n'est qu'un de vouloir et de connaître. » Et ailleurs : « C'est en Dieu une même chose de vouloir, d'entendre et de créer, sans que l'un précède l'autre, *ne quidem ratione*[1]. » Dès lors, dire que

---

[1] *Lettres*, VI, p. 308.

les vérités éternelles ou les essences des choses dépendent de la volonté de Dieu, c'est dire qu'elles trouvent dans l'entendement divin leur origine et leur fondement ; dire que si Dieu ne faisait pas acte de volonté, il n'y aurait ni vrai, ni faux, ni bien, ni mal, c'est dire que s'il n'y avait pas de Dieu, il n'y aurait rien.

Descartes a donc mille fois raison quand il affirme que *la vérité d'aucune chose ne peut précéder la connaissance que Dieu en a,* et quand il ajoute : « On ne peut dire que ces vérités seraient, quand même Dieu ne serait pas ; car Dieu est la première et la plus éternelle de toutes les vérités qui peuvent être, et la seule d'où procèdent toutes les autres [1]. » J'en tombe d'accord ; mais de ce que la vérité a son fondement dans la nature divine, s'ensuit-il que la volonté de Dieu n'ait point de règle ? s'ensuit-il que le beau et le bien dépendent d'un décret arbitraire ? Évidemment non.

Voici un second malentendu : quand d'habiles théologiens reprochent à Descartes d'avoir dit que l'indifférence est le plus bas degré de la liberté, il proteste qu'il n'a voulu parler que de la volonté humaine, et il a bien l'air de maintenir la parfaite indifférence de la liberté divine. Mais ne soyons pas dupes des apparences. Si la volonté en Dieu ne diffère pas de l'intelligence, la volonté divine n'est pas plus indéterminée que l'entendement divin, lequel n'est pas plus indéterminé que l'être même de Dieu. Descartes n'est donc indéterministe qu'en paroles, et s'il avait pu ou voulu s'expliquer

[1] *Ibid.*, I, p. 112.

sans détour, il aurait soutenu qu'en Dieu, comme dans l'homme, l'indifférence n'est point le caractère de la liberté.

Ici éclate un des défauts les plus graves de la psychologie des *Méditations* : faute d'avoir observé d'assez près la conscience, Descartes n'a pas connu la nature de la volonté. Partout il la confond avec ce qui n'est pas elle, tantôt l'identifiant avec le jugement et tantôt avec le désir [1]. Double erreur, féconde en mille fâcheuses conséquences! car nous ne sommes pas plus maîtres de son jugements que de nos désirs, et le caractère propre de la volonté, c'est d'être libre. Par elle nous influons en une certaine mesure sur nos jugements et sur nos désirs; seule elle se possède et ne relève que d'elle-même.

Je ne puis m'empêcher de croire que si Descartes, avant de s'engager dans le problème délicat et redoutable de la liberté divine, eût approfondi le caractère de la liberté humaine, s'il se fût souvenu de sa méthode, qui consiste à remonter de la nature humaine à la nature divine pour transporter dans le créateur tout ce qui dans la créature est marqué du caractère de la perfection, Descartes alors, au lieu de se jeter tour à tour dans ces extrémités contraires d'une liberté indifférente et capricieuse, semblable au hasard, et d'une volonté tellement déterminée par l'entendement qu'elle n'a plus l'indépendance qui la constitue, Descartes, trouvant la volonté dans l'homme, l'y trouvant libre, liée à l'intel-

---

[1] Comp. *Méditations*, I, p. 267, et *Principes*, part. I, p. 32.

ligence qui l'éclaire, à la bonté qui la conseille, à l'amour qui l'inspire, l'eût conçue en Dieu avec tous ces caractères, purifiée seulement de toute limite, et alors Descartes n'eût laissé aucun doute sur sa véritable pensée, aucun nuage sur le caractère absolu des vérités éternelles, aucune ombre sur la liberté humaine et sur la liberté divine, et, pour tout dire enfin, il n'eût pas laissé tomber parmi tant de vues sublimes et de profondes vérités quelques semences de fatalisme.

A quelque conclusion qu'on s'arrête au surplus sur ces tendances secrètes de la philosophie de Descartes [1], il est certain que lui-même ne les aperçut pas et qu'elles furent à peine remarquées de ses contemporains. Ce qui domina tout d'abord, à travers les réclamations de la vieille philosophie détrônée et les réserves de quelques dissidents, ce fut un enthousiasme presque universel. Les grands traits de cette soudaine invasion du cartésianisme dans le monde scientifique sont aujourd'hui bien connus ; bornons-nous, avant de finir, à en montrer les traces dans toutes les parties de la société française au siècle de Louis XIV.

On voit de bonne heure la nouvelle philosophie envahir un à un tous les ordres religieux. Chaque nom marque ici la conquête d'une armée entière de prosélytes : Malebranche et le P. Poisson nous représentent l'Oratoire, Mersenne les Minimes, Antoine Legrand les Franciscains, le P. Le Bossu les Génovéfains, Dom Lamy

[1] Voyez à cet égard notre chapitre suivant : *Origines du panthéisme de Spinoza.*

les Bénédictins, Arnauld et Nicole tout Port-Royal. Il n'y a pas jusqu'à l'ordre des jésuites qui, à la vérité bien en dépit de lui, ne fournisse à l'école cartésienne un disciple ingénieux autant que fidèle : je veux parler de l'aimable et héroïque P. André, dont une plume illustre nous a récemment découvert et fait aimer la grande âme, les luttes et les malheurs. Bientôt des couvents et des congrégations savantes, l'esprit nouveau passe parmi les gens du monde. Le duc de Luynes traduit en français les *Méditations*, et fait de son château la première académie cartésienne; Rohault institue des conférences publiques qui sont suivies par tout ce qu'il y avait à Paris de plus distingué dans le clergé, la magistrature et la noblesse, et où, si l'on en croit un contemporain, les dames tenaient le premier rang. On s'assemble à la place Royale, chez le P. Mersenne, chez le docteur Picot, à l'hôtel de M. Habert de Montmort, pour discuter la nouvelle philosophie Enfin. qui le croirait? elle pénètre jusque chez un personnage fort connu par son goût pour les conspirations et la galanterie, mais à qui on serait porté à en attribuer infiniment moins pour la métaphysique : je parle du cardinal de Retz, du grand coadjuteur en personne. Suivez-le dans sa solitude de Commercy, et rien ne sera pour vous plus inattendu et plus piquant que d'y trouver le vieux cardinal se plaisant à engager des controverses animées entre de fidèles cartésiens et le bénédictin Desgabets, qui prétendait *mettre Descartes à l'alambic*, résumant de sa main les arguments divers, et ranimant, pour défendre Descartes, les restes de ce feu d'esprit et de cette activité jadis redoutable à Mazarin et à l'autorité royale. Dans ces luttes nouvelles pour lui, et qui lui étaient peut-être un agréable ressouvenir des orageux combats de la Fronde, le cardinal, refroidi par les années et assagi par l'expérience, se prononce pour les opinions moyennes. Par un curieux contraste, ce remuant esprit, qui avait toujours été pour la guerre en politique, choisit en philosophie le rôle de pacificateur [1].

Il n'est pas moins intéressant de suivre les traces de l'influence cartésienne dans les monuments de la littérature française au dix-septième siècle. C'est le privilége des grandes philosophies, après avoir agité les esprits méditatifs dans les régions de la pensée abstraite, d'exercer une action puissante sur toutes les intelligences d'élite et de se répandre peu à peu dans la multitude des âmes, comme à travers mille canaux, par les chants des poëtes, les accents des orateurs, les maximes des moralistes. N'oublions pas, d'ailleurs, qu'en Descartes, à côté du grand penseur, il y avait aussi un grand écrivain. Sans prétendre ravir tout entier à Pascal l'immense honneur d'avoir fixé la langue française, il faut rappeler que le *Discours de la méthode* est antérieur de vingt années aux *Provinciales*. Or la langue du *Discours de la méthode* n'est plus une langue au berceau : c'est une langue déjà virile, à la fois sévère et colorée, naïve et grave, au niveau des pensées les plus fortes et les plus hautes. On y retrouve, comme l'a si bien remar-

---

[1] Voyez l'intéressant recueil publié par M. Cousin sous ce titre : *Fragments de philosophie cartésienne*, 1845.

qué un critique contemporain, le génie essentiellement créateur et rénovateur de Descartes. « C'est Descartes, dit M. Cousin, qui a porté le coup mortel non pas seulement à la scolastique qui partout succombait, mais à la philosophie et à la littérature maniérée de la renaissance. Il est le Malherbe de la prose ; ajoutons qu'il en est le Malherbe et le Corneille tout ensemble. Dès que le *Discours de la méthode* parut, à peu près en même temps que le *Cid*, tout ce qu'il y avait en France d'esprits solides, fatigués d'imitations impuissantes, amateurs du vrai, du grand et du beau, reconnurent à l'instant même le langage qu'ils cherchaient. Depuis, on ne parla plus que celui-là, les faibles médiocrement, les forts en y ajoutant leurs qualités diverses, mais sur un fond invariable devenu le patrimoine et la gloire de tous. »

C'est à ce grand langage du *Discours de la méthode* et des *Méditations* qu'il faut attribuer en partie l'immense popularité de la philosophie de Descartes. Vous en retrouvez les idées fondamentales, je ne dis pas seulement dans Bossuet, dans Nicole et Arnauld, dans Malebranche et Fénelon, mais dans des écrivains qui ne se piquent ni de métaphysique, ni de théologie, La Bruyère, par exemple, La Fontaine, et cet autre écrivain charmant, madame de Sévigné.

« Que deviendront les Fauconnet? s'écrie La Bruyère, iront-ils aussi loin dans la postérité que Descartes, né Français et mort en Suède? » Et La Bruyère ne se borne point à glorifier l'auteur des *Méditations*. Il le médite, s'en nourrit, et y puise contre les esprits forts ces belles réflexions : « Je ne conçois point qu'une âme que Dieu a voulu remplir de l'idée de son être infini et souverainement parfait puisse être anéantie... Je pense et je suis certain que je pense ; or quelle proportion y a-t-il de tel ou tel arrangement de la matière avec ce qui pense? En un mot, je pense, donc Dieu existe ; car, ce qui pense en moi, je ne le dois pas à moi-même, parce qu'il n'a pas plus dépendu de moi de me le donner une première fois, qu'il ne dépend encore de moi de me le conserver un seul instant. »

Voilà bien le langage, les idées, l'esprit même de la philosophie de Descartes. Mais est-il possible d'entendre La Bruyère signaler dans la pensée le caractère propre et la grandeur de l'homme, sans songer au magnifique morceau de Pascal :

« Je puis bien concevoir un homme sans mains, pieds, tête, car ce n'est que l'expérience qui nous apprend que la tête est plus nécessaire que les pieds ; mais je ne puis concevoir l'homme sans pensée : ce serait une pierre ou une brute. C'est donc la pensée qui fait l'être de l'homme et sans quoi on ne peut le concevoir. Qu'est-ce qui sent du plaisir en nous? est-ce la main ? est-ce le bras? est-ce la chair ? est-ce le sang ? On verra qu'il faut que ce soit quelque chose d'immatériel...

« Ce n'est point de l'espace que je dois chercher ma dignité, mais c'est du règlement de ma pensée. Je n'aurai pas davantage en possédant des terres. Par l'espace, l'univers me comprend et m'engloutit comme un point ; par la pensée, je le comprends...

« L'homme n'est qu'un roseau le plus faible de la

nature; mais c'est un roseau pensant. Il ne faut pas que l'univers entier s'arme pour l'écraser. Une vapeur, une goutte d'eau suffit pour le tuer. Mais quand l'univers l'écraserait, l'homme serait encore plus noble que ce qui le tue, parce qu'il sait qu'il meurt; et l'avantage que l'univers a sur lui, l'univers n'en sait rien. Toute notre dignité consiste donc en la pensée. C'est de là qu'il faut nous relever, non de l'espace et de la durée... »

A côté de cet incomparable commentaire du *Je pense, donc je suis*, on lira encore avec intérêt celui qu'en donne à son tour La Fontaine :

>Nous agissons tout autrement,
>   La volonté nous détermine,
>Non l'objet, ni l'instinct. Je parle, je chemine,
>   Je sens en moi certain agent,
>   Tout obéit dans ma machine
>   A ce principe intelligent.
>Il est distinct du corps, se conçoit nettement,
>Se conçoit mieux que le corps même ;
>De tous nos mouvements c'est l'arbitre suprême ;
>   Mais comment le corps l'entend-il ?
>   C'est là le point. Je vois l'outil
>Obéir à la main, mais la main, qui la guide ?
>Eh ! qui guide les cieux dans leur course rapide ?
>Quelque ange est attaché peut-être à ces grands corps...
>Un esprit vit en nous et meut tous nos ressorts.
>L'impression se fait : le moyen ? je l'ignore.
>Et, s'il faut en parler avec sincérité,
>   Descartes l'ignoroit encore...

On voit que l'admiration de La Fontaine pour Descartes n'est pas aveugle : la philosophie nouvelle lui plaît, lui impose; mais elle ne satisfait pas complétement cet esprit si pénétrant dans sa naïveté, si ironique dans sa bonhomie. Il y a surtout un point que le chantre ingénieux des animaux ne peut pardonner aux cartésiens, c'est d'avoir refusé une âme aux bêtes : mais malgré cette réserve et beaucoup d'autres, La Fontaine se déclare l'admirateur enthousiaste de Descartes, et, s'élevant tout à coup du ton de la fable à celui de l'ode, il lui rend ce magnifique hommage :

> Descartes, ce mortel dont on eût fait un dieu
> Chez les païens, et qui tient le milieu
>   Entre l'homme et l'esprit...

Nous retrouvons quelque chose de cet enthousiasme, non pas précisément dans madame de Sévigné, dont l'aimable frivolité et la discrète prudence s'ouvraient peu aux nouveautés philosophiques, mais à sa sérieuse et charmante fille, madame de Grignan. Corbinelli nous apprend que « madame de Grignan savoit à miracle la philosophie de Descartes et en parloit divinement. » Son admiration était devenue une sorte de tendresse respectueuse, et elle appelait Descartes *son père*. Les lettres de madame de Sévigné, de Corbinelli et du comte de Bussy sont pleines d'allusions piquantes à ce goût passionné de madame de Grignan pour la métaphysique cartésienne et à son affection filiale pour son fondateur.

« Je dînai hier chez mademoiselle de Boileau, qui

vous adore. C'était un dîner de beaux esprits... Ils discoururent, après le dîner, fort agréablement sur la philosophie de *votre père* Descartes... cela me divertissait et me faisait souvenir grossièrement de ma chère petite cartésienne, que j'étais si aise d'entendre, quoique indigne... »

« J'ai l'esprit sec depuis un an, écrit Corbinelli à Bussy, à cause que je me suis adonné à la philosophie de Descartes. Elle me paraît d'autant plus belle qu'elle est facile et qu'elle n'admet dans le monde que des corps et des mouvements, ne pouvant souffrir tout ce dont on ne peut avoir une idée claire et nette. Sa métaphysique me plaît aussi. Ses principes sont aisés et ses inductions naturelles : madame de Grignan la sait à miracle... »

Madame de Sévigné, rencontrant en Bretagne la nièce et les petites-nièces de Descartes, écrit à sa fille : « Je ris quelquefois de l'amitié que j'ai pour mademoiselle Descartes ; je me tourne naturellement de son côté ; j'ai toujours des affaires à elle ; il me semble qu'elle vous est quelque chose du côté paternel de M. Descartes, et dès lors je tiens un petit morceau de ma chère fille. »

Voilà, ce semble, une philosophie appelée à de longues années de gloire et de triomphe, à une domination éternelle. Depuis les têtes les plus hautes de l'État et de l'Église jusqu'aux personnes les plus humbles de la société, les esprits graves comme les frivoles, les écoles comme les salons, elle a tout séduit, tout conquis, tout envahi. Eh bien ! franchissez la courte période qui s'étend de la mort de Descartes (1650) à l'année 1663, vous trouvez déjà la philosophie cartésienne dénoncée par les jésuites à la congrégation de l'*Index* et condamnée par celle-ci (*donec corrigatur*). Bientôt la persécution redouble de violence; la Sorbonne, l'Université, le Parlement se prononcent contre Descartes, et sa philosophie est enfin défendue, par arrêt du conseil, dans Paris et dans tout le royaume.

Quelles furent les causes de ce brusque retour? Il y en eut de plusieurs sortes, et nous ne pouvons les discuter ici; mais on ne saurait se dissimuler qu'une des principales n'ait été l'apparition des livres de Spinoza. Les esprits les plus honnêtes et les plus sincères virent avec effroi de si tristes conséquences sortir régulièrement des principes cartésiens, et le disciple audacieux et exclusif perdit le maître. Nous ne parlons ici ni des ennemis systématiques de toute philosophie, ni des esprits timides et à courte vue; qu'on songe que Leibnitz lui-même a prononcé cette dure parole : *Spinoza n'a fait que cultiver certaines semences de la philosophie de M. Descartes* [1].

Est-ce à dire que le spinozisme ne soit, comme on s'est tant plu à le répéter, qu'un cartésianisme conséquent? est-ce à dire qu'on ne puisse donner son esprit

---

[1] Leibnitz, *Lettres à l'abbé Nicaise*; Erdmann, 139. — Voyez aussi un passage des *Animadversiones*, publiées récemment par M. Foucher du Careil, où Leibnitz s'exprime sur le lien de Descartes avec Spinoza d'une façon plus sévère encore, pour ne pas dire plus injuste : « *Spinoza*, dit-il (page 48), *commence par où Descartes finit, par le naturalisme.* »

et son cœur à la noble philosophie des *Méditations* sans se condamner à toutes les témérités du panthéisme? C'est un problème dont nous n'avons pu encore qu'indiquer la solution et qui vaut bien la peine d'un examen spécial et approfondi.

IV

LES ORIGINES

DU

PANTHÉISME DE SPINOZA

LES ORIGINES

DU PANTHÉISME DE SPINOZA

Les grands travaux de la critique contemporaine sur le cartésianisme et sur la philosophie des Juifs [1] ont remis à l'ordre du jour la question depuis longtemps controversée des origines du panthéisme de Spinoza. Trois opinions se sont produites, soit en France, soit en Allemagne : les uns ont repris le paradoxe de Wachter, qui s'était avisé jadis de faire de Spinoza un disciple déguisé de la Kabbale; les autres ont cru que Spinoza avait puisé les principes de son panthéisme dans la tradition averrhoïste, surtout dans Maïmonide et ses commentateurs; d'autres enfin, appuyés sur l'autorité de Leibnitz, sans contester l'influence que l'édu-

---

[1] Nous voulons parler surtout des publications si importantes de M. Munk et de M. Franck. C'est à l'occasion du *Guide des égarés*, de Moses Maïmonide, traduit en français pour la première fois par M. Munk, que nous avons écrit le travail qu'on va lire et qui a paru en partie dans la *Revue des Deux Mondes* du 15 janvier 1862.

cation juive de Spinoza a pu exercer sur ses idées religieuses et sur tout le développement de son génie, soutiennent que son véritable maître, en matière de philosophie, ce n'est pas Maïmonide, c'est Descartes.

Voilà donc trois opinions distinctes qu'on pourrait formuler ainsi : Spinoza kabbaliste, Spinoza averrhoïste, Spinoza cartésien. Notre position dans ce débat est très-nette. Nous croyons que depuis que la Kabbale et le cartésianisme sont mieux connus, l'origine kabbalistique de Spinoza est devenue insoutenable; il n'y a que les deux autres thèses entre lesquelles puisse s'engager utilement une discussion approfondie. Un illustre critique, M. Cousin, qui a contribué plus que personne, par ses beaux travaux sur le cartésianisme, à mettre en lumière les rapports qui unissent Spinoza à Descartes, comme un disciple à son maître, vient tout à coup d'adopter la thèse contraire et de soutenir l'averrhoïsme de Spinoza avec toutes les ressources de son érudition et tous les prestiges de son talent. Pour nous, nous restons fidèles à l'ancienne opinion de M. Cousin, qui est celle de Leibnitz, et nous persistons à voir dans le panthéiste Spinoza un fils téméraire, un fils égaré, mais un fils authentique de Descartes.

Nous allons en conséquence discuter sommairement la thèse de Wachter; puis nous examinerons avec le soin et l'étendue nécessaires la nouvelle thèse de M. Cousin, en nous servant des importants et curieux documents que nous fournissent nos hébraïsants sur Maïmonide et Averrhoès. Nous terminerons par l'examen de la thèse de Leibnitz, qui, sauf quelques légères modifications, nous paraît la seule véritable. Mais il faut d'abord résumer la vie et l'œuvre du philosophe hollandais.

I

LA PERSONNE ET LES IDÉES DE SPINOZA [1].

Baruch Spinoza naquit à Amsterdam, le 24 novembre 1632, d'une famille de juifs portugais, exilés de leur pays par la persécution religieuse. Ses parents, honnêtes gens et à leur aise, étaient marchands à Amsterdam, où ils demeuraient sur le Burgwal, dans une assez belle maison, près de la vieille synagogue portugaise. L'éducation de Spinoza fut faite avec soin. On lui donna pour maître de latin le médecin Van den Ende, esprit inquiet et hardi, homme instruit d'ailleurs, bien connu par la fin tragique où se termina sa carrière aventureuse. Le principal biographe de Spinoza, le ministre luthérien Jean Colerus, assure que Van den Ende répandait dans l'esprit de ses élèves les semences de l'athéisme [2].

De l'étude du latin Spinoza passa à celle de la théologie sous la direction d'un savant rabbin, Moses Morteira. Il lut la Bible, le Talmud, et entra profondément

[1] Pour de plus amples informations, nous prenons la liberté de renvoyer à notre traduction de Spinoza et à l'introduction critique placée en tête de la dernière édition en trois volumes n-12, 1861.

[2] Voyez dans la traduction française de Spinoza (édition de 1861), la vie de Spinoza par Colerus, tome II, page 11.

11.

dans l'étude de la littérature hébraïque[1]. Au bout de quelques années, il abandonna la théologie, nous dit Colerus, pour se livrer entièrement à la physique[2]. Il délibéra longtemps sur le choix qu'il devait faire d'un maître. Mais enfin, les œuvres de Descartes étant tombées entre ses mains, il les lut avec avidité, et dans la suite il a souvent déclaré que c'était de là qu'il avait puisé ce qu'il avait de connaissances en philosophie.

Il était surtout charmé de cette maxime de Descartes, qu'on ne doit rien recevoir pour véritable qui ne soit fondé sur des idées claires et distinctes. Il en tira cette conséquence, que la doctrine des rabbins ne pouvait être admise par un homme de bon sens. Dès lors il fut fort réservé avec les docteurs juifs, dont il évita le commerce autant qu'il lui fut possible. On le vit rarement dans les synagogues, ce qui irrita extrêmement les rabbins contre lui. Ils employèrent tous les moyens pour le ramener, la douceur et la séduction d'abord, puis les menaces. Ne pouvant ni le persuader, ni le séduire, ni l'intimider, ils se décidèrent à l'excommunier. Il paraît qu'on choisit parmi les formules de l'excommunication la plus terrible, la formule *Schammatha*, qui était signifiée au coupable publiquement dans la synagogue, à la lumière des cierges et au son du cornet. Spinoza n'avait pas attendu la sentence pour quitter Amsterdam ; il protesta dans un écrit espagnol qui est perdu.

Ce fut alors que Spinoza prit un parti définitif sur la

---

[1] *Ibid.*, voyez la vie de Spinoza par Lucas, dans l'appendice, page XLII.
[2] Colerus, page IV.

conduite de sa vie : il se voua à la méditation des problèmes philosophiques et religieux dans une solitude profonde et une indépendance absolue. Il apprit un art mécanique, en quoi du reste il demeura fidèle aux traditions de sa religion et de sa famille, et travailla de ses mains pour vivre à l'abri du besoin et n'avoir besoin de personne. L'art qu'il choisit fut celui de faire des verres d'optique.

Après avoir séjourné tour à tour aux environs d'Amsterdam, puis à Rhynsburg près de Leyde, puis à Woorburg près de la Haye, il s'établit et se fixa dans cette dernière ville, chez un honnête et modeste bourgeois, Van der Spyck, qui lui loua une chambre dans sa maison. « Il passait le temps, dit Colerus, à étudier et à travailler à ses verres. » — « C'est une chose incroyable, ajoute l'honnête biographe, combien Spinoza a été sobre et bon ménager. On voit, par différents comptes trouvés dans ses papiers, qu'il a vécu un jour entier d'une soupe au lait accommodée avec du beurre, ce qui lui revenait à trois sous, et d'un pot de bière d'un sou et demi. Un autre jour, il n'a mangé que du gruau apprêté avec des raisins et du beurre, et ce plat lui avait coûté quatre sous et demi. »

Cette extrême sobriété se comprend plus aisément quand on songe à la constitution physique de Spinoza. « Il était, nous dit Colerus, très-faible de corps, malsain, maigre et attaqué de phthisie depuis sa jeunesse. C'était un homme de moyenne taille ; il avait les traits du visage bien proportionnés, la peau un peu noire, les cheveux noirs et frisés, les sourcils longs et de même couleur, de sorte qu'à sa mine on le reconnaissait aisément pour être descendu des juifs portugais. Pour ce qui est de ses habits, il en prenait fort peu de soin, disant qu'il est contre le bon sens de mettre une enveloppe précieuse à des choses de néant ou de peu de valeur.

« Si sa manière de vivre était fort réglée, sa conversation n'était pas moins douce et paisible. Il savait admirablement bien être le maître de ses passions. On ne l'a jamais vu ni fort triste ni fort joyeux. Il savait se posséder dans sa colère et dans les déplaisirs qui lui survenaient; il n'en paraissait rien au dehors. Il était, d'ailleurs, fort affable et d'un commerce aisé; il parlait souvent à son hôtesse, particulièrement dans le temps de ses couches, et à ceux du logis, lorsqu'il leur survenait quelque affliction ou maladie; il ne manquait point alors de les consoler, et de les exhorter à souffrir avec patience des maux qui étaient comme un partage que Dieu leur avait assigné. Il avertissait les enfants d'assister souvent au service divin, et leur enseignait combien ils devaient être obéissants et soumis à leurs parents. Lorsque les gens du logis revenaient du sermon, il leur demandait souvent quel profit ils y avaient fait, et ce qu'ils en avaient retenu pour leur édification. »

« Il avait, poursuit Colerus, une grande estime pour mon prédécesseur, le docteur Cordes, qui était un homme savant, d'un bon naturel et d'une vie exemplaire; ce qui donnait occasion à Spinoza d'en faire l'éloge. Il allait même quelquefois l'entendre prêcher, et faisait état surtout de la manière savante dont il expliquait l'Écriture et des applications solides qu'il en faisait. Il avertissait en même temps son hôte et ceux de la maison de ne manquer jamais aucune prédication d'un si habile homme. Il arriva que son hôtesse lui demanda un jour si c'était son sentiment qu'elle pût être sauvée dans la religion dont elle faisait profession ; à quoi il répondit : « *Votre religion est bonne ; vous n'en devez pas chercher d'autre, ni douter que vous n'y fassiez votre salut, pourvu qu'en vous attachant à la piété, vous meniez en même temps une vie paisible et tranquille.* »

« Pendant qu'il était au logis, il n'était incommode à personne ; il y passait la meilleure partie de son temps tranquillement dans sa chambre. Lorsqu'il lui arrivait de se trouver fatigué, pour s'être trop attaché à la méditation philosophique, il descendait pour se délasser, et parler à ceux du logis de tout ce qui pouvait servir de matière à un entretien ordinaire, même de bagatelles. Il se divertissait aussi quelquefois à fumer une pipe de tabac ; ou bien, lorsqu'il voulait se relâcher l'esprit un peu plus longtemps, il cherchait des araignées qu'il faisait lutter ensemble, et des mouches qu'il jetait dans la toile d'araignée, et regardait ensuite cette bataille avec tant de plaisir qu'il éclatait quelquefois de rire ; il observait aussi avec le microscope les différentes parties des plus petits insectes, d'où il tirait après les conséquences qui lui semblaient le mieux convenir à ses découvertes. »

Voilà l'homme que vinrent chercher, au milieu de sa solitude, la richesse, les honneurs, la gloire, les hautes amitiés. Il renonça à tout cela sans effort, pour vivre heureux dans la modestie, la liberté et la paix. Son ami Simon de Vries s'avisa un jour de lui faire présent d'une somme de deux mille florins pour le mettre en état de vivre un peu plus à son aise; mais Spinoza s'excusa civilement sous prétexte qu'il n'avait besoin de rien. Ce même ami, approchant de sa fin et se voyant sans femme et sans enfants, voulait faire son testament et l'instituer héritier de tous ses biens; Spinoza n'y voulut jamais consentir, et lui remontra qu'il ne devait pas songer à laisser ses biens à d'autres qu'à son frère.

Un autre ami de Spinoza, l'illustre Jean de Witt, le força d'accepter une rente de deux cents florins; mais, ses héritiers faisant difficulté de continuer la rente, Spinoza leur mit son titre entre les mains avec une si tranquille indifférence qu'ils rentrèrent en eux-mêmes et accordèrent de bonne grâce ce qu'ils venaient de refuser.

L'électeur palatin Charles-Louis voulut attirer Spinoza à Heidelberg et chargea le célèbre docteur Fabricius de lui proposer une chaire de philosophie, avec la promesse de lui laisser la plus grande liberté, *cum amplissima philosophandi libertate*, pourvu toutefois qu'il n'en abusât pas pour troubler la religion établie. Spinoza répondit qu'il ne voyait pas clairement en quelles limites il faudrait renfermer cette liberté qu'on voulait bien lui promettre, et puis que les soins qu'il faudrait donner à l'instruction de la jeunesse l'empêcheraient d'avancer lui-même en philosophie.

Lors de la campagne des Français en Hollande, le prince de Condé, qui prenait alors possession du gouvernement d'Utrecht, désira vivement s'entretenir avec Spinoza. Il paraît même qu'il fut question d'obtenir pour lui une pension du roi, et qu'on l'engagea à dédier quelques-uns de ses ouvrages à Louis XIV. Spinoza racontait lui-même que, *comme il n'avait pas le dessein de rien dédier au roi de France, il avait refusé l'offre qu'on lui faisait avec toute la civilité dont il était capable.* On ne sait si l'entrevue de Spinoza avec le prince de Condé put avoir lieu; mais il est certain que Spinoza se rendit au camp français, et qu'après son retour la populace de la Haye s'émut, le prenant pour un espion. Van der Spyck accourut alarmé : « Ne craignez rien, lui dit Spinoza, il m'est aisé de me justifier. Mais, quoi qu'il en soit, aussitôt que la populace fera le moindre bruit à votre porte, je sortirai et irai droit à eux, quand ils devraient me faire le traitement qu'ils ont fait aux pauvres messieurs de Witt. Je suis républicain, et n'ai jamais eu en vue que la gloire et l'avantage de l'État. » Spinoza racontait à Leibnitz que le jour de l'assassinat des frères de Witt, il voulait sortir et afficher dans les rues près du lieu des massacres un placard avec ces mots : *Ultimi barbarorum;* son hôte fut obligé d'employer la force pour le retenir à la maison [1].

Le 23 février 1677, un dimanche, Van der Spyck et sa femme étaient allés à l'église faire leurs dévotions. Au sortir du sermon, ils apprirent avec surprise que Spinoza venait d'expirer. Il n'avait pas quarante-cinq

[1] Voyez la note de Leibnitz, publiée pour la première fois par M. Foucher du Careil, *Réfutation inédite de Spinoza*, préface de l'éditeur, page 64. Paris, 1854.

ans ; quoique tombé en langueur depuis quelques mois, rien ne faisait présumer une mort si prompte. Tout prouve qu'il mourut en paix comme il avait vécu.

L'œuvre de sa vie était achevée. Il avait écrit ses deux œuvres capitales, son *Traité théologico-politique*, qui résume ses travaux d'exégèse et ses vues sur la politique et la religion, et puis, son livre de prédilection, sa fameuse *Éthique*, communiquée par fragments à quelques amis, mais qu'il ne voulut pas publier de son vivant, de crainte de troubler inutilement son repos. C'est dans ce livre étrange que son idée, longtemps couvée, avait pris sa forme définitive. Eût-il vécu cinquante ans de plus, on ne conçoit pas qu'il eût voulu y changer une syllabe. Cherchons parmi les obscurités de ce grand et étrange monument les idées originales de Spinoza.

Pour s'orienter dans l'*Éthique*, il faut d'abord se rendre compte de la méthode adoptée par l'auteur.

Génie essentiellement réfléchi, élevé à l'école sévère de Descartes, Spinoza n'ignorait pas qu'il n'y a point en philosophie de problème antérieur à celui de la méthode. La nature et la portée de l'entendement humain, l'ordre légitime de ses opérations, la loi fondamentale qui les doit régler, tous ces grands objets avaient occupé ses premières méditations, et il ne cessa de s'en inquiéter pendant toute sa vie. Nous savons qu'avant d'écrire son *Éthique*, ou, comme il l'appelle avec raison, *sa philosophie*, il avait jeté les bases d'un traité complet sur la méthode, ouvrage informe, mais plein de génie, plusieurs fois abandonné et repris sans jamais être achevé, où toutefois les vues générales de Spinoza sont suffisamment indiquées à des yeux attentifs par des traits d'une force et d'une hardiesse singulières.

Suivant Spinoza, toutes nos perceptions peuvent se ramener à quatre espèces fondamentales [1] : la première est fondée sur un simple ouï-dire, et en général sur un signe. La seconde est acquise par une *expérience vague*, c'est-à-dire passive, et qui n'est pas déterminée par l'entendement. La troisième consiste à concevoir une chose par son rapport à une autre chose, mais non pas d'une manière complète et adéquate. La quatrième atteint une chose dans son essence ou dans sa cause immédiate.

Ainsi, au plus bas degré de la connaissance, Spinoza place ces croyances aveugles, ces tumultueuses impressions, ces images confuses dont se repaît le vulgaire. C'est le monde de l'imagination et des sens, la région de l'opinion et des préjugés. Spinoza y trace une division, mais à laquelle il n'attribue que peu d'importance, puisqu'il réunit dans l'*Éthique*, sous le nom de *connaissance du premier genre* [2], ce qu'il a distingué dans la *Réforme de l'entendement* en perception par simple ouï-dire et perception par voie d'expérience vague. Je sais par simple ouï-dire quel est le jour de ma naissance, quels furent mes parents, et autres choses semblables. C'est par une expérience vague que je sais que je dois mourir ; car si j'affirme cela, c'est que j'ai vu mourir plusieurs de mes semblables, quoiqu'ils n'aient pas tous vécu le même espace de temps ni succombé à la

---

[1] *De la réforme de l'entendement*, tome III, page 303.
[2] *Éthique*, part. II, Schol. de la Propos. 40.

même maladie. Je sais de la même manière que l'huile a la vertu de nourrir la flamme, et l'eau celle de l'éteindre, et en général toutes les choses qui se rapportent à l'usage ordinaire de la vie.

Le premier genre de connaissance, utile pour la vie, n'est d'aucun prix pour la science. Il atteint les accidents, la surface des choses, non leur essence et leur fond. Livré à une mobilité perpétuelle, ouvrage de la fortune et du hasard, et non de l'activité interne de la pensée, il agite et occupe l'âme, mais ne l'éclaire pas. C'est la source des passions mauvaises qui jettent sans cesse leur ombre sur les idées pures de l'entendement, arrachent l'âme à elle-même, la dispersent en quelque sorte vers les choses extérieures et troublent la sérénité de ses contemplations.

La connaissance du second genre est un premier effort pour se dégager des ténèbres du monde sensible. Elle consiste à rattacher un effet à sa cause, un phénomène à sa loi, une conséquence à son principe. C'est le procédé des géomètres, qui ramènent les propriétés des nombres, des figures, à un système régulier de propositions simples, d'axiomes incontestables. En général, c'est la raison discursive, par laquelle l'esprit humain, aidé de l'analyse et de la synthèse, monte du particulier au général, redescend du général au particulier, pour accroître sans cesse, pour éclaircir et pour enchaîner de plus en plus ses connaissances.

Que manque-t-il à ce genre de perception? une seule chose, mais capitale. La raison discursive, le raisonnement, tout infaillible qu'il soit, est un procédé aveugle.

Il explique le fait par sa loi, mais il n'explique pas cette loi. Il établit la conséquence par les principes ; mais les principes eux-mêmes, il les accepte sans les établir. Il fait de nos pensées une chaîne d'une régularité parfaite, mais il n'en peut fixer le premier anneau.

Il y a donc au-dessus du raisonnement une faculté supérieure, c'est la raison, dont l'objet propre est l'Être en soi et par soi.

Après avoir décrit les différentes espèces de perceptions, Spinoza examine tour à tour leur valeur scientifique. L'expérience, sous sa double forme, ne peut fournir une connaissance philosophique ; car elle donne des images confuses, et le philosophe cherche des idées ; elle n'atteint que les accidents des choses, et la science néglige l'accident pour s'attacher à l'essence. L'expérience est donc absolument proscrite, sans restriction et sans réserve, du domaine de la métaphysique [1].

La connaissance du second genre est moins sévèrement traitée, parce qu'elle conduit à l'intuition immédiate. Toutefois ce genre de perception n'est pas celui que le philosophe doit mettre en usage. Le raisonnement donne, il est vrai, la certitude ; mais la certitude ne suffit pas au philosophe, il lui faut aussi la lumière.

Ce mépris du raisonnement paraît au premier abord fort étrange, et l'on ne peut concevoir que Spinoza, cet habile et puissant raisonneur, ait voulu interdire aux

---

[1] *De la Réforme de l'entendement,* tome III, pages 306, 307. Voyez aussi *Lettre à Simon de Vries,* tome III, page 378.

philosophes un instrument qu'il manie sans cesse et qui est entre ses mains d'une inépuisable fécondité. Mais il faut bien entendre sa pensée. Spinoza distingue deux manières de raisonner : ou bien l'on enchaîne les unes aux autres une suite d'idées à l'aide de certains principes qu'on accepte sans les examiner et sans les comprendre, et c'est ce raisonnement aveugle que Spinoza exclut de la philosophie ; ou bien l'on part d'un principe clairement et immédiatement aperçu en lui-même, et de l'idée adéquate de ce principe on va à l'idée adéquate de ses effets, de ses conséquences, et voilà le raisonnement philosophique, où tout est intelligible et clair, où les images des sens et les croyances aveugles n'ont aucune place. Élevé à cette hauteur, le raisonnement se confond presque avec l'intuition immédiate ; il est le plus puissant levier de l'esprit humain ; il n'y a au-dessus que l'intuition intellectuelle dans son degré supérieur et unique de pureté et d'énergie, qui met face à face la pensée et son plus sublime objet, et les unifie l'un avec l'autre.

La loi de la pensée philosophique, c'est donc de fonder la science sur des idées claires et distinctes, et de ne faire usage d'aucun autre procédé que de l'intuition immédiate et du raisonnement appuyé sur elle. Or le premier objet de l'intuition immédiate, c'est l'Être parfait. Spinoza conclut donc finalement que « *la méthode parfaite est celle qui enseigne à diriger l'esprit sous la loi de l'idée de l'être absolument parfait* [1]. »

---

[1] *De la réforme de l'entendement*, tome III, p. 312.

On comprend bien maintenant que toute la philosophie de Spinoza devait être et est en effet le développement d'une seule idée, l'idée de l'être infini et parfait, ou comme il dit, de la Substance.

La Substance, c'est l'Être, non pas tel ou tel être, non pas l'être en général, l'être abstrait, mais l'être absolu, l'Être dans sa plénitude, l'Être qui est tout l'être [1], l'Être hors duquel rien ne peut être ni être conçu.

La Substance a nécessairement des attributs qui caractérisent et expriment son essence; autrement la Substance serait un pur abstrait, un genre, le plus général et par conséquent le plus vide de tous [2]; elle se confondrait avec l'idée vague et confuse d'être pur, universel, sans réalité et sans fond, pensée creuse et stérile, fantôme indécis, ouvrage des sens et de l'imagination épuisée [3].

La Substance est indéterminée, en ce sens que toute détermination est une limite et toute limite une négation [4]; mais elle est profondément et nécessairement déterminée, en ce sens qu'elle est réelle et parfaite, et possède à ce titre des attributs nécessaires, tellement unis à son essence qu'ils n'en peuvent être séparés et n'en sont pas même distingués en réalité; car ôtez les attributs, vous ôtez l'essence de la Substance, vous ôtez la Substance elle-même.

---

[1] *De la réforme de l'entendement*, page 328.
[2] *Éthique*, part. II, Schol. 1 de la Propos. 40.—Comp. *Ibid.*, part. IV, Préambule.
[3] *Éthique*, part. II, Schol. 1 de la Propos. 40.
[4] *Lettres*, tome III, pages 416, 417, 418.

La Substance, l'être infini, a donc nécessairement des attributs, et chacun de ces attributs exprime à sa manière l'essence de la Substance. Or cette essence est infinie, et il n'y a que des attributs infinis qui puissent exprimer une essence infinie. Chaque attribut de la Substance est donc nécessairement infini. Mais de quelle infinité? d'une infinité relative et non absolue. Si en effet un attribut de la Substance était absolument infini, il serait donc l'Infini, il serait la Substance elle-même. Or il n'est pas la Substance, mais une manifestation de la Substance, distincte de toute autre manifestation, particulière et déterminée par conséquent, parfaite et infinie en elle-même, mais dans un genre particulier et déterminé d'infinité et de perfection.

Ainsi la Pensée est un attribut de la Substance ; car elle est une manifestation de l'Être. La Pensée est donc infinie. Mais la Pensée n'est pas l'Étendue, qui est aussi une manifestation de l'Être et par conséquent un autre attribut de la Substance. De même, l'Étendue n'est pas la Pensée. La Pensée et l'Étendue sont donc infinies, mais d'une infinité relative, parfaites, mais d'une perfection déterminée; elles sont donc, pour ainsi parler, parfaites et infinies d'une perfection imparfaite et d'une infinité finie.

La Substance seule est l'Infini en soi, le Parfait en soi, l'Être plein et absolu. Or il ne suffit pas que chaque attribut de la Substance en exprime, par son infinité relative, l'absolue infinité; il faut, pour exprimer absolument une infinité vraiment absolue, non-seulement des attributs infinis, mais une infinité d'attributs infinis.

Si un certain nombre, un nombre fini d'attributs infinis, exprimait complétement l'essence de la Substance, cette essence ne serait donc pas infinie et inépuisable ; il y aurait en elle une limite, une négation, sinon dans chacune de ses manifestations prise en elle-même, au moins dans sa nature et dans son fond. Or il y a contradiction que le fini trouve place dans ce qui est l'Infini même, et que quelque chose de négatif puisse pénétrer dans ce qui est l'absolu positif, l'Être. Ce qui n'est infini que d'une manière déterminée n'exclut pas, mais au contraire suppose quelque négation ; mais l'Infini absolu implique au contraire la négation de toute négation. Tout nombre, si prodigieux qu'on voudra, d'attributs infinis est donc infiniment éloigné de pouvoir exprimer l'essence infinie de la Substance, et il n'y a qu'une infinité d'attributs infinis qui soit capable de représenter d'une manière adéquate une nature qui n'est pas seulement infinie, mais qui est l'Infini même, l'Infini absolu, l'Infini infiniment infini.

La Substance a donc nécessairement des attributs, une infinité d'attributs, et chacun de ces attributs est infini dans son genre. Or un attribut infini a nécessairement des modes. Que serait-ce en effet que la Pensée sans les idées qui en expriment et en développent l'essence ? que serait-ce que l'Étendue sans les figures qui la déterminent, sans les mouvements qui la diversifient ? La Pensée et l'Étendue ne sont point des universaux, des abstraits, des idées vagues et confuses ; ce sont des manifestations réelles de l'Être ; et l'Être n'est point quelque chose de stérile et de mort, c'est l'activité, c'est la vie. De même donc qu'il faut des attributs pour exprimer l'essence de la Substance, il faut des modes pour exprimer l'essence des attributs; ôtez les modes de l'attribut, et l'attribut n'est plus, tout comme l'Être cesserait d'être, si les attributs qui expriment son être étaient supposés évanouis.

Les modes sont nécessairement finis; car ils sont multiples. Or, si chacun d'eux était infini, l'attribut dont ils expriment l'essence n'aurait plus un genre unique et déterminé d'infinité; il serait l'Infini en soi, et non tel ou tel infini; il ne serait plus l'attribut de la Substance, mais la Substance elle-même. Le mode ne peut donc exprimer que d'une manière finie l'infinité relative de l'attribut, comme l'attribut ne peut exprimer que d'une manière relative, quoique infinie, l'absolue infinité de la Substance. Mais l'attribut est néanmoins infini en lui-même, et l'infinité de son essence doit se faire reconnaître dans ses manifestations. Or supposez qu'un attribut de la Substance n'eût qu'un certain nombre de modes, cet attribut ne serait pas infini, puisqu'il pourrait être épuisé; il y a contradiction, par exemple, qu'un certain nombre d'idées épuise l'essence infinie de la Pensée, qu'une étendue infinie soit exprimée par une certaine grandeur corporelle, si prodigieuse qu'on la suppose. La pensée infinie doit donc se développer par une infinité inépuisable d'idées, et l'étendue infinie ne peut être exprimée dans sa perfection et sa totalité que par une variété infinie de grandeurs, de figures et de mouvements.

Ainsi donc, du sein de la Substance s'écoulent nécessairement une infinité d'attributs, et du sein de chacun de ces attributs s'écoulent nécessairement une infinité de modes. Les attributs ne sont pas séparés de la Substance, les modes ne le sont point des attributs. Le rapport de l'attribut à la Substance est le même que celui du mode à l'attribut; tout s'enchaîne sans se confondre, tout se distingue sans se séparer. Une loi commune, une proportion constante, un lien nécessaire retiennent éternellement distincts et éternellement unis la Substance, l'Attribut et le Mode; et c'est là l'Être, la Réalité, Dieu.

Voilà l'idée mère de la métaphysique de Spinoza. On ne peut nier que ce vigoureux génie ne l'ait développée avec puissance dans un riche et vaste système, mais il s'y est épuisé et n'a jamais dépassé l'horizon qu'elle lui traçait. La forme géométrique ne doit point ici faire illusion. Spinoza démontre sa doctrine, si l'on veut, mais il la démontre sous la condition de certaines données qui au fond la supposent et la contiennent. C'est un cercle vicieux perpétuel; ou pour mieux dire, au lieu d'une démonstration de son système, Spinoza s'en donne sans cesse à lui-même le spectacle, et il ne nous en présente dans son *Éthique* que le régulier développement.

Déjà les premières définitions le contiennent tout entier. C'est qu'en effet les définitions, pour Spinoza, ne sont point des conventions verbales, des signes arbitraires, mais l'expression rigoureuse de l'intuition immédiate des êtres réels. Les vrais principes, aux yeux de ce métaphysicien-géomètre, ce ne sont pas les axiomes, lesquels ne donnent que des vérités générales ; ce sont les définitions, car les définitions donnent les essences.

Voici les quatre définitions fondamentales :

« J'entends par *Substance* ce qui est en soi et est conçu par soi, c'est-à-dire ce dont le concept peut être formé sans avoir besoin du concept d'aucune autre chose.

« J'entends par *Attribut* ce que la raison conçoit dans la Substance comme constituant son essence.

« J'entends par *Mode* les affections de la Substance, ou ce qui est dans autre chose et est conçu par cette même chose.

« J'entends par *Dieu* un être absolument infini, c'est-à-dire une substance constituée par une infinité d'attributs infinis dont chacun exprime une essence éternelle et infinie [1]. »

Tout philosophe remarquera l'étroite connexion de ces quatre définitions. Mais il y a un théorème de Spinoza où lui-même les a enchaînées avec une précision et une force singulières ; c'est dans le *De Deo*, la proposition seizième, où l'on peut dire que Spinoza est tout entier :

Il est de la nature de la Substance de se développer nécessairement par une infinité d'attributs infinis infiniment modifiés.

Tennemann reproche à Spinoza de n'avoir pas suffisamment établi cette proposition, et il a bien raison.

---

[1] *Éthique*, part. I, Définitions 3, 4, 5 et 6.

Mais ce n'est pas là seulement, comme cet habile homme paraît le croire, une proposition très-importante; c'est l'idée même du système, et pour emprunter à Spinoza son langage, c'est le postulat de sa philosophie.

Sa définition de la Substance une fois posée, Spinoza n'a aucune peine à démontrer que la Substance existe et qu'il ne peut exister qu'une seule substance. Voici sa démonstration : « Proposition XI. *Dieu, c'est-à-dire une substance constituée par une infinité d'attributs dont chacun exprime une essence éternelle et infinie, existe nécessairement.* — Démonstration : Si vous niez Dieu, concevez, s'il est possible, que Dieu n'existe pas. Son essence n'envelopperait donc pas l'existence. Mais cela est absurde ; donc Dieu existe nécessairement. C. Q. F. D. »

Dieu ou la Substance est unique. En effet, dit Spinoza, « Dieu est l'être absolument infini, duquel on ne peut exclure aucun attribut exprimant l'essence d'une substance, et il existe nécessairement. Si donc il existait une autre substance que Dieu, elle devrait se développer par quelqu'un des attributs de Dieu, et de cette façon il y aurait deux substances de même attribut, ce qui est absurde. Par conséquent, il ne peut exister aucune autre substance que Dieu, et on n'en peut concevoir aucune autre : car, si on pouvait la concevoir, on la concevrait nécessairement comme existante, ce qui est absurde (par la première partie de cette démonstration). Donc aucune autre substance que Dieu ne peut exister ni se concevoir. »

L'existence et l'unité de Dieu sont démontrées; il

s'agit de construire la science de Dieu. Spinoza, tout en soutenant que Dieu doit nécessairement se développer en une infinité d'attributs infinis, convient que nous n'en connaissons que deux, savoir : l'étendue et la pensée. De sorte que notre science de Dieu se réduit à ces deux propositions : Dieu est l'étendue absolue ; Dieu est la pensée absolue.

Si bizarre et si monstrueux qu'il puisse paraître d'attribuer à Dieu l'étendue, Spinoza n'hésite pas. Il dit nettement et résolûment que l'étendue infinie, c'est Dieu même, ou en termes plus significatifs encore, que Dieu est chose étendue (*Deus est res extensa*). D'un autre côté, Spinoza convient et même il démontre à merveille que Dieu est absolument indivisible. Comment comprendre que Dieu soit à la fois indivisible et étendu? tout s'explique, suivant Spinoza, par la distinction de l'étendue finie, qui est proprement le corps, et de l'étendue infinie, qui seule convient à la nature de Dieu. Dire que Dieu est étendu, ce n'est pas dire que Dieu ait longueur, largeur et profondeur, et se termine par une figure ; car alors Dieu serait un corps, c'est-à-dire un être fini, ce qui est, selon Spinoza, la conception la plus grossière qui se puisse imaginer. Dieu n'est pas telle ou telle étendue divisible et mobile, mais l'étendue en soi, l'immobile et indivisible immensité.

Voilà en peu de mots la théorie de Spinoza sur l'étendue divine. Insistons un peu plus sur une théorie tout autrement profonde, celle de la pensée divine.

Dieu est la Pensée absolue, comme il est l'Étendue absolue. La Pensée en effet est nécessairement conçue comme infinie, puisque nous concevons fort bien qu'un être pensant, à mesure qu'il pense davantage, possède un plus haut degré de perfection [1]. Or il n'y a point de limite à ce progrès de la pensée; d'où il suit que toute pensée déterminée enveloppe le concept d'une pensée infinie, qui n'est plus telle ou telle pensée, c'est-à-dire telle ou telle limitation, telle ou telle négation de la Pensée, mais la Pensée elle-même, la Pensée toute positive, la Pensée dans sa plénitude et dans son fond.

La Pensée ainsi conçue ne peut être qu'un attribut de Dieu. Dieu pense donc; mais il pense d'une manière digne de lui, c'est-à-dire absolue et parfaite. A ce titre, quel peut être l'objet de sa pensée? Est-ce lui-même et rien que lui? est-ce à la fois lui-même et toutes choses? Ensuite quelle est la nature de cette divine pensée? A-t-elle avec la nôtre quelque analogie, ou du moins quelque ombre de ressemblance, et l'exemplaire tout parfait laisse-t-il retrouver dans l'imparfaite copie quelque trace de soi?

La réponse de Spinoza à ces hautes questions ne peut être pleinement entendue qu'à une condition : c'est d'avoir parcouru le cercle entier de sa métaphysique. Dans un système comme le sien, où Dieu et la Nature ne sont au fond qu'une seule et même existence, comprendre la nature divine considérée en elle-même et hors des choses, ce n'est pas vraiment la comprendre, c'est tout au plus l'entrevoir.

Dieu, en tant que Dieu, si l'on peut parler de la sorte,

---

[1] *De l'Ame,* Scholie de la Propos. 1.

c'est-à-dire en tant qu'absolu, c'est la Substance avec les attributs qui constituent son essence, comme la Pensée et l'Étendue. La Nature, en soi, ce sont toutes ces choses mobiles et successives qui s'écoulent dans l'infinité de la durée. Mais que sont au fond ces âmes toujours changeantes, ces corps périssables que le mouvement forme et détruit tour à tour? ce ne sont pas des êtres véritables, mais des modes fugitifs qui apparaissent pour un jour sur la scène du monde d'une manière déterminée, et y expriment à leur façon la perfection de l'Étendue, la perfection de la Pensée, en un mot, la perfection de l'Être. Séparer la Nature de Dieu ou Dieu de la Nature, c'est, dans le premier cas, séparer l'effet de sa cause, le mode de sa substance; c'est, dans le second, séparer la cause absolue de son développement nécessaire, la substance absolue des modes qui expriment nécessairement la perfection de ses attributs. Égale absurdité; car Dieu n'existe pas plus sans la Nature que la Nature sans Dieu; ou plutôt, il n'y a qu'une Nature, considérée tour à tour comme cause et comme effet, comme Substance et comme mode, comme infinie et comme finie, et pour parler le langage bizarre mais énergique de Spinoza, comme *naturante* et comme *naturée*. La Substance et ses attributs, dans l'abstraction de leur existence solitaire, c'est la Nature naturante; l'univers, matériel et spirituel, abstractivement séparé de sa cause immanente, c'est la Nature naturée; et tout cela, c'est une seule Nature, une seule Substance, un seul Être, en un mot, Dieu[1]. Oui, tout cela est Dieu pour Spinoza:

[1] *Éthique*, part. I, Schol. de la Propos. 29.

non plus Dieu conçu d'une manière abstraite et par conséquent partielle, mais Dieu dans l'expression complète de son être, Dieu manifesté, Dieu vivant, Dieu infini et fini tout ensemble, Dieu tout entier.

Il suit de ces principes généraux qu'aucun des attributs de Dieu, et notamment la Pensée, ne peut être embrassé complétement que si on l'envisage tour à tour, ou mieux encore, tout ensemble, dans sa nature absolue et dans son développement nécessaire. A cette question : Quel est l'objet de la pensée divine? il y a donc deux réponses, suivant que l'on considère la pensée divine d'une manière abstraite et partielle, soit en elle-même, soit dans un certain nombre ou dans la totalité de ses développements ; ou d'une manière réelle et complète, c'est-à-dire à la fois dans son essence et dans sa vie, dans son éternel foyer et dans son rayonnement éternel, comme pensée substantielle et comme pensée déterminée, comme pensée absolue et comme pensée relative, en un mot, comme pensée créatrice et naturante, et comme pensée créée et naturée.

Il faut donc bien entendre Spinoza, quand il ose affirmer que Dieu n'a ni entendement ni volonté. Il s'agit ici de Dieu considéré en soi, dans l'abstraction de sa nature absolue. A ce point de vue, la pensée de Dieu est absolument indéterminée. Mais ce n'est point à dire qu'elle ne se détermine pas : tout au contraire, il est dans sa nature de se déterminer sans cesse, et l'on peut dire strictement, au sens le plus juste de Spinoza, que s'il n'y avait pas en Dieu d'entendement, il n'y aurait pas de Pensée, tout comme il n'y aurait pas d'Étendue, si les corps, si un seul corps était absolument détruit[1].

Spinoza devait donc donner deux solutions au problème de la nature et de l'objet de la pensée divine. Recueillons la première de ces solutions; la suite du système contiendra la seconde, et les éclaircira toutes deux en les unissant.

L'objet de la pensée divine, en tant qu'absolue, c'est Dieu lui-même, c'est-à-dire la Substance. La pensée divine comprend-elle aussi les attributs de la Substance? c'est un des points les plus obscurs de la métaphysique de Spinoza. D'une part, il ne semble pas qu'on puisse séparer la pensée de la Substance d'avec la pensée de ses attributs, puisque ces attributs sont inséparables de son essence. Mais il faut céder devant les déclarations expresses de Spinoza. Il soutient que l'idée de Dieu, qui est proprement l'idée des attributs de Dieu[2], n'est qu'un mode de la pensée divine, et à ce titre, quoique éternel et infini, se rapporte à la Nature naturée[3]. La pensée divine est donc absolument indéterminée, et son objet, c'est l'Être absolument indéterminé, la Substance en soi, dégagée de ses attributs, qui déjà la déterminent en la développant.

Si telle est la nature, si tel est l'objet de la pensée divine, qu'a-t-elle à voir avec l'entendement des hommes? L'entendement en général est une détermination de la

---

[1] *Lettre à Oldenburg*, tome III, page 358.

[2] *De Dieu*, Propos. 30.

[3] *De Dieu*. Prop. 31. — Comp. *Lettre à Simon de Vries*, tome III, page 378 et suiv.

Pensée, et toute détermination est une négation [1]. Or il n'y a pas de place pour la négation dans la plénitude de la Pensée. Aux yeux de Spinoza, l'entendement humain n'est rien de plus qu'une suite de modes de la Pensée, ou, comme il dit encore, une idée composée d'un certain nombre d'idées. Supposer dans l'âme humaine, au delà des idées qui la constituent, une puissance, une faculté de les produire, c'est réaliser des abstractions. Tout l'être de l'entendement est compris dans les idées, comme tout l'être de la volonté s'épuise dans les volitions. La volonté en général, l'entendement en général, sont des êtres de raison, et si on les réalise, des chimères absurdes, des entités scolastiques, comme l'humanité ou la pierréité [2]. Or il est trop clair que la pensée de Dieu ne peut être une suite déterminée d'idées; si donc l'on attribue à Dieu un entendement, il faut le supposer infini. Mais qu'est-ce qu'un entendement infini? une suite infinie d'idées. Concevoir ainsi la pensée de Dieu, c'est la dégrader; car c'est lui imposer la condition du développement, c'est la faire tomber dans la succession et le mouvement, c'est la charger de toutes les misères de notre nature. L'entendement est de soi déterminé et successif; il consiste à passer d'une idée à une autre idée dans un effort toujours renouvelé et toujours inutile pour épuiser la nature de la Pensée. L'entendement est une perfection sans doute, car il y a de l'être dans une suite d'idées ; mais c'est la perfection d'une nature essentiel-

---

[1] *Lettres*, tome III, pages 416-418.
[2] *De l'Ame,* Scholie de la Propos. 48.

lement imparfaite qui tend sans cesse à une perfection plus grande, sans pouvoir jamais toucher le terme de la perfection véritable. Supposez l'entendement infini, ce ne sera jamais qu'une suite infinie de modes de la Pensée, et non la Pensée elle-même, la Pensée absolue, qui ne se confond pas avec ses modes relatifs, quoiqu'elle les produise, la Pensée infinie, qui sans cesse enfante et jamais ne s'épuise, la Pensée immanente qui, tout en remplissant de ses manifestations passagères le cours infini du temps, reste immobile dans l'éternité.

Plein du sentiment de cette opposition, Spinoza l'exagère encore, et va jusqu'à soutenir qu'il n'y a absolument rien de commun entre la pensée divine et notre intelligence, de sorte que, si on donne un entendement à Dieu, il faut dire, dans son rude et énergique langage, qu'il ne ressemble pas plus au nôtre que le Chien, signe céleste, ne ressemble au chien, animal aboyant.

La démonstration dont se sert Spinoza pour établir cette énorme prétention est aussi singulière que peu concluante. Pour prouver que la pensée divine n'a absolument rien de commun avec la pensée humaine, sait-on sur quel principe il va s'appuyer? sur ce que la pensée divine est la cause de la pensée humaine. Ce raisonneur si exact oublie sans doute que la troisième Proposition de l'*Éthique* est celle-ci : *Si deux choses n'ont rien de commun, elles ne peuvent être cause l'une de l'autre.* Un ami pénétrant le lui rappellera[1], mais il sera trop tard pour revenir sur ses pas.

---

[1] Louis Meyer, *Lettres à Spinoza*, tome III, page 440.

Spinoza argumente ainsi : « La chose causée diffère de sa cause précisément en ce qu'elle en reçoit : par exemple, un homme est cause de l'existence d'un autre homme, non de son essence. Cette essence, en effet, est une vérité éternelle ; et c'est pourquoi ces deux hommes peuvent se ressembler sous le rapport de l'essence ; mais ils doivent différer sous le rapport de l'existence ; de là vient que si l'existence de l'un d'eux est détruite, celle de l'autre ne le sera pas nécessairement. Mais si l'essence de l'un d'eux pouvait être détruite et devenir fausse, l'essence de l'autre périrait en même temps. En conséquence, une chose qui est la cause d'un certain effet, et tout à la fois de son existence et de son essence, doit différer de cet effet, tant sous le rapport de l'essence que sous celui de l'existence. Or l'intelligence de Dieu est la cause de l'existence et de l'essence de la nôtre. Donc l'intelligence de Dieu, en tant qu'elle est conçue comme constituant l'essence divine, diffère de notre intelligence, tant sous le rapport de l'essence que sous celui de l'existence, et ne lui ressemble que d'une façon toute nominale, comme il s'agissait de le démontrer [1]. »

Quand Louis Meyer arrêtait ici Spinoza au nom de ses propres principes, on peut dire qu'il était vraiment dans son rôle d'ami. Car, si les principes de Spinoza conduisaient strictement à cette extrémité de nier toute espèce de ressemblance entre l'intelligence divine et la nôtre, quelle accusation plus grave contre sa doc-

---

[1] *De Dieu,* Scholie de la Propos. 17.

trine? A qui persuadera-t-on que la pensée humaine est une émanation de la pensée divine, et toutefois qu'il n'y a entre elles qu'une ressemblance nominale? Mais que nous parlez-vous alors de la pensée divine? comment la connaissez-vous? Si elle ne ressemble à la nôtre que par le nom, c'est qu'elle-même n'est qu'un vain nom.

De Dieu considéré en soi comme substance infiniment étendue et infiniment pensante, il paraîtrait naturel de descendre à l'univers visible où la pensée et l'étendue divine se développent à l'infini. Mais procéder de la sorte, ce serait oublier que Spinoza a placé entre Dieu et l'Univers quelque chose d'intermédiaire. qu'il appelle les modes éternels et infinis de Dieu. Rendons-nous compte de cette étrange et obscure théorie.

Spinoza ne reconnaît d'abord que trois ordres d'existences, la Substance, l'attribut et le mode; mais bientôt il distingue deux sortes de modes, les modes proprement dits, variables, finis, successifs, qui constituent les âmes et les corps, et puis d'autres modes d'une nature toute différente, éternels, infinis, plus étroitement liés que les âmes et les corps à la Substance. Parmi les modes éternels et infinis de la substance divine, Spinoza introduit une nouvelle distinction : il y a premièrement ceux qui découlent de la nature absolue d'un attribut de Dieu, et il donne pour exemple l'idée de Dieu [1]; puis, au-dessous de ces modes, il y a en-

---

[1] *De Dieu*, Propos. 21.

core ceux qui en découlent, et qui se trouvent ainsi séparés de la Substance par deux intermédiaires, l'attribut et le mode immédiat de l'attribut. Spinoza, dans l'*Éthique*, ne donne aucun exemple de cette seconde espèce de modes éternels et infinis, et sur ce point grave et délicat on est presque réduit à des conjectures.

Une chose certaine, c'est que Spinoza était conduit, par la nécessité de son système, à établir des intermédiaires entre les attributs de Dieu et les choses. Considérez, par exemple, l'ordre des choses dans le développement de la Pensée. La pensée absolue, la pensée de Dieu, a Dieu seul pour objet ; c'est le degré le plus élevé, la fonction la plus haute de la Pensée. Allez maintenant aux degrés les plus inférieurs, vous y trouvez les âmes. Or les âmes, ce sont les idées. Mais toute idée particulière a un objet particulier. Pour Spinoza, l'objet propre de chaque âme, c'est le corps auquel elle est unie. Il y a sans doute un nombre infini d'âmes, comme il y a un nombre infini de corps; mais ni les déterminations particulières de la Pensée ni la pensée absolue n'épuisent l'être de la Pensée. Ainsi la Pensée implique l'idée de Dieu; l'idée de Dieu implique l'idée de chacun des attributs de Dieu. Or toutes ces idées diffèrent essentiellement et de la pensée en soi et des déterminations limitées de la Pensée. L'idée de Dieu, en effet, n'est point la pensée en soi, mais la première de ses manifestations. La pensée en soi est absolument indéterminée; l'idée de Dieu est déjà déterminée en quelque façon. D'un autre côté, l'idée de Dieu est éternelle et infinie : infinie, car elle comprend toutes les autres idées; éternelle, parce qu'elle est une émanation parfaitement simple et nécessaire de la pensée divine; elle ne peut donc être confondue avec ces idées changeantes et finies qui composent les âmes.

Maintenant, de l'idée de Dieu, qui émane immédiatement de la pensée divine, Spinoza fait immédiatement émaner certaines modifications également éternelles et infinies; et je crois entrer dans son sens en citant pour exemple l'idée de l'étendue de Dieu. Cette idée est simple, par conséquent éternelle; elle est infinie, car elle comprend toutes les idées qui correspondent à tous les modes de l'étendue infinie. Et elle n'est pourtant pas une immédiate émanation de la pensée divine; car l'idée de l'étendue de Dieu implique immédiatement l'idée de Dieu, et d'une façon seulement médiate la pensée divine.

Je ne sais si je me trompe et si l'interprétation que je vais proposer d'un des points les plus obscurs et les plus inexplorés de la doctrine de Spinoza ne paraîtra pas téméraire. Quant à moi, après un sérieux examen, je persiste à la croire vraie.

Dieu et ses attributs infinis, la Pensée et l'Étendue, avec tous les autres attributs en nombre infini inconnus à nos faibles yeux, voilà la nature naturante. Quel est le premier degré de la nature naturée? dans l'ordre de la pensée, c'est l'idée de Dieu; Spinoza le dit expressément [1]. L'idée de Dieu n'est pas l'idée de la Substance;

---

[1] *Éthique*, Propos. 21.

car alors elle se confondrait avec la pensée infinie et ferait partie de la nature naturante. La pensée infinie n'est pas une idée, elle est le fond de toutes les idées ; elle est absolument indéterminée, et n'a pour objet que l'Être absolument indéterminé, la Substance. L'idée de Dieu est donc l'idée des attributs de Dieu. On s'explique ainsi que Spinoza en fasse la première émanation de la Pensée ; car ce que la pensée de la Substance implique immédiatement, c'est l'idée des attributs de la Substance. On s'explique également que l'idée de Dieu appartienne à la nature naturée, non à la naturante, comme la Pensée. La pensée de la Substance est simple et indéterminée, comme son objet ; dans l'idée des attributs de la Substance, il y a déjà de la détermination et de la variété. C'est donc un point bien établi que l'idée de Dieu est l'idée des attributs de Dieu, ou, comme Spinoza l'appelle aussi, l'entendement infini.

Or qu'est-ce que l'idée de Dieu, l'entendement infini ? L'entendement infini enveloppe une infinité d'idées, car il enveloppe l'idée de chacun des attributs de Dieu [1], et il y en a une infinité. Chacune de ces idées, par exemple, l'idée de l'Étendue, est une émanation immédiate de l'idée de Dieu, comme l'idée de Dieu est une émanation immédiate de la pensée de Dieu, comme la pensée de Dieu elle-même est une émanation immédiate de l'essence de Dieu.

Outre l'idée de l'Étendue, nous connaissons encore une autre idée, c'est l'idée de la Pensée. Il doit y avoir,

---

[1] *De Dieu,* Propos. 30.

en effet, dans l'idée de Dieu, l'idée de tous les attributs de Dieu, et la Pensée est un de ces attributs. Or la Pensée est de sa nature représentative ; elle n'existe qu'à condition d'avoir un objet, et c'est ce caractère qui la distingue des autres attributs de la Substance. L'Étendue, par exemple, n'exprime rien et ne contient rien qu'elle-même. Prise en soi, elle n'a de rapport qu'à soi. Mais la Pensée exprime en un sens et contient toutes les formes de l'Être. D'une certaine façon, elle est l'Étendue ; car ce que l'Étendue est formellement, la Pensée l'est objectivement, et dans ce sens la Pensée est toutes choses. Mais si elle embrasse, si elle comprend toutes les perfections de la Substance, elle doit se comprendre elle-même ; car elle est elle-même une perfection de la Substance. La pensée absolue se pense donc elle-même, et il y a par conséquent une idée de la Pensée.

Voilà les deux seules idées que nous connaissions positivement, de toutes celles qui sont comprises en nombre infini dans l'idée de Dieu.

Maintenant, que contient chacune de ces idées de chacun des attributs de Dieu, par exemple, l'idée de l'Étendue ? elle comprend les idées de toutes les modalités de l'Étendue. Or qu'est-ce qu'une modalité de l'Étendue ? c'est une âme, une âme particulière jointe à un corps particulier. L'idée de l'Étendue enveloppe donc toutes les âmes ; elle est donc, à la lettre, l'âme du monde corporel. C'est une âme universelle dont toutes les âmes particulières sont des émanations ; c'est un océan infini d'âmes et d'idées. Chaque idée, chaque âme est un fleuve de cet océan ; chaque pensée en est un flot.

Ce n'est pas tout : l'idée de l'Étendue est l'âme du monde corporel ; mais l'idée de l'Étendue est elle-même une émanation particulière d'un principe qui en contient une infinité, un fleuve d'un océan plus vaste. L'idée de l'Étendue est enveloppée avec l'idée de la Pensée, avec une infinité d'idées du même degré, dans l'idée de Dieu. L'idée de Dieu n'est plus l'âme de l'univers que nous connaissons ; elle est l'âme de cette infinité d'univers qu'enfante sans cesse l'incompréhensible fécondité de l'Être. Elle est vraiment l'âme du monde, en prenant le monde dans ce sens étendu où l'univers infini que nous connaissons, l'univers des âmes et des corps, de la matière et de l'esprit, se perd comme un atome imperceptible.

Comme cette conception de l'ordre de choses élève notre âme et à la fois confond notre faiblesse ! Que sommes-nous? une âme jointe à un corps. Cette âme se connaît un peu elle-même et connaît un peu le corps auquel elle est unie, et par suite, mais déjà beaucoup moins, les corps qui peuvent agir sur le sien. Voilà le cercle de nos connaissances. Mais cet univers borné que nos sens nous font voir et où nous occupons si peu de place n'est qu'un point dans l'univers infini des corps et des âmes. Eh bien ! cet univers lui-même dont l'infinité nous passe, que nos sens ignorent, que notre raison conçoit, mais sans l'embrasser, cet univers infini se réduit lui-même à une infinie petitesse, quand on songe qu'il n'est qu'une partie d'une infinité d'univers semblables qui se développent à côté du nôtre en une infinité de modifications. L'idée de l'Étendue enveloppe notre univers ; mais elle-même est enveloppée par l'idée de Dieu, qui contient tous les univers possibles. Et Dieu enfin enveloppe ce nombre innombrable d'univers dans sa Pensée et sa Pensée elle-même dans sa Substance, dernier fond qui contient et enveloppe tout.

Dans ces mondes innombrables émanés de l'éternelle fécondité de la Substance, cherchons la place de l'homme. Nous quittons les hauteurs de la pure métaphysique pour mettre le pied sur la terre et demander à Spinoza quelle idée il s'est formée de l'âme humaine, de ses facultés, de sa nature, de sa destinée.

Pour Spinoza, comme pour Descartes, l'essence de l'âme, le fond de l'existence spirituelle, c'est la pensée ; car la sensibilité, la volonté, l'imagination, ne sont que des formes de la pensée. L'âme est donc, aux yeux de Descartes, une pensée. Spinoza ajoute qu'elle est une pensée de Dieu, et par là il donne à la définition cartésienne de l'âme une physionomie toute nouvelle.

La pensée divine, étant une forme de l'activité absolue, ne peut pas ne pas se développer en une suite infinie de pensées ou d'idées ou encore d'âmes particulières. D'un autre côté, il implique contradiction qu'aucune idée, aucune âme, en un mot, aucun mode de la Pensée puisse exister hors de la Pensée elle-même; tout ce qui pense, par conséquent, à quelque degré et de quelque façon qu'il pense, en d'autres termes toute âme est un mode de la pensée divine, une idée de Dieu. Or qu'exprime cette suite infinie d'âmes et d'idées qui découlent éternellement de la pensée divine? Elle exprime l'essence de Dieu. Mais le développement infini de la nature corporelle exprime-t-il autre chose que l'essence infinie et parfaite de Dieu? L'Étendue exprime sans doute l'essence de Dieu d'une tout autre façon que ne fait la Pensée, et de là la différence nécessaire de ces deux choses; mais elles expriment toutes deux la même perfection, la même infinité, et de là leur rapport nécessaire.

Par conséquent, à chaque mode de l'étendue divine doit correspondre un mode de la pensée divine, et, comme dit Spinoza, l'ordre et la connexion des idées est le même que l'ordre et la connexion des choses [1]. De plus, de même que l'Étendue et la Pensée ne sont pas deux Substances, mais une seule et même Substance considérée sous deux points de vue, ainsi un mode de l'Étendue et l'idée de ce mode ne sont qu'une seule et même chose exprimée de deux manières différentes. Par exemple, un cercle qui existe dans la nature et l'idée d'un tel cercle, laquelle est aussi en Dieu, c'est une seule et même chose exprimée relativement à deux attributs différents [2]. « Et c'est là, ajoute Spinoza [3], ce qui paraît avoir été aperçu comme à travers un nuage par quelques Hébreux qui soutiennent que Dieu, l'intelli-

---

[1] *Ibid.*, au Scholie.
[2] Comp. *Éthique*, part. I, Schol. de la Propos. 17.
[3] *De l'Ame*, Propos. 7.

gence de Dieu et les choses qu'elle conçoit ne font qu'un. »

Une conséquence évidence de cette doctrine, c'est que tout corps est animé ; car tout corps est un mode de l'Étendue, et tout mode de l'Étendue correspond si étroitement à un mode de la Pensée que tous deux ne sont au fond qu'une seule et même chose.

Spinoza n'a point hésité ici à se séparer ouvertement de l'école cartésienne. On sait que Descartes ne voulait reconnaître la pensée et la vie que dans cet être excellent que Dieu a fait à son image. Tout le reste n'est que matière et inertie. Les animaux mêmes qui occupent les degrés les plus élevés de l'échelle organique ne trouvent point grâce à ses yeux. Il les prive de tout sentiment et les condamne à n'être que des automates admirables dont la main divine a disposé les ressorts. Cette théorie donne à l'homme un prix infini dans la création ; mais outre qu'elle a de la peine à se mettre d'accord avec l'expérience et à se faire accepter du sens commun, on peut dire qu'elle rompt la chaîne des êtres et ne laisse plus comprendre le progrès de la nature.

Cet abîme ouvert par Descartes entre l'homme et le reste des choses, Spinoza n'hésite pas à le combler[1]. Il est loin de rabaisser l'homme et de l'égaler aux animaux ; car, à ses yeux, la perfection de l'âme se mesure sur celle des corps, et réciproquement. Par conséquent, à ces organisations de plus en plus simples, de moins en moins parfaites qui forment les degrés décroissants de la nature

[1] Voyez Éthique, part. II, Schol. de la Propos. 12. — Comp. part. III, Schol. de la Propos. 57.

corporelle, correspondent des âmes de moins en moins actives, de plus en plus obscurcies, jusqu'à ce qu'on atteigne la région de l'inertie et de la passivité absolues, limite inférieure de l'existence, comme l'activité pure en est la limite supérieure.

Qu'est-ce donc que l'âme humaine dans une telle doctrine? Évidemment, c'est une suite de modes de la Pensée étroitement unie à une suite de modes de l'Étendue; en d'autres termes, c'est une idée unie à un corps, et, comme dit Spinoza : l'âme humaine, c'est l'idée du corps humain.

Il est aisé maintenant de définir l'homme de Spinoza : c'est l'identité de l'âme humaine et du corps humain. L'âme humaine, en effet, n'est au fond qu'un mode de la substance divine; or le corps humain en est un autre mode. Ces deux modes sont différents en tant qu'ils expriment d'une manière différente la perfection divine, l'un dans l'ordre de la Pensée, l'autre dans l'ordre de l'Étendue; mais en tant qu'ils représentent un seul et même moment du développement éternel de l'activité infinie, ils sont identiques. Ce que Dieu est, comme corps, à un point précis de son progrès, il le pense, comme âme, et voilà l'homme. Le corps humain n'est que l'objet de l'âme humaine; l'âme humaine n'est que l'idée du corps humain. L'âme humaine et le corps humain ne sont qu'un seul être à deux faces, et, pour ainsi dire, un seul et même rayon de la lumière divine qui se décompose et se dédouble en se réfléchissant dans la conscience.

Si l'âme humaine correspond exactement au corps

humain, celui-ci étant un composé de molécules, il faut que celle-là soit un composé d'idées. Spinoza accorde cette conséquence, et il définit l'âme une idée composée de plusieurs idées. Comment l'âme humaine ainsi conçue aurait-elle des facultés? Une faculté suppose un sujet; la variété des facultés d'un même être demande un centre commun d'identité et de vie. Or l'âme humaine n'est pas proprement un être, une chose, et, comme dit Spinoza, *ce n'est pas la substance qui constitue la forme ou l'essence de l'homme*[1]; l'âme humaine est un pur mode, une pure collection d'idées. Or la réalité d'une collection se résout dans celle des éléments qui la composent. Ne cherchez donc pas dans l'âme humaine des facultés, des puissances; vous n'y trouverez que des idées.

Qu'est-ce donc que l'entendement? qu'est-ce que la volonté? des êtres de raison, de pures abstractions que le vulgaire réalise; au fond, il n'y a de réel que telle ou telle pensée, telle ou telle volition déterminées[2]. Or l'idée et la volition ne sont pas deux choses, mais une seule, et Descartes s'est trompé en les distinguant[3]. A l'en croire, la volonté est plus étendue que l'entendement, et il explique par cette disproportion nécessaire la nature et la possibilité de l'erreur. Il n'en est point ainsi[4] : vouloir, c'est affirmer. Or il est impossible de percevoir sans affirmer, comme d'affirmer sans

---

[1] *Éthique*, part. III, Préambule.
[2] *De l'Ame*, Propos. X et son Coroll.
[3] *Ibid.*, Schol. de la Propos. 48.
[4] *Éthique*, part. II, Propos. 49.

percevoir. Une idée n'est point une simple image, une figure muette tracée sur un tableau [1]; c'est un vivant concept de la pensée, c'est un acte. Le vulgaire s'imagine qu'on peut opposer sa volonté à sa pensée. Ce qu'on oppose à sa pensée en pareil cas, ce sont des affirmations ou des négations purement verbales. Concevez Dieu et essayez de nier son existence, vous n'y parviendrez pas. Quiconque nie Dieu n'en pense que le nom [2]. L'étendue de la volonté se mesure donc sur celle de l'entendement. Descartes a beau dire que s'il plaisait à Dieu de nous donner une intelligence plus vaste, il ne serait pas obligé pour cela d'agrandir l'enceinte de notre volonté [3] : c'est supposer que la volonté est quelque chose de distinct et d'un; mais la volonté se résout dans les volitions, comme l'entendement dans les idées. La volonté n'est donc pas infinie, mais composée et limitée, ainsi que l'entendement. Point de volition sans pensée, point de pensée sans volition [4]; la pensée, c'est l'idée considérée comme représentative; la volition, c'est encore l'idée considérée comme active ; dans la vie réelle, dans la complexité naturelle de l'idée, la pensée et l'action s'identifient.

On objectera peut-être à Spinoza qu'il doit au moins reconnaître dans l'âme humaine une faculté, savoir, la

---

[1] *De l'Ame*, Schol. de la Propos. 49.
[2] *De la réforme de l'entendement*, tome III, page 317.
[3] *De l'Ame*, Schol. de la Propos. 49, pages 94, 95.
[4] « *Il n'y a dans l'âme aucune autre volition, c'est-à-dire aucune autre affirmation que celle que l'idée, en tant qu'idée, enveloppe.* » (*Éthique*, II, Propos. 49.)

conscience. Mais la conscience, prise en général, n'est à ses yeux qu'une abstraction, comme l'entendement et la volonté. Ce n'est pas que Spinoza ne reconnaisse expressément la conscience; il la démontre même *a priori*, et c'est un des traits les plus curieux de sa psychologie que cette déduction logique qu'il croit nécessaire pour prouver à l'homme, par la nature de Dieu, qu'il a conscience de soi-même [1]. Il y a, dit-il, en Dieu l'idée de l'âme humaine [2], et cette idée est unie à l'âme comme l'âme est unie au corps. De la même façon que l'âme représente le corps, l'idée de l'âme représente l'âme à elle-même; et voilà la conscience [3]. Mais l'idée de l'âme n'est pas distincte de l'âme, autrement il faudrait chercher encore l'idée de cette idée dans un progrès à l'infini. C'est la nature de la pensée de se représenter elle-même avec son objet. Par cela seul que l'âme existe et qu'elle est une idée, l'âme a donc conscience de soi.

Bornons-nous à cette théorie générale des facultés de l'âme, et cherchons ce qui en résulte pour la destinée de l'homme, soit dans l'ordre moral, soit dans l'ordre politique et religieux.

Et d'abord se peut-il comprendre que le problème moral ait sa place dans la philosophie de Spinoza? Ce

---

[1] Spinoza démontre aussi *a priori* que le corps humain existe tel que nous le sentons. (Voyez *Éthique*, part. II, Schol. de la Propos. 12.)

[2] *De l'Ame*, Propos. 20.

[3] *Ibid.*, Propos. 21 et son Schol.

problème, en effet, le voici : comment l'homme doit-il régler sa destinée pour qu'elle soit conforme à l'ordre et au bien? Le problème moral suppose donc deux conditions : premièrement, que l'homme soit capable de régler sa destinée, de diriger à son gré sa conduite, en un mot, que l'homme soit libre ; secondement, qu'il existe un bien moral, un ordre absolu auquel l'homme doive conformer toutes ses actions. Ces deux conditions sont même si étroitement liées qu'une seule supprimée rend l'autre inutile, de sorte qu'il suffit de nier, soit l'ordre moral, soit le libre arbitre, pour rendre toute morale impossible. Qu'importe, en effet, qu'il existe une loi naturelle, si je ne suis pas le maître d'y obéir, et si je puis innocemment la violer? Et si je suis libre, mais d'une liberté sans règle, tout alors est légitime, et le devoir et le droit n'existent pas pour moi.

Interrogez maintenant Spinoza sur ces deux objets, le libre arbitre et l'ordre moral. Sa pensée est aussi claire, aussi tranchante, aussi résolue, sur l'un que sur l'autre ; il les nie tous deux, non pas une fois, mais en toute rencontre, à chaque page de ses écrits, et toujours avec une énergie si inébranlable, une conviction si profonde et si calme, que l'esprit en est confondu et comme effrayé. C'est que le libre arbitre et le sentiment du bien et du mal ne sont, après tout, que des faits, et entre des faits et une nécessité logique, Spinoza n'hésite pas. Soit qu'il considère la nature divine, le caractère de son développement éternel et l'ordre universel des choses, soit qu'il s'attache à l'essence de l'âme humaine, à son rapport avec le corps, aux divers éléments de sa nature, aux mobiles divers de ses actions, tout lui apparaît comme nécessaire, comme fatal, comme réglé par une loi inflexible, et le libre arbitre en Dieu comme dans l'homme lui est également inconcevable. Reste à comprendre qu'après ce démenti éclatant donné à la conscience du genre humain au nom de la logique, Spinoza vienne ensuite proposer aux hommes une morale dont il a par avance détruit les conditions.

Voici par quelle série de distinctions et de raisonnements l'auteur de l'*Éthique* est parvenu à se tromper lui-même sur la radicale inutilité d'une telle entreprise. Fataliste absolu, Spinoza ne pouvait admettre les idées de bien et de mal, de perfection et d'imperfection, prises au sens moral que leur donne la conscience du genre humain ; mais si l'on considère ces idées, abstraction faite du libre arbitre et de la responsabilité humaine, si on les prend au sens purement métaphysique, je ne vois rien dans le système de Spinoza qui dût l'empêcher de les reconnaître. Tout au contraire, je les trouve au fond de sa théorie de l'homme et de toute sa métaphysique.

Dieu, suivant Spinoza, est l'Être parfait. En quoi consiste sa perfection? dans l'infinité de son être. Les attributs de Dieu sont aussi des choses parfaites. Pourquoi cela? parce qu'à ne considérer que le genre d'être qui leur appartient, rien ne manque à leur plénitude ; mais si on les compare à l'Être en soi, leur perfection, tout empruntée et toute relative, s'éclipse devant la perfection incréée. Ce nombre infini de modes qui émanent des divins attributs ne contient qu'une perfection plus affaiblie encore ; mais chacun pourtant, suivant le degré précis de son être, exprime la perfection absolue de l'Être en soi.

La perfection absolue a donc sa place dans la doctrine de Spinoza, ainsi que la perfection relative à tous ses degrés, laquelle enveloppe un mélange nécessaire d'imperfection. Seulement la perfection ne diffère pas de l'être ; elle s'y rapporte et s'y mesure, et l'échelle des degrés de l'être est celle des degrés de la perfection.

Dans l'homme, qu'est-ce pour Spinoza que le bien ? c'est l'utile, et l'utile, c'est ce qui amène la joie ou ce qui écarte la tristesse. Mais qu'est-ce que la joie et la tristesse ? la joie, c'est le passage de l'âme à une perfection plus grande, et la trissesse, c'est le passage de l'âme à une moindre perfection. En d'autres termes, la joie, c'est le désir satisfait ; la tristesse, c'est le désir contrarié ; et tout désir se ramène à un seul désir fondamental, qui fait l'essence de l'homme, le désir de persévérer dans l'être. Ainsi toute âme humaine a un degré précis d'être ou de perfection qui la constitue et qui de soi tend à se maintenir. Ce qui augmente l'être ou la perfection de l'âme lui cause de la joie, lui est utile, lui est bon. Ce qui diminue l'être ou la perfection de l'âme lui cause de la tristesse, lui est nuisible, est un mal à ses yeux.

Il y a donc de la perfection et de l'imperfection, du bien et du mal, dans la nature humaine comme en toutes choses, et la vie des hommes est une série d'états successifs qui peuvent être comparés les uns aux autres, mesurés, estimés, sous le rapport de la perfection et du bien, le tout sans tenir aucun compte du libre arbitre, du mérite, du péché, et comme s'il s'agissait de plantes ou de minéraux.

Spinoza a donc parfaitement le droit de poser cette question, qui est pour lui la question morale : quelle est pour l'homme la vie la plus parfaite? Car cela veut dire : quelle est la vie où l'âme a le plus de joie, c'est-à-dire le plus de perfection, c'est-à-dire le plus d'être? Je dis qu'on ne peut contester à Spinoza le droit de poser ce problème : car peu importe ici que l'âme influe ou non sur sa destinée ; pourvu qu'elle en ait une, pourvu qu'il soit certain que par l'action des causes étrangères et son action propre (bien que nécessitée) son être augmente ou diminue, on peut rechercher dans quel cas elle a plus d'être et dans quel cas elle en a moins, en d'autres termes, quelles sont pour l'âme humaine les conditions de la plus grande perfection possible. On dira : qu'importe de savoir quelle est la vie la plus parfaite, si on ne peut y conformer la sienne? Mais Spinoza répliquera que c'est une autre question, et qu'il se réserve de prouver plus tard que la connaissance de la vie la plus parfaite et la plus heureuse n'est pas étrangère à notre perfection et à notre bonheur.

Le problème ainsi posé, Spinoza en donne une solution d'une simplicité et d'une élévation également remarquables. La loi de l'homme et son droit, c'est de conserver son être, et en ce sens toute action, la plus violente et la plus criminelle en apparence, est légitime. Mais il y a deux voies qui conduisent l'homme à la conservation de son être : l'appétit aveugle et brutal, et le désir que la raison conduit. Or la raison vaut mieux que l'appétit [1]. L'appétit, esclave des sens et de l'imagination, ne va qu'au plaisir du moment [2]; la raison médite l'avenir; et comme il est de son essence de concevoir les choses sous la forme de l'éternité [3], elle affecte l'âme par l'idée des biens à venir aussi fortement que par celle des biens présents [4]. De là cette sagesse qui ne donne rien au hasard, s'abstient à propos, et prépare à l'âme, au lieu d'un plaisir fugitif, des jouissances solides et durables. Ce n'est pas tout : l'appétit ne s'attache qu'aux objets des sens, bien fragiles et trompeurs [5]; la raison nous fait aimer les choses éternelles, dont la possession nourrit l'âme d'un bonheur inaltérable que le temps ne peut affaiblir [6]. Les joies violentes que l'appétit satisfait donne à l'âme troublent son activité et la soumettent aux causes étrangères; la joie pure et sereine que la raison nous fait goûter, ayant sa source dans l'activité même de l'âme, l'affranchit au contraire des liens où la nature tend sans cesse à l'enchaîner [7].

À cette question : quelle est la vie la plus parfaite? la première réponse de Spinoza est donc celle-ci : la vie la plus parfaite, c'est la vie la plus raisonnable. En

---

[1] *De l'Esclavage*, Appendice, chap. XXX.
[2] *Ibid.*, Propos. 16.
[3] *De l'Ame*, Coroll. II de la Propos. 44.
[4] *De l'Esclavage*, Propos. 62 et son Schol.
[5] *Éthique*, part. IV, Propos. 17.
[6] *Ibid.*, Propos. 62 et son Schol.
[7] *Ibid.*, Propos. 44, 61.

effet, la vie la plus parfaite, c'est la vie la plus heureuse, la plus pleine, je veux dire celle où l'être de l'homme se conserve et s'accroît le plus, et la vie raisonnable a seule ce privilége.

La vie la plus raisonnable est en même temps la vie la plus libre. Par l'appétit, en effet, nous sommes esclaves; c'est la raison qui nous relève et nous affranchit[1]. Sous la loi de l'appétit, l'homme est déterminé par des idées inadéquates, et ce n'est point là agir par vertu[2]; car la vertu de l'homme se mesure sur sa puissance, et sa puissance sur ses idées claires. La vie raisonnable est donc la seule vie libre, la seule vertueuse, parce qu'elle se règle sur l'idée adéquate du véritable prix des choses[3].

Déterminons maintenant les objets où nous incline la raison. Ce ne peut être que les objets les mieux appropriés à notre nature, les plus capables de la conserver et de l'accroître. Or quel est le fond de notre nature? L'âme est une idée. Son être est donc dans la pensée; son activité, dans l'exercice de la pensée. Plus elle pense, plus elle est, en d'autres termes, plus elle a de perfection et de bonheur. Or la vraie pensée est dans les idées adéquates, les autres idées étant incomplètes et mutilées. La vie la plus libre et la plus raisonnable est donc celle de l'âme qui a le plus d'idées adéquates, c'est-à-dire qui connaît le mieux et soi-même et les choses[4].

---

[1] *Ethique*, part. IV, Propos. 57 à 73.
[2] *Ibid.*, Propos. 23.
[3] *Ibid.*, Propos. 26.
[4] *De l'Esclavage*, Propos. 26 et 27.

Or quel est le moyen de comprendre les êtres d'une manière adéquate? Une analyse profonde de l'intelligence nous le fournit, et la logique vient s'identifier ici avec la morale. Comprendre les choses avec plénitude, c'est former de ses idées une chaîne dont l'idée de Dieu est le premier anneau; c'est penser sans cesse à Dieu, c'est voir tout en Dieu. De même, vivre, agir avec plénitude, c'est ramener tous ses désirs à un seul, le désir de posséder Dieu; c'est aimer Dieu, c'est vivre en Dieu[1].

La vie en Dieu est donc la meilleure vie et la plus parfaite, parce qu'elle est la vie la plus raisonnable, la plus libre, la plus heureuse, la plus pleine, en un mot, parce qu'elle nous donne plus d'être que toute autre vie, et satisfait plus complétement le désir fondamental qui constitue notre essence.

A l'aide de ce principe fécond, Spinoza, qui semblait avoir détruit toutes les vertus en les confondant avec les vices dans un mélange sacrilége, va les retrouver l'une après l'autre. Il avait fait de l'humanité un assemblage d'êtres égoïstes, uniquement occupés de la satisfaction de leurs grossiers appétits, un troupeau de bêtes féroces prêtes à s'entr'égorger sans pitié; il va maintenant réconcilier les hommes et les unir en une grande famille où régnera la charité. Quelle est, en effet, la cause de toutes les haines, de toutes les violences des hommes? c'est l'appétit, qui les pousse vers des objets dont la possession est incertaine et ne peut se partager. Mais la raison pa-

---

[1] *Éthique*, part. IV, Propos. 28.

cifie toutes nos passions en les élevant à leur objet véritable ; et le privilége sublime de ce divin objet, c'est qu'il se donne tout entier à tous [1], et, loin de s'affaiblir, s'augmente encore par une possession commune [2]. « *L'amour de Dieu*, dit Spinoza, *ne peut être souillé par aucun sentiment d'envie ni de jalousie, et il est entretenu en nous avec d'autant plus de force que nous nous représentons un plus grand nombre d'hommes comme unis avec Dieu d'un même lien d'amour* [3]. »

Il ne faut pas croire que l'amour de Dieu nous impose rien de contraire à notre nature ; tout au contraire, il est fondé sur le développement le plus complet de nos facultés naturelles.

« La superstition, dit Spinoza, semble ériger en bien tout ce qui amène la tristesse, et en mal tout ce qui procure la joie. Mais il n'appartient qu'à un envieux de se réjouir de mon impuissance et du mal que je souffre. A mesure, en effet, que nous éprouvons une joie plus grande, nous passons à une plus grande perfection, et par conséquent nous participons davantage à la nature divine ; la joie ne peut donc jamais être mauvaise, tant qu'elle est réglée par la loi de notre utilité véritable. Ainsi celui qui ne sait obéir qu'à la crainte et ne fait le bien que pour éviter le mal n'est pas conduit par la raison [4]. »

---

[1] *De l'Esclavage*, Propos. 36.
[2] *Ibid.*, Propos. 37.
[3] *De la Liberté*, Propos. 20.
[4] Appendice de la part. IV de l'*Éthique*, ch. XXXI.

On nous présente trop souvent la vie vertueuse comme une vie triste et sombre, une vie de privation et d'austérité, où toute douleur est une grâce et toute jouissance un crime. Mais comment la Divinité, s'écrie Spinoza, prendrait-elle plaisir au spectacle de ma faiblesse, et m'imputerait-elle à bien les larmes, les sanglots, la crainte, tous ces signes d'une âme impuissante ? « *Oui*, ajoute-t-il avec force, *il est d'un homme sage d'user des choses de la vie et d'en jouir autant que possible, de se réparer par une nourriture modérée et agréable, de charmer ses sens du parfum et de l'éclat verdoyant des plantes, d'orner même son vêtement, de jouir de la musique, des jeux, des spectacles et de tous les divertissements que chacun peut se donner sans dommage pour personne* [1]. »

On nous exhorte sans cesse au repentir, à l'humilité, à la mort. Mais le repentir n'est point une vertu, il ne provient pas de la raison ; et au contraire, celui qui se repent d'une action est deux fois misérable et deux fois impuissant [2]. L'humilité n'est pas plus une vertu que le repentir ; car c'est une tristesse qui naît pour l'homme de l'idée de son impuissance [3]. Quant à la pensée de la mort, elle est fille de la crainte, et c'est dans les âmes faibles qu'elle fait son séjour. « *La chose du monde à laquelle un homme libre pense le moins, c'est la*

---

[1] *Éthique*, part. IV, Schol. de la Propos. 45.
[2] *De l'Esclavage*, Propos. 54.
[3] *Ibid.*, Propos. 53.

mort; et sa sagesse n'est point une méditation de la mort, mais de la vie[1]. »

L'idée d'une vie future se conçoit-elle dans le système de Spinoza? Comment comprendre qu'un philosophe qui nie ouvertement la responsabilité morale reconnaisse la nécessité d'une existence à venir? et en supposant cette existence nécessaire, comment serait-elle possible? L'âme humaine, pour Spinoza, c'est l'idée du corps humain. Lors donc que la mort brise les liens de la vie organique, il faut bien que l'âme partage la fortune du corps, et comme lui se décompose, étant composée comme lui. Examinez d'ailleurs les facultés de l'âme humaine, la mémoire, par exemple, condition nécessaire de l'individualité dans un être dont l'existence est successive. Spinoza la définit : un enchaînement d'idées qui exprime la nature des choses extérieures suivant l'ordre et l'enchaînement même des affections du corps humain[2]. La mémoire n'existe donc dans l'âme qu'autant que le corps existe. Or, sans la mémoire, où est l'identité personnelle? Spinoza n'a point fermé les yeux sur toutes ces conséquences de sa théorie de l'âme humaine, et il n'a pas cherché à les éluder; tout au contraire, il les déduit lui-même avec sa rigueur et son intrépidité ordinaires. « Nous avons montré, dit-il, que cette puissance de l'âme par laquelle elle imagine les choses et se les rappelle, dépend de ce seul point, que l'âme enveloppe l'existence naturelle du corps. Or il suit de tout cela

---

[1] *De l'Ame,* Propos. 18 et son Scholie.
[2] C'est la Proposition 67 de l'*Éthique,* part. IV.

que l'existence présente de l'âme et sa puissance d'imaginer sont détruites aussitôt que l'âme cesse d'affirmer l'existence présente du corps [1]. »

Après des déclarations aussi expresses, ne semble-t-il pas qu'à considérer tour à tour et l'esprit général de la philosophie de Spinoza, et sa théorie particulière de l'âme humaine, et ses propres aveux, les lois de la logique, dont il a été presque toujours un si rigide observateur, le contraignaient de rejeter également l'immortalité métaphysique de l'âme et son immortalité morale? Or il les affirme positivement l'une et l'autre. Il déclare en effet que l'âme humaine, sinon tout entière, au moins dans la meilleure partie d'elle-même, est de sa nature immortelle; et que la vie future, loin d'exclure la personnalité, la suppose, puisque c'est une vie purifiée de toutes les misères de notre condition terrestre, une vie de liberté, d'amour et de bonheur.

Si j'entends bien Spinoza, voici comment il a cru prouver l'immortalité de l'âme humaine [2] :

L'âme humaine est une idée, une idée de Dieu, l'idée du corps humain. Comme idée de Dieu, l'âme humaine est un mode éternel de l'entendement éternel de Dieu [3]; à ce titre, elle ne tombe point dans le temps, et son existence est immuable comme celle de son divin objet.

---

[1] *De l'Ame*, Schol. de la Prop. 11 ; — voyez aussi la Prop. 21 de l'*Éthique*, p. v.

[2] Voyez *Éthique*, part. V, Propos. 23 et son Schol. — *Ibid.*, Schol. de la Propos. 29.

De la Liberté, Schol. de la Propos. 40.

Aussi n'aperçoit-elle pas les choses sous la forme de la durée, c'est-à-dire d'une manière successive et toujours incomplète, mais sous la forme de l'éternité, c'est-à-dire dans leur rapport immanent à la substance. L'âme humaine, sous ce point de vue, est une intelligence pure toute formée d'idées adéquates, tout active par conséquent et tout heureuse, en un mot toute à Dieu. Mais la nécessité absolue de la nature divine veut que toute âme à son tour fournisse dans le temps sa carrière et partage les vicissitudes du corps qui lui est destiné. De la vie éternelle elle tombe dans les ténèbres de la condition terrestre. Détachée en quelque sorte du sein de Dieu, la voilà exilée dans la nature. Désormais sujette à la loi du changement et du temps, elle n'aperçoit plus les choses que dans leur partie temporelle et changeante, et ne ressaisit qu'avec peine le lien éternel qui rattache à Dieu l'univers entier et soi-même. Elle le ressaisit pourtant; et surmontant par un effort sublime le poids des chaînes corporelles, elle retrouve par instants ce bien infini qu'elle a perdu, qu'elle regrette, qu'elle se sent destinée à retrouver un jour pour jamais.

L'âme humaine, en tant qu'elle enveloppe l'existence actuelle du corps humain, est donc périssable. Les sens, la mémoire, l'imagination, facultés passives, appropriées à une existence successive et changeante, périssent avec les corps, et emportent avec elles nos idées inadéquates, c'est-à-dire tout ce misérable cortège de nos passions, de nos préjugés et de nos erreurs; mais la raison subsiste : la raison qui, dès cette vie temporelle, nous fait percevoir les choses sous la forme de l'éternité; la raison, cette excellente partie de nous-mêmes, qui, nous ramenant sans cesse à notre véritable objet, nous est à la fois un ressouvenir et un pressentiment de notre condition véritable.

Du reste, il s'en faut que toutes les âmes soient appelées à en jouir avec la même plénitude, et Spinoza retrouve ici à sa façon, d'une manière ingénieuse, quoique très-incomplète, cette grande loi d'une justice rémunératrice et vengeresse, une des croyances les plus saintes du genre humain. Ce qui subsiste après la mort, c'est la raison, ce sont les idées adéquates; tout le reste périt[1]. Les âmes que la raison gouverne, les âmes philosophiques, qui dès ce monde vivent en Dieu, sont donc à l'abri de la mort, ce qu'elle leur ôte n'étant d'aucun prix[2]. Mais ces âmes faibles et obscurcies où la raison jette à peine quelques lueurs, ces âmes toutes composées en quelque sorte de vaines images et de passions, périssent presque tout entières, et la mort, au lieu d'être pour elles un simple accident, atteint jusqu'au fond de leur être. Spinoza tire de cette doctrine une conséquence qui serait très-belle, si d'avance, en niant le libre arbitre, il n'en eût diminué la portée : c'est qu'à mesure que nous rendons notre âme plus raisonnable et plus pure, nous augmentons nos droits à l'immortalité, et nous nous préparons une destinée plus heureuse et plus haute.

Il termine et résume toute cette théorie de l'immor-

---

[1] *De Dieu*, Schol. de la Propos. 40.
[2] *Ibid.*, Propos. 38 et son Schol.

talité de l'âme par ces fortes paroles : « Les principes que j'ai établis font voir clairement l'excellence du sage, et sa supériorité sur l'ignorant que l'aveugle passion conduit. Celui-ci, outre qu'il est agité en mille sens divers par les causes extérieures, et ne possède jamais la véritable paix de l'âme, vit dans l'oubli de soi-même et de Dieu et de toutes choses, et pour lui, cesser de pâtir, c'est cesser d'être. Au contraire, l'âme du sage peut à peine être troublée. Possédant, par une sorte de nécessité éternelle, la conscience de soi-même et de Dieu et des choses, jamais il ne cesse d'être, et la véritable paix de l'âme, il la possède pour toujours. » (Dernières lignes de l'*Éthique*.)

La religion, pour Spinoza, ne se distingue pas au fond de la morale, et elle est tout entière dans ce précepte : Aimez vos semblables et Dieu.

La vie la plus raisonnable, en effet, est en même temps la plus religieuse : car que nous prescrit la raison? elle nous prescrit avant tout de conserver et d'accroître notre être. Or notre être est dans la pensée, et le principe de la pensée, c'est l'idée de Dieu. Il suit de là que la condition suprême de la vie raisonnable, c'est la connaissance de Dieu. Mais on ne peut connaître Dieu sans l'aimer. Connaître Dieu, en effet, c'est la perfection de la pensée humaine ; c'est son action la plus puissante, son développement le plus régulier, le plus riche, le plus complet. La connaissance de Dieu est donc nécessairement accompagnée de la joie la plus vive et la plus pure ; et Dieu, par conséquent, source inépuisable de cette joie, doit être nécessairement pour notre âme l'objet d'un amour toujours renaissant et toujours satisfait. L'âme raisonnable, l'âme vraiment philosophique, est donc essentiellement une âme religieuse, toute à Dieu par la connaissance et par l'amour, et qui trouve à la fois dans ce divin commerce la perfection et le bonheur.

Elle y trouve aussi l'amour de ses semblables. C'est en effet une loi de notre nature que nos affections s'augmentent quand elles sont partagées[1], et par une suite nécessaire, que notre âme fasse effort pour que les autres âmes partagent ses sentiments d'amour[2]. Il résulte de là que *le bien que désire pour lui-même tout homme qui pratique la vertu, il le désirera également pour les autres hommes, et avec d'autant plus de force qu'il aura une plus grande connaissance de Dieu*[3]. L'amour de Dieu est donc à la fois le principe de la morale, de la religion et de la société. Il tend à réunir tous les hommes en une seule famille et à faire de toutes les âmes une seule âme par la communauté d'un seul amour[4].

Ainsi donc celui qui s'aime soi-même d'un amour raisonnable aime Dieu et ses semblables, et c'est en Dieu qu'il aime ses semblables et soi-même. Voilà la véritable loi divine, inséparable de la loi naturelle, fondement de toutes les institutions religieuses, original

---

[1] *Des Passions*, Propos. 31.
[2] *Ibid.*, Coroll. de la même Propos.
[3] *De l'Esclavage*, Propos. 38.
[4] *Éthique*, Appendice de la quatrième partie, chap. XII et XV.

immortel dont les diverses religions ne sont que de changeantes et périssables copies[1].

Cette loi, suivant Spinoza, a quatre principaux caractères[2] : Premièrement, elle est seule vraiment universelle, étant seule fondée sur la nature même de l'homme, en tant qu'elle est réglée par la raison. En second lieu, elle se révèle et s'établit par elle-même, et n'a pas besoin de s'appuyer sur des récits historiques et des traditions. Troisièmement, elle ne nous demande pas de cérémonies, mais des œuvres. « Quant aux actions, dit Spinoza, qui ne sont bonnes que par le fait d'une institution qui nous les impose, ou en tant que symbole de quelque bien réel, elles sont incapables de perfectionner notre entendement; ce ne sont que de vaines ombres qu'on ne peut mettre au rang des actions véritablement excellentes, de ces actions, filles de l'entendement, qui sont comme les fruits naturels d'une âme saine[3]. » Enfin, le quatrième caractère de la loi divine, c'est que le prix de l'avoir observée est renfermé en elle-même, puisque la félicité de l'homme comme sa règle, c'est de connaître et d'aimer Dieu d'une âme vraiment libre, d'un amour pur et durable; le châtiment de ceux qui violent cette loi, c'est la privation de ces biens, la servitude de la chair, et une âme toujours changeante et toujours troublée[4].

[1] *Traité théologico-politique*, chap. XII.
[2] *Ibid.*, chap. IV, tome II, page 76 et suiv.
[3] *Traité théologico-politique*, page 77.
[4] *Même traité*, même page.

Que deviennent, avec de pareils principes, la révélation proprement dite, les prophéties, les miracles, les mystères, le culte? Il est aisé de pressentir que rien de tout cela ne peut avoir aux yeux de Spinoza aucune valeur intrinsèque et absolue. Dès les premières pages du *Traité théologico-politique*, Spinoza s'attache à définir exactement la révélation ou prophétie, fondement de toutes les religions positives. Il combat avec force ce principe, que la révélation ou prophétie est par essence une connaissance divine. A ce compte, dit-il, la raison est donc aussi une révélation, une prophétie; car elle vient de Dieu, elle est une manifestation directe de sa pensée dans l'âme des hommes. *C'est la lumière qui éclaire tout homme venant en ce monde*[1]; — *et nous connaissons par elle que nous demeurons en Dieu, et que Dieu demeure en nous, parce qu'il nous a fait participer de son Esprit*[2]. Ce qui constitue cette connaissance particulière qu'on appelle proprement révélation, ce n'est donc pas sa divine origine; c'est qu'elle excède les limites de la connaissance naturelle, et ne peut avoir sa cause dans la nature humaine considérée en elle-même[3].

La question est de savoir si la révélation ainsi définie est possible; mais il est clair qu'elle ne peut l'être pour Spinoza. Le mot surnaturel n'a pas de sens dans sa doctrine; ce qui est hors de la nature est hors de l'être, et

---

[1] Évangile de saint Jean, chap. i, vers. 9.
[2] Saint Jean, épître I, chap. iv, vers. 13.
[3] *Traité théologico-politique*, tome ii, page 16.

par conséquent ne peut se concevoir. Les révélateurs, les prophètes ont donc été des hommes comme les autres. Spinoza le déclare expressément. « Ce n'est point penser, dit-il, c'est rêver que de croire que les prophètes ont eu un corps humain et n'ont pas eu une âme humaine, et par conséquent que leur conscience et leurs sensations ont été d'une autre nature que les nôtres [1]. » Quel est donc le caractère qui distingue les prophètes? c'est qu'ils ont eu une puissance d'imagination extraordinaire [2] : « Nous pouvons donc dire sans scrupule que les prophètes n'ont connu ce que Dieu leur a révélé qu'au moyen de l'imagination, c'est-à-dire par l'intermédiaire de paroles ou d'images vraies ou fantastiques [3]. » Spinoza s'explique ainsi pourquoi les prophètes ont toujours perçu et enseigné toutes choses par images et paraboles, et exprimé corporellement les choses spirituelles, tout cela convenant à merveille à la nature de l'imagination. Du reste, Spinoza ne met pas en doute la parfaite sincérité des révélateurs et des prophètes. Personne n'est plus éloigné que lui d'expliquer par les calculs de la politique ou par les supercheries de l'imposture l'origine des religions. Quand il énumère les caractères qui distinguent les prophètes, il a soin de joindre à la force de l'imagination la pureté de l'âme et la piété [4].

Mais si les prophètes n'ont d'autre supériorité sur les

---

[1] *Traité théologico-politique*, ch. I.
[2] *Ibid.*, ch. II.
[3] *Ibid.*, tome II, page 32.
[4] *Ibid.*, ch. II.

autres hommes qu'une vertu plus haute et une puissance d'imaginer extraordinaire, il s'ensuit que toute nation a eu ses prophètes, également inspirés, également respectables. C'est la doctrine expresse de Spinoza : « Puisqu'il est bien établi, dit-il, que Dieu est également bon et miséricordieux pour tous les hommes, et que la mission des prophètes fut moins de donner à leur patrie des lois particulières que d'enseigner aux hommes la véritable vertu, il s'ensuit que toute nation a eu ses prophètes, et que le don de prophétie ne fut point propre à la nation juive[1]. »

Spinoza s'explique plus ouvertement encore dans ses *Lettres*. On le presse d'objections sur sa manière d'interpréter l'Écriture ; on accuse ses principes de conduire à cette conséquence impie, que Mahomet fut un vrai prophète. Spinoza s'en défend d'abord, et traite même Mahomet d'imposteur, sous le prétexte visiblement peu sincère qu'il a nié la liberté humaine ; mais bientôt la logique et la colère emportent Spinoza, et il s'écrie : « Est-ce que je suis tenu, je le demande, de montrer qu'un certain prophète est un faux prophète? C'était bien plutôt aux prophètes de montrer qu'ils l'étaient véritablement. — Dira-t-on que Mahomet, lui aussi, a enseigné la loi divine et donné des signes certains de sa divine mission, comme ont fait les autres prophètes? alors je ne vois pas quelle raison on aurait de lui refuser cette qualité [2]. » Puis il ajoute ces remar-

---

[1] *Traité théologico-politique*, page 62.
[2] *Lettre à Isaac Orobio*, tome III, page 426.

quables paroles : « Pour ce qui est des Turcs et des autres peuples étrangers au christianisme, je suis convaincu que, s'ils adorent Dieu par la pratique de la justice et l'amour du prochain, l'esprit du Christ est en eux et leur salut est assuré, quelque croyance qu'ils professent d'ailleurs sur Mahomet et ses oracles. »

Il ne faudrait pas croire cependant que Spinoza ait mis Jésus-Christ sur la même ligne que Mahomet, ni même qu'il n'ait admis aucune différence entre le Christ et les prophètes de l'Ancien Testament. Sa véritable pensée sur ce point est aussi difficile à pénétrer qu'intéressante à connaître.

Spinoza s'exprime ainsi dans son chapitre sur la prophétie : « Bien qu'il soit aisé de comprendre que Dieu se puisse communiquer immédiatement aux hommes, puisque sans aucun intermédiaire corporel il communique son essence à notre âme, il est vrai néanmoins qu'un homme, pour comprendre par la seule force de son âme des vérités qui ne sont point contenues dans les premiers principes de la connaissance humaine et n'en peuvent être déduites, devrait posséder une âme bien supérieure à la nôtre et bien plus excellente. Aussi je ne crois pas que personne ait jamais atteint ce degré éminent de perfection, hormis Jésus-Christ, à qui furent révélés immédiatement, sans paroles et sans visions, ces décrets de Dieu qui mènent l'homme au salut. Dieu se manifesta donc aux apôtres par l'âme de Jésus-Christ, comme il avait fait à Moïse par une voix aérienne; et c'est pourquoi l'on peut dire que la voix du Christ, comme celle qu'entendait Moïse, était la voix de Dieu. On peut dire aussi dans ce même sens que la sagesse de Dieu, j'entends une sagesse plus qu'humaine, s'est revêtue de notre nature dans la personne de Jésus-Christ, et que Jésus-Christ a été la voie du salut [1]. »

Voilà donc un premier caractère qui distingue Jésus-Christ des simples prophètes : c'est que Jésus n'était pas seulement l'organe de la révélation divine, mais la révélation divine elle-même. Ce que les prophètes saisissaient par l'imagination et dans un signe matériel, Jésus le voyait en Dieu et le comprenait.

Dans un autre passage, Spinoza revient sur ce premier caractère et il en ajoute un second : « Je dis donc qu'il faut entendre de la sorte tous les prophètes qui ont prescrit des lois au nom de Dieu; mais tout ceci n'est point applicable au Christ. Il faut admettre en effet que le Christ, bien qu'il paraisse, lui aussi, avoir prescrit des lois au nom de Dieu, comprenait les choses dans leur vérité d'une manière adéquate. Car le Christ a moins été un prophète que la bouche même de Dieu... Ajoutez à cela que le Christ n'a pas été envoyé pour les seuls Hébreux, mais bien pour tout le genre humain; d'où il suit qu'il ne lui suffisait pas d'accommoder ses pensées aux opinions des Juifs; il fallait les approprier aux opinions et aux principes qui sont communs à tout le genre humain, en d'autres termes, aux notions universelles et vraies [2]. »

On pourrait croire sur la foi de ces déclarations que

---

[1] *Traité théologico-politique*, t. II, page 23.
[2] *Ibid.*, page 81.

Jésus-Christ a été, pour Spinoza, un révélateur véritable, un personnage surnaturel, non moins pur, non moins saint que les prophètes, mais doué d'une intelligence plus qu'humaine, sinon divine. Mais il faut prendre garde de s'y tromper. C'est dans le *Traité théologico-politique* que se trouve le portrait du Christ qu'on vient de rappeler ; or l'objet de Spinoza dans ce traité n'est pas de dire sa propre pensée, mais d'interpréter celle de l'Écriture. Qu'on pèse bien ces paroles : « Je dois avertir ici que je ne prétends ni soutenir ni rejeter les sentiments de certaines Églises touchant Jésus-Christ ; car j'avoue franchement que je ne les comprends pas. Tout ce que j'ai soutenu jusqu'à ce moment, je l'ai tiré de l'Écriture elle-même [1]. »

C'est, je crois, dans les lettres de Spinoza à son ami Oldenburg qu'il faut chercher le fond de son opinion sur le fondateur du christianisme ; voici quelques passages particulièrement significatifs :

« Pour vous montrer ouvertement ma pensée, je dis qu'il n'est pas absolument nécessaire pour le salut de connaître le Christ selon la chair ; mais il en est tout autrement si on parle de ce Fils de Dieu, c'est-à-dire de cette éternelle sagesse de Dieu qui s'est manifestée en toutes choses, et principalement dans l'âme humaine, et plus encore que partout ailleurs, dans Jésus-Christ. Sans cette sagesse, nul ne peut parvenir à l'état de béatitude, puisque c'est elle seule qui nous enseigne ce que c'est que le vrai et le faux, le bien et le mal. *Quant à*

---

[1] *Traité théologico-politique*, page 23.

ce qu'ajoutent certaines Églises, que Dieu a revêtu la nature humaine, j'ai expressément averti que je ne savais point ce qu'elles veulent dire; et pour parler franchement, j'avouerai qu'elles me semblent parler un langage aussi absurde que celui qui dirait qu'un cercle a revêtu la nature du carré. »

Telle est l'opinion de Spinoza sur le mystère de l'incarnation [1]. Il repousse le mystère de l'eucharistie avec plus de brutalité encore : « Toutes les énormités que vous soutenez, écrit-il à un fervent jeune homme récemment converti au catholicisme, seraient tolérables encore, si vous adoriez un Dieu infini et éternel. Mais non : votre Dieu, c'est celui que Chastillon, à Tienen, donna impunément à manger à ses chevaux. Et c'est vous qui déplorez mon aveuglement! c'est vous qui ne voyez que chimères dans ma philosophie, dont vous ne comprenez pas le premier mot! Vous avez donc entièrement perdu le sens, bon jeune homme? Et il faut que votre esprit ait été fasciné, puisque vous croyez maintenant que le Dieu suprême et éternel devient la pâture de votre corps et séjourne dans vos entrailles [2]. »

Le mystère du péché originel, le miracle de la résurrection ne sont point traités de la sorte. Spinoza les rejette sans doute, comme tous les miracles et tous les mystères; mais du moins il les interprète et cherche à les expliquer. Il voit dans la chute d'Adam et dans la rédemption devenue nécessaire par le péché une sorte

---

[1] *Lettre à Oldenburg*, tome III, page 367.
[2] *Lettre à Albert Burgh*, tome III, page 454.

de mythe, comme on dirait aujourd'hui, qui signifie que l'homme perd sa liberté quand il s'abaisse aux choses terrestres, et que ce bien inestimable ne peut être recouvré que par l'esprit du Christ, c'est-à-dire par l'idée de Dieu, qui seule a la vertu de nous rendre libres [1].

Spinoza déclare qu'il prend à la lettre la passion, la mort et l'ensevelissement de Jésus-Christ; mais il ne peut admettre sa résurrection qu'au sens allégorique [2] :

« La résurrection de Jésus-Christ d'entre les morts est au fond une résurrection toute spirituelle, révélée aux seuls fidèles selon la portée de leur esprit : par où j'entends que Jésus-Christ fut appelé de la vie à l'éternité, et qu'après sa passion il s'éleva du sein des morts (en prenant ce mot dans le même sens où Jésus-Christ a dit : *Laissez les morts ensevelir leurs morts*), comme il s'était élevé par sa vie et par sa mort en donnant l'exemple d'une sainteté sans égale. Dans ce même sens, il ressuscite ses disciples d'entre les morts, en tant qu'ils suivent l'exemple de sa mort et de sa vie. Et je ne crois pas qu'il fût difficile d'expliquer toute la doctrine de l'Évangile à l'aide de ce système d'interprétation [3]. »

Peu importe, du reste, aux yeux de Spinoza, qu'on entende les mystères de telle ou telle façon, pourvu qu'on les entende dans un sens pieux. La religion n'est pas la science. Ce qu'il faut à l'âme religieuse, ce ne

---

[1] *Éthique,* part. IV, Schol. de la Propos. 68.
[2] *Lettre à Oldenburg,* page 375.
[3] *Ibid.,* page 372.

sont point des notions spéculatives, mais des directions pratiques.

Spinoza ne veut voir en effet dans les prophéties, comme dans les miracles, dans les mystères, dans le culte, en un mot dans toute l'économie des religions positives, qu'un ensemble de moyens appropriés à l'enseignement et à la propagation de la vertu. Il pousse cette doctrine à une telle extrémité qu'il ose écrire ces singulières paroles : « Selon moi, les sublimes spéculations n'ont rien à voir avec l'Écriture, *et je déclare que je n'y ai jamais appris ni pu apprendre aucun des attributs de Dieu*[1]. »

Il n'y a qu'une chose dans l'Écriture, comme dans toute révélation, c'est celle-ci : Aimez votre prochain. Spinoza traite fort durement ceux qui trouvent une métaphysique cachée et profonde dans les mystères du christianisme. « Si vous demandez, dit-il, à ces personnes subtiles quels sont donc les mystères qu'elles trouvent dans l'Écriture, elles ne vous produiront que les fictions d'un Aristote, d'un Platon, ou de tout autre semblable auteur de systèmes : fictions qu'un idiot trouverait bien plutôt dans ses songes que le plus savant homme du monde dans l'Écriture[2]. »

Spinoza se radoucit cependant sur ce point, et il avoue que l'Écriture contient quelques notions précises sur Dieu ; mais elles tendent toutes à cet unique point, savoir : qu'il existe un Être suprême qui aime la justice et la charité, à qui tout le monde doit obéir pour être

---

[1] *Lettre à Blyenbergh*, tome III, page 409.
[2] *Traité théologico-politique*, ch. VII.

sauvé, et qu'il faut adorer par la pratique de la justice et de la charité envers le prochain.

Voilà le catéchisme de Spinoza. Il contient, suivant lui, la substance de toutes les religions. Tout le reste est affaire de spéculation, sans intérêt pour la pratique, sans rapport avec le genre humain. « Je laisse à juger à tous, dit Spinoza, de la bonté de cette doctrine, combien elle est salutaire, combien elle est nécessaire dans un État pour que les hommes y vivent dans la paix et la concorde, enfin combien de causes graves de troubles et de crimes elle détruit jusque dans leurs racines[1]. »

Quelle est en effet l'origine de toutes les discordes qui agitent les empires? c'est l'empiétement de l'autorité religieuse sur celle de l'État; et cette tendance perpétuelle du sacerdoce à envahir le gouvernement tient elle-même à ce que la religion n'est point séparée de la philosophie et circonscrite dans la sphère qui lui est propre, la sphère de la pratique et des mœurs. Bien loin que la religion doive dominer l'État, c'est l'État qui doit régler et surveiller la religion.

Spinoza est amené à se demander ici quelle est la nature de l'État; il cherche l'origine et le fondement de la souveraineté, quels sont les droits, les devoirs, les garanties du citoyen, en un mot il aborde tous les problèmes essentiels de la science politique.

Quelle est ici l'idée fondamentale, celle de qui dépendent toutes les autres? c'est l'idée du droit. Spinoza cherche l'origine de cette idée, et pour la découvrir il

---

[1] *Traité théologico-politique*, ch. XIV.

remonte jusqu'à Dieu. Dieu, c'est la Substance, l'être universel, l'universelle activité. Par conséquent, cette puissance en vertu de laquelle chaque être de la nature existe et agit n'est autre chose que la puissance même de Dieu.

Cela est vrai de l'homme tout aussi bien que du reste des êtres. « La plupart des philosophes, dit Spinoza, s'imaginent que les ignorants, loin de suivre l'ordre de la nature, le violent au contraire, et ils conçoivent les hommes dans la nature comme un État dans un État. A les en croire, en effet, l'âme humaine n'est pas produite par des causes naturelles, mais elle est créée immédiatement par Dieu dans un tel état d'indépendance par rapport au reste des choses qu'elle a un pouvoir absolu de se déterminer et d'user parfaitement de la raison. Or l'expérience montre surabondamment qu'il n'est pas plus en notre pouvoir de posséder une âme saine qu'un corps sain [1]... »

L'homme est donc une partie de la nature, rien de plus; en d'autres termes, la puissance en vertu de laquelle chacun de nous existe et agit est, comme celle de tous les autres êtres, une partie de la puissance de Dieu. Cela posé, il est clair que Dieu ou la Nature a droit sur toutes choses. Car, puisqu'il n'y a rien en dehors de son être et de sa puissance, il n'y a aucune limite possible à son droit. Est-ce à dire que ce droit universel de Dieu supprime tous les droits des êtres particuliers? Non, dit Spinoza, tout être particulier est un

---

[1] *Traité politique*, ch. I, art. 6.

fragment de Dieu. Sa puissance est un fragment de la puissance de Dieu. Il a donc aussi son droit qui est un fragment du droit universel de Dieu, et cette portion de droit que possède chaque individu se mesure exactement sur sa puissance. Dieu est tout, peut tout, et son droit est illimité comme sa puissance et comme son être ; chaque individu, homme, plante ou caillou, peut quelque chose, un peu plus, un peu moins, et autant il a de puissance, autant il a de droit.

« Les poissons, dit Spinoza, sont naturellement faits pour nager ; les plus grands d'entre eux sont faits pour manger les petits ; et conséquemment, en vertu du droit naturel, tous les poissons jouissent de l'eau et les plus grands mangent les petits [1]. » Voilà l'image du genre humain dans l'état de nature. S'il était naturel aux hommes de se conduire par les conseils de la raison, nul n'abuserait de son droit, la paix et l'amour régneraient parmi les hommes, et tout gouvernement serait inutile. Mais il n'en va point ainsi. « C'est une chose certaine, dit Spinoza, que les hommes sont nécessairement sujets aux passions et que leur nature est ainsi faite qu'ils doivent éprouver de la pitié pour les malheureux et de l'envie pour les heureux, incliner vers la vengeance plus que vers la miséricorde ; enfin chacun ne peut s'empêcher de désirer que ses semblables vivent à sa guise, approuvent ce qui lui agrée et repoussent ce qui lui déplaît. D'où il arrive que tous désirent être les premiers, une lutte s'engage, on cherche à

---

[1] *Traité théologico-politique,* ch. xvi, page 251 du tome ii.

s'opprimer réciproquement, et le vainqueur est plus glorieux du tort fait à autrui que de l'avantage recueilli pour soi[1]... »

Ainsi les hommes, étant naturellement sujets aux passions, sont par là même naturellement ennemis. Spinoza le déclare en termes formels :

« Tant que les hommes sont en proie à la colère, à l'envie et aux passions haineuses, ils sont tiraillés en sens divers et ennemis les uns des autres, d'autant plus redoutables qu'ils ont plus de puissance, d'habileté et de ruse que les autres animaux ; or les hommes dans la plupart de leurs actions étant sujets de leur nature aux passions, il s'ensuit que les hommes sont naturellement ennemis. Car mon plus grand ennemi, c'est celui que j'ai le plus à craindre et dont j'ai le plus à me garder[2]. »

L'état de nature est donc un état de guerre, et cet état est intolérable aux hommes. Non-seulement le faible y est opprimé par le fort, mais le fort lui-même n'a aucune sécurité, car il craint toujours un plus fort que lui. D'ailleurs les hommes ne peuvent se passer les uns des autres, et toute culture intellectuelle, tout progrès seraient impossibles en dehors de l'état social :

« Les hommes ont donc compris que pour mener une vie heureuse et pleine de sécurité, il fallait s'entendre mutuellement et faire en sorte de posséder en commun ce droit sur toutes choses que chacun avait reçu de la

---

[1] *Traité politique*, ch. I, art. 5.
[2] *Ibid.*, ch. II, art. 14.

nature; ils ont dû renoncer à suivre la violence de leurs appétits individuels et se conformer de préférence à la volonté et au pouvoir de tous les hommes réunis[1]. »

De là l'origine du pouvoir social ou de l'État, entre les mains duquel chacun résigne son droit primitif. Cette substitution du droit de l'État au droit naturel est complète et absolue, suivant Spinoza[2], mais elle ne détruit pas pour cela le droit naturel. Car, dit-il, qu'est-ce qui me détermine à renoncer en faveur de l'État à mon droit naturel? c'est le désir de la conservation, c'est la crainte de la violence étrangère, c'est l'amour du plus précieux de tous les biens, la sécurité. Or quoi de plus conforme au droit naturel que de chercher son bien et de fuir son mal, ou de sacrifier un moindre bien à l'espérance d'un bien plus grand? Spinoza se flatte donc de conserver le droit naturel dans son intégrité et par là de distinguer sa théorie de celle de Hobbes avec lequel il craint fort, et non sans raison, d'être confondu[3].

Avec l'État commencent la justice et la propriété. Dans l'ordre naturel, en effet, il n'y a ni juste, ni injuste, et la loi écrite peut seule donner un sens à ces distinctions : « Car tout ce qu'un être fait d'après les lois de sa nature, il le fait à bon droit, puisqu'il agit

---

[1] *Traité théologico-politique*, ch. XVI, page 254 du tome II.
[2] *Traité politique*, ch. II, art. 16.
[3] Voyez *Notes marginales* de Spinoza au *Traité théologico-politique*, notes 28, 29. — Comp. *Lettres de Spinoza*, lettre 24, tome III, page 427.

comme il y est déterminé par sa nature et qu'il ne peut agir autrement... Il suit de là que le droit de la nature sous lequel naissent tous les hommes et sous lequel ils vivent pour la plupart ne leur défend que ce qu'aucun d'eux ne convoite et ce qui échappe à leur pouvoir ; il n'interdit ni querelle, ni haine, ni ruse, ni colère, ni rien absolument de ce que l'appétit conseille. Et cela n'est pas surprenant ; car la nature n'est pas renfermée dans les bornes de la raison humaine, qui n'a en vue que le véritable intérêt et la conservation des hommes ; mais elle est subordonnée à une infinité d'autres lois qui embrassent l'ordre éternel du monde, dont l'homme n'est qu'une fort petite partie [1]. »

S'il n'y a ni juste, ni injuste, ni bien, ni mal, parmi les hommes avant l'institution de l'État, comment y aurait-il propriété, distinction du tien et du mien ? Au point de vue de l'état de nature, chacun a droit à tout, mais dans les limites de sa puissance, c'est-à-dire qu'il ne possède que ce qu'il est capable de défendre. Avoir ainsi droit à tout, c'est n'avoir droit à rien, et la propriété n'existe effectivement pour l'individu que lorsqu'elle lui est garantie par une force prédominante, la force de l'État.

L'État donc est le principe de la propriété comme il est le principe de la justice ; mais s'il fait le tien et le mien, le juste et l'injuste, le bien et le mal, où est la limite de son omnipotence, où est la garantie de l'indi-

---

[1] *Traité théologico-politique*, ch. XVI, pages 252, 253 du tome II.—Comp. *Traité politique*, ch. II, art. 5, 6, 7, 8.

vidu? Faut-il proclamer l'État infaillible, impeccable, et mettre dans sa main, comme l'a fait Hobbes, non-seulement la fortune et la vie des citoyens, mais leur conscience, leur pensée, leur âme tout entière?

Spinoza s'épuise en sincères efforts pour se dérober à ces conséquences. Quand je pose en principe, dit-il, que les hommes dans l'ordre social ne s'appartiennent pas à eux-mêmes, mais appartiennent à l'État, j'y mets deux conditions, c'est que les hommes restent des hommes, et que l'État reste l'État. Les hommes à la vérité, en devenant citoyens, abdiquent tous leurs droits en faveur de l'État, mais ils ne peuvent abdiquer la nature humaine. « Personne, par exemple, ne peut se dessaisir de la faculté de juger. Par quelles récompenses, en effet, ou par quelles promesses amènerez-vous un homme à croire que le tout n'est pas plus grand que sa partie, ou que Dieu n'existe pas, ou que le corps qu'il voit fini est l'être infini, et généralement à croire le contraire de ce qu'il sent et de ce qu'il pense? Et de même, par quelles récompenses ou par quelles menaces le déciderez-vous à aimer ce qu'il hait, ou à haïr ce qu'il aime? J'en dis autant de ces actes pour lesquels la nature humaine ressent une répugnance si vive qu'elle les regarde comme les plus grands des maux, par exemple, qu'un homme rende témoignage contre lui-même, qu'il se torture, qu'il tue ses parents, qu'il ne s'efforce pas d'éviter la mort, et autres choses semblables où la récompense et la menace ne peuvent rien. Que si nous voulions dire toutefois que l'État a le droit ou le pouvoir de commander de tels actes, ce ne pourrait être que dans le même sens où l'on dit que l'homme a le droit de tomber en démence et de délirer. Un droit, en effet, auquel nul ne peut être astreint, qu'est-ce autre chose qu'un délire [1] ?... »

D'un autre côté, si l'État est le maître absolu des citoyens, c'est à condition de ne pas se mettre en contradiction avec sa propre essence. Or l'essence de l'État, c'est d'être un principe de respect et de crainte : « Par conséquent, l'État, pour s'appartenir à lui-même, est tenu de conserver les causes de crainte et de respect; autrement il cesse d'être l'État. Car, que le chef de l'État coure, ivre et nu, avec des prostituées à travers les places publiques, qu'il fasse l'histrion ou qu'il méprise ouvertement les lois que lui-même a établies, il est aussi impossible que faisant tout cela il conserve la majesté du pouvoir, qu'il est impossible d'être en même temps et de ne pas être [2]. »

D'ailleurs quel est le fondement du droit de l'État? c'est sa puissance. Or sa puissance repose sur l'adhésion soit expresse, soit silencieuse des citoyens. D'où Spinoza conclut : « Que des décrets capables de jeter l'indignation dans le cœur du plus grand nombre des citoyens ne sont plus dès lors dans le droit de l'État. Car il est certain que les hommes tendent naturellement à s'associer, dès qu'ils ont une crainte commune ou le désir de venger un dommage commun ; or, le droit de l'État ayant pour définition et pour mesure la puissance com-

---

[1] *Traité politique*, ch. III, art. 8.
[2] *Ibid.*, ch. IV, art. 4.

mune de la multitude, il s'ensuit que la puissance et le droit de l'État diminuent d'autant plus que l'État lui-même fournit à un plus grand nombre de citoyens des raisons de s'associer dans un commun grief. Aussi bien il en est de l'État comme des individus. Il a, lui aussi, ses sujets de crainte, et plus ses craintes augmentent, moins il est maître de soi [1]. »

En résumé, la politique de Spinoza a le même caractère que sa morale. De même qu'en morale, après avoir nié la responsabilité humaine et amnistié le vice et le crime, Spinoza parvient cependant à distinguer deux sortes de vie, la vie selon l'appétit et la vie selon la raison, et à démontrer que la seconde est meilleure que la première, parce qu'elle renferme une plus grande quantité d'être et de perfection, de même en politique il commence par nier le droit de l'individu en le livrant tout entier à l'omnipotence de l'État, et puis il reconnaît que l'État est soumis à une condition suprême sans laquelle il ne peut vivre et durer, c'est d'obéir aux lois de la raison.

Nous avons suivi Spinoza depuis les principes les plus abstraits de sa métaphysique jusqu'à leurs dernières applications, tant morales que religieuses et politiques. Nous voilà donc en mesure d'aborder le problème des origines de Spinoza.

[1] *Traité politique,* ch. III, art. 9.

II

SPINOZA ET LA KABBALE.

Georges Wachter, théologien et philosophe de la fin du dix-septième siècle, esprit mobile, exalté et bizarre, ayant remarqué que Spinoza, en plusieurs endroits de ses écrits, s'incline devant l'antique sagesse des Hébreux et invoque certaines traditions qu'il regrette de voir altérées [1], s'avisa sur ces indices et sur quelques analogies plus ou moins certaines et profondes, de faire de Spinoza un kabbaliste, un disciple du *Zohar* déguisé sous le manteau d'un cartésien [2].

Nous ne discuterions pas une conjecture à ce point arbitraire et hasardée, si Leibnitz, en l'acceptant pour vraie à quelques égards, ne lui avait donné de l'autorité. Dans un ouvrage récemment publié par ce grand critique, où, à l'occasion de la conjecture de Wachter,

[1] Voyez *Lettres de Spinoza*, page 366 du tome III. « Je dis avec Paul : *Nous sommes en Dieu et nous nous mouvons en Dieu*, et je le dis peut-être aussi avec tous les anciens philosophes, bien que je l'entende d'une autre façon. J'ose même assurer que ç'a été le sentiment de tous les anciens Hébreux, ainsi qu'on peut le conjecturer de certaines traditions, si défigurées qu'elles soient en mille manières. »

[2] Voyez les écrits de Wachter : *Le Spinozisme dans le Judaïsme*, Amsterdam, 1699, in-12 (allemand), et l'*Elucidarius Cabalasticus*, Rome, 1706, in-8°.

il analyse et discute à fond le système de Spinoza [1], nous le voyons rapprocher avec curiosité des doctrines de la Kabbale plusieurs passages de l'*Éthique*.

En voici un très-remarquable en effet. Dans le scholie de la Proposition 7 de l'*Éthique*, partie II, Spinoza, après avoir soutenu que le monde matériel et le monde spirituel s'unissent et s'identifient dans la substance divine, s'exprime ainsi : « Et c'est ce qui semble avoir été aperçu, comme à travers un nuage, par quelques Hébreux qui soutiennent que Dieu, l'intelligence de Dieu et les choses qu'elle conçoit, ne font qu'un. »

Ces Hébreux ne sont-ils pas des kabbalistes ? On serait tenté de le croire, quand on lit ce passage d'un livre kabbalistique de première importance, le *Pardes Rimonim* (le *Jardin des grenades*), de Moïse Corduero [2] : « La science du Créateur n'est pas comme celle des créatures ; car chez celles-ci la science est distincte du sujet de la science et porte sur des objets qui à leur tour se distinguent du sujet. C'est cela qu'on désigne par ces trois termes : la pensée, ce qui pense et ce qui est pensé. Au contraire, le Créateur est lui-même, tout à la fois, la connaissance, ce qui connaît et ce qui est connu. En effet, sa manière de connaître ne consiste pas à appliquer sa pensée à des choses qui sont hors de lui ; c'est en se connaissant et en se sachant lui-même qu'il connaît et aperçoit tout ce qui est. Rien

---

[1] *Animadversiones* ou *Réfutation inédite de Spinoza par Leibnitz*, publiée par M. Foucher du Careil, 1854, in-8°.

[2] Cité par M. Adolphe Franck dans son savant ouvrage : *La Kabbale* ou la philosophie religieuse des Hébreux, Préface, p. 27, 28.

n'existe qui ne soit uni à lui et qu'il ne trouve dans sa propre substance. Il est le type de tout être, et toutes choses existent en lui sous leur forme la plus pure et la plus accomplie, de telle sorte que la perfection des créatures est dans cette existence même par laquelle elles se trouvent unies à la source de leur être; et à mesure qu'elles s'en éloignent, elles déchoient de cet état si parfait et si sublime. »

Ce trait de ressemblance entre les théories du *Zohar* et celles de l'*Éthique* n'est peut-être pas le seul. Leibnitz en signale un autre, qui serait de la dernière conséquence, si on pouvait l'établir solidement. Les kabbalistes admettent entre le principe divin, d'une part, conçu dans son abstraction la plus haute et la plus inaccessible, et le monde des créatures, de l'autre, une série d'entités intermédiaires qu'ils appellent les dix Séphiroth. Ces Séphiroth sont une première manifestation de l'être divin, du mystérieux En-Soph, et lui servent pour ainsi dire de transition pour enfanter le monde visible. Prise à part, chacune a son essence, son nom symbolique ou abstrait, son rang dans la hiérarchie divine; c'est la Couronne, c'est la Sagesse, c'est l'Intelligence, etc. Si maintenant vous les concevez réunies, elles forment ce que les kabbalistes appellent l'*Adam céleste* ou l'*Adam Cadmon*.

Rien assurément de plus bizarre et de plus obscur que cette doctrine. Or voici Leibnitz qui croit la retrouver dans l'*Éthique*. Il y a, suivant lui, chez Spinoza quelque chose qui répond trait pour trait aux Séphiroth de la kabbale, c'est la théorie des modes éternels et infinis de la Substance, et ce que les kabbalistes appellent l'Adam Cadmon, c'est sans doute ce que Spinoza appelle l'*Intelligence infinie* : « Sauf les mots, dit Leibnitz, tout s'y trouve, *ut prœter nomen nil desiderare possis.* »

Nous sommes loin de contester ce qu'il y a d'intéressant dans ce rapprochement. Avant de le rencontrer dans Leibnitz, nous avions signalé chez Spinoza tout un côté obscur et presque mystérieux par où les théories de l'*Éthique* rappellent les traditions de la philosophie orientale [1]. Ces modes éternels et infinis que Spinoza conçoit entre la substance immuable et ses modes changeants, et qui se décomposent en plusieurs séries, cette *Intelligence infinie* qui n'est ni la pensée divine, ni la pensée humaine, cette *idée de l'Étendue*, espèce d'âme du monde, qui flotte indécise entre la nature naturante et la nature naturée [2], tout cela n'est pas cartésien, tout cela nous éloigne des temps modernes pour nous reporter vers le monde Alexandrin et vers l'Orient. Mais cette ressemblance une fois indiquée d'une manière très-générale, la critique ne peut aller au delà. Affirme-t-elle que Spinoza, par sa théorie bizarre et subtile des modes éternels et infinis de la Substance, s'éloigne du cartésianisme et se rapproche de l'antique doctrine des émanations? c'est un point certain, c'est un fait considérable, désormais acquis à la science. Veut-elle

---

[1] Dans notre *Introduction aux œuvres de Spinoza*, première édition, pages 86 et suivantes, 1844.
[2] Voir les Propos. 21, 22, 23, 30, 31 de l'*Éthique*, première partie.

savoir maintenant quelle est la cause et l'origine de cette curieuse analogie? c'est ici qu'elle doit se défier des explications arbitraires.

Wachter suppose que Spinoza a été affilié à la kabbale. Mais où est la preuve de ce fait? nulle part. Spinoza a été élevé par un savant rabbin, Moses Morteira; mais Morteira n'était point un kabbaliste. Spinoza était versé dans la littérature hébraïque; il cite Maïmonide, Rab Ghasdaï, et d'autres théologiens et philosophes juifs; mais il ne cite jamais le *Zohar*, ni le *Sepher iecirah*, ni les commentaires des livres kabbalistiques. Une seule fois il parle des kabbalistes de son temps, et c'est pour les traiter de charlatans et de fous [1].

D'ailleurs, si vous considérez la théorie des Séphiroth, non plus d'une manière générale, mais dans ce qu'elle a de véritablement propre et de précis, vous ne la retrouvez plus dans Spinoza.

Le *Zohar* admet dix émanations primordiales de la divinité sous le nom de Séphiroth. Quel rapport y a-t-il entre cette doctrine et la Substance de Spinoza avec ses deux attributs immédiats, la Pensée et l'Étendue? Spinoza indique, à la vérité, plusieurs séries de modes éternels et infinis, mais il n'en fixe pas le nombre; il n'essaye pas d'en ordonner la hiérarchie, et toute cette partie de sa théorie reste indécise, à ce point que lorsque ses amis le pressent de s'expliquer plus nettement,

[1] Voyez le *Traité théologico-politique*, ch. IX, page 178 de notre tome II : « J'ai voulu lire aussi, dit Spinoza, et j'ai même vu quelques-uns des kabbalistes; mais je déclare que la folie de ces charlatans passe tout ce qu'on peut dire. »

il se montre embarrassé et ne leur fait que des réponses évasives.— Nous avons essayé, pour notre part, de préciser et d'expliquer ce que Spinoza a pu entendre par ces étranges entités logiques qu'il appelle l'*idée de Dieu*, l'*idée de l'Étendue*, et nous n'avons rien trouvé là qui ressemblât le moins du monde à l'Adam Cadmon des kabbalistes, lequel n'est autre chose, dans le *Zohar*, que l'ensemble des Séphiroth [1].

Il n'y a donc entre la théorie de Spinoza et celle de la kabbale qu'un point de ressemblance générale, savoir l'idée de l'émanation. Or cette idée n'appartient pas en propre aux kabbalistes; elle se trouve chez les gnostiques de toutes les sectes, valentiniens, carpocratiens, etc.; on la rencontre dans les livres hermétiques et chez tous les philosophes de l'école néo-platonicienne d'Alexandrie. De quel droit ferait-on de Spinoza un kabbaliste plutôt qu'un gnostique, plutôt qu'un disciple de Proclus ou de Plotin? Et d'ailleurs n'y a-t-il pas une manière plus simple d'expliquer pourquoi Spinoza a incliné à l'idée des émanations? c'est que cette idée a un rapport évident avec l'idée mère du panthéisme, et voilà pourquoi on la rencontre chez les panthéistes de tous les temps et de tous les lieux. A ce compte, les analogies justement signalées entre le panthéisme de Spinoza et les systèmes de l'antique Orient n'auraient d'autre cause que l'identité des lois de l'esprit humain.

[1] Voir le livre de M. Franck, ch. III.

III

SPINOZA ET MAIMONIDE.

Voici une thèse tout autrement sérieuse que celle de Wachter. Elle est née à la suite des travaux que de savants hommes ont récemment consacrés à la philosophie juive et à la philosophie arabe, particulièrement au grand docteur juif du douzième siècle, Moses Maïmonide. On savait depuis longtemps que Spinoza avait puisé dans le *Moré Neboukhîm* de Maïmonide les principes de son exégèse biblique; mais on connaissait mal ce vaste et curieux monument, et Leibnitz, qui lisait tout et voulait tout comprendre, n'avait pu lire Maïmonide que dans la mauvaise traduction latine de Buxtorf[1]. Voici maintenant que le *Moré Neboukhîm* sort de son obscurité séculaire et s'offre sans voile aux regards de la critique[2]. Qu'est-il

[1] Voyez l'intéressant fragment inédit récemment publié avec une traduction et un mémoire explicatif par M. Foucher du Careil : *Leibnitii observationes ad Rabbi Mosis Maimonidis librum qui inscribitur Doctor perplexorum*, 1861, in-8°.

[2] On ne connaissait presque rien, il y a cinquante ans, de la philosophie des Juifs. Si nous n'en sommes plus là aujourd'hui, nous le devons à deux savants hommes, à deux maîtres en littérature hébraïque, M. Adolphe Franck et M. Munk. Depuis les mémoires de M. Franck sur la kabbale, la doctrine renfermée dans les livres du *Zohar* et du *Sepher iecirah* a cessé d'être une énigme. A la fois philosophe et philologue, M. Franck a porté la

arrivé? c'est que des analogies nouvelles ont été remarquées entre Maïmonide et Spinoza, et qu'un grand critique, M. Cousin, exagérant les ressemblances et fermant les yeux sur les différences, entraîné d'ailleurs par l'espoir de dégager la philosophie de Descartes de toute solidarité avec le panthéisme de Spinoza, n'a plus voulu voir dans Spinoza qu'un disciple de Maïmonide.

Assurément la question est grave, elle mérite d'être discutée à fond, et si on n'avait pas d'ailleurs toute sorte de bonnes raisons pour lire le grand ouvrage de Maïmo-

---

lumière dans ce chaos, et s'il n'a pas dissipé toutes les obscurités des livres kabbalistiques, il en a du moins fixé avec autorité le caractère, mesuré la portée, indiqué les origines. C'est là un service capital rendu à la science. M. Franck vient d'y ajouter encore en publiant un précieux volume d'*Études orientales*, où, parmi d'autres recherches curieuses, on trouvera de nombreux matériaux pour l'histoire des idées philosophiques et religieuses des Hébreux. Ce que M. Franck faisait, il y a vingt ans, pour les doctrines secrètes des Juifs, M. Munk vient de l'entreprendre pour leur philosophie officielle et publique. Il nous donne en belle et bonne langue française le principal monument de cette philosophie, le *Guide des égarés*. Désormais nous pouvons lire Maïmonide avec d'autant plus de facilité que nous trouvons auprès de lui un commentateur assidu, qui à chaque pas nous soutient et nous guide, car il ne suffisait pas, pour nous faire comprendre le *Moré Nébouckhim*, d'une connaissance profonde des antiquités hébraïques; il fallait y joindre une érudition variée, notamment l'intelligence des écrits d'Aristote, maître favori de Maïmonide. Grâce à Dieu, M. Munk n'est pas seulement un hébraïsant consommé, c'est un savant universel pour qui la philosophie grecque a peu de secrets. Ajoutez que cette vaste érudition est chez lui au service d'un esprit supérieur, où la netteté française se marie heureusement avec la finesse, la souplesse et la vigueur hébraïques.

nide, ce seul problème vaudrait la peine de s'y arrêter.

Mais avant de parler du *Guide des égarés*, il faut en faire connaître l'auteur.

Moïse ben-Maimoun (c'est son véritable nom) est un Juif d'Andalousie du douzième siècle [1]. Il naquit à Cordoue le 30 mars 1135. Fils d'un homme instruit, son éducation fut libérale. Il eut pour maître aux écoles juives un disciple du fameux Avempace (nom défiguré d'Ibn-Badja) et fréquenta aussi les écoles arabes, où il trouva pour condisciple un fils de l'astronome Geber de Séville (Djâber ben-Allah), bien connu des arabisans. A peine avait-il treize ans que la conquête de Cordoue par Abd-el-Moumen, le farouche et fanatique chef de la dynastie des Almohades, déchaîna sur les Juifs et les chrétiens d'Andalousie la plus terrible persécution. La famille de Maïmonide courba la tête sous l'orage, et pour éviter la mort ou l'exil fit profession extérieure de mahométisme. Étrange effet des violences des hommes, on put pendant dix-sept ans voir agenouillé dans les mosquées celui qui devait être le plus grand docteur de la synagogue, le flambeau d'Israël, la lumière de l'Orient et de l'Occident, un autre Moïse. Toujours en danger à Cordoue, Maïmonide chercha un asile plus sûr à Fez, où la légende a gardé souvenir de son passage, puis à Saint-Jean d'Acre, puis enfin, après un pieux et péril-

---

[1] Pour la biographie de Maïmonide, M. Franck, *Études orientales*, pages 317 et suiv. —Comp. M. Munk, *Mélanges de philosophie juive et arabe*, pages 461 et suiv.

leux pèlerinage à Jérusalem, il s'établit en Égypte, au vieux Caire. C'est là qu'après trente ans de persécutions et de vicissitudes il devait trouver le repos, et par surcroît la fortune, les honneurs et la gloire. Le sultan Saladin venait de renverser le khalifat des Fatimites et d'étendre sur l'Égypte une domination généreuse. Maïmonide lui fut désigné par la grande réputation qu'il s'était faite en quelques années comme théologien, philosophe et médecin. Sur l'indication du kahdi Al-Fâdhel, il fut choisi pour médecin du sultan et devint un personnage en crédit. On peut voir dans les lettres mêmes de Maïmonide combien son existence fut alors brillante et occupée. « Je te le dirai franchement, écrit-il à Samuel Ibn-Tibbon, qui se disposait à lui faire visite pour jouir de ses entretiens et se préparer à traduire ses écrits de l'arabe en hébreu, je ne te conseille pas de t'exposer à cause de moi aux périls de ce voyage, car tout ce que tu pourras obtenir, ce sera de me voir ; mais quant à en retirer quelque profit pour les sciences ou les arts, ou avoir avec moi ne fût-ce qu'une heure de conversation particulière, soit dans le jour, soit dans la nuit, ne l'espère pas. Le nombre de mes occupations est immense, comme tu vas le comprendre... Tous les jours, de grand matin, je me rends au Caire, et lorsqu'il n'y a rien qui m'y retienne, j'en pars à midi pour regagner ma demeure. Rentré chez moi, mourant de faim, je trouve toutes mes antichambres remplies de musulmans et d'Israélites, de personnages distingués et de gens vulgaires, de juges et de collecteurs d'impôts, d'amis et d'ennemis qui attendent avidement l'instant de mon retour. A peine suis-je descendu de cheval et ai-je pris le temps de me laver les mains, selon mon habitude, que je vais saluer avec empressement tous mes hôtes et les prier de prendre patience jusqu'après mon dîner. Cela ne manque pas un jour. Mon repas terminé, je commence à leur donner mes soins et à leur prescrire des remèdes. Il y en a que la nuit trouve encore dans ma maison. Souvent même, Dieu m'en est témoin, je suis ainsi occupé, pendant plusieurs heures très-avancées dans la nuit, à écouter, à parler, à donner des conseils, à ordonner des médicaments, jusqu'à ce qu'il m'arrive quelquefois de m'endormir par l'excès de la fatigue et d'être épuisé au point d'en perdre la parole. »

Tant d'occupations, de devoirs et d'affaires n'empêchèrent pas Maïmonide de se recueillir et de travailler à la composition de ses nombreux ouvrages. Il y en a de trois sortes : d'abord des traités de médecine, puis des écrits purement théologiques, parmi lesquels le plus estimé est la *Mischné-Torah,* abrégé du Talmud, enfin des traités où la philosophie et la théologie se combinent, et c'est dans cette classe que brille au premier rang le *Guide des égarés,* principal titre de l'auteur à l'attention de l'histoire et à l'estime de la postérité. Mais on n'est pas impunément théologien philosophe, même quand on est favori du sultan. Maïmonide fut inquiété pour la liberté et la hardiesse de ses opinions. Un théologien musulman, nommé Aboul-Arab ben-Moïscha, l'attaqua sous prétexte qu'il était retourné au judaïsme après s'être fait musulman. Le voilà convaincu d'être un hérétique relaps, comme aurait dit un juge de notre inquisition. Maïmonide eut besoin, pour parer le coup, de toute la faveur du sultan et de l'adroite intercession de son ministre, le kadhi Al-Fâdhel. Plus tard, un des disciples qu'il avait formés au Caire ayant soutenu à Damas que la résurrection des morts n'est qu'un symbole, un orage éclata dans la synagogue, et pour ne pas être excommunié par les siens, Maïmonide fut obligé de capituler sur ce point, sauf à revenir à sa doctrine par un détour subtil. Mais ce fut après sa mort, arrivée en 1204, que, n'étant plus contenue par la haute position de Maïmonide à la cour, la colère des orthodoxes en Israël parut dans toute sa violence. Un rabbin de Tolède, Méir ben-Todros-Halevy, déclara que le *Moré Neboukhîm*, sous prétexte de fortifier les racines de la religion, en coupait toutes les branches. De nombreuses communautés, entre autres celles de la Provence et du Languedoc, prononcèrent contre les écrits philosophiques de Maïmonide l'anathème et la peine du feu. D'un autre côté, plusieurs communautés se levèrent pour le défendre. On s'excommunia réciproquement, on ne se fit pas faute d'en appeler au bras séculier. Ce fut un véritable schisme qui s'étendit peu à peu à toutes les synagogues pendant tout un siècle. Au milieu de ces tempêtes, la gloire de Maïmonide a surnagé. Le temps, en calmant les passions et en dissipant les fumées du combat, a fait de plus en plus paraître les véritables traits de cette calme et haute physionomie : science, mesure, étendue. Peu à peu ces dons supérieurs ont exercé leur influence insinuante et victorieuse, d'abord sur les Juifs, bientôt sur les musulmans, et jusque sur les chrétiens.

Les théologiens coptes traduisent les écrits de Maïmonide ; les grands docteurs chrétiens du treizième siècle, un Albert le Grand, un saint Thomas d'Aquin, les lisent dans des traductions latines et les citent avec respect et admiration. Son nom, partout répandu, reste un glorieux symbole de la hardiesse des idées contenue par un grand esprit de modération et de sagesse.

L'auteur du *Guide des égarés*, au début de son ouvrage, en explique l'objet à son cher disciple Rabbi Joseph, fils de R. Jehouda. Cet ouvrage ne s'adresse pas au commun des hommes, ni à de jeunes écoliers, ni même à ces lecteurs d'ailleurs éclairés, mais qui ne veulent savoir que l'interprétation pratique et traditionnelle de la loi ; il est fait pour des philosophes, pour ces sortes d'esprits qui aspirent à pénétrer le sens le plus élevé des traditions. Ceux-là sont souvent indécis et troublés à cause de l'opposition qu'ils rencontrent entre la lettre de l'Écriture sainte et les données de la raison. Faut-il prendre au sens littéral la parole des prophètes? faut-il n'y voir que des symboles et des allégories? On ne sait, on hésite, et l'esprit reste en suspens, douloureusement agité. Maïmonide se propose de tirer ces douteurs de leur indécision et de leur perplexité ; c'est pourquoi il intitule son livre *le Guide des égarés*, ou pour traduire plus exactement le texte [1], *le Guide des indécis*, *Dux perplexorum*, comme dit l'ancienne version latine de 1520.

---

[1] En arabe *Dalalat al Hayirin*, en hébreu *Moré Neboukhim*.

Voilà un grand dessein. Maïmonide en mesure la hauteur et les périls avec un sentiment profond d'inquiétude. Aussi se garde-t-il bien d'étaler aux yeux la méthode nouvelle dont il est en possession. Cette méthode, en effet, n'est pas moins que ce qu'on nomme aujourd'hui l'exégèse rationnelle, ou plus nettement le rationalisme. Le principe général de Maïmonide, c'est que la révélation ne peut être en contradiction avec la raison. Tout récit, toute parole, qui heurtent la raison, doivent donc être ramenés par l'interprétation à un sens raisonnable : il faut y voir une hyperbole, une allégorie, une figure symbolique, et dès lors mettre à l'écart la lettre et chercher l'esprit ; mais cette raison elle-même, qui s'impose ici en maîtresse de l'interprétation et donne des règles à la foi, sera-ce la raison de l'ignorant, de l'homme frivole, du premier venu? Non, ce sera la raison guidée par la science, soutenue par la droiture du cœur et la pureté de la vie, la raison des sages; or, parmi ces sages, Maïmonide donne un rang tout à fait à part à Aristote.

Cette prédilection veut être expliquée. Maïmonide a étudié la philosophie à l'école des Arabes. Son maître le plus vénéré, ç'a été, non pas Ibn-Rosch (Averrhoès), comme on l'a faussement cru jusqu'à ces derniers temps, mais Ibn-Sina (Avicenne). Or Avicenne et les Arabes, quand ils s'initièrent aux études philosophiques, trouvèrent établie dans le monde ancien, même à Alexandrie, l'autorité d'Aristote, qui avait prévalu peu à peu sur celle de Platon et absorbé en elle toute l'ancienne philosophie de la Grèce. La science se réduisait alors à commenter les écrits du Stagyrite. Les Arabes ne connurent guère Aristote que par les commentaires de Thémistius, de Philopon, de Simplicius, d'Alexandre d'Aphrodise, et ils ne furent eux-mêmes que des commentateurs. Ainsi se préparait par les Arabes, et bientôt par les Juifs, la domination presque absolue qu'Aristote a exercée sur l'éducation de la pensée moderne. Maïmonide est un des hommes qui ont le plus contribué à cette royauté de l'idée péripapéticienne. Aristote est pour lui le sage par excellence, le philosophe accompli, l'organe presque infaillible de la raison. Interpréter la Bible selon la raison, c'est donc l'interpréter au sens d'Aristote. A ce point de vue, le problème d'exégèse que Maïmonide s'était posé s'identifie avec celui qu'essayèrent de résoudre un siècle plus tard tous les grands docteurs du christianisme, je veux dire la conciliation de la sagesse divine, représentée par la Bible, avec la sagesse humaine, incarnée dans Aristote. Maïmonide est le précurseur de saint Thomas d'Aquin, et le *Moré Neboukhîm* annonce et prépare la *Summa theologiæ*.

La différence est grande toutefois dans les procédés. Au lieu de cette démarche solennelle du docteur angélique allant chercher ses prémisses au plus haut du ciel et de là descendant par degrés sur terre et déroulant la chaîne de ses conséquences, le philosophe de la synagogue, plus hardi au fond, mais discret et modeste en ses allures, commence humblement par des remarques de détail sur quelques versets de la Bible. Saint Thomas déploie et impose sa doctrine; Maïmonide laisse deviner la sienne et doucement l'insinue.

Ouvrez la Bible. Vous trouverez aux premiers versets de la *Genèse* ces mots remarquables : « Faisons l'homme à notre image et à notre ressemblance. » (*Genèse*, I, 26.) Que signifie cette parole? Prendrons-nous le mot *image* au sens littéral? Évidemment c'est impossible. Se représenter Dieu par une image, c'est lui donner un corps, c'est l'humaniser. Dieu est l'acte pur de la pensée, l'invisible et immatérielle intelligence. Voilà ce que dit la raison, et il est écrit dans la Bible même : « Tu ne feras pas d'image de l'Éternel. » Aristote et Moïse sont ici d'accord. Que faut-il conclure de là? qu'il y a beaucoup de métaphores dans l'Écriture, et beaucoup de mots qui ont un double sens. Le mot *image* (en hébreu *celem*) veut dire *forme extérieure*, mais il veut dire aussi *forme spécifique*. Il faut rejeter le premier sens et s'attacher au second. Au lieu de matérialiser Dieu, on se souviendra que Dieu, c'est la raison même, et comme la raison est la forme spécifique de l'homme, on comprendra que c'est en tant que raisonnable que l'homme ressemble à Dieu, d'où il suit qu'à mesure qu'il cultive mieux sa raison, il se rapproche davantage du divin modèle.

Maïmonide poursuit cette exégèse hardie et profonde sous son apparente simplicité. Il se demande ce qu'il faut entendre par ces mots de la Bible : « Dieu *vit* que c'était bien. » (*Genèse*, I, *passim*.) — « Ainsi a dit l'Éternel : Le ciel est *mon trône*. » (*Isaïe*, LXVI, 1.) — « Et l'Éternel *descendit* sur le mont Sinaï. » (*Exode*, XIX, 20.) — « Et Dieu *remonta* au-dessus d'Abraham. » (*Genèse*, XVII, 22.) — « Maintenant *je serai debout,* » dit l'Éternel. (*Psaumes*, xii, 6.) — Peut-on croire que Dieu ait des organes matériels, des yeux, des mains, qu'il soit assis sur un trône d'où il descend et où il remonte? Ce sont là des expressions manifestement allégoriques. Et la Bible elle-même nous prémunit contre une interprétation grossière quand elle dit : « Et par les prophètes je fais des similitudes, » (*Hos.*, xii, 11), ou encore quand elle vante la parole des sages et leurs *énigmes* (*Prov.*, i, 6), et quand elle appelle les prophètes des *faiseurs d'allégories* (*Ézéchiel*, xxi, 5.) Les organes corporels attribués à Dieu par la Bible indiquent donc des perfections spirituelles; les instruments de locomotion signifient que Dieu est la vie, dont le mouvement est le symbole; les instruments de sensation, qu'il est la pensée, forme suprême de la sensibilité, enfin les organes d'expression, qu'il est la parole, c'est-à-dire qu'il communique l'intelligence.

Tandis que Maïmonide semble se complaire et s'égarer dans cette exégèse un peu minutieuse, on ne tarde pas à voir se dessiner par degrés sous sa main prudente et discrète toute une théorie métaphysique, qui tantôt se découvre et tantôt se voile, mais qui est évidemment très-arrêtée d'avance dans son esprit et appuyée sur une réflexion profonde. C'est la théorie de l'indivisibilité absolue de Dieu.

Si Maïmonide se bornait à opposer aux symboles de l'imagination l'idée d'un Dieu immatériel et infini, il n'y aurait rien là de très-original; mais il a d'autres vues. Il prétend nous amener à reconnaître que Dieu est un, d'une unité absolue et indécomposable, ce qu'il exprime en déclarant que Dieu n'a point d'attributs. La portée de cette doctrine est considérable. Que Dieu soit infini et par suite indéfinissable, que sa nature immense ne puisse être resserrée dans les limites d'une détermination précise, que toute énumération de ses attributs reste infiniment au-dessous de ses perfections innombrables, ce sont là des opinions très-philosophiques, et dont Maïmonide fait ressortir à merveille la vérité par un récit ingénieux tiré du Talmud[1] : « Quelqu'un, venu en présence de rabbi 'Hanînâ, s'exprima ainsi en faisant sa prière : O Dieu grand, puissant, redoutable, magnifique, fort, craint, imposant... Le rabbi lui dit en l'interrompant : As-tu achevé toutes les louanges de ton Seigneur? Certes, même les trois premiers attributs, si Moïse ne les avait pas énoncés dans la loi et que les hommes du *grand synode* ne fussent pas venus les fixer dans la prière, nous n'oserions pas les prononcer. Et toi, tu en prononces un si grand nombre ! Pour faire une comparaison, un roi mortel par exemple qui posséderait des millions de pièces d'or, et qu'on vanterait pour posséder des pièces d'argent, ne serait-ce pas une offense pour lui ? »

Maïmonide fait remarquer subtilement et finement que l'offense consiste ici, non pas à rester au-dessous du nombre des pièces, mais à substituer l'argent à l'or, ce qui signifie qu'entre Dieu et la créature il n'y a pas une simple différence de degrés, de plus et de moins,

---

[1] *Le Guide des égarés,* part. I, page 253.

mais une différence de nature et d'essence. Or, s'il en est ainsi, il ne faut pas dire que Dieu se distingue de la créature par un plus grand nombre d'attributs; il faut dire que Dieu n'a point d'attributs. Qu'est-ce en effet qu'un attribut? c'est quelque chose qu'on ajoute à l'essence d'un sujet; mais il est absurde d'ajouter quelque chose à l'essence infinie de Dieu. Ou bien c'est une simple définition du sujet; mais définir un sujet, c'est le rapporter à un genre et à une espèce. Or Dieu, étant seul de son genre et de son espèce, se dérobe à toute définition. Ou bien enfin c'est une détermination d'un sujet, c'est-à-dire l'assignation d'un mode particulier d'existence; mais alors donner des attributs à Dieu, c'est le déterminer, le limiter, c'est transporter en lui les limitations et les modes de la créature : c'est donc diviser son essence et la dégrader.

Toutefois ne fera-t-on pas exception pour quatre attributs qui paraissent n'avoir rien d'incompatible avec l'essence divine : la vie, la puissance, la science et la volonté? Erreur! C'est dans notre être inégal et composé que la vie et la pensée, que le savoir et le pouvoir se divisent. En Dieu, tout cela est un. Quel rapport d'ailleurs entre notre science et celle de Dieu? Ceux qui veulent obstinément attribuer à Dieu la pensée sont obligés d'ajouter qu'il ne pense pas comme l'homme, qu'il ne raisonne pas, qu'il ne se souvient pas. Alors à quoi bon employer le même mot pour désigner des choses radicalement différentes? A quoi bon de dire de Dieu qu'il possède la volonté et la félicité pour se dédire aussitôt après en déclarant qu'il ne connaît ni l'espérance, ni la crainte, ni la tristesse, ni la joie, en d'autres termes que sa manière d'être n'a aucun rapport avec la nôtre? Il vaut mieux convenir que nous savons ce qu'il n'est pas, non ce qu'il est. Mais quoi! s'il y a du péril à dire de Dieu qu'il a la sagesse, la puissance, la liberté, ne pourrons-nous pas dire au moins qu'il est, qu'il est un, qu'il possède l'être et l'unité? Non. Dieu sans doute est l'être des êtres, et il dit de lui-même à Moïse : *Ehyé ascher ehyé* (*Ego sum qui sum*); mais l'être de Dieu n'a aucune proportion, aucune analogie avec l'être des créatures. Maïmonide en donne une raison très-remarquable, c'est que dans la créature, qui commence d'être et qui peut finir, l'existence est quelque chose de fortuit et d'accidentel, tandis qu'en Dieu l'existence est nécessaire; elle ne fait qu'un avec l'essence. Et quant à l'unité, on peut dire assurément et même on ne saurait trop dire que Dieu est un; mais il faut s'entendre. Les paroles, les formules ne sont qu'un vain bruit, si on ne pénètre pas au-dessous. L'unité dans les créatures est toujours jointe à la multiplicité. Ce n'est pas l'unité pure et absolue, c'est l'unité multiple, l'unité qui se divise et se déploie, comme notre intelligence par exemple, qui s'épanouit en images et en idées, ou comme le soleil qui rayonne et resplendit. Toutes ces analogies sont fausses, quand on les applique à Dieu. L'unité de Dieu ne souffre aucune division. C'est une unité concentrée et ramassée en soi. Ce qui émane d'elle au dehors, ce n'est plus elle-même, ce sont des êtres sans analogie et sans proportion avec elle, des êtres contingents, divisibles, périssables. Par conséquent on est dupe d'une métaphore trompeuse, quand on dit que Dieu possède l'unité.

Mais si Dieu n'a point d'attributs, comment le saisir? S'il échappe par sa simplicité absolue à toutes les prises de la pensée humaine, comment élever vers lui notre esprit et notre cœur? Le moyen même d'invoquer son nom, si tout nom donné à Dieu couvre une injure et un blasphème? Il est vrai, dit Maïmonide, Dieu est ineffable, et le seul moyen de l'adorer, c'est le silence. « Pour toi, dit l'Écriture, le silence est la louange. » (*Psaumes*, LV, 2.) Et encore : « Pensez dans votre cœur, sur votre couche, et demeurez silencieux. » (IV, 5.) C'est pourquoi le nom de Dieu chez les Juifs ne devait être prononcé que dans le sanctuaire, par les prêtres *sanctifiés à l'Éternel* et par le grand prêtre au jour des expiations. Hors du sanctuaire, on y substituait le nom d'Adonaï (*le Seigneur*); mais *Adonaï* comme *Elohim*, ce sont des noms communs qui désignent l'action de Dieu hors de lui-même et non son essence. Il n'y a qu'un nom qui soit ce que l'Écriture appelle le *nom particulier* de Dieu. N'en cherchez point l'étymologie; il n'a aucun rapport avec les autres noms. Ce nom mystérieux, ce nom redoutable, Maïmonide n'ose pas le proférer. Il se borne à en épeler les quatre lettres sacrées *yod, hé, wâu, hé* (Jéhovah). C'est là le nom tétragrammatique, le *schem ha-mephorash* (c'est-à-dire le nom de Dieu distinctement articulé). Maïmonide nous apprend que la plupart des Juifs étaient hors d'état de le prononcer. Les hommes instruits ne l'enseignaient qu'au disciple d'élite une fois par semaine.

Maïmonide conjecture avec sa finesse habituelle qu'on ne se bornait pas à une leçon de prononciation, mais qu'on expliquait aussi au disciple le mystère sacré de l'ineffabilité divine.

Parmi ces raffinements, qui dans leur subtilité scientifique touchent à la superstition, on trouve chez Maïmonide un profond sentiment de l'infinité divine, mystère immense qui plane comme un épais nuage sur l'intelligence humaine, assombrit tous nos horizons, et, jetant ses ténèbres sur l'origine et sur la fin de notre existence d'un jour, enveloppe la vie humaine d'obscurité. Aussi n'est-ce point sans émotion et sans sympathie qu'au milieu d'un dédale de distinctions aiguës et d'arides abstractions on entend la voix du raisonneur s'écrier : « Louange à celui qui est tellement élevé que lorsque nos intelligences contemplent son essence, leur compréhension se change en incapacité, et lorsqu'elles examinent comment ses actions résultent de sa volonté, elles se changent en ignorance, et lorsque les langues veulent le glorifier par des attributs, toute éloquence devient un balbutiement[1] ! »

Cette doctrine du Dieu sans attributs, du Dieu indivisible et ineffable, qui l'a inspirée ou enseignée à Maïmonide ? Vient-elle de la Bible ? et dans la Bible, est-ce de l'Ancien Testament ou du Nouveau ? Et si elle n'a pas été puisée aux sources sacrées, vient-elle de la sagesse profane ? Est-elle d'Aristote ? Il est très-clair d'abord que cette théorie est contraire à la lettre et à

---

[1] *Le Guide des égarés*, part. I, ch. 58.

l'esprit du christianisme. Pour n'en donner qu'une preuve, quoi de plus antichrétien que d'établir entre Dieu et l'homme un abîme infranchissable? Le dogme essentiel du christianisme, c'est l'union intime de Dieu avec l'humanité par l'incarnation. Le Dieu des chrétiens est parfait et infini sans doute, et son incarnation dans l'homme est un mystère; mais enfin, s'il n'y avait entre cet être sublime et sa créature imparfaite et finie aucun rapport, aucune analogie, le dogme de l'Homme-Dieu ne serait plus un mystère, mais une flagrante absurdité.

Au surplus, Maïmonide est Juif, Juif d'esprit comme de race, et personne ne sait mieux que lui que sa théorie du Dieu indivisible est diamétralement contraire au dogme chrétien. Dans un passage très-remarquable du *Guide des égarés*, il parle de ceux qui, proclamant de bouche l'unité de Dieu, la nient au fond du cœur, ou du moins qui, l'acceptant et la niant tour à tour, tombent dans une contradiction manifeste. « Celui, dit-il[1], qui croirait que Dieu est un, et en même temps qu'il possède de nombreux attributs, exprimerait bien par sa parole qu'il est un, mais dans sa pensée il le croirait multiple. Cela ressemblerait à ce que disent les chrétiens : Il est *un*, cependant il est *trois*, et les trois sont un. » Voilà le dogme de la sainte Trinité tourné en dérision. On dira : Quoi de plus simple? C'est un Juif qui parle; il proteste au nom de l'ancienne loi contre les nouveautés chrétiennes. Soit, j'entends cela; mais

---

[1] *Le Guide des égarés*, part. 1, page 181.

la question n'est pas si simple qu'elle peut le paraître, car si le dogme de la sainte Trinité ne se trouve pas sous une forme explicite dans l'Ancien Testament, il faut accorder au moins aux pères et aux docteurs de l'Église chrétienne qu'il y est contenu en germe. Qu'est-ce en effet que ce principe que la Bible appelle l'*habitation de Dieu*, ou, comme traduisent les Septante, *la gloire de Dieu*, émanation mystérieuse qui sans doute n'est pas encore séparée du premier principe, mais qui tend de plus en plus à s'en distinguer, à prendre un caractère et une physionomie propres, à se personnifier enfin sous le nom de *sagesse* dans les livres de Salomon? Cette *sagesse* est le médiateur par lequel Dieu a tout fait et conserve tout [1], c'est le souffle qui sort de la bouche de Dieu [2], c'est l'arbre de vie [3], en un mot, c'est déjà presque le Verbe créateur du christianisme.

Quelque parti qu'on prenne sur cette question délicate, il y a certainement un point commun entre l'ancienne loi et la nouvelle : c'est que, dans l'une et dans l'autre, Dieu n'est point conçu comme une unité morte, indéterminée, enveloppée, ensevelie en soi, mais comme une unité vivante, comme un libre créateur, comme une providence bienfaisante. C'est là le grand caractère qui distingue la théodicée juive des mystiques conceptions de l'extrême Orient, et ce sentiment d'un Dieu person-

---

[1] *Proverbes*, III, 19; VIII, 22, 30.
[2] *Ibid.*, II, 6.
[3] *Ecclésiast.*, XLV, 6. — Cf. *Prov.*, III, 18; XI, 30.

nel et vivant est passé de la tradition d'Israël dans les dogmes du christianisme.

Serait-ce donc l'autorité d'Aristote qui aurait prévalu dans l'esprit de Maïmonide sur le sentiment juif? pas le moins du monde. Cette conception du Dieu un et indivisible, il n'y en a aucune trace chez Aristote. Ouvrez le douzième livre de la *Métaphysique*. Dieu y est défini : l'Intelligence ou la Pensée (Νόησις), non la pensée virtuelle et indéterminée, mais la pensée en acte, la pensée qui a pleine conscience de soi et se pense soi-même éternellement, en un mot la pensée de la pensée. Quoi de plus contraire à cette unité indécomposable, à ce principe mystérieux, impénétrable, enfermé en soi, sans analogie avec le reste des êtres? La pensée est partout répandue dans l'univers; elle y apparaît en traits de plus en plus sensibles à mesure que l'on s'élève de degré en degré, de règne en règne. Déjà dans la vie organique elle jette ses premières lueurs; peu à peu elle se déploie, elle rayonne, et parvient enfin dans l'homme à son plus haut degré d'épanouissement et de clarté, à la conscience et à la possession d'elle-même. Mais la pensée humaine, si pure qu'elle soit, est pleine de misères; elle a ses éclipses, signes d'une nature imparfaite qui dépend d'un plus haut principe. En effet, cette vie sublime de la pensée, dont nous ne jouissons que par éclairs, Dieu la possède éternellement. La pensée est son essence; elle fait sa vie et sa félicité. Dieu, dit Aristote, est un *Vivant* éternel et parfait [1].

[1] *Métaphysique*, livre XII, ch. 7, 8, 9. — Comp. *Éthique à Nicomaque*, VII, 14, 15; X, 8.

Ce n'est point dans une telle théodicée, à la fois si sensée et si haute, que Maïmonide a pu trouver l'étrange doctrine d'un Dieu abstrait et indéterminé; mais, s'il ne la tient ni de la Bible ni d'Aristote, où donc l'a-t-il trouvée? Ce problème n'a rien d'insoluble. Il suffit, pour trouver le mot de l'énigme, de rappeler comment s'est faite l'éducation philosophique de Maïmonide. Il n'a pas pratiqué directement Aristote; il l'a connu par l'intermédiaire des Arabes, d'Avicenne surtout. Or l'Aristote d'Avicenne et des Arabes n'est pas l'Aristote pur : c'est un Aristote altéré par les commentaires néoplatoniciens, c'est l'Aristote d'Alexandrie. En définitive, la théorie du Dieu sans attributs n'est rien autre chose que la pure doctrine de Plotin [1].

Il est si vrai que cette doctrine répugne tout ensemble à l'esprit de la philosophie d'Aristote et au vrai sens de la Bible, que Maïmonide, après l'avoir acceptée des mains d'Avicenne, fait tout au monde pour l'adoucir. Sa ferme raison, sa foi d'Israélite se révoltent contre un péripatétisme corrompu, dont les conséquences l'épouvantent sans qu'il ose en répudier le principe. Que fait-il? Il s'échappe par un détour. Il imagine un biais pour restituer à la Divinité les attributs qu'il vient de lui ravir, et voici comment : « Je maintiens, dit-il, que supposer en Dieu des attributs, c'est altérer la simplicité de son essence indécomposable; mais j'entends par attributs ces déterminations positives par où l'on s'imagine caractériser et

[1] Il suffit, pour s'en assurer, de lire les *Ennéades* de Plotin.— Voyez, dans l'excellente traduction que M. Bouillet vient de terminer, les *Ennéades* v et vi.

enrichir la nature de Dieu. Que s'il s'agit de déterminations non plus positives, mais négatives, il en va tout autrement, car autant nous ignorons ce que Dieu est, autant nous savons de science certaine et nous pouvons dire ce que Dieu n'est pas. Ainsi Dieu n'est pas multiple; il n'est pas divisible; il n'est ni dans le temps ni dans l'espace. Rien de plus légitime que ces attributs négatifs, et on ne saurait trop les multiplier; car plus vous les multipliez, plus vous distinguez la Divinité de tout ce qui n'est pas elle, plus vous apprenez à concevoir son essence comme pure, simple et incompréhensible. Or, s'il en est ainsi, nous avons parfaitement le droit de dire que Dieu n'est jamais injuste, jamais ignorant, jamais imprévoyant et aveugle, qu'il est pur de toute malice, de tout mensonge, de toute erreur. Et si c'est dans ce sens qu'on lui attribue la science, la justice, la bonté, la liberté, la conscience, il n'y a rien là que de très-conforme à la raison et à la foi. » On sourira peut-être de cet artifice de raisonnement; mais il faut savoir gré à Maïmonide d'avoir retrouvé, même au prix d'un peu de subtilité et d'inconséquence, ces attributs d'intelligence, de justice et de liberté qui constituent la personnalité divine, et sans lesquels Dieu n'est plus qu'une vaine et morte abstraction [1].

---

[1] Maïmonide admet aussi en Dieu, outre les attributs négatifs, ce qu'il appelle les *attributs d'action*. Ainsi, les œuvres de Dieu étant bonnes, justes, sages, prévoyantes, rien de plus légitime que de remonter des œuvres à l'ouvrier et de dire que Dieu est bon, juste, sage, prévoyant, en ce sens qu'il agit avec bonté, justice, sagesse et prévoyance; mais il ne faut pas croire que la

Même bon sens, même étendue d'esprit, non pas peut-être aussi sans quelque défaut de conséquence logique, dans une autre théorie de Maïmonide qui vient, comme la précédente, d'une origine alexandrine, théorie étrange qu'il faut bien appeler par son nom traditionnel et scolastique, la théorie de l'*Intelligence active*. Sur la foi de ses maîtres arabes, Maïmonide admet qu'entre Dieu et l'homme, la plus parfaite des créatures sublunaires, il existe un certain nombre d'êtres intermédiaires : ce sont d'abord les âmes des sphères célestes ; ce sont aussi des intelligences séparées, libres de toute alliance avec le corps. Parmi ces êtres supérieurs, il faut placer une certaine intelligence, dite Intelligence active (*Intellectus agens*), dont le rôle consiste à mettre en activité les intelligences des hommes [1]. Nos facultés intellectuelles sont par elles-mêmes inertes et comme endormies. C'est l'Intelligence active qui les réveille et les féconde ; c'est elle, pour parler le langage d'Aristote, qui les fait passer de la simple puis-

---

bonté, la justice, la sagesse et la prévoyance soient par elles-mêmes des perfections, des manières d'être saisissables à l'humaine raison et constituant, déterminant, caractérisant d'une façon positive l'essence de Dieu. Voilà en peu de mots l'ingénieuse, mais bien subtile et bien creuse théorie de Maïmonide sur les *attributs d'action*. (Voyez le *Guide des égarés*, part. I, ch. 53, 54 et ailleurs.)

[1] Sur l'*Intellectus agens* et sur Averrhoès, voyez la savante et spirituelle monographie de M. Ernest Renan, *Averrhoès et l'Averrohisme*, qui a éclairé d'un jour tout nouveau l'histoire de la philosophie arabe (seconde édition, augmentée de pièces et documents).

sance à l'acte. On sait l'importance que prit au moyen âge la question de l'Intelligence active, surtout quand Averrhoès et ses disciples en firent une sorte d'océan dont les intelligences des hommes sont les flots. Chacun de ces flots, à son heure marquée dans l'éternité, monte à la surface, paraît un instant, puis disparaît au fond de l'abîme pour laisser la place à d'autres flots destinés à disparaître à leur tour, et ainsi de suite, sans fin et sans repos. Cet océan, c'est Dieu même, et le mouvement alternatif de ces flots, c'est la suite des générations humaines qui se poussent l'une l'autre, et se perdent successivement dans le gouffre éternel.

Voilà l'idée sacrilége que le moyen âge crut découvrir au fond des commentaires péripatéticiens d'Averrhoès, et qui lui valut ces anathèmes dont l'écho, prolongé pendant plusieurs siècles, a retenti dans l'imagination populaire, et s'est exprimé par mille légendes en France et en Italie. L'esprit juste et étendu de Maïmonide est fort éloigné de telles pensées. Il est probable qu'en écrivant le *Guide des égarés*, il ne les connaissait pas, du moins dans leurs conséquences extrêmes, n'ayant eu entre les mains les livres d'Averrhoès qu'à la fin de sa vie. A coup sûr il les eût désavouées comme Juif et comme philosophe. Nous le voyons en effet accueillir sans défiance la théorie de l'Intelligence active telle à peu près qu'Avicenne l'avait exposée. Il admet que nos faibles intelligences reçoivent la lumière et la vie d'un principe supérieur; mais en même temps il atteste fermement la personnalité, la liberté de l'individu humain, et il croit à l'immortalité de l'âme, sinon pour les méchants, que la justice de Dieu frappe d'un anéantissement absolu, tout au moins pour les justes, pour ces âmes d'élite qui sont arrivées sur la terre au degré sublime de l'*intelligence acquise,* c'est-à-dire au développement le plus complet de la raison. Il peut y avoir dans cette théorie singulière, que Maïmonide paraît avoir empruntée à Avempace, un semence d'averrhoïsme ; mais telle que l'entend le sage docteur juif, elle maintient jusqu'à un certain point les droits de la responsabilité et de la personnalité humaines [1].

Nous allons retrouver la théorie de l'Intelligence active dans la partie la plus curieuse du livre de Maïmonide, qui contient ses vues, profondément originales cette fois, sur la prophétie et sur les miracles.

C'est, je crois, avec le *Guide des égarés* qu'apparaît pour la première fois dans le monde une théorie philosophique de la prophétie. Prophétie, théorie philosophique, ces deux mots semblent se contredire, car qu'y a-t-il qui semble échapper davantage aux catégories de la science que l'inspiration surnaturelle? C'est un éclair d'en haut qui tombe sur une âme et lui découvre les mystères éternels ; c'est un ravissement soudain qui l'emporte aux régions célestes. C'est Moïse sur le Sinaï, entendant la voix de l'Éternel parmi les tonnerres et les

---

[1] Nous attendons, pour mieux connaître les vues de Maïmonide sur la vie future, la troisième partie du *Guide des égarés,* que M. Munk n'a pas encore traduite, mais dont il nous donne l'esprit et la substance dans ses *Mélanges de philosophie juive et arabe,* pages 486 et suivantes. — Comp. M. Franck, *Études orientales,* pages 317 et suiv.

éclairs; c'est Ézéchiel saisi par une main divine qui l'enlève de terre et le met face à face avec la gloire du Dieu d'Israël; c'est saint Paul s'arrêtant sur le chemin de Damas, foudroyé par une voix qui lui crie : « Saul, Saul, pourquoi me persécutes-tu? » Toute cette brûlante poésie se glace sous la froide analyse de Maïmonide; il recueille méthodiquement les récits des anciens prophètes; il analyse leurs visions, compare leurs songes avec le sang-froid d'un anatomiste qui fouille, à l'aide du scalpel et du microscope, les circonvolutions du cerveau, et de tout cela résulte une définition du prophète, une échelle des formes et des degrés de la prophétie, en un mot une de ces théories régulières et scientifiques comme les aimait Aristote, comme les demandera le *Novum Organum*.

Il faut trois conditions pour faire un prophète : d'abord une condition préliminaire, la droiture de l'âme et la pureté des mœurs; puis deux conditions essentielles, la force de l'entendement et la force de l'imagination. Voici comment Maïmonide définit la prophétie : « Sache que la prophétie est une émanation de Dieu qui se répand par l'intermédiaire de l'Intelligence active sur la faculté imaginative; c'est le plus haut degré de l'homme et le terme de la perfection à laquelle son espèce peut atteindre, et cet état est la plus haute perfection de la faculté imaginative[1]. »

Cette définition est toute rationaliste. La prophétie, au lieu d'être quelque chose de miraculeux, de surna-

---

[1] Le *Guide des égarés*, part. II, page 281.

turel, est un fait naturel et régulier. De plus, elle a sa source non dans une intervention directe de la volonté divine, mais dans l'opération naturelle et universelle de l'Intelligence active, foyer commun des intelligences.

Sa définition posée, le docteur juif s'attache à maintenir une sorte d'équilibre entre la raison et l'imagination, ces deux conditions essentielles de l'inspiration prophétique. Il fait remarquer que c'est sur la raison et non sur l'imagination du prophète que s'exerce directement l'influence de l'Intelligence active; elle ne se répand sur l'imagination qu'après avoir traversé la raison. Alors le phénomène est complet. En même temps que l'imagination du prophète voit l'avenir, sa raison conçoit la nature des choses, et saisit par une intuition spontanée et immédiate ce que les hommes ordinaires ne peuvent concevoir qu'à l'aide de la réflexion et d'une longue suite de raisonnements[1]. Otez l'une des deux conditions de la prophétie, le phénomène change de nature. L'inspiration divine s'arrête-t-elle à la raison, sans aller jusqu'à l'imagination : au lieu d'un prophète, vous avez un simple philosophe. Au contraire cette inspiration rencontre-t-elle une âme où l'imagination seule est forte, mais où la raison est faible : elle ne produit plus qu'un de ces hommes subalternes, à la fois dupes d'eux-mêmes et artisans de pieux mensonges, qu'on appelle des devins, des augures, des magiciens. C'est de là que sortent les faux prophètes. Le vrai prophète est donc un homme deux fois supérieur et deux fois inspiré de Dieu.

[1] Le *Guide des égarés*, part. II, page 298.

Il y a des degrés toutefois dans l'inspiration prophétique. Maïmonide en compte jusqu'à onze, qui forment une échelle de perfection croissante. L'inspiration prophétique n'est d'abord qu'une forte agitation de l'âme, un généreux élan qui dispose à concevoir de grandes actions et à prononcer des oracles de sagesse. Le prophète parle, et il sent que les mots qui s'échappent de ses lèvres viennent de plus haut que lui. Bientôt à l'extrême agitation succède le calme. Le prophète s'assoupit, il a des songes. Quelquefois le songe se réduit à des images; mais au degré supérieur le prophète entend des voix. Tantôt ces voix retentissent sans qu'il sache comment, tantôt il voit le personnage qui lui parle; mais quel est cet interlocuteur mystérieux? c'est tour à tour un simple mortel, un ange, et enfin, à ce que croit le prophète endormi, Dieu lui-même. A un degré encore plus sublime, le prophète est éveillé. Ce n'est pas dans un songe qu'il aperçoit l'avenir, c'est dans une vision. La vision est au-dessus du songe, comme le songe est au-dessus de la simple exaltation. Dans la vision même, il y a des degrés. Le prophète en atteint le plus haut, quand il voit un ange et entend distinctement sa voix; mais n'est-il pas possible qu'un prophète atteigne plus haut encore, que dans une vision il soit convaincu que c'est Dieu même qui lui parle? Non, répond Maïmonide avec un sang-froid qui paraît mêlé de quelque ironie, non, *la force de l'imagination ne peut pas aller jusque-là* [1].

Il est clair par ces paroles, comme par tout l'ensemble

---

[1] Le *Guide des égarés*, part. II, pages 333 et suiv.

du livre, que, malgré les efforts sincères de Maïmonide pour maintenir l'égalité entre les deux conditions de l'inspiration prophétique, la condition essentielle à ses yeux, le don caractéristique du prophète, c'est la force de l'imagination. De là toute sa théorie.

Ainsi aucune prophétie, aucune révélation n'arrive que dans un songe ou dans une vision. « Moïse seul, dit Maïmonide, a eu des révélations à l'état de veille ; dans un calme parfait et sans avoir besoin d'imagination. » Or il faut savoir que Maïmonide place Moïse en dehors de sa théorie. L'exception est grave sans doute, mais cette concession nécessaire faite à l'orthodoxie ne laisse que mieux paraître le vrai caractère de la doctrine.

L'imagination étant la faculté maîtresse des prophètes, il faut, pour prophétiser, avoir l'imagination libre. C'est pourquoi les prophètes, quand ils ont des accès de colère ou de tristesse, perdent leur propriété : « Notre patriarche Jacob, dit Maïmonide, n'eut point de révélation pendant les jours de son deuil, parce que sa faculté imaginative était occupée de la perte de Joseph [1]. » Une autre conséquence du rôle prépondérant de l'imagination, c'est que les prophètes ne parlent que par allégories et paraboles : « Les montagnes et les collines éclateront de joie devant vous, et tous les arbres des champs frapperont des mains. » (*Isaïe*, LV, 12.) Ici il y a évidemment métaphore. D'autres fois les simples peuvent s'y tromper, comme quand le Psalmiste dit : « Il a ouvert les battants du ciel et leur a fait pleu-

---

[1] Le *Guide des égarés*, part. II, page 282.

voir la manne » (*Psaumes*, LXXVIII, 23, 24), ou encore : « J'effacerai l'impie de mon livre. » (*Exode*, v, 33.) — « Qu'ils soient effacés du livre des vivants. » (*Psaumes*, LXIX, 29.) Tout cela, observe Maïmonide, est dit en manière de *similitude*, car le ciel n'a ni portes ni battants, et il n'y a pas un livre où Dieu écrive ou efface le nom des hommes.

Mais voici une suite plus grave de cette force d'imagination qui caractérise essentiellement les prophètes. Tout ce qui arrive, ils le rapportent directement à Dieu. Pour eux, point de causes prochaines ; c'est la volonté divine qui fait tout. Rien de plus simple que cette préoccupation des prophètes. Qui en effet cherche les causes prochaines des choses et s'efforce de les expliquer, soit par les lois de la nature, soit par les passions, les caprices ou les desseins des hommes ? qui fait cela ? c'est la raison. Or l'imagination trouve ce chemin trop détourné. Frappée, éblouie par un grand phénomène, elle n'y veut voir qu'une cause, la main du Tout-Puissant. « Dieu parle, s'écrie le Psalmiste, et il fait lever un vent de tempête qui élève les vagues. » (*Psaumes*, CXLVIII, 18.) Voilà un phénomène naturel expliqué par la volonté divine. Ailleurs ce sera tel accident de l'histoire, une victoire, une défaite, une invasion, que l'imagination du prophète rapportera immédiatement à un ordre de Dieu : « J'ai appelé mes héros pour exécuter ma colère » (*Isaïe*, XIII, 3), et dans *Jérémie :* « J'enverrai contre Babylone des Barbares qui la disperseront. » (LI, 2.)

C'est avec une tranquillité parfaite que Maïmonide

17.

ramène toutes ces métaphores à leur sens raisonnable et tous ces prodiges à des faits naturels. Quelquefois même on croirait voir errer sur les lèvres de l'imperturbable docteur le sourire de l'incrédulité, comme par exemple quand il s'agit du miracle de Jonas : « Et l'Éternel, dit la Bible, parla au poisson. » (*Jonas*, II, 2.) Sur quoi Maïmonide fait observer que la cause prochaine qui détermina la baleine à engloutir Jonas, ce n'est pas Dieu, c'est tout simplement la faim ; « car, ajoute-t-il, la Bible ne veut pas dire que le poisson ait entendu la parole de Dieu, que Dieu ait rendu le poisson prophète et se soit révélé à lui [1]. »

Maïmonide résume tout ce système d'exégèse par ces fortes paroles qu'il adresse à son disciple bien-aimé : « Sépare et distingue les choses par ton intelligence, et tu comprendras ce qui a été dit par allégorie, ce qui a été dit par métaphore, ce qui a été dit par hyperbole et ce qui a été dit selon ce qu'indique l'acception primitive des termes. Et alors toutes les prophéties te deviendront claires et évidentes ; tu auras des croyances raisonnables, bien ordonnées et agréables à Dieu, car la vérité seule est agréable au Seigneur, et le mensonge seul lui est odieux [2]. »

Nous voilà maintenant en mesure de résoudre la question indiquée plus haut, et sur laquelle se divisent en France et en Allemagne les historiens et les criti-

---

[1] Le *Guide des égarés*, tome II, page 365.
[2] *Ibid.*, ch. 47 de la part. II.

ques les plus compétents. Le panthéisme de Spinoza a-t-il son origine dans l'antique tradition des philosophes juifs ou dans la nouvelle philosophie inaugurée par la France au dix-septième siècle? Quel est le véritable maître de l'auteur de l'*Éthique?* Est-ce Maïmonide, comme l'affirme aujourd'hui M. Cousin [1], ou bien est-ce Descartes, comme M. Cousin l'avait cru et enseigné jusqu'à ce moment [2], en compagnie de M. Ritter [3], de M. Francisque Bouillier, le savant et judicieux auteur de l'*Histoire de la philosophie cartésienne* [4], et de plusieurs autres juges autorisés, parmi lesquels il m'est impossible de ne pas nommer mon cher et regretté maître, M. Damiron [5].

La question est grave. Outre l'intérêt historique, elle en a un autre d'un genre plus sérieux, car il s'agit de savoir au fond si le panthéisme moderne, que Spinoza

[1] Voyez la dernière édition de l'*Histoire générale de la philosophie,* pages 457 et suiv., 1861.

[2] Voyez les premières éditions du Cours de 1829 et les *Fragments de philosophie cartésienne,* pages 428 sqq.

[3] Nous avons la traduction française, récemment publiée par M. Challemel-Lacour, de la partie moderne du grand ouvrage de Ritter, 3 vol. in-8°.

[4] Consultez la dernière édition, 2 vol. in-8°. L'auteur, en refondant et complétant son premier écrit, en a fait un des plus solides et des meilleurs ouvrages historiques qui aient paru depuis trente ans.

[5] Voyez les *Comptes rendus* de l'Académie des Sciences morales et politiques, avril et mai 1861, page 283 et suiv. On trouvera le sentiment de M. Damiron amplement développé dans un savant et ingénieux *Mémoire sur Spinoza* qui fait partie de son *Histoire de la philosophie au dix-septième siècle.*

le premier a organisé avec puissance, que Fichte, Schelling et Hégel ont depuis renouvelé, chacun sous la forme de sa race et de son génie, est un simple accident, un phénomène local, individuel, explicable par l'éducation qu'a reçue un Juif portugais caché en Hollande, ou bien si le panthéisme a des racines plus profondes et s'il tient aux entrailles mêmes de la philosophie de Descartes. Ainsi envisagée, la question des origines de Spinoza se rattache étroitement aux problèmes de notre temps et à toutes nos agitations philosophiques et religieuses.

Pour ne pas s'égarer dans cette question très-compliquée et très-délicate, il importe avant tout de considérer qu'il y a deux parties distinctes dans l'œuvre de Spinoza : d'un côté l'exégèse biblique, de l'autre la philosophie proprement dite, c'est-à-dire la métaphysique avec toutes ses applications à la psychologie, à la morale, à la religion. Spinoza nous développe son système d'exégèse dans un traité qui a fait en Europe, au dix-septième siècle, un scandale immense, le *Tractatus theologico-politicus;* c'est dans d'autres ouvrages publiés après sa mort, c'est surtout dans l'obscure et fameuse *Ethica* que Spinoza a déroulé, selon l'ordre des géomètres, la suite de ses spéculations proprement philosophiques. En distinguant ces deux parties de l'œuvre de Spinoza, je ne dis pas qu'il faille les séparer, je ne dis pas qu'elles soient sans lien, car tout s'enchaînait dans cette tête géométrique; je dis seulement qu'on doit prendre garde de les confondre. Deux systèmes philosophiques profondément différents peuvent aboutir sur un point particulier, même capital, aux mêmes conséquences. Ainsi on peut fort bien admettre l'exégèse rationaliste de Spinoza sans être obligé d'accepter sa métaphysique. Voltaire et Jean-Jacques Rousseau tombent d'accord avec l'auteur du *Theologico-politicus* sur les prophéties et les miracles de l'Ancien et du Nouveau Testament; mais ils repoussent, et c'est leur droit, le panthéisme de l'*Ethica*. Tant que Spinoza frappe sur Moïse, sur Ézéchiel et même sur saint Jean et sur saint Paul, Voltaire applaudit; mais quand Spinoza, passant de l'étude des livres saints à celle de la nature, refuse de voir dans l'univers les traces d'un conseil divin et d'une volonté intelligente, Voltaire se récrie, et apostrophant Spinoza avec sa vivacité éloquente et familière, il lui crie : Tu te trompes, Baruch[1] !

Il n'y a point là d'inconséquence. Or, si l'on veut bien consentir à examiner tour à tour sans les confondre l'œuvre exégétique de Spinoza et son œuvre métaphysique, on ne tardera pas à reconnaître qu'autant Spinoza se rapproche de Maïmonide et en général des philosophes juifs dans sa manière d'entendre la Bible, autant il s'en éloigne, quand il aborde d'autres problèmes, et raisonne, indépendamment de toute tradition historique, sur Dieu, la nature et l'humanité. L'auteur du *Theologico-politicus* est à beaucoup d'égards le continuateur de Maïmonide, de Moïse de Narbonne et de Lévi ben-Gerson; l'auteur de l'*Ethica* est avant tout le disciple de Descartes.

---

[1] *Dictionnaire philosophique*, art. *Causes finales* et ailleurs.

Mais ce n'est là qu'une solution très-générale du problème ; il faut entrer dans les complications et les délicatesses du sujet. Je commencerai par remarquer qu'il n'était point fort difficile de s'apercevoir que Spinoza a beaucoup fréquenté Maïmonide, et en général qu'il était très-versé dans la littérature hébraïque. Pour le savoir, il n'était pas nécessaire que M. Munk nous eût traduit le *Moré Neboukhîm*. En effet, Spinoza, dans son *Theologico-politicus*, cite Maïmonide non pas une fois, mais vingt fois[1], non pas d'une manière vague, mais en indiquant avec précision tel ou tel passage. Il cite aussi d'autres rabbins, Aben Hezra, R. Judas Alpakhar, R. Lévi ben-Gerson, R. Abraham, ben-David et d'autres encore. L'ouvrage tout entier nous montre Spinoza fort au courant des questions agitées dans les synagogues. Il suffit d'ailleurs d'ouvrir la biographie si sincère, si naïve, si empreinte d'un cachet de véracité, que nous a laissée de Spinoza un de ses compatriotes et contemporains, l'honnête et exact Colerus, pour savoir que les premières études de Spinoza eurent pour objet l'hébreu et la Bible[2]. Dirigé par Moses Morteira, le rabbin le plus instruit de la synagogue d'Amsterdam, Spinoza lut et relut le Talmud, comme nous l'apprend un autre biographe de Spinoza, le médecin Lucas[3]. Nul doute qu'à cette époque Spinoza n'ait connu les commentateurs juifs de la Bible, ceux du Talmud et de la Mischna,

---

[1] Voyez la traduction française de Spinoza, nouvelle édition de 1861, t. II, pages 147, 148, 149, 240, 245, 341, etc.

[2] Tome II, page 4 de la traduction de Spinoza.

[3] *Ibid.*, page 4.

très-certainement Maïmonide et Lévi ben-Gerson[1], très-probablement Moïse de Narbonne, et peut-être aussi, comme le conjecture M. Franck[2], Isaac Al-Balag, non moins célèbre chez les Juifs que Moïse de Narbonne et Lévi ben-Gerson, mais dont il n'y a aucune trace dans les écrits de Spinoza.

C'est de ces premières études, mûries par une réflexion originale et profonde, c'est de ce commerce avec les libres penseurs d'Israël qu'est sorti le *Theologico-politicus*. Spinoza n'y citerait-il pas Maïmonide, que ses vues sur la prophétie et sur les prophètes et sa théorie du miracle rappelleraient d'une manière sensible le *Guide des égarés*. Comme Maïmonide, Spinoza soutient que ce qui caractérise essentiellement le prophète, c'est une force d'imagination extraordinaire. Voilà pourquoi, dit-il, les prophètes ont toujours perçu et enseigné toutes choses par images et paraboles. « Ne nous étonnons plus que Michée nous représente Dieu assis, que Daniel nous le peigne comme un vieillard couvert de blancs vêtements, Ézéchiel comme un feu, enfin que les personnes qui entouraient le Christ aient vu le Saint-Esprit sous la forme d'une colombe, tandis qu'il apparut à Paul comme une grande flamme et aux apôtres comme des langues de feu[3]. »

Jusque-là parfait accord entre Spinoza et Maïmonide.

---

[1] Spinoza pourtant n'a cité Levi ben-Gerson qu'une seule fois, dans une de ses notes marginales du *Theologico-politicus*.
[2] Séance de l'Académie des Sciences morales, mai 1861.
[3] *Traité théologico-politique*, ch. 2, page 33 du tome II. Comp. *Guide des égarés*, part. II.

Spinoza concède encore à son maître qu'une des conditions préalables de l'esprit de prophétie, c'est la pureté de l'âme et la piété [1]; mais ce que Spinoza n'accorde pas, c'est que les prophètes aient uni à la force de l'imagination celle de l'entendement. L'Écriture dit le contraire, suivant lui, car des hommes grossiers, sans lettres, et même de simples femmes, comme Hagar, la servante d'Abraham, jouirent du don de prophétie. Et cela est parfaitement d'accord avec la raison, observe Spinoza avec un sérieux ironique. « Ce sont en effet les hommes qui ont l'imagination forte qui sont les moins propres aux fonctions de l'entendement pur, et réciproquement les hommes éminents par l'intelligence ont une puissance d'imagination plus tempérée, plus maîtresse d'elle-même, et ils ont soin de la tenir en bride, afin qu'elle ne se mêle pas avec les opérations de l'entendement [2]. »

Les prophètes étaient si peu des hommes d'un entendement supérieur que souvent ils ne comprenaient pas la révélation dont ils étaient les organes. Spinoza cite les prophéties de Zacharie, qui furent tellement obscures, selon son propre récit, qu'il ne put les comprendre sans une explication. « Et Daniel, ajoute Spinoza avec un sourire presque voltairien sur les lèvres, Daniel, même avec une explication, fut incapable de comprendre les siennes [3]. »

---

[1] *Traité théologico-politique*, page 41. — Comp. *Guide des égarés*, part. II, pages 306 et suiv.
[2] *Ibid.*, tome II, page 34.
[3] *Ibid.*, page 41.

De cette théorie du prophétisme, Spinoza déduit des conséquences qui auraient épouvanté l'orthodoxie de Maïmonide : c'est d'abord que, l'inspiration divine et la force de l'imagination étant des dons communs à tous les temps et à tous les pays, l'esprit de prophétie n'a rien de propre à la nation juive. Des incirconcis, des gentils même, Noé, Abimélech, Balaam, Job, ont prophétisé, au témoignage de la Bible. On voit des prophètes (juifs, il est vrai) envoyés aux nations étrangères, Ézéchiel à toutes les nations alors connues, Hobadias aux Iduméens, Jonas aux Ninivites. Entraîné par la logique, Spinoza ne craint pas d'ouvrir les bras aux prophètes de toutes les nations, à Mahomet lui-même, déclarant qu'au surplus, quoi qu'on pense de Mahomet et de ses oracles, qu'on soit chrétien, juif ou musulman, quiconque adore Dieu par la pratique de la justice et l'amour du prochain, l'esprit du Christ est en lui et son salut est assuré[1]. »

C'est dans ses *Lettres*, il est vrai, que Spinoza s'exprime avec cette hardiesse et cette netteté. Il est plus réservé dans le *Theologico-politicus*. Rien même n'est plus curieux que d'entendre le disciple de Maïmonide déclarer que sa méthode à lui diffère essentiellement

---

[1] *Lettre à Isaac Orobio*, tome III, page 426. — Rapprochons de ces paroles de Spinoza un passage de sa lettre à Albert Burg : « Oui, je le répète avec Jean, c'est la justice et la charité qui sont le signe le plus certain de la vraie foi catholique ; la justice et la charité, voilà les véritables fruits du Saint-Esprit. Partout où elles se rencontrent, là est le Christ, et le Christ ne peut pas être là où elles ne sont plus. » (Tome III, page 451.)

de celle de ses devanciers. « Maïmonide, observe-t-il, prétend qu'il faut expliquer l'Écriture en mettant le sens littéral d'accord avec la raison [1]; mais après avoir dit cela, que fait-il? Il donne pour interprète à la raison un certain philosophe grec nommé Aristote, et à l'abri de ce personnage il introduit dans la Bible mille subtilités profondément étrangères à la simplicité de cet antique monument. » — « Telle n'est point ma méthode, continue Spinoza. Je ne me sers pour interpréter la Bible que de la Bible elle-même. » Et en effet la Bible n'est point un traité de métaphysique; elle a pour auteurs des hommes simples, étrangers aux raffinements de la science, touchés d'une inspiration divine. Il n'y faut pas chercher des systèmes sur la nature et les attributs de Dieu. Tout y est d'imagination et de sentiment. C'est en prêtant leurs visions métaphysiques à la Bible que les nouveaux chrétiens l'ont défigurée et en ont perdu le sens primitif. « Selon moi, dit Spinoza, les hautes spéculations n'ont rien à démêler avec la Bible, et je déclare n'y avoir jamais appris ni pu apprendre aucun attribut de Dieu [2]. » L'objet essentiel de la Bible, ce n'est pas la science, mais la piété. Il faut la lire, non pour s'éclairer, mais pour s'édifier. Et de là Spinoza conclut que c'est une chose monstrueuse d'anathématiser et de persécuter les philosophes au nom de la Bible. La Bible n'est ni pour Platon, ni pour Aristote. La Bible enseigne par des images et des paraboles à adorer Dieu et à aimer son prochain. Quiconque

---

[1] *Traité théologico-politique*, ch. VII, pages 147 et suiv.
[2] *Lettre à Blyenberg*, tome III, page 409.

pratique la justice et la charité est orthodoxe autant qu'il faut.

Nous voilà bien loin du douzième siècle et de Maïmonide. Et cependant, quoi qu'en dise Spinoza, la méthode du maître et celle du disciple ne sont pas si différentes qu'on pourrait le croire. Maïmonide, qui est un Juif croyant, et qui plus est, un sage, Maïmonide qui ne veut qu'épurer la Bible de tout anthropomorphisme et de toute superstition, distingue dans le livre saint ce qui est conforme et ce qui n'est pas conforme à la raison. Il incline à voir dans le prophétisme un fait naturel, mais il a soin d'excepter Moïse de sa théorie. Moïse a perçu les révélations divines, non par l'imagination, mais par la raison; Moïse a communiqué avec Dieu, non par l'intermédiaire d'un ange, mais d'une façon directe et immédiate; Moïse était éveillé, calme et de sens rassis, quand il prophétisait[1]. De même, s'il faut effacer de l'Écriture bien des miracles, il y en a qui ne peuvent être niés, comme par exemple l'apparition de Dieu sur le mont Sinaï. Nier un tel miracle, c'est nier la Bible, c'est renverser la loi par le fondement.

Tel est le juste milieu où espère se tenir le prudent Maïmonide; mais Spinoza se pique peu de sagesse, il se pique seulement de conséquence. Pour lui, le miracle étant une dérogation aux lois nécessaires de la nature, il n'y a pas de vrais et de faux miracles, il n'y en a pas du tout. L'inspiration prophétique étant un don naturel, une affaire d'imagination, il ne faut point distin-

---

[1] Le *Guide des égarés*, part. II, pages 277 et suiv.

guer entre les vrais et les faux prophètes. Au sens surnaturel du mot, il n'y a pas de prophète; celui qu'on appelle ainsi n'est qu'un homme enthousiaste qui prend les visions de son esprit pour une parole miraculeusement venue d'en haut : point d'exception, ni pour Moïse ni pour aucun autre. Mais je me trompe peut-être, et je prête ici à Spinoza plus de conséquence qu'il n'en a, car dans le *Theologico-politicus* il fait exception, non plus pour Moïse, mais, ce qui est bien curieux chez un Juif et chez un disciple de Maïmonide, pour Jésus-Christ. « Jésus-Christ, dit-il, n'est pas un prophète comme un autre. Les autres prophètes n'atteignaient les choses divines que par des intermédiaires et à l'aide de l'imagination; Jésus-Christ les connaissait sans paroles et sans images [1]. On peut dire que Jésus-Christ, c'est la sagesse de Dieu qui s'est revêtue de notre nature dans la personne de Jésus-Christ [2]. »

Voilà Spinoza chrétien ou peu s'en faut; il fait en faveur du Christ les mêmes exceptions que Maïmonide en faveur de Moïse [3]. Ne vous y fiez pas cependant. Je ne sais si Maïmonide était parfaitement sincère en abritant sa libre exégèse derrière une exception pour Moïse : Dieu seul sonde les reins et les cœurs; mais pour Spinoza, c'est une autre affaire. Ne craignez de celui-là aucune restriction mentale, aucun scrupule de prudence. Si dans son *Traité théologico-politique* ayant annoncé

[1] *Traité théologico-politique*, page 81 du tome II.
[2] *Ibid.*, page 23.
[3] Comp. *Traité théologico-politique*, ch. 1 et 4, et *Guide des égarés*, part. II, pages 277, 288.

qu'il n'interpréterait la Bible que par la Bible elle-même, et poursuivant un grand dessein, celui d'affranchir la philosophie dans l'État en la dégageant de la théologie, si, dis-je, Spinoza a parlé du Christ comme en parle l'Évangile, il n'a pas laissé que de faire entendre sa pensée. Ainsi, quand il appelle Jésus-Christ la sagesse divine incarnée, il ajoute : *Je veux dire une sagesse plus qu'humaine;* cela signifie que Jésus-Christ est un homme à part, un homme supérieur à tous les hommes, et c'est à ce titre que Spinoza lui rend, lui Juif et persécuté, un sincère et courageux hommage. « Mais quant à ce que disent certaines Églises, écrit-il à son ami Oldenburg, que Dieu a revêtu la nature humaine, j'aimerais autant dire que le cercle a revêtu la nature du carré [1]. » Ceci est clair, Spinoza ne fait d'exception pour aucun miracle, pour aucun prophète. Il nie la révélation, le miracle, la prophétie, non pas sur tel ou tel point, dans tel ou tel passage, comme ses maîtres juifs, mais partout, mais toujours, dans le Nouveau Testament comme dans l'Ancien, dans Moïse, dans Jé-

---

[1] *Letttre à Oldenburg,* tome III, page 367. — Dans une autre lettre, Spinoza s'explique aussi clairement, quoique avec moins de crudité. « Est-ce que vous croyez, écrit-il à Oldenburg, quand l'Écriture dit que Dieu s'est manifesté dans la nue, ou qu'il a habité dans le tabernacle, ou dans le temple, que Dieu s'est revêtu de la nature de la nue, de celle du temple ou du tabernacle? Or Jésus-Christ ne dit rien de plus de soi-même : il dit qu'il est le temple de Dieu, entendant par là, je le répète encore une fois, que Dieu s'est surtout manifesté dans Jésus-Christ. Et c'est ce que Jean a voulu exprimer avec plus de force encore par ces paroles : *le Verbe s'est fait chair.* Soyez sûr que tout en écrivant son Évangile en grec, Jean hébraïse pourtant. » (Tome II, page 373.)

sus-Christ, sans aucune réserve et sans aucune exception.

Tels sont les rapports et telles sont les différences qu'on découvre entre Spinoza et Maïmonide, quand on envisage dans celui-ci l'initiateur de l'exégèse rationnelle, dans celui-là l'homme qui l'a reprise avec une hardiesse et une vigueur singulières et l'a poussée à ses plus extrêmes conséquences.

Considérons maintenant ces deux personnages, non plus comme des Juifs qui raisonnent sur la Bible, mais comme des métaphysiciens qui spéculent sur la nature des choses. Tout à l'heure, sous les différences éclataient de profondes ressemblances. Ici c'est tout le contraire. Il y a en effet des analogies, mais rares et accidentelles ; les différences dominent. Parlons d'abord des analogies.

Un point sur lequel Maïmonide et Spinoza se rencontrent, c'est l'horreur de la superstition, c'est l'aversion pour l'anthropomorphisme. Spinoza se plaint que les hommes dénaturent la Divinité en la faisant à leur image. « On se représente Dieu, dit-il [1], comme formé d'une âme et d'un corps, et sujet, ainsi que l'homme, aux passions. » Et cependant Dieu est par son infinité au-dessus des limitations de l'étendue, comme, par sa pensée éternelle et immuable, il reste affranchi des misères de l'entendement borné et de l'inconstante volonté des hommes. On peut dire, si l'on veut, que Dieu a un entendement, mais à la condition d'ajouter qu'entre

---

[1] *Éthique*, part. I, Schol. de la Propos. 15.

l'entendement de Dieu et celui des hommes il n'y a pas plus de ressemblance qu'entre le Chien, constellation céleste, et le chien, animal aboyant [1].

Voilà, certes, entre Maïmonide et Spinoza un trait de ressemblance fort intéressant. Nul doute que Spinoza n'ait puisé dans le *Guide des égarés* et autres livres semblables une haine vigoureuse des superstitions populaires; mais haïr la superstition, ce n'est point aimer le panthéisme. De ce que Maïmonide a fait naître ou fortifié chez Spinoza l'aversion de l'anthropomorphisme, en conclure qu'il l'a fait panthéiste, ce serait une prétention arbitraire, et, qui plus est, fort dangereuse, car alors on ne pourrait plus détester la superstition sans être suspect de panthéisme. Cela ferait les affaires des ennemis de la philosophie.

La vérité est que, dans ce commun dégoût pour les superstitions religieuses, on voit fort nettement que Maïmonide et Spinoza s'inspirent de deux systèmes de philosophie profondément différents. Maïmonide combat l'anthropomorphisme avec les armes que lui fournit Avicenne, Spinoza avec celles qu'il trouve dans Descartes et dans ses propres spéculations. Au nom de quelle théorie Maïmonide repousse-t-il les attributs de Dieu? au nom de la théorie du Dieu ineffable et indivisible, théorie mystique et alexandrine. Spinoza est à mille lieues de cette doctrine: Tandis que Maïmonide, à l'exemple de tous les philosophes arabes secrètement inspirés par Plotin, regarde comme l'effort le plus su-

---

[1] *Éthique,* Schol. de la Propos. 17.

blime de la libre spéculation philosophique de s'élever à un Dieu ineffable, incompréhensible, sans attributs d'aucune sorte, pas même l'existence et l'unité, Spinoza enseigne la doctrine diamétralement contraire. La nature divine est à ses yeux si peu obscure et inconcevable qu'elle est, au contraire, ce qu'il y a de plus intelligible et de plus lumineux. Qu'est-ce en effet que Dieu ? c'est l'être ou la substance [1], définition capitale qui est le point de départ de tout le système de Spinoza. Connaissons-nous l'essence de Dieu ? Oui, certes, répond l'auteur de l'*Éthique*, et dans son rationalisme effréné il va jusqu'à poser cet audacieux théorème, repris de nos jours par Hégel : « L'âme humaine a une connaissance adéquate de l'infinie et éternelle essence de Dieu [2]. » Spinoza pourtant est modeste à côté de nos hégéliens. Il convient que la connaissance humaine a des limites : c'est pourquoi, dit-il, nous ne connaissons clairement que deux attributs de Dieu, savoir, la pensée infinie et l'infinie étendue [3]. Le Dieu de Spinoza a donc des attributs, non pas ces attributs purement négatifs que lui laisse le mysticisme, mais des attributs positifs, et bien que nous ne puissions en saisir que deux, nous savons de science certaine qu'il en a une infinité, car il est de l'essence de la substance infinie de se développer par une série infinie d'attributs [4]. Quoi de plus contraire, je le demande, à toute la théodicée de Maïmonide et de ses

---

[1] *Éthique*, part. I, Définitions.
[2] *De l'Ame*, Propos. 47.
[3] *Ibid.*, Propos. 1 et 2.
[4] *Éthique*, part. I, Propos. 9 et 11.

successeurs, expressément fondée sur la négation des attributs de Dieu?

Je sais ce qu'on me dira, c'est que si par cet endroit Spinoza se sépare à la fois de Maïmonide et d'Averrhoès, il s'en rapproche par sa manière d'entendre la pensée divine. En effet, tout en accordant à Dieu l'attribut de la pensée, Spinoza n'entend point par la pensée divine une pensée déterminée, une pensée en acte, une pensée ayant conscience d'elle-même. Non; la pensée divine à ses yeux ne se détermine qu'en s'individualisant, qu'en devenant telle ou telle intelligence finie, qu'en parcourant successivement tous les degrés et toutes les formes de la pensée. Or cet océan éternel et infini de l'intelligence divine d'où sortent comme autant de ruisseaux les générations humaines, n'est-ce pas là l'Intelligence active de Maïmonide et d'Averrhoès? Et Spinoza lui-même n'indique-t-il pas cette origine de son système, lorsqu'il s'exprime ainsi dans un scholie célèbre de l'*Éthique* : « C'est ce qui semble avoir été aperçu comme à travers un nuage par quelques Hébreux qui soutiennent que Dieu, l'intelligence de Dieu et les choses qu'elle conçoit ne font qu'un[1]? »

Je réponds que l'on confond ici deux ordres d'idées complétement différentes. Sous ce mot obscur d'Intelligence active, il y a deux théories, celle d'abord qui consiste à placer au-dessous de Dieu, au-dessous des anges, entre les anges et l'homme, un certain principe chargé d'illuminer la raison des hommes, théorie bizarre, faus-

---

[1] *De l'Ame*, Schol. de la Propos. 7.

sement imputée par les Arabes à Aristote ; c'est la théorie d'Avicenne et de Maïmonide. Plus tard, cette doctrine se modifia ; on absorba l'Intelligence active en Dieu, et dès lors elle fut conçue comme le foyer primitif, éternel et infini, d'où émanent par une loi nécessaire toutes les intelligences créées, abîme sans fond où, après avoir un instant joui de l'existence individuelle, elles doivent se replonger.

C'est sur Averrhoès, à tort ou à raison, que la tradition a fait peser la responsabilité de cette seconde théorie. Elle est, j'en conviens, panthéiste et fataliste, et sous ce double rapport elle a de l'analogie avec le système de Spinoza ; mais Spinoza a-t-il beaucoup connu, a-t-il beaucoup pratiqué les averrhoïstes? C'est au moins douteux. Le passage cité plus haut est-il une allusion aux doctrines arabes? C'est possible, je ne le nie pas, mais je ne voudrais pas l'affirmer. Spinoza a pu penser aux kabbalistes, comme l'ont cru d'habiles critiques[1]. Il est certainement curieux de le voir abriter sa théorie sous la tradition juive. Peut-être même l'allusion s'adresse-t-elle à Maïmonide[2]; mais la question qu'il s'agit de résoudre, c'est de savoir si Spinoza a trouvé dans Maïmonide, non pas telle ou telle pensée équivoque, mais les principes du panthéisme. Cette question n'est pas de celles qu'on résout par conjecture. Les pièces du procès sont sous nos yeux. Eh bien! je dis que le panthéisme et le fatalisme ne sont pas dans

---

[1] Voyez M. Franck dans son livre sur la *Kabbale*, préface, pages 27 et 28.

[2] Voyez le *Guide des égarés,* part. I, ch. 68.

Maïmonide et que Spinoza n'a pu les y trouver. Pour soutenir le contraire, il faudrait confondre Maïmonide avec Averrhoès. Or c'est une vieille erreur réfutée par la critique contemporaine que de voir dans Averrhoès le maître de Maïmonide. On sait aujourd'hui que Maïmonide n'a jamais pu voir Averrhoès [1], et Maïmonide lui-même nous apprend qu'il n'a connu les écrits du philosophe arabe que fort tard, dans sa vieillesse. Dira-t-on que si Maïmonide n'a pas reçu d'Averrhoès la théorie panthéiste de l'Intelligence active, il a pu en trouver le germe dans Avicenne ou dans Avempace, qui ont entendu l'immortalité de l'âme à peu près comme lui? Cette hypothèse est démentie par l'œuvre entière de Maïmonide et par l'esprit qui anime toute son entreprise d'exégète et de philosophe. Maïmonide entend si peu la théorie de l'Intelligence active au sens panthéiste qu'il l'admet dans les chapitres mêmes destinés à établir l'existence d'un Dieu libre et créateur. C'est un paradoxe insoutenable que de présenter Maïmonide comme entaché d'averrhoïsme sur l'article de la création. Il consacre un tiers de son grand ouvrage à combattre pour la création *ex nihilo*. Sur ce point, il est orthodoxe comme un chrétien; il est plus orthodoxe que beaucoup de pères de l'Église. Sa foi dans le Dieu créateur de la *Genèse* est si forte, qu'au lieu de la laisser fléchir sous le joug d'Aristote, c'est au contraire son maître Aristote qu'il immole à sa foi. Il ne veut ni de

---

[1] Voyez M. Munk, *Mélanges de philosophie juive et arabe*, page 486; M. Franck, *Études orientales*, page 318, et M. Renan, *Averrhoès et l'Averrhoïsme*, page 140.

la matière première ni de l'éternité du mouvement. Il s'efforce même de prouver qu'Aristote n'a pas soutenu ces deux thèses d'une manière absolue, mais seulement comme des opinions vraisemblables [1]. Et pourquoi Maïmonide tient-il si fort à la *nouveauté* du monde? C'est qu'il craint, en concevant le monde comme éternel, de trop effacer la nécessité de l'acte créateur; il craint aussi, en faisant du monde une émanation nécessaire, de détruire la liberté et la responsabilité humaines [2]. Quoi donc! parce qu'il y a dans Maïmonide quelques phrases, d'ailleurs innocentes, auxquelles semble pouvoir s'appliquer une allusion assez vague de Spinoza, on conclurait que Spinoza a puisé dans ses livres l'idée panthéiste, lorsque ces livres mêmes sont consacrés à combattre le panthéisme, à proclamer un Dieu libre et une âme faite à son image, responsable et capable d'immortalité!

Ainsi donc ni Maïmonide ni la kabbale ne contiennent et n'expliquent le panthéisme de Spinoza. Il y a des analogies, des ressouvenirs, des points de contact; mais les différences dominent, et le système de l'*Éthique*, comparé à celui-là même des anciens systèmes auxquels il ressemble le plus, je veux dire à l'averrhoïsme, reste empreint d'un caractère parfaitement original. Serait-ce alors que Spinoza n'a eu d'autre maître que son génie? Point du tout. Spinoza a eu du génie sans doute; mais il a eu un maître, et c'est Descartes.

[1] Voyez le *Guide des égarés*, part. II.
[2] Voyez la troisième partie du *Guide des égarés* dans le latin de Buxtorf, en attendant la traduction française de M. Munk.

Qu'il y ait dans la philosophie de Descartes certaines semences que Spinoza a cultivées et d'où il a tiré le panthéisme, c'est ce qui paraissait définitivement établi depuis plus de vingt ans. Si un commerce prolongé avec Spinoza m'autorise à prendre ici la parole en mon propre nom, je dirai que je ne suis pas de ceux qui ont exagéré les rapports de Spinoza avec Descartes. J'ai même écrit un chapitre pour modifier le fameux arrêt porté par Leibnitz : que le spinozisme n'est qu'un cartésianisme immodéré. Ce jugement me semblait trop sévère pour Descartes ou, ce qui est la même chose, trop indulgent pour Spinoza. Je proposais d'y faire un amendement ; je demandais que l'on dît : Le spinozisme est un cartésianisme corrompu [1]. En cela, je ne cédais point au plaisir de contredire Leibnitz, ni à la puérile satisfaction de changer un mot dans une de ses sentences les plus mémorables. Je trouvais que ma formule rendait mieux que la sienne cette nuance fine et délicate où le plus souvent, dans ces questions épineuses, se trouve la vérité. Je voulais dire qu'il y a deux parts à faire dans Descartes, celle du bien et celle du mal. Le cartésianisme, dans ses parties saines, loin de conduire au spinozisme, en est le plus sûr préservatif ; mais il y a aussi dans Descartes des parties faibles, des parties malades. Là est le germe du panthéisme et du fatalisme, germe fatal, seul recueilli et développé par Spinoza. Or c'est là ce que j'appelle corrompre un système au lieu de le développer. A mon avis, l'homme qui véritablement

---

[1] Ce jugement sera l'objet d'une démonstration régulière dans le chapitre qui va suivre, sous ce titre : *Spinoza et Descartes.*

développe Descartes, ce n'est pas Spinoza, c'est Leibnitz. Pourquoi cela? parce que Leibnitz redresse, réforme, transforme Descartes, et pousse le cartésianisme en avant dans les voies de la vérité. Spinoza corrompt Descartes, parce qu'au lieu de le corriger en ses erreurs, il y abonde de toute la force d'un esprit d'une trempe supérieure, et précipite ainsi le spiritualisme aux abîmes.

Voilà, ce me semble, la limite extrême qu'on ne doit pas franchir; voilà le seul correctif qu'on puisse apporter à l'arrêt de Leibnitz, arrêt d'ailleurs admirable de finesse et de profondeur. Maintenant qu'on vienne nous dire que Spinoza n'a aucun rapport essentiel avec Descartes, qu'il y a tout au plus entre ces deux systèmes un point commun, la définition de la substance (définition que Descartes a retirée), que Spinoza de la sorte cesse tout à coup d'être cartésien pour le plus grand honneur de Descartes, qu'on fasse de lui un pur juif, un averrhoïste, un kabbaliste, tout enfin, excepté ce qu'il est, alors il m'est impossible de ne pas m'étonner, et l'homme qui avance ce paradoxe, fût-il le plus savant des historiens de la philosophie, le plus ingénieux des critiques, le plus éloquent et le plus séduisant des hommes, fût-il enfin M. Cousin en personne, je ne puis m'empêcher de lui dire : « Cher et illustre maître, vous vous trompez. »

Je reconnais que la méthode géométrique de Spinoza est contraire à celle que Descartes avait d'abord suivie en posant le *Cogito, ergo sum*, comme fondement de sa philosophie. Je reconnais que le Dieu de Spinoza, substance impersonnelle et immanente de tous les êtres, n'est pas le Dieu auquel croyait Descartes, et qui est le Dieu intelligent et libre, le Dieu créateur du christianisme ; mais cela accordé, et les discussions minutieuses de détails étant écartées, je dis que toute justification de Descartes est vaine, quand on porte la controverse sur le point capital. Il y a une notion essentielle qui manque à la philosophie de Descartes, c'est la notion de force individuelle. Il est clair d'abord qu'il a banni la force de l'univers physique. Les corps ne sont pour lui que les modes inertes d'une étendue passive. Matière brute ou matière organique, peu lui importe ; les animaux eux-mêmes ne sont que des automates incapables d'aucune action spontanée. En un mot, l'univers de Descartes, c'est l'univers abstrait et mort de la géométrie. « Je ne puis goûter, disait le grand Huyghens, l'idée que Descartes se fait de la matière ; elle équivaut pour moi à l'idée du vide. »

Descartes a-t-il reconnu la force individuelle dans l'âme humaine ? Non. Je ne dis pas qu'il ait nié résolûment la force en psychologie, comme il l'avait niée en physique ; je dis qu'il l'a mal connue et effacée. Il confond tour à tour la volonté avec l'entendement et avec le désir, double erreur, fertile en mille conséquences fâcheuses. On a beau dire que ces questions n'étaient pas à l'ordre du jour. Point du tout ; rien n'était plus à l'ordre du jour au temps de Jansénius, d'Arminius et de Gomar que la question de l'efficace de la volonté. Or tantôt Descartes est pour la liberté d'indifférence, tantôt il est pour le déterminisme, d'où lui est venu le double reproche d'être pélagien et fataliste. Il a mérité à beaucoup d'égards l'une et l'autre accusation, la première en disant que la volonté de l'homme est infinie, ce qui est une exagération singulière; il a mérité la seconde en disant que l'indifférence est le plus bas degré de la liberté, et que plus la volonté est déterminée, plus elle est libre. Et quand Descartes ose soutenir cette étrange théorie que Dieu a fait le monde par un acte entièrement indifférent, et que le bien et le mal, le vrai et le faux, le beau et le laid, ne sont tels que par la volonté de Dieu, si l'on va au fond de ces paradoxes extraordinaires, on trouve encore la même erreur radicale, l'absorption, en Dieu comme chez l'homme, de la volonté dans l'entendement.

Considérez maintenant que Descartes réduit d'une part le monde matériel à une étendue passive, de l'autre le monde spirituel à des âmes dont il affaiblit et efface l'activité; songez d'ailleurs que toute la métaphysique de Descartes a pour base le dualisme de la pensée et de l'étendue, dualisme qui rend impossible toute influence de l'âme sur le corps et du corps sur l'âme, et vous comprendrez que le jour où parut un penseur intrépide, amoureux de logique et d'unité, le double univers de Descartes vint s'absorber, comme de lui-même, dans une substance universelle, unité suprême où se résout et se concilie la dualité de la pensée et de l'étendue, cause unique où le corps et l'esprit, par eux-mêmes impuissants, trouvent le secret de leur correspondance et le principe de leurs actions. Or qu'est-ce que cette idée, si ce n'est celle de Spinoza?

Elle sortait si naturellement de Descartes qu'au même moment, en France, en Hollande, en Angleterre, des hommes qui ne s'étaient point entendus, qui ne pouvaient pas s'entendre, arrivaient par des chemins un peu différents à la même conséquence. Malebranche est de l'Oratoire, Fénelon est de Saint-Sulpice, deux foyers de religion et de philosophie fort opposés. Tous deux sont catholiques; Clauberg et Geulincx sont protestants, Spinoza est juif. Et cependant entre tous il y a un air de famille, et c'est toujours la même doctrine avec des atténuations plus ou moins caractérisées. Ici toute citation serait inutile; les analogies sont avérées [1]. Comment soutenir devant un pareil fait que le panthéisme de Spinoza est un accident, que Spinoza est un pur juif, égaré par la tradition hébraïque? C'est fermer les yeux à l'évidence; c'est d'ailleurs se contredire formellement, puisqu'au moment où on nie les rapports de Descartes avec Spinoza, on maintient ceux de Spinoza avec Malebranche, avec Geulincx et Clauberg, à moins qu'on ne

---

[1] Je citerai pourtant un passage décisif qu'un juge particulièrement compétent en matière de philosophie cartésienne, le savant et regrettable M. Damiron, signalait avec à propos devant ses confrères de l'Académie des sciences morales : « Il faut avant tout, dit Geulincx, se purger l'esprit du préjugé de l'efficace en ce qui regarde les créatures, parce qu'il n'y a véritablement d'efficace qu'en Dieu, ensuite parce que c'est Dieu qui fait en nous la pensée comme il fait le mouvement dans les corps, que c'est lui pareillement qui agit par le corps sur l'âme et par l'âme sur le corps, qu'il est la cause unique et la cause immanente et non distincte de ses effets. » On dirait ce passage écrit par Malebranche; le dernier trait semble être de Spinoza lui-même.

soutienne que ces personnages ne sont pas cartésiens ; mais alors quels sont les vrais cartésiens? Bossuet et Arnaud, dira-t-on peut-être ; mais Bossuet et Arnaud sont avant tout des théologiens qui prennent dans Descartes ce qui leur convient et rejettent le reste, assez indifférents, comme ils disent, au *pur philosophique*. Encore une fois donc, où sont les vrais cartésiens? On répond : Wittichius, Welthuisius, Régis. Quoi ! c'est là la famille de Descartes ! Et vous croyez travailler à sa gloire en lui retranchant Spinoza, Malebranche, et peut-être encore Fénelon, car celui-là aussi est suspect de quelque panthéisme uni à sa haute mysticité ! Voilà une singulière façon de comprendre les grandeurs et les nobles vicissitudes du cartésianisme !

La vérité est que Descartes a exercé sur son siècle une influence incomparable. Personne n'ignore que c'est en rencontrant par hasard un livre de Descartes que Malebranche se dégoûta de l'érudition et se fit philosophe. Même effet produit sur Spinoza. Il était occupé d'hébreu et d'antiquités. Descartes lui tombe entre les mains. Le voilà cartésien. Il lit les *Méditations* et les *Principes*. Son premier écrit n'est autre chose que la philosophie de Descartes mise en forme géométrique. Je sais que cette forme elle-même témoigne d'un esprit qui n'est pas celui du *Cogito ergo sum;* mais à qui la faute, si ce n'est à Descartes lui-même? Qui a communiqué à tous ses disciples la passion de la géométrie? qui leur a donné l'exemple des démonstrations mathématiques en matière de philosophie, si ce n'est lui? Je sais aussi que Spinoza, dès 1663, s'inscrit en faux contre le dualisme où Descartes s'était arrêté, et contre la liberté que Descartes maintenait de nom en la niant dans ses conditions essentielles ; mais c'est que déjà Spinoza avait trente ans, déjà il avait l'*Éthique* dans la tête, il en communiquait des fragments à son ami Oldenburg. L'indépendance de ses opinions ne l'empêchait pas d'ailleurs de reconnaître Descartes pour son maître. Lui qui cite si peu, lui si sobre d'éloges, car je ne sache pas qu'il ait jamais loué personne, fait exception pour Descartes. Il le contredit souvent ; mais comme on sent qu'il l'admire ! comme il en est plein ! comme il a scruté et approfondi tous les coins et tous les replis de son œuvre [1] !

J'ose dire qu'en présence de ces faits, de ces documents, de ces textes, nier l'origine cartésienne de Spinoza pour aller chercher, à grands renforts de conjectures, des origines lointaines et douteuses, tantôt la Kabbale, tantôt Maïmonide, tantôt Averrhoès, tantôt même des personnages que Spinoza n'a jamais cités et qui n'ont avec lui aucune analogie sérieuse, j'ose dire que ce n'est pas être fidèle aux lois de la bonne et sévère critique, de cette critique dont l'exact et profond interprète de Platon, de Proclus et d'Abailard nous a donné tant d'admirables leçons et tant de modèles accomplis.

Je me demande maintenant quel avantage on peut se promettre de cette brusque et tardive réhabilitation du

---

[1] Voyez le préambule du livre III de l'*Éthique,* où Spinoza cite *l'illustre Descartes.* Voyez aussi le livre IV, dans le préambule, et ailleurs.

pur cartésianisme primitif, entreprise aux dépens de la vérité historique. Supposons qu'elle aboutisse à faire un instant illusion. Voilà Descartes délivré des soucis de la paternité, n'ayant plus rien de commun avec ces deux indignes fils qu'on lui attribuait, Malebranche et Spinoza ; le voilà pur de tout panthéisme, de tout fatalisme, de tout mysticisme ; il a toujours marché droit ; jamais il n'est tombé, jamais il n'a glissé, ni chancelé, ni dévié. C'est le philosophe parfait, impeccable, infaillible. Soit ; mais alors expliquez-moi, je vous prie, pourquoi il est arrivé au système de Descartes ce qui arrive à toutes les œuvres humaines. Elles vivent quelque temps, puis elles meurent. La vérité seule ne meurt pas. Quoi ! le cartésianisme est la vérité même, et il est mort ! C'est impossible. Et puis, si Descartes n'avait pas besoin d'être réformé, à quoi bon Leibnitz ? Quelle est la raison d'être de ce grand continuateur, de ce grand réformateur du cartésianisme primitif ? Toute l'histoire de la philosophie moderne perd son enchaînement ; car, supposé, comme je le crois, que la philosophie du dix-septième siècle, toute grande qu'elle puisse être, ne soit après tout qu'un mélange de vérités et d'erreurs, on s'explique la réaction du siècle suivant, on s'explique Locke, Voltaire, Reid et Kant ; mais, si le cartésianisme est sans mélange d'erreur, s'il donne le dernier mot de tous les problèmes, comment se fait-il que le gouvernement des intelligences se soit un jour échappé de ses mains pour passer aux mains triomphantes des pères et des patrons de l'*Encyclopédie ?* Quoi ! la vérité absolue était là, et on a fermé les yeux pour ne pas la voir! La philosophie était faite, et on lui a tourné le dos!

Mais laissons-nous persuader qu'il n'y a aujourd'hui rien de mieux à faire que de revenir purement et simplement à Descartes : espère-t-on avoir mis un terme à nos agitations intellectuelles et coupé la racine du panthéisme et de toutes les erreurs? Si étrange que soit l'idée de constituer une sorte d'autorité infaillible en philosophie, cela n'est pas nouveau dans le monde, cela s'est déjà vu. Au temps d'Ammonius Saccas et de Plotin, on s'avisa d'attribuer à un homme le don divin de l'infaillibilité. Il est vrai que cet homme était Platon. Eh bien! tout Platon qu'il était, son autorité proclamée souveraine ne fit pas régner la concorde dans la république des philosophes. Elle n'empêcha pas les platoniciens d'Alexandrie de tomber dans le panthéisme, dans le fatalisme, dans le mysticisme. Chacun entendait Platon à sa manière, chacun abritait sous le nom de Platon ses propres visées, ses chimères, ses témérités.

Au moyen âge, la scène change. Le maître infaillible, ce n'est plus Platon, c'est Aristote. La tyrannie d'Aristote a-t-elle mieux réussi à établir l'ordre, la discipline et la paix? Tant s'en faut. Il y a des réalistes et des nominaux, sans parler des conceptualistes; il y a des partisans de saint Thomas et des partisans de Duns Scot, tous du reste bons péripatéticiens et jurant sur la parole d'Aristote. Ces deux expériences ne suffisent-elles pas, et faut-il en essayer une troisième? Non, disons-le nettement; la tyrannie n'est bonne nulle part, en philosophie moins que partout ailleurs. Nul philosophe n'est impeccable, nul système de métaphysique n'est parfait et éternel. Quiconque va chercher dans un livre sa philosophie toute faite ne sera jamais philosophe. La vérité philosophique ne se transporte pas. On ne la verse pas d'un vase dans un autre vase, comme une liqueur. C'est à chacun de trouver en soi sa philosophie, de la construire pièce à pièce à la sueur de son front. Et cela n'empêche pas que le trésor des vérités acquises ne s'accroisse d'âge en âge; mais cette philosophie qui grandit sans cesse et ne passe pas, *perennis quædam philosophia*, c'est un patrimoine dont on n'hérite qu'à la charge de l'accroître et de l'agrandir.

Ramenons ces réflexions générales à une conclusion précise sur le véritable rapport de Descartes avec Spinoza. A coup sûr, tout n'était pas semence d'erreur dans Descartes. Il y a deux parties dans son œuvre : d'abord une méthode très-générale, puis un système particulier de métaphysique. La méthode cartésienne est la vraie, et elle durera autant que l'esprit humain. Le doute raisonné comme initiation nécessaire à la philosophie, la conscience du moi pensant comme base, l'analyse psychologique comme levier, ce sont là autant de vérités durables, autant d'impérissables conquêtes; mais si la méthode de Descartes est éternelle, son système de métaphysique est parmi les choses qui passent. Certes, il est vaste et beau, ce système; il y a pourtant quelque chose de plus vaste et de plus beau, c'est la nature universelle. Descartes a voulu l'embrasser dans son tout; c'est un sublime effort : est-il surprenant qu'il en ait laissé échapper quelque partie? La force active, la force individuelle, principe fécond qui joue un si grand rôle dans le drame de l'univers, ne tient presque aucune place dans le monde cartésien. Ce monde, tout géométrique, n'est point habité par des forces vivantes ; il semble n'être peuplé que d'abstractions. Le germe du panthéisme était là. A peine aussi le système de Descartes est-il dans le monde, que le panthéisme en sort de tous les côtés. Dans les esprits mêmes qui le répudient par instinct, par sagesse, par éducation, chez des catholiques convaincus comme Malebranche et Fénelon, chez des esprits sensés et des chrétiens sincères comme Clauberg et Geulincx, le mauvais levain fermente et fait éclater sa présence. Vienne alors un Spinoza : le panthéisme a trouvé son messie. Au lieu d'un chrétien nourri de la pure moelle de saint Augustin et préservé de tous côtés par la discipline de l'Église et par la foi partout dominante, vous avez un enfant proscrit d'Israël jeté par la persécution de Portugal en Hollande, du pays de l'inquisition sur la terre des libres penseurs. Quel est l'aliment de ses jeunes années? une littérature pleine de témérités, d'hérésies, de chimères. Il lit le *Talmud*, la *Mischna*, peut-être la *Kabbale*. Il fréquente surtout Maïmonide et les hardis rabbins qui l'ont commenté et exagéré. Il trouve dans le *Guide des égarés* et ailleurs l'horreur des superstitions religieuses et le goût des libres spéculations. C'est alors que la philosophie de Descartes vient le toucher de son aile. Certes, s'il y avait en Europe un homme prédestiné à tirer de cette philosophie toutes ses conséquences, bonnes ou mauvaises, surtout les mauvaises, cet homme était Spinoza.

Toute son éducation l'y disposait, nulle barrière extérieure n'était là pour le contenir. De bonne heure il avait rompu avec la synagogue et s'était décidé à rester libre de tout culte particulier. Encore moins était-il arrêté par cette autre barrière que se donne un esprit naturellement sensé et mesuré. Spinoza est un esprit sans mesure; c'est un spéculatif à outrance, c'est un géomètre éperdument épris de conséquence logique, d'enchaînement et d'unité. Il est de la race de ces esprits puissants et étroits, de ces solitaires qui ont plus de souci d'accorder ensemble leurs idées au dedans d'eux-mêmes que de les mettre d'accord avec la réalité des choses et avec le sens commun, incapables de sentir et de saisir les vrais principes, incomparables quand il ne s'agit que de faire rendre à un faux principe tout ce qu'il contient.

Quel homme d'ailleurs était mieux préparé que Spinoza, non plus seulement par son éducation et par le tour de son esprit, mais par son caractère, son âme et toute sa constitution morale et physique, à abonder dans le plus mauvais sens de la philosophie de Descartes? Le point faible de cette doctrine, on le sait, c'est l'absence de l'idée de force individuelle. Or lisez la biographie de Spinoza, et dites-moi si un tel homme pouvait comprendre la force, l'individualité, la vie. L'esprit sans doute était vigoureux chez lui, mais comme l'âme était chétive, comme tous les ressorts de la vie étaient faibles et impuissants! Contemplez ce solitaire, sans famille, sans patrie, sans foyer, retiré au fond de sa cellule, occupé à tisser la trame de ses abstractions, tandis que sa main distraite polit des verres d'optique. Il n'a ni besoins, ni passions. Il vit d'un peu de pain et de lait. Ses délassements sont d'un enfant. On a vanté ses vertus, et non sans raison ; mais ce sont les vertus d'un moine, la chasteté, la pauvreté, la résignation. De vertus actives et fécondes, point de trace. Il craint les hommes plus qu'il ne les aime. Méditez sa devise ; elle n'a qu'un seul mot : *Caute*. En effet, ce qu'aime avant tout cette âme un peu cauteleuse, c'est son repos. Jouir de ses pensées est un bonheur qui suffit à Spinoza, et bien qu'il se croie en possession de la vérité absolue, n'ayant pour toute opinion contraire que le plus parfait mépris, cette vérité dont il est si orgueilleux, et qu'il formule avec un calme si imperturbable et une assurance si tranchante, il se soucie peu de la faire partager à ses semblables, du moment qu'elle peut compromettre sa tranquillité. Il s'est peint lui-même dans sa définition de l'homme : « L'homme, dit-il, est une idée, c'est-à-dire une forme passagère de la pensée éternelle ; » définition fausse, entendue de l'homme en général, mais qui devient presque vraie, si on l'applique au seul Spinoza.

Comment un tel homme, quelque sentiment élevé qu'il eût de l'existence spirituelle et de l'infinité de Dieu, aurait-il admis une âme immortelle et un Dieu créateur? Pour comprendre la personnalité en Dieu, il faut la comprendre dans l'homme. Et Spinoza en avait perdu le sentiment à force d'abstraire et de rêver. Là est son erreur profonde et la radicale vanité de ses spéculations. Il n'a pas vu que le monde est un système de forces, qui toutes, à des degrés divers, tendent vers cette concentration de la vie qui constitue l'individualité; il n'a pas vu que la nature entière est une aspiration, éclatante ou secrète, vers la conscience et la liberté. Et au-dessus de la nature, au-dessus de l'homme, le centre éternel vers lequel tout être gravite, c'est la personnalité même dans son sublime idéal, je veux dire la Toute-Puissance qui se connaît, se possède, jouit d'elle-même et s'épanche éternellement en une variété infinie et harmonieuse de libres créations. C'est ce principe de la personnalité, dans la nature, dans l'homme et en Dieu, qu'il faut opposer à Descartes, qui l'a mal connu, à Spinoza, qui l'a nié, à Leibnitz lui-même, qui ne l'a un instant saisi que pour le laisser échapper; c'est en développant ce principe, en ramenant dans la philosophie et dans la société tout entière le sentiment de l'activité personnelle, que nous pousserons le spiritualisme en avant, et que nous arracherons les générations nouvelles au prestige renaissant et malfaisant de Spinoza.

IV

SPINOZA ET DESCARTES.

Nous venons d'indiquer sur le point fondamental le rapport de Descartes et de Spinoza; mais cela ne suffit pas; il faut, pour épuiser la question, chercher non-seulement toutes les analogies, mais aussi toutes les différences, et tirer de cette exposition régulière une conclusion exacte et, s'il se peut, définitive. C'est ce que nous allons essayer, au risque de quelques répétitions inévitables et qu'on voudra bien nous pardonner.

« On peut dire, écrivait Leibnitz à la fin du dix-septième siècle, que Spinoza n'a fait que cultiver certaines semences de la philosophie de M. Descartes[1]... »

Plus tard, l'auteur des *Essais de Théodicée*, reprenant le même jugement sous une forme nouvelle, écrivait cette mémorable parole qui a été généralement considérée dans ces derniers temps comme un arrêt sans appel : *Le Spinozisme est un Cartésianisme outré*[2].

Nous ne venons pas nous inscrire en faux contre ce jugement ; car, à plus d'un titre, nous l'estimons équitable ; mais il nous sera permis de le trouver trop sévère contre Descartes, ou ce qui revient au même, trop indulgent pour Spinoza.

Il y a dans Descartes deux tendances rivales et contraires, l'une qui place la philosophie sur le terrain solide des faits et des réalités, l'autre qui la jette dans la carrière des abstractions. Quand on considère exclusivement cette dernière tendance, qui est celle où Spinoza s'est abandonné sans réserve, on ne peut que souscrire à l'arrêt de Leibnitz ; mais que l'on vienne à considérer la tendance contraire, celle qui a sa racine

---

[1] Leibnitz, *Lettre à M. l'abbé Nicaise*, 1697. Dans l'édition d'Erdmann, page 139 et suiv.

[2] *Théodicée*, part. III.

dans le premier principe de toute la philosophie de Descartes, dans le *Cogito ergo sum*, alors le jugement de Leibnitz paraît injuste, et le spinozisme ne se montre plus comme un développement même excessif du cartésianisme, mais comme une absolue déviation.

En d'autres termes, pour qui considère à la fois les germes de vérité et de vie renfermés dans le système de Descartes et les germes d'erreur et de mort, s'il est vrai qu'une grande philosophie se développe, quand s'épanouissent ses germes de vie, et qu'elle se corrompe au contraire, quand ses germes de mort vont grandissant, la vérité est que le spinozisme n'est pas seulement, selon l'arrêt exclusif et incomplet de Leibnitz, un cartésianisme immodéré, mais un cartésianisme corrompu.

Comparons d'abord la philosophie de Descartes et celle de Spinoza sous le rapport de la méthode. C'est après tout la question capitale, celle dont la solution a une influence décisive sur les destinées d'un système. Or, à ce point de vue, loin qu'on puisse soutenir que Spinoza développe à l'excès les principes de Descartes, il faut dire qu'il les répudie expressément pour proclamer et pour suivre des principes diamétralement contraires.

La métaphysique de Descartes est fondée sur le *Cogito*, c'est-à-dire sur un fait; c'est là son caractère original et l'explication de sa merveilleuse fortune. Lisez le *Discours de la Méthode* : tout son objet, c'est de préparer les esprits à cette démarche extraordinaire d'un homme qui, fatigué de l'appareil fastueux et vain de la science des écoles, de cet amas de notions confuses, de principes arbitraires, de subtiles distinctions, s'en délivre comme d'un fardeau, rompt avec toute tradition, s'enferme dans sa pensée et se condamne au doute, jusqu'à ce qu'il ait trouvé dans la conscience de son être une réalité certaine, type de toute réalité, source de toute certitude et de toute lumière.

Ce qui n'est qu'un germe dans le *Discours de la Méthode*, les *Méditations* le développent en un riche et vaste système, mais tout y dépend du même principe, tout y est tiré du même fait. L'inébranlable réalité du moi, la clarté et la distinction des idées, signe de la certitude, la pensée, essence de l'âme et fondement de sa spiritualité, l'existence de Dieu fondée sur cette idée de l'être tout parfait qui ne se sépare pas de l'idée de notre propre être, tous ces principes simples et féconds, héritage impérissable que Descartes a légué à la philosophie moderne, toutes ces vérités sont établies comme des faits, comme des intuitions de la conscience. La méthode de Descartes est donc essentiellement expérimentale, et comme on dirait aujourd'hui, psychologique.

Spinoza est l'apôtre de la méthode contraire. Jamais on n'a professé pour la raison pure un culte plus fervent. Jamais on n'a cru à la puissance du raisonnement d'une foi plus entière, jamais on n'a écarté les faits de l'expérience avec un plus superbe dédain. Pour trouver dans le passé un tel fanatisme spéculatif, une telle intrépidité dans la déduction, un tel mépris du sens commun, il faut remonter jusqu'à ces géomètres de l'École d'Élée qui niaient le mouvement, faute de pouvoir le déduire de leur principe, et rompant tout commerce avec les réalités de ce monde, s'ensevelissaient vivants dans le sépulcre de l'être en soi.

Spinoza est le Parménide des temps modernes. Quand ce grand spéculatif daigne abaisser ses regards jusqu'à l'esprit humain, des trois moyens de connaître qu'il y rencontre : l'expérience, le raisonnement et la raison, il retranche absolument le premier [1]. Et non-seulement il veut ravir à l'expérience les hautes parties de la métaphysique, mais il prétend même lui interdire les humbles régions de la plus modeste psychologie.

Cette grande méthode baconienne, la méthode d'observation et d'induction, sait-on à quoi elle est bonne, suivant Spinoza, quand on la veut appliquer à l'âme humaine? à faire un recueil d'historiettes, *historiolam animæ*. Il faut voir sur quel ton il parle de Bacon [2] : « C'est un homme, dit-il, qui parle un peu confusément. » Et il ajoute : « Cet auteur ne prouve presque rien et ne fait guère que raconter ses opinions. » On sent je ne sais quelle rancune presque personnelle dans

---

[1] *De la réforme de l'entendement*, tome III, page 303 et suiv. — Voyez aussi ce qu'écrit Spinoza à un de ses correspondants : « On peut voir par là quelle doit être la vraie méthode et en quoi elle consiste principalement, savoir dans la seule connaissance de l'entendement pur, de sa nature et de ses lois ; et pour acquérir cette connaissance, il faut sur toutes choses distinguer entre l'entendement et l'imagination, en d'autres termes, entre les idées vraies et les autres idées, fictives, fausses, douteuses, toutes celles en un mot qui ne dépendent que de la mémoire. » (*Lettres*, tome III, page 419.)

[2] Voyez les lettres II et XXII de notre tome III.

ces appréciations tranchantes, et Spinoza se trahit quand il met au nombre de ses griefs contre Bacon, d'avoir avancé « qu'une des principales causes d'erreur, pour l'esprit humain, c'est qu'il est, par sa nature, porté aux généralités abstraites [1]. »

La méthode d'abstraction, la méthode des géomètres, est au contraire pour Spinoza la méthode légitime, la méthode universelle. C'est au point qu'au moment d'aborder un problème qui est par excellence un problème d'observation, l'analyse de ce qu'il y a au monde de moins géométrique, les passions du cœur humain, il dit avec un calme imperturbable : «Je vais donc traiter de la nature des passions, de leur force et de la puissance dont l'âme dispose à leur égard, suivant la même méthode que j'ai précédemment appliquée à la connaissance de Dieu et de l'âme, et j'analyserai les actions et les appétits des hommes, comme s'il était question de lignes, de plans et de solides [2]. »

Qu'on vienne maintenant opposer à ce géomètre du cœur humain un fait de conscience, et par exemple le sentiment invincible que chacun de nous a de sa liberté, il se récrie, il s'indigne, il accuse ses adversaires de sortir des régions élevées de la science pour l'attirer sur le terrain des préjugés vulgaires, de mettre leur imagination à la place de leur raison, et pour tout dire, de rêver les yeux ouverts [3].

Descartes et Spinoza, les *Méditations* et *l'Éthique*,

---

[1] *Lettre à Oldenburg*, tome III, page 350 sqq.
[2] *Éthique*, Préambule de la part. III.
[3] *Ibid.*, Schol. de la Propos 2.

nous représentent donc, non point une même méthode, appliquée avec plus ou moins de mesure, mais la lutte des deux méthodes contraires qui se disputent, depuis trois siècles, l'empire de la philosophie moderne : l'une qui, se plaçant d'emblée dans l'absolu, prétend saisir sans point d'appui le principe premier des choses et en déduire le système entier de l'univers, méthode altière qui foule aux pieds les faits, regarde en pitié les procédés lents et circonspects de l'observation, et aspire ouvertement à tout comprendre, à tout déduire, à tout expliquer. Cette méthode, qui est celle de Spinoza et de ses disciples, convient en effet parfaitement au panthéisme, puisqu'elle vise à reproduire dans le tissu géométrique de ses conceptions l'évolution éternelle et nécessaire de l'être qui est tout. L'autre méthode, essentiellement positive, essentiellement humaine, part de l'homme. Elle y prend son point d'appui et ne s'en sépare jamais. Dans son développement le plus hardi, elle s'arrête aux limites que l'esprit humain ne peut franchir, partout où le plein jour de l'évidence fait place à l'obscurité du mystère et donne carrière aux vaines conjectures. Avide de certitude et de réalité, elle aime mieux rester au besoin immobile que marcher pour tomber, et elle se résignerait plus volontiers à constater vingt mystères dans la métaphysique qu'à mutiler dans la conscience un seul fait réel. Voilà la méthode inaugurée par Descartes dans les *Méditations ;* elle est une protestation anticipée contre l'*Éthique* et contre toutes ses aberrations. C'est la seule barrière, en effet, qu'on puisse victorieusement opposer au panthéisme ; car autant le système de Spinoza est invincible à qui en accorde aveuglément les principes, autant il est faible et ruineux, quand du terrain de la logique et des conséquences on l'appelle sur le véritable terrain de la métaphysique, le terrain des principes et des faits.

Cette différence primitive et fondamentale entre Descartes et Spinoza en amène une foule d'autres, notamment dans leur manière d'entendre l'âme et Dieu.

La première existence saisie par Descartes, au sortir du doute, c'est l'existence du moi, comme sujet de la pensée. Or ce n'est point là un sujet abstrait, logique, indéterminé, indirectement conçu à la suite d'un raisonnement arbitraire ; c'est un sujet concret et vivant, immédiatement saisi par la conscience et, comme dit Descartes (en répondant à des adversaires qui défigurent sa doctrine), par un acte simple d'intuition, *simplici mentis intuitu*[1]. La pensée et l'être qui pense nous sont donnés du même coup. Le moi se saisit donc dans la pensée et se distingue, comme être pensant, de tout ce qui n'est pas lui, de son propre corps, et de toute la nature.

Que devient ce moi, ce sujet de la pensée, un et simple, vivant et substantiel, dans la philosophie de Spi-

---

[1] Je cite le passage entier : « *Cum advertimus nos esse res cogitantes, prima quidem notio est et nullo syllogismo concluditur; neque etiam cum quis dicit, ego cogito, ergo sum sive existo, existentiam ex cogitatione per syllogismum deducit, sed tanquam rem per se notam simplici mentis intuitu agnoscit.....* (*Responsio ad secundas objectiones.* — Édition Victor Cousin, tome I, page 427.)

noza? L'auteur de l'*Éthique*, au lieu de partir d'un être réel et déterminé, part de l'être en général, ou, comme il dit, de la Substance. C'est de là qu'il prétend déduire tout le reste. Or de la Substance rien ne se peut déduire qu'une infinité d'attributs infinis, tels par exemple que la Pensée en général et l'Étendue en général, et de chacun de ces attributs infinis rien ne se peut déduire qu'une infinité de modes finis, tels par exemple que les modes de la Pensée ou les idées et les modes de l'Étendue ou les corps.

Qu'est-ce donc que l'âme humaine? elle n'est pas la Substance, puisqu'elle est quelque chose de déterminé et de contingent; elle n'est pas la pensée infinie, puisqu'elle est limitée dans son intelligence; il reste qu'elle soit un mode de la Pensée. Cette définition, déjà si étrange, n'est pas et ne pouvait pas être le dernier mot de Spinoza. Si, en effet, l'âme était un mode unique, un mode simple de la pensée infinie, il n'y aurait en elle aucun changement, ni même aucune sorte de variété possible. Or Spinoza veut bien admettre qu'il y a dans l'âme humaine une vie, un développement; mais alors qu'est-elle donc? Non plus un mode de la Pensée, mais un assemblage de modes, non plus une idée, mais une collection d'idées[1]. Par cette conséquence ouvertement acceptée, Spinoza efface de sa doctrine le dernier vestige de l'unité du moi. Et il est clair que la méthode géométrique ne lui fournissait aucune autre hypothèse. S'il n'y a au-dessous de la Substance et

---

[1] *Éthique*, part. II, Propos. 15.

de ses attributs que des modes, ou bien l'âme sera un mode simple, indivisible, immobile, ou elle sera un assemblage de modes dépourvus de tout enchaînement interne, de tout lien substantiel.

Entre une âme sans variété et sans vie, comme le point des géomètres, et une âme sans unité réelle, comme le nombre des mathématiques, Spinoza n'avait pas le choix. Voilà ce qu'est devenue entre les mains du disciple infidèle la doctrine du maître, ce moi réel et vivant du *Cogito ergo sum*, qui d'abord prend possession de lui-même, et s'assure de son être propre et de l'unité de sa pensée, avant de s'élever au principe de la pensée et de l'être, à cette unité absolue de toutes les perfections qui est Dieu.

Saisi du sein de la conscience, le Dieu de Descartes est un Dieu réel, déterminé, vivant. Ce Dieu a des attributs effectifs, qui lui appartiennent en propre, dont l'ensemble harmonieux constitue une existence distincte, indépendante, complète, maîtresse d'elle-même [1]. Il a l'entendement et la volonté [2]. Enfin, il est bon, il est la bonté souveraine [3]; tout ce qui est faiblesse, inconstance, tromperie, est exclu de son essence [4]. Il parle en quelque sorte à l'homme en l'éclairant d'un reflet de sa raison, et la véracité de cette parole désarme le doute

---

[1] Voyez la fin de la *Méditation* III et le commencement de la *Méditation* IV.

[2] *Méditation* IV.

[3] *Méditations* III et VI.

[4] *Discours de la méthode*, part. IV. — *Méditations* III, IV et VI. — *Principes*, part. I, § 29.

le plus obstiné[1]; s'il se révèle en traits plus visibles et plus purs dans l'âme humaine, parce qu'il l'a faite à son image et y a gravé l'idée de la perfection comme l'empreinte du parfait ouvrier, il a laissé aussi dans ce vaste univers la trace de ses attributs merveilleux. Ce n'est pas qu'en créant le monde, Dieu nous ait donné le secret de ses plans. Non, ses fins sont impénétrables[2], et ce serait trop présumer de nous-mêmes que de croire que Dieu ait voulu nous faire part de ses conseils[3]. Ce n'est pas surtout que l'homme ait le droit de penser, comme se plaît à l'imaginer son orgueil, que tout en ce monde a été fait pour lui[4]; mais il n'en est

---

[1] *Méditations* IV et VI.
[2] *Méditation* IV.
[3] *Principes*, part. I, § 28.
[4] Citons le passage des *Principes* tout entier. Il montre sous son vrai jour et dans ses vraies limites l'exclusion des causes finales tant reprochée à Descartes : « . . Encore que ce soit une pensée pieuse et bonne, en ce qui regarde les mœurs, de croire que Dieu a fait toutes choses pour nous, afin que cela nous excite d'autant plus à l'aimer et à lui rendre grâce de tant de bienfaits, encore aussi qu'elle soit vraie en quelque sens, à cause qu'il n'y a rien de créé dont nous ne puissions tirer quelque usage, quand ce ne serait que celui d'exercer notre esprit en le considérant, et d'être incités à louer Dieu par son moyen, il n'est toutefois aucunement vraisemblable que toutes choses aient été faites pour nous, en telle façon que Dieu n'ait eu aucune autre fin en les créant ; et ce serait, ce me semble, être impertinent de se vouloir servir de cette opinion pour appuyer *des raisonnements de physique*; car nous ne saurions douter qu'il n'y ait une infinité de choses qui sont maintenant dans le monde, ou bien qui y ont été autrefois, et ont déjà entièrement cessé d'être, sans qu'aucun homme les ait jamais vues ou connues, et sans qu'elles lui aient jamais servi à aucun usage. » (*Principes*, part. III, § 3.)

pas moins vrai que tous les êtres de nature ont leur loi et leur fin, qu'une sagesse et une économie singulières sont surtout sensibles dans le mécanisme de l'organisation animale[1], et enfin que ce monde est l'ouvrage d'un Créateur dont la puissance, la sagesse et la bonté incomparables sont le plus digne objet de nos contemplations, et font naître dans l'âme du vrai philosophe une source d'émotions pures et ravissantes[2].

Tel est le Dieu de Descartes, le Dieu de la conscience, le Dieu du *Cogito ergo sum.* Lisez maintenant la première partie de l'*Éthique* et cherchez-y le Dieu de Spinoza. Ce Dieu, c'est la Substance, l'Être en soi et par soi. Cette Substance a-t-elle des attributs? Oui, répond Spinoza : elle a une infinité d'attributs infinis; mais nous n'en connaissons que deux, qui sont la Pensée et l'Étendue.

Voilà deux attributs qui sont contradictoires et que Descartes n'eût jamais consenti à associer[3]; mais poursuivons : la pensée divine, pour Spinoza, est-elle une pensée réelle et vivante, une intelligence? en d'autres termes, Dieu a-t-il des idées? Spinoza répond résolûment non. A ses yeux, les idées sont des modes, des choses finies, multiples, changeantes. Elles appartiennent aux régions inférieures de l'univers, ou suivant son langage bizarre et expressif, à la *nature naturée*[4]. En Dieu, dans la *nature naturante*, il n'y a que la pen-

---

[1] Voyez le traité *De l'Homme,* tome IV, page 374 et suiv.
[2] Voyez la fin de la *Méditation* III.
[3] *Principes,* part. I, § 23.
[4] *Éthique,* part. I, Propos. 21.

sée infinie, indéterminée, vide d'idées, la pensée sans l'entendement[1].

Et de même, Dieu n'a pas de volonté[2]. La volonté suppose des volitions, des actes déterminés[3], par conséquent, elle est du domaine des choses finies; elle appartient à la nature naturée. Il n'y a en Dieu qu'une activité infinie, qui, prise en soi et rapportée à la substance, est comme elle absolument indéterminée.

S'il n'y a en Dieu ni entendement, ni volonté, comment y aurait-il intentionnalité, bonté, amour? L'idée d'un Dieu qui agit pour une fin est aux yeux de Spinoza une chimère absurde[4]. Concevoir ainsi la Divinité, c'est lui imputer les conditions de notre activité misérable. Nos mobiles désirs nous entraînent çà et là vers leurs objets changeants et fugitifs; Dieu n'agit point de la sorte : il se développe par la seule nécessité de sa nature[5]. Il est de son essence de produire en soi des corps et des âmes, comme il est de l'essence d'un cercle d'avoir ses rayons égaux[6].

Il n'y a pour Dieu ni bien, ni mal, ni beauté, ni laideur, ni ordre, ni désordre, ni mérite, ni démérite; ce sont là des distinctions toutes relatives, tout humaines. Tout est bien, en soi, parce que tout est nécessaire. Les bons et les méchants sont égaux devant Dieu. Dieu

---

[1] *Éthique*, part. I, Propos. 32.
[2] *Ibid.*, même Propos., Coroll. 1 et 2.
[3] *Ibid.*, part. I, Propos. 33.
[4] *Ibid.*, part. I, Propos. 17 et l'Appendice.
[5] *Ibid.*, part. I, Schol. de la Propos. 17.
[6] *Ibid.*, part. I, Coroll. 2 de la Propos. 32.

n'aime, ni ne hait personne [1], et vouloir être aimé de Dieu, c'est le plus insolent des désirs ou la plus puérile des superstitions [2].

Ce Dieu sans vie, sans conscience, sans moralité, cette abstraction vide et morte de l'être en soi, est-ce là, je le demande, ce Dieu vivant, ce Dieu pensant, voulant, aimant, ce Dieu de sagesse et de bonté, devant qui s'inclinait Descartes à la fin de sa troisième *Méditation*, dans un transport sublime d'adoration et de respect [3] ?

Concluons que ni la méthode, ni l'homme, ni le Dieu de Descartes ne sont la méthode, l'homme et le Dieu de Spinoza. Jusqu'à présent donc, il nous est impossible de donner les mains à la sentence célèbre portée par Leibnitz, et loin de voir dans le spinozisme un développement excessif du cartésianisme, nous y trouvons la plus radicale et la plus éclatante déviation [4].

Est-ce à dire que la critique de Leibnitz porte absolument à faux et que la justice ordonne de casser son

---

[1] Voyez l'Appendice de la part. I.
[2] *Éthique*, part. IV, Propos. 17, Coroll.
[3] *Ibid.*, part. IV, Propos. 19.
[4] A plus forte raison faut-il repousser le sentiment de Leibnitz, quand il l'aggrave et l'exagère en disant : Spinoza commence par où Descartes finit, par le naturalisme. *Spinoza incipit ubi Cartesius desinit, in naturalismo* (voyez le petit écrit déjà cité sous le nom d'*Animadversiones*, page 48). Ici Leibnitz ne fait plus de la critique, mais de la polémique. Nous ne voyons plus en lui qu'un adversaire passionné de Descartes, et un rival au lieu d'un juge.

jugement? Telle n'est point notre pensée, et il est temps de faire voir qu'au milieu de tous ces germes riches et féconds que Descartes a semés dans le champ de la philosophie moderne, il s'y rencontrait en effet quelques mauvaises semences exclusivement cultivées par Spinoza.

Aussi bien comment lire Descartes sans y rencontrer, même dans son plus excellent ouvrage, les *Méditations*, une tendance fatale à substituer à l'esprit d'observation intérieure l'esprit géométrique avec ses conceptions abstraites et la rigueur trompeuse de ses déductions?

Cette tendance se laisse déjà voir à découvert dans la démonstration de l'existence de Dieu. Tous les raisonnements de Descartes semblent avoir une base commune, l'idée de l'être parfait; mais cette ressemblance n'est que dans la forme. Au fond, il y a deux démonstrations radicalement différentes, celle de la troisième Méditation qui part d'un fait de conscience, et celle de la cinquième Méditation qui part d'un concept abstrait. Celle-là, suivant les propres expressions de Descartes [1], prouve Dieu en considérant ses effets, et s'élevant ainsi à la cause suprême qui les produit et les explique; celle-ci, négligeant les effets et les réalités, prétend saisir par la raison seule l'essence ou la nature même de Dieu et en déduire son existence.

Passez de la troisième Méditation à la cinquième : au lieu d'un homme qui rentre en lui-même pour y trouver la vérité, qui s'assure d'abord de sa pensée et de son existence propre, et bientôt trouvant cette pensée incer-

---

[1] *Réponse aux premières objections*, tome I, page 395.

taine, sujette à l'erreur, pleine de limites et d'imperfections, remonte vers l'idéal d'une pensée accomplie, d'une perfection sans mélange, d'un être existant par soi, au lieu de ce mouvement naturel et spontané d'une âme qui cherche Dieu, je trouve un géomètre qui raisonne sur des axiomes généraux et des définitions abstraites, ou plutôt un philosophe nourri dans l'École, exercé aux raffinements de l'abstraction, aux subtilités et aux prestiges de l'art de raisonner, et qui prétend d'une définition faire sortir un être, de l'abstrait le concret, du possible le réel.

Ici je crois voir naître une lutte qui se retrouve dans toute la carrière philosophique de Descartes, la lutte de l'esprit de spéculation abstraite et de l'esprit d'observation. Suivez dans les écrits de Descartes le progrès de cette lutte. Le *Discours de la méthode* contient toutes les preuves de l'existence de Dieu qui seront plus tard développées dans les *Méditations*; mais le raisonnement et l'abstraction n'y ont presque aucune place, et tout est dominé par une observation profonde de la conscience humaine. Dans les *Méditations*, un œil attentif découvre déjà un notable changement. La démonstration géométrique, entièrement mise à part, n'a plus aucun rapport, même lointain, avec la conscience et la vie réelle. Dans les *Principes*, l'esprit géométrique se donne pleine carrière, et on ne trouve presque plus aucune trace de l'esprit d'observation. Chose bien remarquable, Descartes qui y reprend et y résume toutes ses preuves de l'existence de Dieu, place au premier rang la démonstration mathématique. Ainsi, cette preuve qui se montre à peine dans le *Discours de la méthode*, qui dans les *Méditations* est reléguée au dernier rang et introduite comme par hasard, cette preuve devient la preuve fondamentale, dont toutes les autres paraissent n'être que des accessoires.

En général, les *Principes* nous donnent le spectacle du triomphe complet de l'esprit géométrique. C'est au point que le *Cogito ergo sum* de la philosophie de Descartes y a perdu complétement son caractère. Ce n'est plus un fait, c'est une conclusion, Descartes le dit en propres termes [1], la conclusion d'un syllogisme dont la majeure ne peut être que celle-ci : le néant n'a pas de qualité [2].

Voila donc toute la face de la philosophie de Descartes changée, ou pour mieux dire, voilà tout son esprit étouffé et disparu. Pour établir l'existence du moi, il nous faut un syllogisme; pour établir l'existence de Dieu, des syllogismes; enfin, pour établir l'existence des corps, encore des syllogismes. Stérile entassement d'abstractions incapables de donner un atome de réalité de mouvement et de vie!

Si l'excès de l'esprit géométrique s'était réduit à obscurcir des vérités très-simples en les accablant sous d'inutiles raisonnements, le mal n'eût pas été irréparable. Mais non, en même temps que je vois Descartes substituer aux intuitions de la conscience des concepts abstraits et géométriques, il me semble aussi qu'il tend manifestement à effacer dans tous les êtres ce prin-

---

[1] *Principes*, part. I, § 7.
[2] *Ibid.*, § 11 et 52.

cipe d'activité qui constitue leur essence et leur vie. C'est ce qui fait le danger de cette théorie, assez innocente au premier abord, que la conservation des créatures est une création continuée.

Si Descartes voulait dire que l'acte créateur et l'acte conservateur ne sont en Dieu qu'un seul et même acte, d'accord. Mais il va plus loin ; il semble croire qu'il y a dans toute créature une défaillance actuelle de l'être qui appelle à chaque instant le *fiat* divin, et cette conception me semble bien grave et bien périlleuse, surtout si je viens à me demander à quoi se réduisent pour Descartes la substance corporelle et la substance spirituelle.

Quand Descartes analyse les facultés de l'âme en observateur, il distingue la volonté, essentiellement active, de l'entendement qui est passif, et fait de la volonté le siége de la liberté et de la responsabilité morales. Il va jusqu'à soutenir que la volonté, loin d'être finie, comme l'entendement, qui n'embrasse qu'un nombre déterminé d'objets, est en quelque sorte infinie, pouvant se porter vers un nombre d'objets sans limites. De cette disproportion entre l'entendement et la volonté, naît le mauvais usage possible de celle-ci, et voilà la racine de l'erreur et de toutes nos fautes [1].

Il y aurait sans doute beaucoup à dire sur ces vues psychologiques, mais enfin les traits essentiels de l'âme humaine n'y sont point altérés. Au contraire, quand Descartes perd de vue la conscience et livre son esprit

---

[1] *Méditations,* tome I, page 304.

au démon de la géométrie, à la place de ce moi vivant et actif qui a conscience de son unité dans le libre déploiement de ses puissances, vient se substituer le concept de chose pensante, *res cogitans*, répondant trait pour trait à un autre concept sur lequel s'appuie toute la physique de Descartes, le concept de chose étendue, *res extensa*.

Descartes enseigne que chaque substance a un attribut principal, et que celui de l'âme est la pensée, comme l'extension est celui du corps [1]. Et comment connaît-on ces deux sortes de substances, l'âme et le corps? Par un seul et même procédé, c'est-à-dire en déduisant la substance de la connaissance que nous avons de ses attributs : « A cause, dit-il, que l'une de nos notions communes est que le néant ne peut avoir aucun attribut, ni propriétés ou qualités; c'est pourquoi, lorsqu'on en rencontre quelqu'un, on a raison de conclure qu'il est l'attribut de quelque substance, et que cette substance existe [2]. »

Nous voilà en pleine logique, en pleine géométrie, loin, bien loin du monde des réalités. Rien de plus faux, de plus artificiel et de plus contraire à toutes les données de l'observation, rien aussi de plus périlleux que cette transformation systématique de l'âme et des corps en deux types abstraits : la chose pensante et la chose étendue. Qu'est-ce en effet pour Descartes que les corps? appelle-t-il ainsi les objets des sens, ou comme disait l'antiquité, les *choses sensibles?* Point du tout. Retran-

[1] *Principes*, part. I, § 53.
[2] *Ibid.*, part. I, § 52.

chant arbitrairement toutes les qualités sensibles des corps, sous prétexte qu'elles sont obscures, non-seulement la chaleur, la lumière et le reste, mais même la solidité, sans laquelle pourtant les corps seraient pour nous comme s'ils n'étaient pas, Descartes déclare que les seules qualités réelles de la matière sont les qualités mathématiques, savoir, l'étendue, la figure, la divisibilité et le mouvement [1]. Or il n'a point de peine à ramener par l'analyse toutes ces qualités à une seule, la figure n'étant que la limite de l'étendue, le mouvement un changement de relations dans l'étendue, et la divisibilité une suite logique de cette même étendue. L'étendue est donc l'essence, toute l'essence, et pour ainsi dire tout l'être des corps [2]. Or l'étendue exclut toute idée de force et d'action. Voilà donc le monde matériel réduit, par une suite de retranchements arbitraires et par des analyses d'une rigueur factice, à une étendue passive, inerte, destituée de toute énergie, uniquement capable de repos et de mouvement. Ce n'est plus là l'univers, ce riche et brillant univers que nous montrent nos sens, plein de variété, d'activité et de vie ; c'est un concept mathématique, une pure abstraction [3].

Descartes a-t-il fait aussi bon marché de l'activité de l'âme humaine? Heureusement non. L'esprit d'observation a ici prévalu sur l'esprit de système, et Descartes

---

[1] *Méditation* VI.

[2] *Principes*, part. I, § 53, 63, 64 et 65.

[3] Huyghens disait à Leibnitz : « Ce que Descartes appelle l'étendue, c'est ce que j'appellerais plutôt le vide. » (Voyez dans les *Œuvres de Leibnitz*, édition Dutens, tome I, page 30.)

a toujours réservé les droits de la volonté et de la liberté. Mais un autre est venu, moins sensé et plus rigoureux, qui combattant la distinction, peu solide en effet, de l'entendement conçu comme fini et de la volonté conçue comme infinie, empruntant d'ailleurs à Descartes sa théorie de la volonté identifiée avec le jugement, ramène la volonté à l'entendement, l'entendement à une série de pensées passives, définit l'âme humaine : une collection de modalités de la pensée, comme il a défini le corps : une collection de modalités de l'étendue, de sorte qu'il ne lui reste plus alors qu'à donner pour base commune à toutes ces modalités éphémères la substance unique et universelle.

C'est ici que la critique du grand réformateur de la philosophie cartésienne reprend ses droits. Oui, nous l'accordons à Leibnitz, oui, Descartes a nié toute activité, toute énergie, dans le monde matériel, et par là, il a mis des abstractions à la place des réalités; oui, Descartes a restreint et affaibli l'activité de l'âme humaine, et par là il a incliné à effacer dans tous les êtres la force, sans laquelle la substance n'est plus qu'une abstraction; oui, Descartes par cette double altération a brisé le lien qui unit et réconcilie dans l'activité qui leur est commune le monde matériel et le monde moral, et par là il a creusé entre l'esprit et la matière un infranchissable abîme, source trop féconde d'hypothèses hasardeuses et d'insolubles difficultés; oui enfin, Descartes, quand il abandonne le principe essentiel de sa philosophie et la méthode originale qui la constitue, quand il se laisse entraîner par l'esprit géométrique sur la pente des spéculations abstraites, a pu jeter des esprits exclusifs dans cette étrange alternative, ou de concentrer en Dieu tout l'être des créatures, ce qui mène droit au mysticisme, ou de réduire Dieu à l'abstraction de l'être en soi, ce qui ouvre la porte au panthéisme; mais il ne faut pas oublier que Descartes lui-même avait prémuni les esprits contre tous ces excès et qu'il nous a fourni l'infaillible et unique moyen de les détruire dans leur racine : c'est de rester invariablement fidèles à la méthode d'observation, c'est de partir des faits de conscience et de ne s'en séparer jamais. C'est ainsi qu'on peut redresser Descartes, réfuter Spinoza, et plus d'une fois aussi réformer le réformateur Leibnitz lui-même.

CONCLUSIONS GÉNÉRALES

Après le triple examen auquel nous venons de nous livrer touchant les rapports de Spinoza, soit avec la Kabbale, soit avec Maïmonide et ses disciples, soit enfin avec Descartes, nous croyons avoir le droit de poser les conclusions suivantes :

1° Entre le système de Spinoza et les doctrines de la Kabbale il n'existe aucun rapport certain de ressemblance et de filiation; tout se réduit à de vagues analogies.

2° Considéré comme interprète de l'Écriture sainte, Spinoza est évidemment le disciple et le continuateur de Maïmonide, ainsi que tout le monde en tombe d'accord ; mais quant à ce qui regarde proprement la philosophie, bien qu'il y ait entre les idées de Maïmonide et celles de Spinoza plus d'une analogie considérable, il est certain que les doctrines alexandrines et arabes qui ont pu arriver à l'auteur de l'*Éthique* par Maïmonide et ses commentateurs averrhoïstes diffèrent profondément de la construction métaphysique de Spinoza.

3° Le véritable maître de Spinoza en philosophie, c'est Descartes. Non certes que Spinoza entende et développe Descartes dans son meilleur sens ; mais c'est un point démontré qu'il y a dans diverses parties du système de Descartes des germes de panthéisme qui n'ont pas tardé à paraître chez les principaux cartésiens de l'Europe, en France, en Allemagne, en Hollande, dans Malebranche et Fénelon, dans Clauberg, dans Geulincx, et qui ont trouvé dans l'*Éthique* de Spinoza leur développement le plus régulier et le plus complet.

V

MALEBRANCHE

SA PERSONNE ET SON CARACTÈRE

D'APRÈS

DEUX BIOGRAPHIES ET UNE CORRESPONDANCE INÉDITES.

MALEBRANCHE

SA PERSONNE ET SON CARACTÈRE

D'APRÈS

DEUX BIOGRAPHIES ET UNE CORRESPONDANCE INÉDITES [1]

On a beaucoup parlé dans ces derniers temps d'une biographie de Malebranche, jadis préparée par le père André, et dont le manuscrit inédit est tombé on ne sait dans quelles mains, résolues, à ce qu'il paraît, à ne pas le livrer au public. De là bien des regrets, et d'abord celui d'avoir perdu l'œuvre de prédilection d'un écrivain élégant et pur, de ce jésuite ami de la philosophie dont M. Cousin nous a raconté l'histoire, et qui, au milieu de mille tracasseries et de plus d'une persécution,

[1] Écrit pour la *Revue des Deux Mondes*, à l'occasion de l'écrit de M. l'abbé Blampignon, intitulé : *Étude sur Malebranche*, d'après des documents manuscrits, suivie d'une correspondance inédite, 1 vol. in-8°, 1862.

se montra si courageux, si touchant et si aimable [1]; mais surtout quel malheur de sentir menacées de l'oubli tant de particularités instructives que le digne biographe avait recueillies dans le commerce de Malebranche et parmi cette masse de lettres, d'extraits, de pièces de toute sorte qu'il réunissait avec zèle, quand on le força de renoncer à son pieux travail !

On ne connaissait, il y a vingt ans, que trois ou quatre lettres de Malebranche, et on se le figurait volontiers retiré au fond de sa cellule et aimant à y vivre oublié de tous. Il est certain aujourd'hui qu'en dépit de son goût pour la solitude, l'illustre oratorien était en commerce de lettres avec plus de quatre cents personnes. Et quels correspondants, je vous prie? Il suffit de nommer Bossuet, Leibnitz, le prince de Condé. Qui croira que de pareilles lettres aient pu se perdre? Et d'un autre côté comment comprendre qu'un homme civilisé les ait entre les mains et par je ne sais quel scrupule ou quelle rancune invétérée s'obstine à en priver le public? Je doute qu'il y ait un seul ami des lettres qui n'ait applaudi à cette véhémente réclamation que M. Cousin adressait en 1843 au détenteur inconnu de tant de précieux documents : « Qu'il sache, s'écriait l'éloquent philosophe, qu'il ne lui est pas permis de retenir le précieux dépôt tombé entre ses mains, encore bien moins de l'altérer. Tout ce qui se rapporte à un homme de génie n'est pas la propriété d'un seul homme, mais le patrimoine de

---

[1] Voyez les lettres intéressantes découvertes et publiées à Caen par deux savants hommes, MM. Charma et Mancel : *Le Père André, jésuite,* documents inédits, etc., 2 vol. in-8°, 1844.

l'humanité. Malebranche aujourd'hui, élevé par le temps au-dessus des misères de l'esprit de parti, n'est plus l'ami de Port-Royal et le confrère de Quesnel; ce n'est plus que le Platon du christianisme, l'ange de la philosophie moderne, un penseur sublime, un écrivain d'un naturel exquis et d'une grâce incomparable. Retenir, altérer, détruire la correspondance d'un tel personnage, c'est dérober le public, et à quelque parti qu'on appartienne, c'est soulever contre soi les honnêtes gens de tous les partis[1]. »

Ces paroles sont-elles parvenues jusqu'à la conscience du coupable et y ont-elles éveillé quelque remords? Il ne paraît pas; mais, grâce à Dieu, voici un jeune savant qui vient adoucir nos regrets par une découverte des plus heureuses. En compulsant les manuscrits de la bibliothèque de Troyes, M. l'abbé Blampignon y a trouvé des fragments considérables de la vie de Malebranche par le père André. Ce n'est pas tout; l'habile explorateur a mis la main sur toute une correspondance de Malebranche conservée par le père Adry, dernier bibliothécaire de l'Oratoire, et, outre cela, sur un travail biographique, ouvrage du même oratorien; rédigé, à la veille de la révolution, à l'aide des mémoires du marquis d'Allemans, du conseiller Chauvin et du père Lelong, tous trois bien connus comme amis particuliers de Malebranche. Ce sont là des documents du plus grand prix. M. l'abbé Blampignon, par son amour sincère de la philosophie, par sa curiosité intelligente et par toute

[1] *Introduction aux œuvres philosophiques du Père André*, 1843, pages 54, 52.

sorte d'aptitudes remarquables, méritait le bonheur qu'il a eu de rencontrer ces trésors, et il s'en est montré le digne possesseur en se hâtant d'en faire part au public. Il y a joint une fort intéressante et fort savante étude, où se fait sentir cet esprit de critique honnête et impartiale qui distingue la jeune école des Carmes, digne héritière, il y a tout lieu de l'espérer, des traditions libérales de nos illustres corporations religieuses et savantes des deux derniers siècles.

Essayons à notre tour, l'œil fixé sur ces pièces inédites et en mettant à profit les travaux excellents de M. l'abbé Blampignon, essayons de jeter un peu plus de lumière sur la personne de Malebranche, sur son caractère, son œuvre, ses rapports avec Bossuet, Arnaud, Condé et toutes ces grandes figures du dix-septième siècle, parmi lesquelles la sienne se détache très-vivement, avec une originalité parfaite et un charme singulier.

I

Nicolas Malebranche naquit à Paris le 6 août 1638, l'année qui suivit la publication du *Discours de la Méthode*. Il était de race parlementaire. Nous savons par Fontenelle que sa mère, Catherine de Lauzon, eut un frère vice-roi du Canada. Peu importe, dira-t-on, comme aussi il n'est pas fort nécessaire de savoir que les Malebranche avaient la particule et qu'ils *portaient de gueules à une patte de lion d'argent descendante du flanc sénestre.* Mais peut-être est-il un peu moins insignifiant d'apprendre que Malebranche avait du sang mystique dans les veines, sa mère était parente de madame Acarie, la pieuse réformatrice de l'ordre du Carmel. Malebranche, le dernier de dix enfants, naquit faible et mal conformé. Il avait, disent ses biographes, qui évitent délicatement le mot propre, il avait l'épine dorsale un peu tortueuse et la poitrine très-enfoncée. Son estomac était mauvais, et il souffrit de la pierre dans son enfance. Avec cela des marques d'un esprit merveilleux et d'une âme tendre et pieuse. Il est donc assez naturel que sa famille ait songé pour lui à l'état ecclésiastique, auquel, dit le malicieux Fontenelle, la nature et la grâce l'appelaient également. Sur l'avis de son oncle, M. de Lauzon, Malebranche entra comme novice à l'Oratoire le 24 janvier 1660, et quatre ans plus tard, le 20 septembre 1664, il fut ordonné prêtre par l'évêque de Dax. Au sortir du noviciat, le nouvel oratorien quitta le séminaire de Saint-Magloire pour habiter la maison professe de la rue Saint-Honoré. On le mit entre les mains du père Lecointe, qui lui fit lire Eusèbe, Socrate, Sozomène et Théodoret, pendant qu'un autre père, le célèbre Richard Simon, essayait de l'initier à l'hébreu et au syriaque; mais ce fut peine perdue. Il confondait les mots, oubliait les dates, brouillait les faits. Évidemment on s'était trompé sur sa vocation. Déjà, au collège de la Marche, son répétiteur de philosophie, depuis recteur de l'Université, M. Rouillaud, péripatéticien habile, s'était efforcé vainement de lui inculquer la métaphysique de l'école. Tout ce qui était tradition, textes, commentaires, trouvait l'esprit de Malebranche fermé. Il était réservé à

> . . . . . Certaine philosophie
> Subtile, engageante et hardie

de révéler à Malebranche son génie et sa vocation. Un jour qu'il passait dans la rue Saint-Jacques, un libraire lui présenta le *Traité de l'Homme* de Descartes, qui venait de paraître. Il se mit à feuilleter le livre, et fut frappé comme d'un trait de lumière. Il lut Descartes avec empressement, et Fontenelle ajoute : « Avec un tel transport, qu'il lui en prenait des battements de cœur qui l'obligeaient quelquefois d'interrompre sa lecture. » Sur quoi le spirituel historien remarque agréablement que l'invisible et inutile vérité n'est pas accoutumée à trouver tant de sensibilité parmi les hommes et que les objets les plus ordinaires de leurs passions se tiendraient heureux d'y en trouver autant.

Dès ce moment la carrière de Malebranche fut tracée. On lui permit de renoncer au syriaque, et ses supérieurs ne trouvèrent pas mauvais qu'au lieu d'un orientaliste médiocre Malebranche donnât à l'Oratoire un métaphysicien de génie. Au surplus, il paraît que le père Bourgoing, alors général de la Compagnie, était si peu entêté de l'érudition que, voulant désigner un sujet de peu d'espérance, il disait : Celui-là est un historien. Malebranche avait rencontré là le supérieur qu'il lui fallait, lui qui trouvait plus de vérité dans un seul principe de métaphysique ou de morale bien médité et bien approfondi que dans tous les livres historiques, lui qui avait failli passer de l'estime au mépris pour Daguesseau en lui voyant un Thucydide entre les mains, lui enfin qui disait en riant à ses amis les historiens et les critiques que notre premier père ayant eu la science parfaite, à ce qu'assurent les théologiens, il ne voulait pas, quant à lui, savoir plus d'histoire qu'Adam. Spirituelle exagération d'un esprit né libre et métaphysicien! bizarrerie, si l'on veut, mais préférable, ce me semble, à l'excès où tombent aujourd'hui ceux qui ne voient dans la science qu'une recherche sans terme, et qui ont bien l'air de ne demander aux philosophes des spéculations nouvelles que pour approvisionner les érudits de l'avenir.

S'il eût porté dans la science un tel esprit de défiance pyrrhonienne, il est douteux que Malebranche se fût voué à la métaphysique, et pour son coup d'essai eût publié un chef-d'œuvre, la *Recherche de la Vérité*. Il ne donna d'abord qu'un petit volume in-12 (2 mai 1674), qui ne contenait que la partie la plus agréable de l'ouvrage et la moins systématique. Le succès fut immense : théologiens et philosophes, hommes d'école et gens de cour, tout le monde fut charmé. A l'Oratoire, à Port-Royal, à la Sorbonne, ce fut un cri universel d'admiration. Arnauld et Bossuet se prononcèrent des premiers et donnèrent l'élan. Il faut entendre le père André :

« On y admira, dit-il, la beauté du dessein, l'ordre des matières, la clarté de la méthode, la majesté du style, la naïveté des traits, la pureté du langage, la finesse des railleries, la pénétration de l'auteur, la profondeur de ses réflexions, la sublimité de ses principes, la justesse de ses conséquences, une éloquence naturelle, brillante, une érudition bien placée, des écarts bien ménagés pour égayer la métaphysique, une intelligence rare des choses de Dieu, une connaissance de l'homme sans exemple, le fond de la nature découvert, nos facultés approfondies, les choses les plus abstraites recouvertes de couleurs sensibles; raison, esprit, beaux sentiments, belles images, agrément partout, et ce qui est infiniment plus estimable que tout le reste, un certain goût de christianisme qui attendrit tous les cœurs pour celui qui les a formés [1]. »

Les traits de cet éloge enthousiaste, quoique un peu entassés, sont d'une touche juste et fine. On s'explique à merveille le succès éclatant de la *Recherche*, quand on en relit les premiers chapitres, si ingénieux, si piquants, sur les sens et sur l'imagination. Ailleurs Malebranche montera plus haut et s'élèvera dans ces régions du monde intelligible où les timides renonceront à le suivre; ici il reste sur terre, il fait de la psychologie et de la morale, la psychologie la plus fine, la morale la plus attachante dans sa sévérité même, tempérée par la grâce et relevée de mille agréments.

Malebranche est fort sévère et même un peu dur pour l'imagination, et il maltraite fort les moralistes qui, en écrivant, veulent plaire à la folle du logis; mais il a beau se fâcher contre Montaigne, Sénèque, Tertullien; il est un peu de leur famille, non point par le style, qui chez lui est toujours aussi naturel que brillant, mais par

---

[1] *Manuscrit de Troyes.*

ce don charmant de représenter toutes choses, même les plus abstraites, sous des formes vivantes, de faire voir l'invisible et toucher l'impalpable. Fontenelle l'a dit bien finement : en dépit de ses attaques contre l'imagination, Malebranche *en avait naturellement une fort noble et fort vive qui travaillait pour un ingrat, malgré lui-même, et qui ornait la raison en se cachant d'elle.*

Les *Conversations chrétiennes* suivirent de près ; puis les *Petites Méditations*, où madame de Sévigné trouvait bien de l'esprit, puis le *Traité de la nature et de la grâce*, origine de tant d'illustres débats. Malebranche se trouva tout d'un coup très en vue et un des hommes les plus recherchés. Ne parlons ni du roi Jacques II, ni de mylord Quadrington, vice-roi des Indes, ni de tant d'illustres visiteurs qu'on peut soupçonner de n'être venus à l'Oratoire que pour qu'on sût qu'ils y étaient allés. Rappelons toutefois en passant la fameuse princesse Élisabeth, l'amie et la correspondante de Descartes, qui voulut l'être aussi de son plus brillant disciple ; mais il faut insister un peu plus sur le grand Condé. Ce prince, qui dans la campagne de Hollande avait désiré s'entretenir avec Spinoza, lut la *Recherche de la vérité*, et voulut en connaître l'auteur. Nous avons, grâce à M. l'abbé Blampignon, le récit même de Malebranche :

« M. le Prince me manda il y a environ trois semaines ; je fus le trouver à Chantilly, où j'ai demeuré deux ou trois jours ; il souhaita de me connaître, à cause de la *Recherche de la vérité*, qu'il lisait actuellement. Il a achevé de la lire, et en est extrêmement content, et du *Traité de la nature et de la grâce*, qu'il trouve si beau, que jamais livre ne lui a donné plus de satisfaction. Il m'écrit qu'il me fera l'honneur de m'en écrire encore plus particulièrement. M. le Prince est un esprit vif, pénétrant, net, et que je crois ferme dans la vérité, lorsqu'il la connaît; mais il veut voir clair. Il m'a fait mille honnêtetés; il aime la vérité, et je crois qu'il en est touché. Je vous écris ceci, parce que vous voulez savoir tout ce qui me regarde, et que vous me le demandez sans cesse dans vos lettres [1]. »

Quel dommage que cette lettre soit si courte et que la modestie de Malebranche ait abrégé le récit! Comme on voudrait avoir assisté à l'entretien! Malebranche y travailla-t-il à la conversion de Condé, ainsi qu'on l'a dit? J'en doute fort, pour bien des raisons; mais toujours est-il que Condé dit à ses hôtes de Chantilly : « Le père Malebranche m'a plus parlé de Dieu en un jour que mon confesseur pendant le reste de ma vie. »

Le prince resta en correspondance avec l'humble religieux de la rue Saint-Honoré, et tout à l'heure nous verrons Condé suivre les débats de Malebranche avec Arnaud et en dire son mot avec la sûreté de coup d'œil d'un esprit supérieur et la réserve de bon goût d'un homme qui ne se pique de rien, et de théologie moins que de tout le reste.

Parmi ces hommages, ces empressements, ces marques d'admiration, que fait Malebranche? Il se dérobe, il se cache, il s'enfonce dans sa solitude. On veut avoir son

[1] Lettre du 18 août 1683, page 21 de la correspondance inédite publiée par l'abbé Blampignon.

portrait, il s'y refuse; il faut, pour essayer de saisir ses traits à la dérobée, user de subterfuge. Il consent enfin, non sans peine, à poser devant Santerre, un bon élève de Lebrun. Ce portrait est à Juilly. Il a été gravé par Edelinck, et le musée de Versailles en a une bonne copie. M. l'abbé Blampignon nous apporte un renseignement de plus; c'est aussi un portrait ou plutôt un signalement minutieux qui aura son prix pour les personnes qui d'un grand homme veulent tout savoir [1].

« Il avait la tête grosse, le visage long et étroit, à la parisienne, le front fort découvert, le nez long, les yeux assez petits et un peu enfoncés, de couleur bleue tirant sur le gris, fort vifs; c'était la partie de son visage qui marquait le plus d'esprit. Il avait la bouche grande et fort fendue, le menton un peu pointu, le col haut et long. La couleur de son visage avait été d'un blanc pâle dans sa jeunesse, mais il était devenu fort rouge; il avait la voix grêle, les poumons faibles : c'est ce qui l'obligeait d'élever la voix dans la dispute, surtout lorsqu'il avait affaire à des personnes qui avaient de bons poumons. Il avait la démarche grande, mais elle n'était pas majestueuse, à cause qu'il paraissait tout d'une venue, tant il était maigre [2]. »

Cette description ne répond-elle pas fort bien à l'idée qu'on se fait de ces idéalistes, de ces solitaires, *qui n'ont*

---

[1] Je dirai à ces curieux que Malebranche, débile de corps et ayant besoin d'excitants, fort ami d'ailleurs des nouveautés en tout genre, est un des premiers qui aient fait usage du café. J'ajouterai tout bas qu'il avait l'habitude de mâcher du tabac, ce qui n'avait pas peu contribué, dit le père Adry, à le rendre aussi sec qu'il était. (*Manuscrit de l'Arsenal.*)

[2] *Manuscrit d'Adry*, part. II.

de corps qu'en projet, comme Saint-Martin le disait de lui-même, de ces contemplatifs chez qui la vie de l'âme gagne tout ce qui manque à la vie du corps? Ils ont peu de goût pour le monde, pour la conversation, pour la controverse. Le bonheur de Malebranche, c'était, au retour de Chantilly, de rentrer dans sa cellule de la rue Saint-Honoré et d'y construire en paix ses chers systèmes, un peu à la façon de Spinoza, quittant aussi Condé ou Luxembourg pour retrouver sa chambrette chez le bonhomme Van der Spyck. Si tranquille que fût la maison de Malebranche, il la trouvait encore trop ouverte aux bruits du dehors. Il préférait le séjour de la campagne. Dès qu'il pouvait quitter Paris, il s'enfuyait aux champs, à Raray, à Perseigne, dans les terres du marquis de Roucy, ou chez son disciple et ami le marquis d'Allemans. Il aimait fort aussi Marines, maison de l'Oratoire, près Pontoise, et c'est là qu'il écrivit, sur la prière de son ami le duc de Chevreuse, un livre austère et charmant, les *Conversations chrétiennes*. Les *Méditations*, commencées à Perscigne, abbaye cistercienne du diocèse du Mans, furent achevées à Raray, près de Senlis. A Raray aussi, il écrivit sa *Morale* et ses *Entretiens sur la métaphysique*. Nos documents ne parlent pas de Juilly, où l'on montre pourtant un marronnier planté, dit-on, de la propre main de Malebranche.

Au surplus, qu'on ne s'y trompe pas : ce que Malebranche allait chercher hors de la ville, ce n'était pas la nature, c'était le silence. Dans un siècle où le sentiment de la vie champêtre a été rare, nul ne l'a eu moins que lui. Lisez ces livres écrits au milieu des champs, il n'y a pas le moindre écho des harmonies de la nature, pas le plus léger parfum du printemps. Voici pourtant un passage qui semble nous contredire :

« L'autre jour que j'étais couché à l'ombre, je m'avisai de remarquer la variété des herbes et des petits animaux que je trouvai sous mes yeux. Je comptai, sans changer de place, plus de vingt sortes d'insectes dans un fort petit espace et au moins autant de plantes. Je pris un de ces insectes..., je le considérai attentivement, et je ne crains point de vous dire de lui ce que Jésus-Christ assure des lis champêtres, que Salomon, dans toute sa gloire, n'avait point de si magnifiques ornements [1]. »

Ces lignes sont d'un tour exquis ; mais, dans l'émotion même du contemplateur de la nature, la raison du physicien-géomètre se fait sentir. Malebranche compte les insectes, et ce qu'il y admire, c'est la variété de leurs espèces, le nombre de leurs parties. Spinoza aussi aimait fort à considérer les insectes. Pour ces cartésiens, qui avaient accepté avec ferveur l'idée du mécanisme, les animaux étaient de merveilleux automates dont ils ne pouvaient se lasser d'admirer les ressorts. L'hôte de Spinoza racontait à Colerus qu'un des divertissements favoris de son philosophe, c'était de jeter des mouches sur une toile d'araignée et d'assister au combat. Jeu d'enfant, direz-vous, jeu cruel, qui passe même pour avoir été celui de Domitien.—Prenez garde, ne vous pressez pas de comparer Spinoza à un monstre ; c'était le plus doux des hommes, et il ne se montrait pas plus cruel

[1] *Entretiens sur la métaphysique*, x, 2.

en s'amusant des luttes d'une mouche et d'une araignée que ne le fut Malebranche le jour que Fontenelle le visita, et qu'importuné par les mouvements de sa chienne qui coupaient la conversation et l'empêchaient de suivre quelque raisonnement, il donna à cette pauvre bête, qui était pleine, un grand coup de pied dans le ventre en disant : *Ne savez-vous pas bien que cela ne sent pas?*

Ces mécanistes à outrance n'en étaient que plus attentifs au mystère de l'apparition subite de la vie. « Le révérend père de Malebranche, écrit un de ses amis, a présentement un fourneau où il met couver des œufs, et... il en a déjà ouvert dans lesquels il a vu le cœur formé et battant avec quelques artères[1]. »

Pour s'aider dans ces observations délicates, Malebranche savait au besoin se construire des instruments de précision. Comme Spinoza, il était fort adroit de ses mains et se plaisait à polir des verres d'optique. Nous apprenons aussi par les nouveaux documents qu'il était botaniste et s'était fait un volumineux herbier. C'est le moment de rappeler que Malebranche était un géomètre éminent, un membre de l'Académie des sciences. Il initia aux mathématiques le marquis de l'Hôpital, si connu par son *Analyse de infiniments petits*. C'est Malebranche qui voulut éditer ce bel ouvrage et qui en traça les figures de sa main.

Nos documents nous le représentent entouré de géomètres et de physiciens. « Je vous aurais souhaité, écri-

---

[1] *Manuscrit du père Adry*, part. II.

vait le père Lelong au père Reyneau, auteur de l'*Analyse démontrée*, je vous aurais souhaité dans la chambre du père Malebranche ; il était avec le marquis de l'Hôpital, M. Varignon et M. Fatio de Duillier, qui est aussi un savant mathématicien [1]. » A côté de ces personnages, placez en idée le géomètre Saurin, le grand ingénieur Renau d'Élizagaray, l'un des Bernouilli, Tschirnaus, le chevalier de Louville, Mairan, Leibnitz, Carré, Prestet.

Les uns sont des gens du monde, comme Louville ou ce marquis d'Allemans dont Saint-Simon nous parle comme d'un homme plein de lumières et partisan passionné de Malebranche [2] ; les autres, des jeunes gens à qui Malebranche ouvre la carrière, comme Dortous de Mairan, futur successeur de Fontenelle à l'Académie des sciences. D'autres, étrangers à la France, comme Leibnitz, viennent à Paris s'initier aux grandes découvertes de la philosophie.

J'ai nommé Prestet et Carré. Leur histoire est cu-

[1] *Manuscrit du père Adry*, part. II.
[2] Saint Simon dit dans ses *Mémoires* (Ed. Chéruel, in-12, tome XI, page 148) qu'il avait connu M. d'Allemans « chez le célèbre père Malebranche de l'Oratoire, dont la science et les ouvrages ont fait tant de bruit, et la modestie, la rare simplicité, la piété solide ont tant édifié, et dont la mort, dans un âge avancé, a été si sainte, la même année de la mort du roi. D'autres circonstances l'avaient fait connaître à mon père et à ma mère. Il avait bien voulu quelquefois se mêler de mes études ; enfin, il m'avait pris en amitié, et moi lui, qui a duré autant que sa vie. Le goût des mêmes sciences l'avait fait ami intime de MM. d'Allemans père et fils, et c'était chez lui que j'étais devenu le leur. »

rieuse et bien honorable pour notre oratorien. Prestet avait commencé par l'humble état de domestique. Il était au service de Malebranche, qui fut frappé de son intelligence, et lui trouvant l'esprit de géométrie, lui apprit les mathématiques et le fit recevoir parmi les novices à l'Oratoire. Le père Prestet devint un géomètre distingué.

Carré n'était point parti tout à fait de si bas. Fils d'un paysan, voué par ses parents à la carrière ecclésiastique, pour laquelle il n'avait pas de vocation, il entra comme secrétaire auprès de Malebranche. L'excellent père s'aperçut qu'il avait de l'esprit et se mit à l'instruire. Carré quitta l'Oratoire, vécut en donnant des leçons, et fit si bien qu'il devint aussi un mathématicien célèbre, et, comme son bienfaiteur, fut de l'Académie. On aime à voir l'auteur des *Entretiens métaphysiques* descendre de ses hautes spéculations pour se mettre à la portée d'un domestique et lui donner, avec la science, l'indépendance et le bonheur. Dans cet idéaliste qui semble quelquefois planer sur les mondes comme un esprit pur, on est heureux de sentir battre un cœur d'homme. Et en effet Malebranche était bon. Même dans ses traités, où je conviens que la religion est plus souvent une idée qu'un sentiment, où le mysticisme même n'est pas sans quelque sécheresse géométrique, il lui échappe des traits qui trahissent la tendresse d'un vrai chrétien.

« Il ne faut pas seulement, dit-il quelque part, donner des marques d'estime aux pauvres et aux derniers des hommes, mais encore aux pécheurs et à ceux qui commettent les plus grands crimes, car le plus grand des pécheurs peut devenir, par le secours du ciel, pur et saint comme les anges ¹. »

Dans un autre ouvrage, où il se donne pour interlocuteur le Verbe divin lui-même, il lui fait dire à un homme charitable appliqué aux besoins spirituels du prochain :

« Quelle consolation ! une âme te doit son bonheur éternel ! Penses-tu qu'elle te puisse oublier, ou que moi je le puisse, qui tiens de ton travail une partie de mon héritage, un membre de mon corps, un ornement de mon temple ². »

Quand on recueille de tels élans de cœur, on apprend sans surprise par les nouveaux documents que Malebranche était d'une piété pratique des plus ferventes. Au siècle où nous vivons, siècle d'indifférence et de scepticisme, on juge quelquefois très-mal certains libres esprits des temps passés. A voir les pensées hardies de ces personnages lointains, on se figurerait volontiers qu'ils n'étaient prêtres ou moines que d'extérieur. Rien de plus faux en ce qui touche Malebranche. On savait déjà qu'il avait été toute sa vie un prêtre attaché à ses devoirs. Nos documents nouveaux nous apprennent que dans l'intérieur de la maison, dans la pratique des obligations quotidiennes, il était un sujet d'édification ³. Chaque jour il lisait à genoux quelques pages des saintes Écritures ; il assista toute sa vie régulièrement aux offices de l'Oratoire, constamment debout, même lorsque

---

[1] *Traité de morale*, tome II, page 100.
[2] *Méditations chrétiennes*, XVIII, 23.
[3] *Archives impériales*, tome III, f° 669, manuscrit n° 636.

ses jambes chancelaient et que ses forces étaient épuisées. Longtemps il fut chargé de l'emploi de maître des cérémonies, et il accomplissait ces humbles et assujettissantes fonctions avec un zèle infatigable. A l'exemple de Bossuet, il allait assez souvent faire des retraites à la Trappe à côté de Rancé, leur ami commun.

Mais de toutes les vertus convenables à un religieux, aucune ne coûta moins à Malebranche que le désintéressement. La maison de l'Oratoire n'imposait pas le vœu de pauvreté; on pouvait y posséder, y hériter. Malebranche était propriétaire d'une maison rue Saint-Honoré : il la donna à l'Hôtel-Dieu en 1673. Plus tard, en 1703, il renonça à la succession d'un de ses frères, conseiller au parlement, mort sans enfants, et qui lui avait légué tous ses biens. Il faut voir avec quelle simplicité Malebranche fait ce sacrifice, qui ne lui demanda pas plus d'efforts qu'il n'en avait coûté à Spinoza pour renoncer à l'héritage paternel et à la pension de Jean de Witt; car je ne dois pas cesser de rapprocher ces deux frères jumeaux de la famille cartésienne, puisqu'ils ne cessent pas de se ressembler. Voici une lettre inédite de Malebranche à son ami l'abbé Barrand :

« A l'égard des affaires que me laisse la mort de mon frère, je ne sais point de meilleur expédient pour m'en délivrer que de renoncer à sa succession. J'ai assez de viatique pour le chemin qui me reste à faire [1]. »

Malebranche vécut encore douze ans après cette

---

[1] Lettre du 23 février 1703, dans l'écrit de M. Blampignon, page 23 de la correspondance inédite.

lettre. Sa mort est de 1715, l'année même qui enleva Louis XIV. Nos documents nous fournissent ici quelques détails qui sont autant de traits de caractère :

« Le sentiment de ses vives douleurs, dit le père André, au lieu d'exciter ses plaintes, ne faisait le plus souvent que lui rappeler les idées qui lui étaient familières de la structure du corps humain. Tantôt il en comptait tous les ressorts, il en expliquait l'ordre, il en marquait l'usage en montrant la sagesse infinie de Celui qui les avait si bien ordonnés ; tantôt il cherchait la cause de son mal par des raisonnements physiques dont il n'interrompait le cours que pour y faire entrer quelque chose du Créateur.

« Ce fut le samedi 17 juin 1715 que Malebranche ressentit les atteintes de sa dernière maladie. Il était à la campagne chez un ami de sa famille, le président de Metz, qui avait un château à la porte même de Paris, dans les environs de Villeneuve-Saint-Georges. On se hâta de le transporter à l'Oratoire de la rue Saint-Honoré ; il voulut qu'on le mît à l'infirmerie commune, parce qu'il y avait un autel... »

Il mourut dans la nuit du 13 octobre.

II

Nous avons évité de rien dire des polémiques de Malebranche. C'est afin d'en parler plus à notre aise, car là est le seul événement qui ait agité sa vie, là aussi se montre à découvert tout un côté de son caractère. Il est assez étrange que ce méditatif, qui haïssait la discussion, ait passé la moitié de sa vie à discuter. Sa passion vraie et son vrai génie, c'était la méditation libre et solitaire, et il est certain qu'il n'avait ni le goût, ni le talent de la controverse. Une preuve entre mille autres, c'est que toutes les fois qu'on lui proposait des objections de vive voix, sa règle était de dire qu'on ne peut philosopher que par écrit. C'est fort bien; mais que Leibnitz ou Mairan [1] lui envoient par écrit des difficultés pressantes, il s'excuse en disant qu'on ne peut philosopher par lettres. Malgré ce dégoût sincère pour la discussion, le fait est que Malebranche a eu à soutenir vingt querelles : une d'abord avec le chanoine Foucher, se disant philosophe académicien, sur la certitude; une avec Bossuet sur la grâce, une autre avec Fénelon sur le gouvernement de la Providence, une autre avec le père Boursier sur la conciliation de la toute-puissance divine avec la liberté humaine, une avec le père Lamy sur l'amour de Dieu. Notez que je n'ai pas parlé de la plus grande querelle de Malebranche, celle avec Arnauld. Est-ce tout? Non; il y a encore une autre polémique avec Régis sur la grandeur apparente de la lune. Cette fois Malebranche eut satisfaction. Une imposante réunion de membres de l'Académie des sciences [2] se déclara pour lui, et le débat eut un dénoûment. On

---

[1] Voyez deux correspondances curieuses de Malebranche, l'une avec Dortous de Mairan, publiée par M. Feuillet de Conches, l'autre avec Leibnitz, que nous devons à M. Cousin. Dans ses *Causeries d'un curieux*, M. Feuillet nous promet de nouvelles lettres de Malebranche.

[2] Elle était ainsi composée : Varignon, Sauveur, l'abbé de Catelan et le marquis de l'Hôpital.

peut donc s'entendre, à ce qu'il paraît, sur la grandeur d'une planète. Pourquoi, hélas! cela est-il plus difficile sur la certitude, la grâce et l'amour de Dieu?

Au simple exposé de tant de polémiques, quelqu'un soupçonnera peut-être que le père Malebranche n'avait pas une médiocre complaisance pour ses idées, et que ce philosophe, indifférent aux biens de ce monde et qui renonçait avec tant d'aisance à la succession de son frère, ne renonçait pas si aisément à ses systèmes. J'en tombe d'accord. Irait-on même jusqu'à accuser le père Malebranche d'entêtement, je n'oserais pas y contredire. Le grand crime, après tout! Il faut bien que le *moi* se loge quelque part. Un philosophe ne tient pas à la fortune, au bien-être, aux dignités. Il pourra même, à la rigueur, faire bon marché de la gloire; mais ne lui demandez pas de sacrifier ses idées. Ce serait lui demander de sacrifier son âme, sa vie, son tout. Malebranche donc, comme son maître Descartes, abondait dans son sens un peu plus que de raison. Il y a plus, Malebranche sentait son génie. Sans aucune vanité, il n'était pas sans orgueil. Quand il discutait avec Lamy, Foucher, Boursier, Régis, il laissait volontiers percer le sentiment de sa supériorité. Ce n'était que se montrer sincère. Avec Arnauld et Bossuet il baissait le ton par bienséance et bon goût; mais au fond il entendait traiter d'égal à égal, et c'était son droit. On lui reproche, à la fin de sa longue lutte avec Arnauld, de s'être un peu aigri[1]. Je ne dis pas

[1] Je trouve en effet dans Malebranche un peu plus d'irritation et d'amertume que je ne voudrais, quand, à la mort d'Arnauld, il écrit (du 14 octobre 1694) : « On dit que M. Arnauld, avant de

non; mais Arnauld n'était pas en reste, et après tout les théologiens ne sont pas des anges.

Nous ne parlerons que des deux principales polémiques, celle avec Bossuet et celle avec Arnauld, les seules qui reçoivent quelque jour nouveau des récents documents, les seules aussi qui aient de la grandeur et dont on puisse tirer quelque enseignement à l'usage de notre époque.

Bossuet, qui avait applaudi à la *Recherche de la Vérité*, n'accueillit pas si bien le *Traité de la Nature et de la Grâce*. Sur le *pur philosophique* il était assez coulant; mais cette fois il s'agissait de la grâce, et en matière théologique Bossuet ne biaisait pas. Écrivit-il sur son exemplaire du *Traité* les trois mots tant cités : *Pulchra, nova, falsa?* Je n'affirme rien, quoique ces concises et expressives paroles soient dignes de lui; ce qui est certain, c'est qu'il entra en défiance. Son langage extérieur fut modéré ; mais entre théologiens il se montra sévère jusqu'à la dureté, témoin sa lettre bien connue à l'évêque de Castorie, M. de Neercastel. Toutefois, avant de se prononcer publiquement, Bossuet

---

mourir, a fait encore une lettre contre moi, où au lieu de répondre à mes dernières, il renouvelle ses accusations chimériques, que je mets de l'ignorance en Jésus-Christ; vous savez que je dis positivement le contraire. Quand j'aurai vu la lettre, j'y répondrai. Il est mort le 18 août du rhume. On a fait quelques vers à sa louange, que je n'ai pas vus; mais je sais qu'on le représente en héros, toujours triomphant de ses adversaires, et que je suis joint avec Saint-Sorlin pour servir à l'histoire de son triomphe. Cela est divertissant! » (Page 16 de la correspondance inédite publiée par l'abbé Blampignon.)

exprima le désir de s'entretenir avec le père Malebranche afin de le ramener par une discussion amicale. Le père s'y refusa d'abord. Il fallut les instances réitérées du duc de Chevreuse pour le décider à voir Bossuet. Nous devons à M. l'abbé Blampignon, qui l'a trouvé dans le manuscrit de Troyes, le détail de cette première entrevue racontée par le père André :

« M. de Meaux commença par faire entendre au père Malebranche que, pour être catholique sur la grâce, il devait embrasser la doctrine de saint Thomas, et que c'était pour l'y amener qu'il voulait avoir avec lui une conférence sur le système qu'il avait donné sur cette matière. Le père Malebranche était trop avisé pour accepter la proposition de M. de Meaux; il savait que le prélat était trop vif dans la dispute, et il craignait, en l'imitant, de manquer de respect; il parlait avec autorité, et on ne pouvait lui répondre sur le même ton. D'ailleurs son crédit à la cour et dans l'Église de France donnait lieu de craindre que, s'il prenait mal les choses, il ne décriât le système aux dépens de l'auteur.

« Le père Malebranche se contenta de lui dire en général que tous les thomistes ne sont pas disciples de saint Thomas, que la matière de la prédestination et de la grâce était trop difficile à débrouiller dans une conversation; en un mot, qu'il ne dirait rien que par écrit et après y avoir bien pensé.—C'est-à-dire, répliqua M. de Meaux, que vous voulez que j'écrive contre vous; il sera aisé de vous satisfaire. — Vous me ferez beaucoup d'honneur, lui répondit le père Malebranche. Après quoi l'on se sépara. »

Bossuet se disposait probablement à répondre à ce défi voilé de politesse, quand le marquis d'Allemans lui arrêta la main. Bossuet se borna à obtenir l'ordre de faire saisir le *Traité de la Nature et de la Grâce*. Il exprima de nouveau le désir de conférer avec Malebranche; celui-ci refusa obstinément et sèchement. Le manuscrit de Troyes nous donne un extrait de la lettre de Malebranche à Bossuet :

« Monseigneur, je ne puis me résoudre à entrer en conférence avec vous sur le sujet que vous savez. J'appréhende ou de manquer au respect que je vous dois, ou de ne pas soutenir avec assez de fermeté des sentiments qui me paraissent, et à plusieurs autres, très-véritables et très-édifiants... »

Bossuet ne se contint plus : il éclata publiquement dans l'oraison funèbre de la reine Marie-Thérèse. « Que je méprise ces philosophes, s'écria-t-il, qui, mesurant les desseins de Dieu à leurs pensées, ne le font auteur que d'un certain ordre général d'où le reste se développe comme il peut; comme s'il avait, à notre manière, des vues générales et confuses, et comme si la souveraine intelligence pouvait ne pas comprendre dans ses desseins les choses particulières qui seules subsistent véritablement! »

Cette véhémente et altière apostrophe tombait d'aplomb sur le système de Malebranche, et au surplus, en cas qu'il n'eût pas compris, Bossuet prit soin de lui faire adresser l'oraison funèbre à la campagne. En vain le marquis d'Allemans essaya (dans une lettre intéressante que nous donne M. l'abbé Blampignon[1]) d'amortir le coup et de panser la blessure : elle fut cruelle. Male-

---

[1] Voir son *Essai*, pages 82 et suiv.

branche pourtant fit bonne contenance; il ne répondit mot, et, à son retour à Paris, il alla rendre visite à Bossuet et le remercier de l'honneur qu'il lui avait fait en s'occupant publiquement de lui. Mais Bossuet ne se payait pas de compliments; il insista pour conférer. Après de nouveaux refus, Malebranche (à qui le marquis d'Allemans rapporta de bonnes paroles de Bossuet recueillies dans une conversation qu'avait eue, en sa présence, le prélat avec Condé et le duc de Chevreuse) accepta une conférence et se rendit chez Bossuet.

« Le prélat réduisit à deux points toutes les difficultés sur le *Traité de la Nature et de la Grâce*. Le premier regardait la puissance qu'a Dieu de faire un autre ordre de choses. Le père Malebranche y répondit par ses principes, de manière que M. de Meaux n'insista plus sur cet article. Il passa au second, qui regardait la prédilection de Dieu pour ses élus, laquelle ne lui paraissait pas compatible avec le système des volontés générales. Il faut convenir que M. de Meaux prenait là le *Traité* par son faible le plus apparent. On se disputa là-dessus près d'une heure, assez vivement de part et d'autre; mais enfin, le père Malebranche ayant développé ses principes, qui démontrent que, dans son système, Dieu a autant de prédilection pour ses élus que dans celui des congruistes, si bien reçu dans les écoles, M. de Meaux lui dit qu'il penserait à ses réponses, et que s'il y trouvait encore des difficultés, il les lui proposerait. On se quitta sans aller plus loin, assez content l'un de l'autre. »

Bossuet renonça décidément à écrire contre Malebranche, jugeant dans sa modération un peu hautaine qu'il suffisait de charger Fénelon, alors encore son ami, de réfuter le système de l'oratorien. Nous avons cette

Réfutation annotée de sa main. Mais ce qui acheva de calmer Bossuet, c'est que, sa grande querelle avec Fénelon étant venue à éclater, Malebranche prit parti contre l'archevêque de Cambrai[1]. Sur quoi Bossuet alla visiter Malebranche, le complimenta sur son livre et lui offrit son amitié. Tel fut le dénoûment de cette lutte. Faut-il, avec le biographe, y admirer la *simplicité touchante* de Bossuet? Bossuet avait l'âme grande, il est vrai; mais il était homme et théologien, et peut-être valait-il mieux attendre un autre moment pour célébrer sa simplicité.

Malebranche n'en fut pas quitte à si bon compte avec Arnauld. Leur polémique dura toute leur vie, et même, la mort ayant fermé la bouche à l'un des antagonistes, l'autre ne put s'empêcher de continuer le débat. Le dernier historien de Port-Royal a raconté cette lutte avec la connaissance la plus complète de toutes les parties du sujet, sans parler de cette finesse d'analyse et de cette verve qui n'appartiennent qu'à lui[2]. On ne refait pas les récits de M. Sainte-Beuve; nous n'avons qu'à y ajouter quelques particularités nouvelles fournies par les documents qu'il n'a pas connus.

Voici d'abord les préludes du combat. Au premier volume de la *Recherche de la Vérité*, Arnauld applaudit de bon cœur (1674). Le second volume (1675) lui agrée moins. Viennent en 1677 les *Petites Médita-*

---

[1] Il se prononça dans un petit traité *De l'amour de Dieu*, écrit pour répondre à dom Lamy, qui s'était prévalu d'un passage de la *Recherche* en faveur de Fénelon.

[2] *Port-Royal*, par Sainte-Beuve, tome v, ch. 6.

tions. Arnauld trouve que Malebranche a trop d'égards pour la pure raison. De son côté, Malebranche se plaint de l'obscurité des écrits de Port-Royal sur la grâce, et déclare nettement que le véritable Augustin diffère de l'Augustin d'Ypres. Il y a plus : le père Levasseur, ami et partisan de Malebranche, dit, dans ses conférences de Saint-Magloire, que *Jansénius, en lisant saint Augustin, s'est servi des lunettes de Calvin*[1]. Sur cela, le père Levasseur propose une conférence. Le marquis de Roncy invite Malebranche et Arnauld à dîner. Arnauld se rend chez le marquis, accompagné de deux témoins, comme pour un duel. Ces témoins sont le père Quesnel et Tréville, depuis peu converti. Laissons la parole au père André.

« Le comte de Troisville, qui ouvrit la scène, avait de l'esprit, de la science, et surtout une estime infinie pour saint Augustin. Il fit d'abord un long discours, qui était fort étudié, pour montrer ce que nul bon catholique ne peut contester, que, sur les matières de la grâce et de la prédestination, ce grand docteur est l'oracle qu'il faut interroger, et que l'Église dans tous les temps lui a fait cet honneur. Le père Malebranche, aussi admirateur de saint Augustin que M. Arnauld, n'eut point de peine à convenir de ce principe ; il ajouta seulement qu'il fallait bien entendre ce Père, c'est-à-dire selon les règles d'une bonne critique et selon l'analogie de la foi que le saint a défendue contre les hérétiques.

« Après être convenu de cette vérité, qui est fondamentale dans les matières de la grâce, quoi qu'en disent quelques théologiens, le père Malebranche voulut commencer à exposer ses sentiments sur cette matière ; mais à peine avait-il ouvert

---

[1] *Manuscrit de Troyes*.

la bouche pour dire une parole, que la vivacité de M. Arnauld ne lui permit pas de passer outre. Le principe de son sentiment était que Dieu agissait presque toujours, dans l'ordre de la grâce aussi bien que dans l'ordre de la nature, par des lois générales. Le docteur l'interrompit là. Il essayait en vain d'expliquer ce beau principe, qui est évident pour quiconque est capable de réflexion : M. Arnauld ne voulut entendre ni preuves ni explications. Il avait toujours à y opposer tantôt une question importante, tantôt une fâcheuse conséquence, tantôt un passage de saint Augustin, et, par-dessus tout, une prévention de cinquante années pour le sentiment de Jansénius, où il avait été élevé presque dès son enfance, de sorte que le père Malebranche, qui n'avait ni les forces ni la volubilité de langue de son adversaire, fut obligé de n'être que simple auditeur dans une conférence qui avait été résolue pour le faire parler.

« Las d'une dispute où l'on n'avançait point, il dit que puisqu'on ne lui permettait pas de s'expliquer de vive voix, il s'engageait de mettre par écrit ses sentiments et de les communiquer à M. Arnauld, à condition qu'il les examinerait avec une attention sérieuse, et qu'il lui proposerait aussi par écrit ses difficultés. Ce parti fut approuvé par la compagnie, et l'on se retira aussi bons amis qu'on le pouvait être au sortir d'une conversation assez échauffée. Ainsi finit la conférence du père Malebranche avec M. Arnauld. Elle se tint au mois de mai 1679. »

Voilà l'occasion qui fit écrire à Malebranche son *Traité de la Nature et de la Grâce*. On sait le reste. Le *Traité*, envoyé manuscrit à Arnauld, ne lui arriva que tardivement. Malebranche le fit imprimer en Hollande et publier, malgré les réclamations et les prières d'Arnauld (1680, in-12, Amsterdam). De là une polémique de vingt ans, qui n'a de comparable, pour le talent dépensé et pour l'acharnement, que la lutte de Fénelon avec Bossuet. On est charmé de rencontrer sur ce mémorable duel un jugement aussi piquant qu'inattendu, celui de Condé; le voici tel qu'il nous a été conservé par le marquis d'Allemans :

« Ayant suivi M. le duc de Chevreuse, qui allait chez M. le Prince, on ne fut pas longtemps sans tomber sur le chapitre à la mode, de la guerre de M. Arnauld et du père Malebranche. On se partagea, comme il arrive ordinairement, selon ses lumières et ses inclinations. M. le Prince, qui avait tout lu de part et d'autre, ce qui, joint à la pénétration extraordinaire de son génie supérieur, le mettait en état de raisonner en maître sur le sujet de la dispute, mais en même temps avec une modestie qui lui convenait d'autant mieux qu'il était plus élevé au-dessus des personnes à qui il parlait et qu'on ne se lassait point de l'entendre, dit en propres termes qu'il fallait avouer que M. Arnauld et le père Malebranche avaient tous deux de l'esprit infiniment; qu'il n'y avait que M. Arnauld qui pût écrire contre le père Malebranche, et que le père Malebranche qui pût répondre à M. Arnauld; qu'à la vérité M. Arnauld avait cet avantage sur le père Malebranche qu'il l'avait fait expliquer, quoique bien glorieusement pour ce père et bien utilement pour tout le monde; qu'enfin le père Malebranche était le plus grand métaphysicien qui fût sur la terre, et qu'il ne connaissait point de meilleur logicien que M. Arnauld, ajoutant néanmoins qu'il n'était pas assez habile pour être juge de leurs démêlés théologiques [1]. »

[1] Extrait d'une relation écrite par le marquis d'Allemans, page 69 de l'ouvrage de M. l'abbé Blampignon.

III

Si on nous demandait notre avis sur la question théologique agitée entre Malebranche et Arnauld, nous aurions mille raisons d'imiter la réserve du prince de Condé, qui même était moins incompétent que nous en théologie, s'il est vrai qu'au retour de Rocroy, assistant à une thèse de Bossuet en Sorbonne, il ait eu quelque envie d'intervenir dans le docte combat; mais la lutte des deux illustres champions de Port-Royal et de l'Oratoire présente un côté plus abordable à un simple philosophe, ou, pour mieux parler, à tout homme de bon sens qui cherche à s'éclairer sur une question aussi sérieuse qu'inévitable : je parle des voies de la Providence dans le gouvernement de l'univers physique et moral.

Malebranche a passé sa vie et mis sa gloire à faire avancer d'un pas la solution de ce grand problème. Son maître, Descartes, avait montré à cet égard une rare discrétion. C'était assez pour lui sans doute d'avoir solidement établi l'existence de Dieu. Parvenu par une route certaine à ce sommet de la spéculation métaphysique, Descartes s'était arrêté. Il fallait pourtant bien redescendre, et cet être parfait, ce principe créateur une fois atteint par la pensée, il était impossible de ne pas s'interroger sur le mystère de la création. La cause première a-t-elle laissé un jour échapper le monde de ses mains par caprice et comme par hasard? ou bien l'action créatrice a-t-elle eu un motif, une intention, un dessein? Cet univers, créé par une toute-puissance éternelle et infinie, est-il limité en étendue et en durée, atome perdu dans un coin de l'espace, jouet d'un instant fait pour être brisé, ou bien participe-t-il en quelque manière à l'infinité du Créateur? Problèmes délicats et redoutables sur lesquels Descartes n'aimait pas à être pressé. C'est presque malgré lui et entraîné par la force logique des idées qu'il a été conduit à s'en expliquer quelquefois. Par exemple, il se borne à dire dans ses livres que l'étendue de l'univers est indéfinie; mais dans ses lettres il se moque de ceux qui font le monde fini et *renferment*, dit-il, *l'œuvre de Dieu dans une boule*. S'il avait voulu suivre ces vues hardies, il aurait conçu le monde comme infini en durée aussi bien qu'en étendue; mais il eut quelque scrupule à cet égard, et quand la reine Christine, qui voulait tout savoir, l'interrogeait sur l'éternité du monde, il se bornait à lui dire que le monde ne périra jamais, et que plus on agrandit en tout sens l'idée qu'on se forme de l'univers, plus on a sujet de louer le Créateur dans l'infinité de ses œuvres.

Parmi ces vues de Descartes sur les rapports de Dieu et du monde, il y en a une assez étrange : c'est que la volonté de Dieu est la véritable origine du bien et du mal, du beau et du laid, du vrai et du faux. Non-seulement il dépend de la libre décision de Dieu que le monde existe ou n'existe pas, mais c'est elle qui fait que le bien est le bien et que le mal est le mal, et pour aller à la limite extrême de cette doctrine, il faut dire, selon Descartes, que, si l'homicide est un crime, si les rayons du cercle sont égaux et si deux et deux font quatre, c'est parce que Dieu l'a voulu.

C'est ici que Malebranche, jusqu'à ce moment pur cartésien, se sépare de son maître et devient lui-même. — Qu'est-ce que Dieu? demande-t-il. Dieu, c'est sans doute la cause infinie, la cause toute-puissante; mais c'est aussi la cause intelligente, la raison même, la raison universelle, la lumière qui illumine tout homme venant en ce monde. Comment savons-nous qu'il existe un Dieu, et pourquoi pensons-nous à lui? c'est que nous avons des idées, des idées absolues, l'idée de la justice éternelle, de la beauté sans mélange, de la parfaite bonté. Otez ces idées, Dieu n'est pour nous qu'une force immense et brutale, en tout semblable, sauf le degré, aux énergies aveugles de la nature inanimée. Or une telle conception est infiniment au-dessous de la perfection suprême. Si Dieu est le type même de la justice, de la beauté, de la vérité, on ne peut plus admettre en lui une volonté arbitraire et se le figurer comme une sorte de tyran sans autre règle que sa volonté, c'est-à-dire son caprice, c'est-à-dire le hasard. Dieu sans doute est tout-puissant et libre; mais sa toute-puissance est réglée par sa sagesse, et comme le vrai et le bien constituent son essence, dire que sa liberté a pour limite le vrai et le bien, c'est dire que Dieu ne dépend après tout que de Dieu lui-même, ou en d'autres termes que Dieu agit en Dieu.

Malebranche n'est point le premier qui ait posé ces principes simples et lumineux. Ce sont ceux de Platon, et Malebranche, qui ne lisait pas l'*Eutyphron*, ni le *Timée*, ni les *Ennéades*, en avait reçu le souffle inspirateur à travers saint Augustin. Il ne fait donc ici que changer de maître, mais en associant librement les vues les plus hautes de Platon avec les pensers les plus hardis de Descartes, il est profondément original.

Sa maîtresse idée, c'est que Dieu en créant le monde s'est proposé une fin, et que les moyens choisis pour l'atteindre doivent, comme la fin elle-même, être dignes de lui. Dieu est parfait; il se suffit à lui-même. Si donc il a fait le monde, c'est par bonté. Il n'a pas été avare de sa puissance; il a voulu communiquer ses perfections. Or comment l'univers fera-t-il éclater les perfections de son auteur? par la simplicité de ses lois. C'est le propre d'une cause imparfaite d'agir à l'aventure, tantôt dans un sens, tantôt dans un autre. La cause parfaite agit d'une manière égale et uniforme; elle imprime à ses œuvres le caractère de l'éternité et de l'immensité. Elle n'a pas de volontés particulières et changeantes, mais des volontés générales. Elle a donné à la nature des lois, les lois les plus simples, c'est-à-dire les plus stables, les plus universelles, les plus harmonieuses que comporte son essence imparfaite.

Voilà ce que dit la raison spéculant *a priori*. L'expérience dit-elle le contraire? Elle semble le dire quelquefois. Elle nous fait voir dans le monde physique des bouleversements, des désordres, des monstres, et dans l'ordre moral, ce monstre terrible, le vice, et ce désordre épouvantable, la douleur. Comment expliquer ce mystère? Malebranche croit y réussir par son principe des volontés générales. C'est sans doute un phénomène étrange, dit-il, qu'un volcan détruise une grande cité, que souvent des torrents de pluie inondent le désert, alors que l'eau manque à nos champs desséchés. Pourquoi Dieu souffre-t-il cela? C'est que, pour détourner la lave du volcan, il faudrait une volonté particulière, c'est-à-dire une intervention locale et accidentelle de la cause première, c'est-à-dire un miracle. Or demander à Dieu des miracles quotidiens, c'est lui demander de détruire les lois de la nature, de se conduire comme un monarque capricieux et non comme un immuable législateur, c'est vouloir que l'univers n'ait plus d'ordre et Dieu plus de sagesse. Il faut donc se résigner à ces désordres accidentels qui couvrent un ordre général. Et de même, dans une autre sphère, exiger que Dieu arrête la main de l'assassin au moment où il va frapper sa victime, ou bien qu'un corps étranger introduit dans l'organisme n'y produise pas un effet douloureux, c'est dans le premier cas exiger de Dieu qu'il ôte à l'homme son libre arbitre, dans le second, qu'au lieu d'un corps d'animal, il lui eût donné un corps de séraphin, et dans les deux cas qu'il agisse contre sa sagesse et démente ses propres desseins.

Ce n'est pas tout, car si au-dessus du monde matériel il y a le monde moral, au-dessus de l'un et de l'autre plane un ordre supérieur, ordre mystérieux que la raison ne peut qu'entrevoir : c'est l'ordre de la grâce. Malebranche s'élance hardiment dans cette région du mystère. Suivant lui, que Dieu agisse d'une façon naturelle ou d'une façon surnaturelle, il faut toujours que son action porte le caractère de ses attributs. La grâce a donc ses lois. Il ne faut pas croire qu'elle se répande sur les âmes au hasard. Point de caprice, point de prédilection aveugle. Tout part d'un conseil profond, tout marche par des volontés générales. Que la grâce semble avoir manqué à une âme d'ailleurs pure, ou qu'elle soit descendue dans une âme indigne, notre ignorance se récrie et ose accuser Dieu d'injustice. Non, le Dieu d'Abraham, d'Isaac et de Jacob, comme le Dieu de Platon et de Descartes, c'est toujours la cause universelle, la justice éternelle, la raison, la sagesse et la bonté. Si l'action divine paraît quelquefois inutile, c'est que Dieu, pour donner à la grâce tout son effet, eût été obligé d'intervenir, de troubler l'ordre général par une volonté particulière. Or Dieu n'aime que les voies simples, qui sont les voies générales. Dans l'ordre de la grâce, comme dans celui de la nature, Dieu agit en Dieu.

Ces deux ordres sont-ils séparés l'un de l'autre? Et la raison humaine ne parviendra-t-elle pas à saisir le nœud qui les unit? Question deux fois obscure où Malebranche, emporté par un irrésistible élan, se jette avec une intrépidité qui n'a d'égale que sa candeur. Le nœud du problème, suivant lui, c'est l'incarnation de Dieu dans l'humanité. Ce qui semble mystère impénétrable, c'est un trait de lumière à qui sait comprendre et raisonner. Dieu, en effet, n'a pu se proposer en devenant créateur qu'un objet infini. Le fini s'évanouit devant son immensité, et, comparés à Dieu, les mondes innombrables semés dans l'espace, et ces autres créatures d'élite qui valent mieux que tous les mondes, ces légions d'intelligences qui s'échelonnent à partir de l'homme jusqu'à Dieu, tout cela, devant l'Être parfait et infini, est comme s'il n'était pas. Pour que la création devienne digne de lui, il faut qu'elle soit infinie. Et il n'y a qu'un moyen pour cela, c'est que Dieu y mette quelque chose de lui, c'est qu'il y fasse descendre son Verbe, c'est, en un mot, que le Verbe se fasse chair : *Et verbum caro factum est...* L'incarnation de Jésus donne la clef de l'énigme universelle. Non-seulement elle entre dans le plan éternel de Dieu, mais elle en est le centre. Elle élève l'homme, et par l'homme la nature entière à la hauteur de Dieu. Ordre physique, ordre moral, ordre surnaturel, tout s'explique et s'unit, et tout est dominé par une seule idée, l'idée des voies simples et des volontés générales.

Telle est la construction hardie et grandiose dont Malebranche s'est enchanté. Tout y est étroitement lié. Un enchaînement géométrique s'y unit au mysticisme le plus fervent. Otez un anneau de cette chaîne, tout est rompu. Et maintenant on s'explique la complaisance de Malebranche pour ses théories et l'obstination indomptable qu'il mit à en défendre toutes les parties. Il avait tous les genres d'obstination, celle du solitaire qu'aucune contradiction n'avertit, celle du cartésien, systématiquement ennemi de la tradition, qui croit découvrir tout ce qu'il pense pour la première fois, celle enfin du géomètre, qui, sûr de la rigueur de ses raisonnements, dédaigne les faits et attend qu'on lui prouve qu'il a commis une erreur de calcul.

Qu'on se figure donc l'étonnement que dut éprouver ce chrétien sincère et la douleur dont il fut saisi, quand des hommes tels qu'Arnauld et Bossuet vinrent lui dire que sa théologie était nouvelle, démentie par les Pères, contraire à saint Augustin, chimérique au fond, et subversive de tous les dogmes fondamentaux. Pouvait-on attendre de lui, avant du moins que l'Église eût prononcé, et elle ne prononça pas, déférence et docilité? D'un autre côté, sans être théologien, il suffit de savoir son catéchisme pour comprendre de quel œil Bossuet et Arnauld durent considérer ce système hardi, où les dogmes les plus redoutables sont soumis à l'investigation rationnelle, où l'incarnation de Jésus-Christ devient nécessaire au plan de l'univers, où le règne de la grâce, à force de se rapprocher de celui de la nature, risque d'y être absorbé. Et puis pouvaient-ils ne pas avoir quelque ombrage de cet amour des lois générales, et de ce parti pris contre les volontés particulières? Ce que Malebranche appelle ainsi, l'Église le nomme prophétie, révélation, miracle, et tout cela ne peut s'accomplir que par des volontés particulières. Malebranche n'ébranlait-il pas les fondements de l'édifice chrétien?

On sait que notre oratorien ne se rendit jamais[1]. Il

---

[1] Malebranche ayant appris qu'Arnauld, alors en crédit à Rome, faisait agir contre lui son bon ami l'abbé Dirois, écrivait en mai 1688 : « On m'a dit qu'on continuait Rome de travailler à l'examen, c'est-à-dire par conséquent à la condamnation de mes ouvrages. M. Dirois, comme je crois, y aura bonne part; du

répondit à l'invective éloquente de Bossuet, citée plus haut, que son système des volontés générales n'empêchait pas l'action divine de pénétrer sûrement jusqu'au dernier détail des choses; car les effets les plus particuliers sont compris dans les lois les plus générales. La vérité est que l'attaque de Bossuet portait à faux; car, si Malebranche mérite un reproche, ce n'est pas de trop accorder à la volonté des causes finies, c'est bien plutôt de ne pas leur accorder assez, et de rapporter tout à la puissance unique de Dieu.

Arnauld, en attaquant la théologie de Malebranche par ses principes philosophiques, ne frappait pas beaucoup plus juste, du moins quand il se portait l'adversaire des idées platoniciennes et y substituait des vues tout aussi particulières et beaucoup moins solides, fort suspectes d'aboutir à un nominalisme assez mesquin. La question devient plus obscure et plus compliquée, quand il s'agit de l'incarnation de Dieu, de l'âme de Jésus-Christ considérée comme cause occasionnelle de la dispensation de la grâce. Mais le point le plus délicat, c'est la ques-

moins m'en a-t-on parlé comme d'un homme fort entêté contre moi. Il est juste qu'il serve fidèlement le parti qui a fait donner à son frère la cure de Braches par madame de Longueville, et qu'il tâche de justifier les calomnies de M. Arnauld contre moi en rendant indirectement complices de ces calomnies les examinateurs de Rome. Je n'ai pas de cure à donner, ni ne peux faire à personne ni bien ni mal; ainsi je ne puis avoir beaucoup de raison en ce monde, nous verrons dans l'autre ce qui en sera. » Ces derniers mots rappellent le cri de Pascal : « Si mes *Lettres* sont condamnées à Rome, ce que j'y condamne est condamné dans le ciel. »

tion du miracle. Il est évident qu'un chrétien ne peut pas nier la possibilité du miracle en général, et qu'il ne peut pas, en outre, refuser d'admettre certains miracles, tels par exemple que la naissance, la résurrection et l'ascension de Jésus-Christ. Malebranche en était-il à les mettre en doute? On l'aurait fait mourir de honte, si on lui avait seulement posé la question.

Malebranche croyait de tout son cœur que Dieu peut faire des miracles, j'entends des miracles éternellement prémédités, des miracles liés à l'ensemble de ses voies. Il croyait que Dieu en a fait réellement, un surtout, le plus grand de tous, dont les autres sont le prélude ou la conséquence, l'incarnation. Mais, avec cela, Malebranche persistait à soutenir que Dieu fait le moins de miracles possible. Pendant que d'autres en supposent Dieu prodigue, lui, il l'en croit avare. Par conséquent, il se défie du merveilleux en religion. Disons-le nettement, il ne l'aime pas, persuadé que la multiplicité des miracles, loin de dévoiler Dieu, l'obscurcit, et que la divinité ne se montre jamais plus à découvert que dans la simplicité des lois naturelles.

Ce n'est pas Malebranche qui de nos jours encouragerait les petits miracles. Ce n'est pas lui qui les recommanderait aux fidèles comme pour en stimuler la production. Ce n'est pas lui qui croirait aux tables tournantes et y dénoncerait avec fracas l'action surnaturelle du démon. Jugez de ses sentiments par deux lettres curieuses que M. l'abbé Blampignon a découvertes dans le manuscrit de Troyes. Elles ont trait à la baguette divinatoire (car la superstition est toujours la même :

baguettes, tables tournantes, esprits frappeurs, il n'y a que le nom de changé).

Dans la première, du 6 novembre 1683, sa pensée reste voilée :

« Je pense que vous savez qu'à Lyon il y a des gens qui découvrent les voleurs par les mouvements d'une baguette qu'ils tiennent en main. Le secret a déjà fait exécuter un homme qui avait assassiné un marchand de vin et sa femme. Il y a plus de deux ans qu'à Grenoble il y avait de semblables devins. Le fait est constant; j'ai parlé de cela à plusieurs témoins oculaires. C'est une preuve certaine qu'il y a des esprits qui se mêlent de nos affaires. Cependant il y a des gens qui veulent expliquer cela physiquement, et même on a fait en Hollande, il y a environ un an, un livre pour prouver qu'il n'y a ni anges, ni diables, et cela par l'Écriture sainte [1]. Quelle extravagance! Une personne d'esprit et que je connais [2] écrit actuellement sur les effets de la baguette et sur les sentiments qu'il faut en avoir. Pour moi, je ne crois pas même qu'il soit naturel de trouver de l'eau et des métaux par son moyen [3]. »

On pourrait se méprendre sur le sens de cette lettre, Malebranche, en effet, n'a garde d'y contester les anges ni les démons. Il est trop sincèrement chrétien pour cela. Est-ce à dire qu'il faille rapporter les effets de la baguette au diable? Non. Il y a trois solutions au problème : les lois de la nature, le diable, la supercherie.

---

[1] Le *Monde enchanté* de Bekker.
[2] Le père Lebrun de l'Oratoire.
[3] Voyez deux lettres de Malebranche à la suite du traité du père Lebrun.

Malebranche écarte l'explication naturelle. Restent deux solutions, le diable et la supercherie. Quelle est celle de Malebranche? Il en laisse le choix à son correspondant par ce trait charmant : *C'est une preuve certaine qu'il y a des esprits qui se mêlent de nos affaires.* Hésitez-vous à entendre cela dans un sens ironique? Eh bien! vous n'hésiterez plus en lisant la lettre suivante, celle de 1692 :

« On parle toujours fort de la baguette, et bien des gens prétendent que l'effet en est naturel. Pour moi, je ne doute nullement qu'il faut qu'une intelligence s'en mêle, et je croirais même que cette intelligence n'est pas distinguée de Jacques Aymar, le devin, qui par son adresse trompe les badauds, comme il a fait les Lyonnais. Cela s'éclaircira apparemment. Je lus hier une de mes lettres que l'on a imprimée dans le *Mercure galant* du mois de janvier. Je l'avais écrite à un père de l'Oratoire de Grenoble, et j'y prétends, ce que je crois encore, que c'est une fourberie ou une diablerie, mais un peu plus le premier que le dernier. »

Un peu plus le premier que le dernier, n'est-ce pas adorable? Et quel chrétien sensé ne s'accommodera pas mieux de ce demi-sourire de Malebranche que de la gravité solennelle de tel prédicateur en renom, qui tout récemment signalait dans la risible supercherie des tables tournantes *le plus grand événement du siècle*, ou de tel personnage, constitué en dignité, qui nous démontrait hier avec onction que Dieu est sorti de son éternité pour faire apparaître à quelque enfant idiote ou malade je ne sais quel fantôme éclatant de blancheur?

C'est ici peut-être l'occasion naturelle de tirer quelque utile conclusion de ces recherches intéressantes qui ont ramené l'attention publique sur un des chrétiens les plus sincères et les plus illustres du grand siècle. Nous ne sommes point théologien; nous n'avons pas à prendre parti entre Bossuet et Malebranche. L'Église d'ailleurs n'a point parlé, car la congrégation de l'*Index* n'est pas l'Église, et Malebranche n'a point cru que le décret de ce tribunal le forçât à se rétracter. Il a pensé que des motifs temporels avaient pu avoir leur action dans cette affaire. Il s'est replié derrière la règle de l'Église gallicane, qui veut que les décrets de l'*Index* n'aient point chez nous force de loi. A l'heure qu'il est, un ecclésiastique instruit, tel que M. l'abbé Blampignon, jugerait-il utile de publier prochainement une édition complète de Malebranche (et nous espérons bien que cette édition fera partie de la publication si heureusement inaugurée des *grands écrivains de la France*), il n'y aurait à cette entreprise aucun inconvénient insurmontable[1]. Ainsi, même pour un chrétien docile aux décisions de l'Église, le débat reste ouvert; à plus forte raison pour celui qui regarde cette question du côté purement philosophique, et s'interroge, en moraliste ami de la civilisation, sur le mouvement religieux du

---

[1] M. l'abbé Blampignon a trouvé dans les manuscrits du père Adry à l'Arsenal, une liste complète de tous les écrits de Malebranche, traités grands et petits, réponses et répliques à Arnauld, etc. Ce travail serait d'un grand secours à un éditeur sérieux de Malebranche (car l'édition de MM. de Genoude et Lourdoueix ne compte pas; elle est trop incomplète et d'une exécution d'ailleurs trop négligée et trop défectueuse).

monde et sur la marche du christianisme à travers notre siècle agité. A ce point de vue, il y a ici une grave question. Les défenseurs naturels de la religion chrétienne sont en présence de deux grands faits : le progrès de la société civile, le progrès de la science. Pour ne parler que de celui-ci, il est assez clair que, depuis Copernic jusqu'à nos jours, en passant par Kepler, Galilée, Descartes, Newton, Laplace, Cuvier, Geoffroy Saint-Hilaire, l'univers apparaît à l'esprit moderne comme régi par des lois qui, à chaque conquête nouvelle de l'observation et du calcul, paraissent plus constantes, plus générales, plus simples, plus harmonieuses. La face du *Cosmos* s'agrandit et se simplifie. Les lois de notre univers sont celles de tous les mondes. Les différents règnes se rapprochent par des dégradations insensibles et des analogies cachées. Un même dessein, varié avec délicatesse, donne naissance à un nombre immense d'espèces et d'individus. Tout s'échelonne, se rapproche et tend à l'unité. Dans l'univers moral, même marche de la science. S'il y a une anatomie générale des êtres organisés, il y a aussi une philologie comparée. Les langues mortes ont eu leurs Eugène Burnouf, comme les animaux fossiles leurs Cuvier. Depuis Vico, l'histoire est une science, la plus délicate de toutes, mais non pas la moins certaine, qui, sans ôter à la liberté humaine ses inviolables droits, soumet les mouvements de la civilisation à des lois générales et en écarte le caprice et le hasard. Partout, dans les profondeurs du monde spirituel comme sur la face de l'univers visible, éclate l'unité harmonieuse. Un petit nombre de causes générales gouvernées par des lois très-simples, voilà le résultat net de vingt générations d'hommes de génie et de quatre siècles de découvertes et d'explorations.

Est-il possible, est-il bon qu'un pareil fait ne modifie en rien, je ne dis pas les dogmes essentiels, mais le gouvernement des choses religieuses? Est-ce en favorisant l'éclosion de toutes sortes de petits prodiges, est-ce en entretenant dans le peuple des campagnes toutes sortes de petites superstitions, est-ce ainsi qu'on servira la cause de la religion? ou bien n'est-ce pas plutôt en propageant les découvertes de la science moderne par tous les degrés de l'enseignement et de la prédication, en confiant aux idées de Newton et de Cuvier, devenues des idées populaires, le soin de chasser peu à peu de l'imagination des simples les fantômes, les apparitions, avec leur cortége de petites pratiques et d'enfantines terreurs, superstitions touchantes et poétiques quelquefois, quand elles sont naïves, mais qui doivent céder la place à la grande poésie qui jaillit de la contemplation philosophique de la terre et des cieux? Nous ne déclamons pas; nous savons ce qu'il y a de délicat, d'innocent, de légitime même et d'indestructible dans ces pieuses croyances. Encore moins nous permettrons-nous de donner des conseils qu'on ne nous demande pas et que d'autres ont mille fois plus le droit de proposer. Nous disons seulement que plus on relira Arnauld, Bossuet et Malebranche, plus on verra qu'à part leurs dissentiments théologiques, ces fermes et nobles esprits sont également opposés à la multiplication indiscrète des petits miracles, et qu'à l'occasion ils auraient volontiers rappelé aux amateurs du merveilleux en religion cette grande règle dont ils s'armaient contre les entités chimériques du moyen âge : *Non sunt multiplicanda præter necessitatem.* Point de dogmes nouveaux, point de miracles nouveaux sans nécessité, telle était autrefois la maxime de l'Église; la théologie et le bon sens vivaient d'accord.

VI

LEIBNITZ

ET LA DERNIÈRE PHILOSOPHIE ALLEMANDE

LEIBNITZ

ET LA DERNIÈRE PHILOSOPHIE ALLEMANDE [1]

Parmi les philosophes dont le nom a conservé son prestige, il en est deux, Leibnitz et Hegel, qui semblent se disputer depuis quelques années les prédilections du public. Même avant 1846, époque du jubilé séculaire de Leibnitz en Allemagne, une foule de publications témoignaient déjà du redoublement d'intérêt excité par ce grand esprit. M. l'abbé Lacroix avait publié, M. Albert de Broglie habilement traduit et commenté le fameux *Systema theologicum*, où plusieurs aimaient à voir une profession de catholicisme, une sorte de testament religieux de Leibnitz converti. Les vues politiques du philosophe homme d'État, son plan offert à

[1] Écrit pour la *Revue des Deux Mondes* en décembre 1860, à l'occasion d'un grand nombre de publications récentes sur Leibnitz et Hegel.

Louis XIV pour la conquête de l'Égypte, avaient piqué la curiosité. En 1846, M. Grotefend célébra dignement la fête de Leibnitz en publiant sa correspondance avec Arnauld, morceau capital pour l'histoire de la philosophie, et la même année ces lettres inestimables recevaient leur complément par les soins de M. de Rommel. Une heureuse émulation s'était emparée des savants. Sur les traces de M. Pertz, qui donnait les œuvres historiques de Leibnitz, et de M. Guhrauer, qui publiait les *Deutsche Schriften*, M. Gerhardt de Salzefeld se chargeait, pour sa part, des œuvres mathématiques du grand géomètre de Leipzig, le seul que l'Allemagne puisse opposer à Descartes et à Newton.

Jamais occasion meilleure ne s'était offerte à l'Académie des sciences morales et politiques pour mettre au concours la philosophie de Leibnitz. Aussi son appel a-t-il été entendu, et au lieu d'un bon mémoire, elle en a eu deux à couronner [1]. Mais voici un résultat encore plus important peut-être : Un des lauréats du concours [2], M. Foucher du Careil, déjà bien connu par ses actives recherches sur les manuscrits inédits de Hanovre, annonce au public qu'il a mis la main à une des entreprises les plus difficiles et les plus belles qu'un savant universel se puisse proposer, une édition complète de

---

[1] Voyez le rapport de M. Damiron dans les Comptes rendus de l'Académie, mai 1860.

[2] L'autre est M. Félix Nourrisson, qui vient de publier son mémoire, œuvre d'un art délicat, où l'auteur expose Leibnitz à l'aide de Leibnitz lui-même avec un grand charme d'analyse et la plus rare justesse d'appréciation.

Leibnitz[1]. Espérons que l'Allemagne aidera la France à élever ce monument. Leibnitz fait également honneur aux deux peuples, car si l'Allemagne l'a produit, c'est la France qui l'a formé.

Nous ne sommes pas très-sûr que dans deux cents ans d'ici M. Hegel ait un jubilé en Allemagne, et trouve en France un Dutens ou un Raspe; mais il est certain que ce personnage, dont les spéculations ont tant agité nos voisins, excite chez nous un très-vif attrait. C'est encore un peu l'attrait du mystère, car il n'y a rien de plus obscur que les idées de Hegel. Autant Leibnitz se plie à nos habitudes françaises, et grâce au tour précis de sa pensée, à son trait net et rapide, nous fait l'effet d'un compatriote, autant Hegel, même traduit dans notre langue, reste à nos yeux un étranger. Pour nous initier à l'esthétique hégélienne, M. Bénard a jugé prudent de s'éloigner du texte et de l'interpréter en le développant. M. Ott au contraire s'était flatté, en abrégeant Hegel, de l'avoir éclairci. Au milieu de ces tentatives partielles, un ardent hégélien, M. Véra, se présente à nous, une traduction complète de Hegel à la main, et comme prémices de cet immense travail, il nous offre un des écrits les plus énigmatiques et les plus vantés de son philosophe bien-aimé, la *Logique*. Cette fois ce n'est pas du Hegel habillé à la française, du Hegel adouci :

[1] Trois volumes ont déjà paru chez Firmin Didot; les deux premiers contiennent la correspondance, en bonne partie inédite, de Leibnitz et de Bossuet pour la réunion des protestants et des catholiques, avec un grand nombre d'autres pièces du plus haut intérêt.

c'est du Hegel tout pur. Voilà le métaphysicien allemand dans sa nudité redoutable : nous assistons aux leçons de Heidelberg ; nous voyons, nous entendons le *monstre* lui-même.

On ne saurait trop remercier les hommes dévoués qui, au prix de tant d'efforts, nous facilitent l'étude des maîtres anciens et nouveaux de la philosophie allemande ; reste à savoir ce que vont produire de bien ou de mal ces courants d'idées qui entrent ainsi chaque jour dans la circulation intellectuelle de notre pays. Leibnitz mieux connu va-t-il reprendre faveur et faire école? Hegel gagnera-t-il à être vu de plus près? Des deux idées contraires que ces noms représentent, l'idée spiritualiste et l'idée panthéiste, quelle est celle qui prévaudra? Tels sont les problèmes qui nous ont paru mériter quelques réflexions.

I

Il ne faut point exagérer l'importance des écrits inédits de Leibnitz récemment publiés. En général, défions-nous de l'inédit : il est éblouissant et fascinateur. Un critique érudit et curieux met la main sur une page inconnue d'un homme de génie : la joie de la découverte est si grande qu'elle enivre l'heureux chercheur. Cette page n'est pas seulement belle et intéressante : elle est pleine de révélations ; elle dévoile tout un monde inconnu! On n'a pas seulement complété un grand homme, on l'a découvert! L'ancien grand homme était faux, il n'y a que le nouveau qui soit vrai! C'est ainsi qu'à l'heure qu'il est on voit circuler en Europe une foule de Leibnitz de récente formation, un Leibnitz catholique, un Leibnitz panthéiste, un Leibnitz platonicien ; que sais-je ? il y a même un Leibnitz théosophe : demandez plutôt à M. Henri Ritter et à M. Kuno Fischer.

Ce sont là des exagérations assez naturelles, d'innocentes hallucinations d'antiquaire trop ému. La vérité est qu'il n'y a pas deux Leibnitz, l'un ancien, l'autre nouveau ; l'un exotérique, l'autre mystérieux. Il n'y en a qu'un, qui est l'ancien Leibnitz, l'esprit le plus vaste, le plus complet, le plus universel qui ait existé depuis Aristote. Au surplus, cela n'empêche pas que les publications de ces derniers temps n'ait beaucoup d'intérêt. Outre qu'elles portent la lumière sur quelques points particuliers, elles ont un avantage plus considérable encore : c'est de faire mieux voir le développement progressif du génie de Leibnitz et l'étroit enchainement de toutes les parties de son œuvre immense.

Parmi les points particuliers éclaircis par nos documents, je n'en toucherai qu'un seul, d'une extrême délicatesse ; je veux parler de la religion de Leibnitz. On sait que depuis deux siècles les protestants et les catholiques se disputent ce grand nom. La querelle recommença, il y a peu d'années, à l'occasion du *Systema theologicum*, écrit mystérieux dont M. l'abbé Lacroix venait de publier pour la première fois le texte exact et authentique. M. Albert de Broglie et après lui M. l'abbé Lescœur crurent y voir une profession de foi catholique, et ce paradoxe fut salué avec transport par les âmes pieuses. Les protestants s'émurent. M. Colani, M. Grotefend, M. Waddington, d'autres encore, prirent la plume, et de là une polémique trop longue pour être racontée, mais dont nous donnerons le résultat net en nous appuyant sur les nouveaux documents.

Il nous semble que les catholiques ont parfaitement réussi à prouver que Leibnitz était, en théorie comme en pratique, un fort tiède protestant. Lisez sa correspondance avec Bossuet, aujourd'hui complétement publiée[1]; il est clair que sur le fond des dogmes Leibnitz est d'accord avec Bossuet. Leibnitz conteste l'œcuménicité du concile de Trente, mais il n'en conteste pas la doctrine. Il ne reconnaît pas moins expressément la primauté du siége de Rome. Voyez aussi en d'autres occasions les peines incroyables qu'il se donne pour faire accepter à Arnauld et au révérend père Des Bosses son explication philosophique du mystère de la transsubstantiation. « Combien ma théorie de l'eucharistie, s'écrie Leibnitz, n'est-elle pas supérieure à celle de Descartes, qui détruit le mystère en voulant l'expliquer! » Ici Leibnitz se croit orthodoxe, ou se donne pour tel, si bien qu'à ce titre il n'hésite pas à se recommander à

[1] Nous n'avions que vingt-quatre lettres de Leibnitz à Bossuet, onze de Bossuet, dix de Mme de Brinon. M. Foucher du Careil nous donne quatre-vingt-douze lettres de Leibnitz, vingt-cinq de Bossuet, trente de Mme de Brinon, et il y ajoute dix-sept lettres de Pellisson, trois de Molanus, etc.

la compagnie de Jésus, où il ne se désespère pas d'insinuer sa philosophie. Mais voici qui est décisif; dans la correspondance publiée par M. de Rommel, Leibnitz dit au landgrave de Hesse : « Si j'étais né dans la communion catholique, je n'en sortirais point[1]. »

Certes, ces paroles ne sont pas d'un bon protestant, et on s'explique maintenant la tiédeur pratique de Leibnitz et le mot tant cité des commères de Hanovre : *Leibnitz glaubt nichts* (Leibnitz ne croit rien). Écoutons aussi le secrétaire de Leibnitz, l'honnête Ekkart : « J'ai connu, dit-il, M. Leibnitz pendant dix-neuf ans; il allait peu au temple, ou même point du tout. Je ne me rappelle pas qu'il ait communié une seule fois.... »

Tout cela ne prouve-t-il pas surabondamment que Leibnitz n'était pas bon protestant? Donc, dira-t-on, il était catholique. C'est aller un peu trop vite. Leibnitz, à la vérité, n'était pas luthérien croyant, cela est démontré; mais il n'est pas moins bien démontré qu'il n'a jamais été catholique. Et d'abord, si Leibnitz avait été convaincu de la vérité du catholicisme, qu'est-ce qui l'empêchait de s'y convertir, comme faisaient alors tant de personnages illustres, princes, savants, hommes de toute condition? Était-ce par attachement à sa famille? Non; il avait perdu ses parents de bonne heure, et n'était pas marié. Était-ce par ambition? Mais l'ambition lui eût conseillé de se convertir. On lui en fournit deux occasions des plus séduisantes. Quand il vint à Paris en 1672, encore peu connu, il n'eût tenu qu'à lui de s'y

[1] Lettre de janvier 1684, dans M. de Rommel, tome II, page 17 et suivantes.

faire une grande situation littéraire et académique, s'il avait voulu abjurer le protestantisme ; il s'y refusa. Plus tard, à Rome, sa constance fut mise à une épreuve encore plus forte : on lui offrit la succession du cardinal Norris, c'est-à-dire le poste de bibliothécaire du Vatican, qui conduisait au chapeau. Pour un ambitieux, ou seulement pour un érudit passionné, quelle tentation ! Il y résista. Rien de curieux comme de le voir à cette époque visitant les catacombes avec l'antiquaire Fabretti. S'il s'arrête pour recueillir quelques vestiges du sang des martyrs, savez-vous pourquoi? C'est pour en faire l'analyse chimique. Suivez-le à son lit de mort. De quoi s'entretient-il avec ses amis? De l'opération de l'alchimiste Furtenbach, qui prétendait avoir changé en or la moitié d'un clou.

Ce ne sont là que des anecdotes; mais voici comment Leibnitz, quelques mois avant de mourir, s'exprimait sur l'Église romaine : « Je ne puis certes approuver que, sous l'influence ou avec la complicité de Rome, la pureté du culte divin ait été souillée, le christianisme rendu abominable ou ridicule, une théologie inepte et inconnue aux apôtres du Christ introduite dans le monde, grâce à la barbarie des temps [1]. »

Qu'en dit M. Albert de Broglie? Est-ce là, j'en appelle à sa sincérité aussi incontestable que sa science, est-ce là le langage d'un protestant près de se convertir? Mais à toutes ces preuves on oppose un argument nouveau, le grand argument du *Systema theologicum*. En

---

[1] Dans les *Annales imperii Brunsvicencis*.

effet, dit-on, cet écrit est certainement de Leibnitz. Or la doctrine en est catholique. Le concile de Trente y est cité... J'arrête ici M. de Broglie. Il tient beaucoup à cette citation fréquente et respectueuse du concile de Trente ; mais à sa place c'est là justement ce qui me mettrait en défiance, car s'il est un article sur lequel Leibnitz se soit montré inflexible, c'est l'article de l'œcuménicité du concile de Trente. Il l'appelle un concile de *mauvais aloi*, *un concile de contrebande*. « Les Italiens se moquent des gens, dit-il, quand ils veulent nous faire accepter leur concile. Ils se repentiront de l'avoir forgé, car cela les rend irréconciliables [1]. » Et voilà tout à coup Leibnitz qui reviendrait au concile de Trente ! Cela n'est pas possible. Il y a quelque mystère là-dessous. Ce mystère, le voici peut-être : c'est que le *Systema* n'est pas un écrit de religion, mais une pièce de diplomatie. Cela paraît du moins résulter des documents nouveaux publiés en Allemagne et en France.

Vers le même temps où s'agitait entre Bossuet et Leibnitz la question de la réunion des deux Églises, le landgrave de Hesse-Rheinfels, avec l'ardeur d'un nouveau converti au catholicisme, pressait Leibnitz de se réconcilier avec Rome. Leibnitz résistait, objectait, se dérobait. L'idée lui vint, parmi ces disputes subtiles et compliquées, où son grand esprit voyait plus de dissentiments puérils, d'arguties, de passions et d'entêtement que de désaccord fondamental, l'idée lui vint d'écrire

[1] Lisez la correspondance inédite de Leibnitz avec Malebranche, publiée par M. Cousin dans ses *Fragments de philosophie cartésienne*.

une profession de foi qui, tout en maintenant les réserves essentielles d'un luthérien, se rapprocherait autant que possible de l'orthodoxie catholique, puis d'envoyer ce document à des théologiens romains en ayant soin de leur en dissimuler l'origine, et d'obtenir ainsi leur approbation [1].

Il serait peut-être excessif d'appeler cette manœuvre un piége, mais il faut convenir que cela y ressemble beaucoup. Leibnitz dit que c'est une *adresse innocente;* je le veux bien, mais c'est l'innocence d'un diplomate plus que celle d'un chrétien. Quoi qu'il en soit, on voit cette idée reparaître souvent dans la correspondance de Leibnitz, et, à force d'y rêver, il l'avait même perfectionnée, car en 1694 il proposait à Spinola, évêque de Neustaed, de faire deux choses : d'abord une profession de foi habilement rédigée par un protestant, de telle sorte qu'elle pût être approuvée par des docteurs catholiques qui n'en sauraient pas l'origine, et réciproquement une profession de foi faite par un catholique avec assez d'adresse pour que des théologiens protestants pussent y donner les mains.

De bonne foi, avons-nous ici affaire à des chrétiens sérieusement divisés ou à des théologiens diplomates luttant de ruse et d'expédients ? Le *Systema theologicum* est très-probablement une de ces pièces plus diplomatiques qu'on ne voudrait, et on voit maintenant pourquoi elle est presque orthodoxe sans l'être tout à

---

[1] Voir la correspondance de Leibnitz avec le landgrave de Hesse-Rheinfels, publiée par M. de Rommel, tome 1er, page 313 et ailleurs.

fait, et pourquoi Leibnitz y cite le concile de Trente avec une docilité qui paraît presque plaisante quand on est dans le secret. En vérité, c'était bien la peine que le respectable abbé Émery fît demander cette pièce au roi de Westphalie par le général Mortier, qu'elle voyageât avec le cardinal Fesch, à qui le roi Jérôme en avait fait présent, de Paris à Lyon et de Lyon à Rome, et qu'enfin elle fût exhumée à grand bruit pour donner à Leibnitz un brevet de catholicité apocryphe!

Mais que faut-il penser enfin de la religion de Leibnitz? Ni protestant ni catholique, qu'était-il donc? Je réponds : Il était philosophe. Voyant dans toutes les Églises l'essentiel du christianisme et dans le christianisme lui-même toutes les vérités fondamentales de la morale et de la religion, il regardait d'un œil pacifique la diversité des communions chrétiennes. A coup sûr il n'était pas indifférent sur le fond, car il avait l'esprit profondément religieux, mais il était indifférent sur les formes. La religion catholique, avec ses dogmes précis et bien liés, avec son autorité toujours présente, avec la suite imposante de ses conciles, plaisait à son grand et sage esprit, amoureux de l'harmonie et de l'unité. Né catholique, il serait resté dans sa communion; mais, élevé dans l'Église luthérienne et connaissant les sérieuses raisons d'être du protestantisme, il n'avait aucun motif essentiel d'abjurer sa communion. Il planait au-dessus des sectes dans une tranquillité parfaite, au sein d'un spiritualisme sublime où les mystères de la foi, librement interprétés, se conciliaient sans trop d'effort avec les données de la science.

II

Demandons-nous maintenant quelle était cette grande doctrine où Leibnitz recueillait son âme à l'abri des discordes humaines. Et d'abord cherchons par quels degrés successifs il s'était élevé si haut. Leibnitz, en effet, ne s'est pas formé en un jour. Il lui a fallu plus de vingt ans pour s'assimiler toutes les pensées fécondes des siècles antérieurs et pour entrer en pleine possession de ses propres pensées. J'ai entendu des gens d'esprit soutenir que la philosophie ne se fait bien qu'avant trente ans. C'est, dit-on, l'âge de la spontanéité et de la liberté. Passé ce terme, on est ressaisi par les préjugés et les ambitions vulgaires. Je n'opposerai à cet ingénieux paradoxe que l'exemple de Leibnitz et deux autres petits faits du même genre. A quel âge Platon a-t-il écrit son livre le plus hardi et le plus complet? A quatre-vingts ans. Près de mourir, il retouchait encore pour la sixième fois le préambule de sa *République*. Je passe de Platon à un génie plus sévère, mais non pas moins audacieux, Emmanuel Kant. Nous le voyons, pendant les trente premières années de sa carrière, flotter à tout vent de doctrine, aller de Wolf à David Hume. Un jour enfin il se recueille, se tait longtemps, et après une lente et profonde incubation il publie la *Critique de la Raison pure*. C'était en 1781 ; Kant avait cinquante-sept ans. L'éclosion de Leibnitz se fit plus vite. Il faut bien que son génie fût précoce, car il n'attendit que d'avoir quarante ans. Nous accorderions très-volontiers ce terme aux génies précoces de notre temps pour leur voir produire une idée nouvelle.

Leibnitz raconte lui-même, dans une autobiographie récemment découverte, que dès le collège il se plongeait avec passion dans la philosophie d'Aristote, qu'il devait plus tard réhabiliter. « Je faisais mes délices, dit-il, de Zarabella, de Fonseca et autres scolastiques, y prenant autant de plaisir qu'à Tite-Live et aux historiens, et mes progrès furent si rapides que je lisais couramment Suarez comme on lit un roman [1]. » Leibnitz en était donc à l'Aristote de la scolastique, quand le souffle des idées modernes vint le toucher. Le voilà qui hésite entre Aristote et Descartes, et cet enfant de quinze ans va, nous dit-il, se promener dans un petit bois de Leipzig, nommé le Rosenthal, pour délibérer s'il gardera ou non les formes substantielles. Enfin la nouvelle philosophie prévalut, et la ferveur du nouveau cartésien fut si vive qu'elle l'entraîna jusqu'à Spinoza. « Vous savez, dit-il à un ami, que j'étais allé un peu trop loin autrefois, et que je commençais à pencher du côté des spinozistes, qui ne laissent qu'une puissance infinie à Dieu, sans reconnaître ni perfection ni sagesse à son égard, et, méprisant la recherche des causes finales, dérivent tout d'une nécessité brute ; mais ces

---

[1] Voyez, dans les *Nouvelles lettres et opuscules inédits de Leibnitz* publiés par M. Foucher du Careil, le morceau intitulé *Vita Leibnitii*, ouvrage de Leibnitz lui-même, dont l'autographe se conserve à la bibliothèque de Hanovre.

nouvelles lumières m'en ont guéri, et depuis ce temps-là je prends quelquefois le nom de Théophile... »

D'où la lumière est-elle venue? Comment Leibnitz, tombé du joug d'Aristote et de la scolastique aux mains de Spinoza, s'est-il définitivement affranchi? Qui a complété son initiation philosophique et lui a ouvert les grandes voies d'un nouveau spiritualisme? C'est la France, c'est un séjour de quatre ans à Paris. Avant d'avoir quitté l'Allemagne, Leibnitz n'avait encore qu'une connaissance incomplète de la nouvelle philosophie. Il n'avait lu ni la *Géométrie* de Descartes, ni sa *Dioptrique*. Détourné d'ailleurs de la philosophie par la politique, le droit et la jurisprudence, il ne voyait que de loin et du dehors le grand mouvement d'idées dont le centre était Paris. Il y vient enfin en 1772, époque décisive dans sa carrière. Il a vingt-quatre ans; il déborde de science et de vues, mais sans avoir encore trouvé sa route. Il voit Malebranche, Arnauld et Huyghens. Ce sont là ses véritables maîtres, ses initiateurs, comme il sait le reconnaître hautement. « Dans mes premières années, dit-il, j'étais assez versé dans les subtilités des thomistes et des scotistes : en sortant de l'école, je me jetai dans les bras de la jurisprudence et de l'histoire; mais les voyages me donnèrent la connaissance de ces grands personnages qui me firent prendre goût aux mathématiques. Je m'y attachai avec une passion presque démesurée pendant les quatre années que je passai à Paris[1]. »

[1] Voyez, dans les *Nouvelles lettres*, le morceau intitulé *Discours sur la démonstration de l'existence de Dieu*, page 23.

Ces *grands personnages* sont ceux que j'ai nommés : Arnauld, Malebranche, Huyghens et quelques autres, parmi lesquels le savant contradicteur de Descartes, Huet ; mais il faut y joindre surtout Newton et Collins, car dans le cours des quatre années dont parle Leibnitz, de 1672 à 1676, il fit le voyage d'Angleterre, vit Newton et ses amis de Cambridge et de Londres. A partir de cette époque, après le voyage de Londres et les longues méditations de Paris, je vois Leibnitz, de 1676 à 1686, prendre de plus en plus son parti et déclarer la guerre aux cartésiens. A la première période de son génie, période d'initiation, succède la seconde, la période de critique et d'opposition.

Ce sont d'abord de vives attaques sur des points particuliers. Tantôt il fatigue Malebranche de ses difficultés contre la théorie cartésienne du mouvement général de l'univers ; tantôt, passant à La Haye, il va voir Spinoza, et l'assiége, après dîner, de mille objections [1]. Vers 1684, il passe enfin de la guerre d'escarmouche à la grande guerre, et déclare que la philosophie de Descartes est radicalement erronée, et qu'elle porte le spinozisme dans ses flancs. C'est que sa période critique est terminée : du même coup il a marqué le point faible de la philosophie de Descartes et conçu sa grande idée, l'idée dynamique, principe d'une philosophie nouvelle. Dès 1685, je le trouve en pleine possession de ce principe avec toute la suite de ses développements essen-

---

[1] *Réfutation inédite de Spinoza par Leibnitz*, préface de l'éditeur, page 64.

tiels; il est entré dans sa période définitive, la période d'organisation.

« J'approuve fort, écrit-il à Thomas Burnet, ce que vous dites, monsieur, de la méthode de M. Locke de penser et de repenser aux choses qu'il traite. C'est aussi fort ma méthode, et je n'ai pris parti enfin sur des matières importantes qu'après y avoir pensé et repensé plus de dix fois, et après avoir encore examiné les raisons des autres. C'est ce qui fait que je suis extrêmement préparé sur les matières qui ne dépendent que de la méditation. La plupart de mes sentiments ont été enfin arrêtés après une délibération de vingt ans, car j'ai commencé bien jeune à méditer, et je n'avais pas encore quinze ans, quand je me promenais des journées entières dans un bois pour prendre parti entre Aristote et Démocrite. Cependant j'ai changé et rechangé sur de nouvelles lumières, et ce n'est que depuis environ douze ans que je me trouve satisfait et que je suis arrivé à des démonstrations sur ces matières qui n'en paraissent pas capables. » Cette lettre fixe le point culminant de la carrière de Leibnitz : elle est datée en effet de 1697, d'où il suit que 1685 est l'époque de la formation définitive de son système.

Ici je me vois forcé de contredire un habile interprète de Leibnitz, M. Félix Nourrisson, un des lauréats du récent concours de l'Académie des sciences morales et politiques. La docte compagnie avait attiré l'attention des candidats sur cette question si intéressante du développement successif du génie de Leibnitz. Elle demandait d'en marquer avec précision les phases diverses, et cela, disait son programme, en s'appuyant sur des faits certains, non sur des assertions postérieures, équivoques ou intéressées. La question était posée nettement. M. Félix Nourrisson l'a traitée avec son érudition, sa justesse et sa sagacité ordinaires, et presque toujours nous n'aurions qu'à renvoyer à ses consciencieuses recherches, habilement enrichies et ornées de mille citations; mais, au moment de résoudre le problème capital, l'auteur, dont le pas est ordinairement si sûr et si ferme, a, sinon trébuché, du moins hésité. Il s'était mis en quête de l'idée mère de Leibnitz, l'idée dynamique; il en avait signalé les avant-coureurs dans les premiers essais du grand philosophe, notamment dans deux écrits théologiques, sur lesquels, pour le dire en passant, il glisse trop vite par un scrupule de discrétion quelque peu exagéré; puis, après cette information intéressante, M. Nourrisson, comme s'il avait perdu la trace de l'idée leibnitienne, conclut qu'avant 1691 et 1694 on ne voit pas dans les écrits de Leibnitz *même le germe un peu clairement marqué* de la monadologie et de l'harmonie préétablie [1].

J'en demande pardon au savant écrivain; il fait tort à Leibnitz de huit ou dix ans. Que M. Nourrisson veuille bien relire la lettre à Thomas Burnet, et il reconnaîtra combien il serait grave de donner à Leibnitz un formel démenti. Quoi! Leibnitz vous donne la chronologie précise de ses idées, et vous négligez un tel document! Il vous dit que toutes ses maîtresses pensées

---

[1] *La philosophie de Leibnitz*, par M. Félix Nourrisson, page 76, 1 vol. in-8°, chez Didier.

ont été arrêtées en 1685, et vous ne voulez pas en re-reconnaître le moindre germe avant 1691 ou 1694! Leibnitz est calme et de sens rassis. Il n'est engagé dans aucune polémique irritante. Personne en ce moment ne lui conteste son originalité; il n'a pas à la défendre. Il parle à un ami; il s'exprime avec autant de candeur et de modestie que de précision; il avoue qu'il lui a fallu vingt ans de méditations pour arriver à se satisfaire, qu'il y a pensé et repensé, qu'il a changé et rechangé, après avoir examiné les raisons contraires. Et vous refusez de vous en rapporter à lui! Où trouverez-vous, je vous prie, un témoin mieux informé?

Mais je n'ai pas besoin de raisonner sur des preuves indirectes. Il y a un document, une pièce décisive, qui n'a certainement pas échappé à M. Nourrisson : c'est la correspondance avec Arnauld, récemment retrouvée par M. Grotefend. Ici ce n'est plus seulement Leibnitz affirmant qu'il a arrêté les lignes de sa doctrine en 1685; c'est la doctrine même de Leibnitz exposée dans un écrit de 1685. Lisez l'admirable *Discours* qui sert de base à la correspondance. J'ose dire qu'il n'y a pas une seule des idées originales de Leibnitz qui ne se trouve là, non pas à l'état de germe, mais à l'état de complet épanouissement. L'article 5 développe cette idée, que chaque substance singulière exprime tout l'univers selon son point de vue; c'est un des principes fondamentaux de la monadologie. Dans les articles 11 et 12, Leibnitz établit que la seule étendue ne peut constituer l'essence des corps, qu'il faut à la matière un principe d'action et d'unité analogue à ce que nous sentons en nous-mêmes, à ce que nous appelons l'âme ou le *moi*. Puis vient toute la théorie des rapports de l'âme et du corps et cette fameuse hypothèse de l'harmonie préétablie qui n'a certainement été imaginée par Leibnitz qu'après sa doctrine dynamique, puisqu'elle en est dans sa pensée la suite et le complément.

Direz-vous que l'idée de la force est plutôt répandue dans tout le *Discours* que mise en lumière et expressément appelée par son nom? J'en conviens, mais la raison en est aisée à trouver : c'est que Leibnitz, voulant séduire à ses vues le cartésien Arnauld, évite de lui présenter son système par le côté qui pouvait le choquer, et préfère lui développer ses vues sur l'harmonie des êtres et sur la providence de Dieu.

Je regarde donc comme un point établi, depuis la publication de M. Grotefend confrontée avec la lettre à Thomas Burnet, que c'est vers 1685, à l'âge de quarante ans, que Leibnitz, après avoir vu Paris, Londres, Amsterdam et Florence, éprouvé par vingt années d'études et de découvertes en tout genre, mathématiques, physique et géologie, droit public et jurisprudence, histoire, langue et origine des nations, a finalement coordonné tant de matériaux divers dans une doctrine originale [1].

---

[1] Depuis que ces pages ont paru dans la *Revue des Deux Mondes*, M. Nourrisson a essayé de maintenir sa date de 1691 ou 1694. Au lieu de répondre à ses arguments ingénieux par d'autres arguments, je me bornerai à lui citer des textes décisifs. La question entre nous, en effet, est de savoir si Leibnitz, avant 1691, avait conçu et formulé l'idée fondamentale de son système,

III

L'enchaînement de toutes les parties de cette doctrine en est le trait le plus admirable, et depuis la publication

l'idée dynamique. Or voici des textes de Leibnitz qui datent de 1686 (*Quatrième lettre à M. Arnauld.* — Comp. *Lettre III* et art. 10, 11, 12 et 18 du *Discours de métaphysique*) : « Si le corps est une substance et non pas un simple phénomène, comme l'arc-en-ciel, ni un être uni par accident ou par agrégation, comme un tas de pierres, *il ne saurait consister dans l'étendue, et il y faut nécessairement concevoir quelque chose qu'on appelle forme substantielle, et qui répond en quelque façon à ce qu'on appelle l'âme.* » Voilà les *formes substantielles* d'Aristote reprises par Leibnitz et transformées en *monades*. Un peu plus loin : « *Rien ne saurait arriver à une substance qui ne lui naisse de son propre fonds...* » Et à la page suivante : « L'unité substantielle demande un être accompli indivisible et naturellement indestructible, puisque sa notion enveloppe tout ce qui lui doit arriver, ce qu'on ne saurait trouver, ni dans la figure, ni dans le mouvement, mais bien dans une âme ou forme substantielle à l'exemple de ce qu'on appelle *moi.* » Si ce n'est pas là la monade de Leibnitz, je ne sais en vérité où on la pourra trouver plus expressément indiquée à qui sait comprendre. J'ai dit pourquoi Leibnitz n'insiste pas; mais est-il contestable que Leibnitz, dans son *Discours de métaphysique*, se montre en pleine possession de l'harmonie préétablie? évidemment non. Or l'harmonie préétablie ne suppose-t-elle pas avant elle la monadologie? M. Nourrisson a trop étudié et connaît trop bien la philosophie de Leibnitz pour qu'on puisse supposer qu'il hésite sur ce point. La conséquence se tire d'elle-même.

de tant de précieux documents, on peut dire qu'elle se découvre aujourd'hui à nos yeux avec un surcroît de grandeur et de clarté. Tout Leibnitz est dans sa métaphysique, et sa métaphysique elle-même a son centre dans une seule idée, l'idée dynamique.

Suivant Leibnitz, toute substance est essentiellement une force; qu'on l'appelle corps, âme ou esprit, brin d'herbe ou soleil, ange ou bête, peu importe. Minéral, plante, animal, homme et Dieu même, tout être réel est un principe capable d'action. La force, l'activité, sont le signe et la mesure de l'existence. Plus une substance agit, plus elle a d'être, plus elle s'élève dans l'échelle de la perfection. Supposez un être entièrement inerte : vous donnez un corps à une abstraction ; ce qui n'agit pas n'est pas, et l'être absolu et infini, c'est l'infinie et absolue activité.

Cette idée paraît fort simple : elle était pourtant au siècle de Leibnitz le plus étrange paradoxe, la plus extraordinaire nouveauté[1]. La science alors ne voyait l'univers que par les yeux de Descartes, et Descartes était dualiste et mécaniste absolu. Regardant de son œil de géomètre le monde corporel, Descartes s'était dit: Qu'y

---

[1] M. Cousin (voyez la dernière édition de son Cours de 1829, pages 497 sqq.) a signalé chez un médecin anglais qui écrivait en 1672, François Glisson, des passages très-intéressants où la force, l'énergie, sont conçues comme un élément nécessaire de toute substance. Est-ce à dire que Leibnitz ait emprunté la monadologie et l'harmonie préétablie à Glisson? Non certes, pas plus que Descartes n'a emprunté sa métaphysique à saint Augustin, bien que celui-ci eût trouvé avant lui le fameux *Cogito ergo sum*. Une idée n'appartient qu'à celui qui sait la féconder.

a-t-il de clair en tout cela? une seule chose, savoir, l'étendue, dont la figure et le mouvement sont des modes.

Voilà donc l'univers sans l'homme réduit à l'étendue et au mouvement; l'homme lui-même, comme animal, n'est qu'une machine plus compliquée que toutes les autres; c'est un bel automate. L'univers physique est l'empire de l'inertie et de la mort; il a reçu d'un plus haut principe une quantité immuable de mouvement qui se transmet de proche en proche par des lois mathématiques, sans aucune action individuelle. L'esprit s'effraye de cette inertie, de cette universelle torpeur : on espère, en se repliant sur le monde moral, trouver enfin un être actif et vivant; mais si Descartes n'a pas méconnu, il a singulièrement effacé l'activité humaine. Pour lui, tout l'homme spirituel est dans la pensée, et la pensée a ses lois, aussi inflexibles que celles du mouvement.

Laissez-vous aller maintenant au courant de la logique au lieu d'écouter les réserves de Descartes, et vous verrez que dans cette passivité universelle tous les êtres se réduisent, ou peu s'en faut, à des abstractions géométriques enveloppées dans une abstraction suprême, la substance, l'être en général, principe indéterminé où les modalités de l'étendue et de la pensée viennent se réunir.

Voilà où menaçait d'aboutir ce système, d'abord si simple, si lumineux, si pur, qui avait séduit toutes les plus belles intelligences du grand siècle. Le premier qui ait vu le danger, c'est Leibnitz. Il le voit même si bien, qu'il a l'air parfois de le grossir. On est tenté de le trouver indulgent pour Spinoza jusqu'à l'excès, et dur pour Descartes jusqu'à l'ingratitude. « Vous jetez la pierre à Spinoza, dit-il aux cartésiens; mais, après tout, qu'a-t-il fait? Il n'a fait que cultiver les semences de la philosophie de Descartes. Spinoza commence par où Descartes finit, par le naturalisme. Il ne s'agit donc pas de retrancher ceci ou cela dans la métaphysique cartésienne; il faut reprendre l'édifice par le fondement. Or le vrai fondement de la métaphysique, c'est une idée que Descartes a d'abord effacée, puis écartée, l'idée de force active. La force active est partout; elle est le vrai principe des phénomènes corporels, elle fait le fond de tous les êtres. »

Comment Leibnitz est-il arrivé à l'idée fondamentale de son système? C'est d'abord, je crois, par la physique et les mathématiques.

Les lois du mouvement, telles que Descartes les avait déduites de l'essence des corps, sont fausses; cela est prouvé, dit Leibnitz, d'accord sur ce point avec Huyghens et Newton. Il est particulièrement faux que la même quantité de mouvement se conserve dans l'univers. Ce qui se conserve, c'est la même quantité de force motrice. Et puis allez au fond de la notion de corps : qui dit corps dit un être multiple; il y a donc quelque chose qui se répète, qui se multiplie, qui s'étend, qui résiste. Ce quelque chose, ce principe d'existence et d'unité, c'est la force.

Direz-vous que la notion de force est vague et confuse, que nous ne connaissons les forces que par leurs effets? « Cela serait vrai, si nous n'avions pas une âme et si nous ne la connaissions pas... Se trouvera-t-il quelqu'un pour révoquer en doute que l'âme pense et veut, qu'en nous-mêmes nous tirons de nous et de notre fond des volitions et des pensées, tout cela spontanément?... Ce serait récuser ce témoignage de la conscience qui nous atteste qu'elles sont nôtres, ces actions que nos adversaires transportent à Dieu. »

L'âme humaine, voilà le type toujours présent de l'activité. Otez à l'âme la raison et la liberté, réduisez-la à ces appétits aveugles, à ces sensations confuses, à ce que Leibnitz appelle des *pensées sourdes* : vous avez la vie animale. Retranchez encore, concevez la conscience de plus en plus obscurcie, comme dans un rêve faible et confus, tout proche de l'engourdissement complet : vous avez la vie purement organique. Enfin, là où il ne reste qu'une activité qui se disperse et s'échappe complétement à elle-même, c'est l'être inorganique, l'être brut. Voilà, dira-t-on, un être inerte. Point du tout ; l'inertie n'est qu'à la surface. Ce qu'on appelle repos n'est qu'un mouvement devenu imperceptible. Ce qui paraît permanence passive est un équilibre passager produit par des forces qui luttent et se neutralisent.

Combien d'ailleurs est petite la part de la matière inorganisée dans l'univers ! « Chaque corps organique, dit Leibnitz, est une espèce de machine divine ou d'automate naturel qui surpasse infiniment tous les automates artificiels. En effet, une machine faite par l'art de l'homme n'est pas machine dans chacune de ses parties : par exemple, la dent d'une roue a des parties ou des fragments qui n'ont plus rien d'artificiel ; mais les machines de la nature, c'est-à-dire les corps vivants, sont encore machines dans leurs moindres parties jusqu'à l'infini. C'est ce qui fait la différence entre la nature et l'art, c'est-à-dire entre l'art divin et le nôtre... Par où l'on voit qu'il y a un monde de créatures, de vivants, d'animaux, d'âmes, dans la moindre partie de la matière. Chaque portion de la matière peut être conçue comme un jardin plein de plantes, comme un étang plein de poissons; mais chaque rameau de la plante, chaque membre de l'animal, chaque goutte de ses humeurs est encore un autre jardin et un autre étang... Ainsi il n'y a rien d'inculte, de stérile, de mort dans l'univers; point de chaos, point de confusion qu'en apparence... »

En effet, deux grandes lois régissent ce nombre prodigieux de forces, et ces deux lois se ramènent à une seule, la loi de continuité. D'abord, toute force agissant sans relâche, son état actuel dépend toujours de son état antérieur, et la suite de ces états forme une chaîne continue où il n'y a jamais d'interruption. « Le présent est gros de l'avenir. Le futur pourrait se lire dans le passé, l'éloigné est exprimé dans le prochain. On pourrait connaître la beauté de l'univers dans chaque âme, si l'on pouvait déplier tous ses replis... »

Cette continuité n'exclut pas les changements notables. Voici, en effet, une pierre lancée qui rencontre un obstacle et revient sur soi; voici un animal qui passe du sommeil à la veille, d'un état de langueur à un état d'excitation. Ne croyez pas que la loi de continuité soit violée. Il en est ici comme dans certaines courbes connues des géomètres, qui ont des points d'inflexion et des points de rebroussement. Cela n'empêche pas que le développement de ces courbes ne soit régi par une loi simple et régulière. Tout au contraire la courbe s'infléchit et rebrousse chemin pour obéir à sa loi.

La continuité ne se rencontre pas seulement dans le déploiement particulier et individuel de chacune des forces de la nature ; elle préside à leur hiérarchie. Ces forces s'ordonnent en groupes analogues qu'on appelle des espèces et des genres. Or ces espèces forment une gradation parfaitement suivie. Vous passez des formes d'existence les plus simples à des formes de plus en plus compliquées. Point d'intervalle, point de vide entre ces formes. La nature ne va point par sauts et par bonds. Elle passe d'un degré à un autre degré par des transitions insensibles. Vous croyez constater un intervalle vide dans les espèces de la nature. Attendez, l'espèce qui vous manque, quelque chercheur obstiné va la découvrir. C'est une lacune, non de la nature, mais de la science. Aussi bien les yeux de l'homme ont une faible portée, et la nature est immense ; l'homme ne dure qu'un jour, et la nature est immortelle. Si telle forme n'est pas réalisée dans notre univers, elle l'est dans un des univers sans nombre qui nous enveloppent de leur immensité. Si elle n'existe plus aujourd'hui, elle existait dans un autre âge ; elle s'est transformée pour reparaître un jour. Si elle n'est pas visible à nos sens, c'est peut-être qu'elle se cache dans l'abîme sans fond des êtres imperceptibles. Dans l'espace, dans le temps, dans la grandeur et dans la petitesse, dans toutes les formes et dans tous les degrés de l'existence, partout et toujours la nature va à l'infini.

Combien Descartes et ses disciples s'étaient écartés de la vérité ! Ils voyaient partout l'inertie, et partout éclate l'activité. Ils avaient séparé l'homme du reste de la création, et laissé entre l'esprit et la matière un immense *hiatus*. Ce vide n'existe pas ; tous les êtres ont de l'analogie, et la nature est la sœur de l'humanité. — D'un autre côté, combien ceux qui contredisent Descartes tombent au-dessous de lui, quand ils ressuscitent le vieux système des atomes de Démocrite ! Quelle étrange conception que cet univers de Newton, où un certain nombre de molécules nagent dans un vide infini qu'on réalise sous le nom d'espace ! L'espace pur est une abstraction, un ordre de coexistence, comme le temps est un ordre de succession. Point de vide, point d'intervalle entre les êtres, point de limites à leur nombre et à leur durée. Partout la force, partout la continuité, partout l'infini.

« Après avoir établi ces choses, dit Leibnitz, je croyais entrer dans le port ; mais lorsque je me mis à méditer sur l'union de l'âme et du corps, je fus comme rejeté en pleine mer, car je ne trouvais aucun moyen d'expliquer comment le corps fait passer quelque chose dans l'âme, ni comment une substance peut communiquer avec une autre substance créée... » Voilà bien, en effet, la vraie difficulté dans toute sa généralité et dans toute sa profondeur. Faut-il désespérer de la résoudre ? Leibnitz ne le croit pas, et c'est du fond même de la difculté que sort pour lui la solution. Il se dit que l'action effective, réelle, d'une substance sur une autre substance est une chose inconcevable, par conséquent une chose naturellement impossible. Pour qu'une force pût agir réellement sur une autre force, il faudrait un miracle. Or, quoi de plus contraire à l'esprit de la science que de supposer des miracles, et quoi de plus absurde que des miracles perpétuels et universels? D'un autre côté, toute substance n'est-elle pas une force? toute force n'est-elle pas active de sa nature et continuellement en action? tous ses actes, tous ses états successifs ne forment-ils pas une suite continue, où chaque état présent a sa racine dans l'état antérieur, et ainsi de suite? Dès lors ne peut-on pas concevoir chacune des forces qui composent l'univers comme renfermant en elle, dès l'origine, toute la suite de ses développements? Admettez maintenant que ces forces soient en harmonie par leur constitution naturelle, et alors tout se passera comme si elles agissaient véritablement les unes sur les autres, bien que chacune n'agisse que sur soi.

Voilà le merveilleux spectacle que nous présente l'univers. C'est un nombre infini de forces, d'unités vivantes, identiques dans l'essence, différentes par le degré du développement. Ces degrés divers les classent en familles, en genres et en espèces qui s'élèvent, par une gradation continue, de la nature brute, où la vie sommeille, jusqu'aux splendeurs de la nature spirituelle, et il faut y comprendre, avec les minéraux, les plantes, les animaux et les hommes, tous les êtres grossiers ou sublimes qui comblent les intervalles, peuplent d'autres mondes et complètent l'ensemble infini de l'univers. Or chacun de ces êtres n'a besoin que de lui-même pour se développer à travers les siècles et tirer de son sein la suite entière de ses évolutions et transformations successives. Et cependant, comme tous ces êtres sont mêlés les uns avec les autres, comme il y a une certaine correspondance entre leurs développements, il semble que tous ces êtres agissent l'un sur l'autre ; il semble que la vie de l'univers soit une lutte. Non, c'est une harmonie. Chaque âme, sans sortir de soi, agit en parfait accord avec toutes les autres ; elle est comme un petit monde en raccourci, elle représente l'univers selon son point de vue ; elle est comme un miroir vivant où l'univers entier vient se réfléchir.

Et maintenant est-il possible à un philosophe, après avoir contemplé cet immense et harmonieux univers, de ne pas s'élever plus haut? Où trouver, en effet, la raison d'être, la raison suffisante de ce nombre infini de forces qui s'échelonnent dans un plan si régulier et concourent avec une si infaillible harmonie? Il la faut aller chercher dans un principe premier où la force et la substance, l'être et la vie, s'identifient au sein d'une perfection absolue, être des êtres, force des forces, unité des unités, idéal accompli de l'existence. « Dieu, dit Leibnitz, est l'unité primitive et la substance simple, originaire, dont toutes les monades créées sont des productions et naissent, pour ainsi dire, par des fulgurations continuelles de la Divinité. »

Cette unité suprême n'est pas la substance aveugle de Spinoza, produisant sans le savoir et sans le vouloir, par une nécessité mathématique, une infinité de modes qui se succèdent et se poussent comme des flots, sans tendre à aucun but, sans concourir à aucun plan : cause aveugle et fatale, produisant l'intelligence sans être intelligente et la liberté sans être libre; cause inférieure à ses effets, ou plutôt n'étant cause que de nom. C'est une véritable cause, une cause intelligente, libre, agissant selon un conseil éternel ; c'est l'être tout parfait concentrant en sa mystérieuse unité l'intelligence, la sagesse, la liberté, la justice, la bonté, en un mot toutes les perfections morales.

Si Dieu est par essence un principe d'intelligence, d'harmonie et de bonté, le mystère de l'origine des choses s'éclaircit. L'univers n'est plus l'ouvrage du hasard ou de la nécessité. Il est un acte d'amour, un rayonnement de la pensée de Dieu, une expression vivante de ses perfections. Toutes les formes possibles de l'existence sont éternellement présentes à la sagesse divine. Voilà la matière tout idéale du monde. Dieu y choisit parmi toutes les combinaisons la meilleure, celle où la simplicité des moyens se combine avec l'excellence et la fécondité des résultats. On croit faire Dieu plus grand en concevant sa puissance comme absolue et supérieure à toute loi; « mais, s'écrie Leibnitz, où sera donc sa justice et sa sagesse, s'il n'a qu'un pouvoir despotique, si la volonté lui tient lieu de raison, et si, selon la définition des tyrans, ce qui plaît au plus puissant est juste par là même? »

Cette idée d'un Dieu adorable dans ses voies est l'idéal de l'homme de bien, qui toujours dans sa conduite s'efforce d'imiter le Créateur, c'est-à-dire de tout faire en vue du mieux, et qui, alors même que ses prévisions sont démenties et ses desseins avortés, se résigne de bonne grâce, convaincu que la Providence tire le bien du mal et fait tout aboutir à la meilleure fin. Il ne faut pas être aisément parmi les mécontents dans aucune république ; mais dans la république dont Dieu est le chef, le mécontentement est de l'aveuglement et de la folie.

Celui qui n'envisage que le monde où vit l'humanité et ne s'attache qu'à la condition présente et visible de l'univers, celui-là ne peut comprendre l'économie du plan divin, parce qu'il ne voit pour ainsi dire qu'une scène du drame infini de la vie universelle. « Il est semblable à un homme né et élevé dans les mines de sel de la Thrace, et qui se persuaderait qu'il n'y a dans le monde d'autre lumière que la faible lueur de ces lampes languissantes qui suffisent à peine à diriger ses pas dans l'obscurité. » Étendons nos regards à l'avenir et au passé. Tout être, quel qu'il soit, homme, animal, plante et ce qu'on appelle chose inanimée, tout être est immortel de sa nature. Rien ne périt, comme rien ne commence d'être, absolument parlant. Création, annihilation, ce sont des mots de la langue de Dieu, non de celle des hommes. Pour nos yeux corporels, les êtres semblent sortir du néant pour y rentrer. La raison dissipe ces prestiges ; elle nous apprend que la mort n'est, comme la naissance, qu'une transformation. En réalité, point de mort, mais « un progrès perpétuel et spontané du monde tout entier vers ce comble de beauté et de perfection universelles dont les œuvres de Dieu sont capables, de sorte que le monde marche à une condition toujours meilleure [1]. »

Dans ce progrès perpétuel et indéfini des êtres, il en est un qui est capable de connaître tous les autres, d'embrasser le plan de l'univers et de concourir aux desseins du créateur. Un tel être non-seulement ne saurait perdre sa substance, mais il ne peut pas perdre ce qu'il y a en elle de plus divin, la personnalité morale. Écoutons Leibnitz s'expliquant sur ce grand sujet dans une page inédite, la plus belle que ces derniers temps aient eu la fortune de découvrir :

« Pour faire juger par des raisons naturelles que Dieu conservera toujours non-seulement notre substance, mais encore notre personne..., il faut joindre la morale à la métaphysique, c'est-à-dire ne pas seulement considérer Dieu comme le principe et la cause de toutes les substances et de tous les êtres, mais encore comme chef de toutes les personnes intelligentes et comme le monarque de la plus parfaite cité ou république, telle qu'est celle de l'univers, composée de tous les esprits ensemble... Et comme Dieu lui-même est le plus grand et le plus sage des esprits, il est aisé de juger que les êtres avec lesquels il peut, pour ainsi dire, entrer en conversation et même en société, en leur communiquant ses sentiments et ses volontés d'une manière particulière et en telle sorte qu'ils puissent connaître et aimer leur bienfaiteur, le doivent toucher infiniment plus que le reste des choses... Les seuls esprits sont

---

[1] Fragment publié par M. Erdmann, page 150.

faits à son image et quasi de sa race, ou comme enfants
de la maison, puisqu'eux seuls le peuvent servir librement et agir avec connaissance à l'imitation de la nature
divine. Un seul esprit vaut tout un monde, puisqu'il ne
l'exprime pas seulement, mais le connaît aussi et s'y
gouverne à la façon de Dieu. Tellement qu'il semble,
quoique toute substance exprime l'univers, que néanmoins les autres substances expriment plutôt le monde
que Dieu, mais que les esprits expriment plutôt Dieu
que le monde... Et si le premier principe de l'existence
du monde physique est le décret de lui donner le plus
de perfection qu'il se peut, le premier dessein du monde
moral ou de la cité de Dieu, qui est la plus noble partie
de l'univers, doit être d'y répandre le plus de félicité
qu'il sera possible..., car la félicité est aux personnes
ce que la perfection est aux êtres. Il ne faut donc point
douter que Dieu n'ait ordonné tout, en sorte que les
esprits non-seulement puissent vivre toujours, ce qui
est immanquable, mais encore qu'ils conservent toujours leur qualité morale, afin que sa cité ne perde aucune personne, comme le monde ne perd aucune substance [1]. »

Que peut savoir la philosophie de l'état des âmes
dans la vie future? Rien de précis; mais ce que la raison
peut assurer, c'est que l'état futur de l'âme ne sera pas
un état d'immobilité, de contemplation oisive et stérile.
Comment l'âme perdrait-elle son essence, qui est l'activité, et sa loi, qui est le progrès? Et puis, comment

[1] Cette page est tirée de la récente publication déjà citée de
M. Grotefend.

pourrait-elle, étant finie et se déployant dans le temps, atteindre et posséder son idéal éternel et infini? « Ainsi notre bonheur ne consistera jamais et ne doit pas consister dans une pleine jouissance, où il n'y aurait plus rien à désirer, et qui rendrait notre esprit stupide, mais dans un progrès perpétuel à de nouveaux plaisirs et à de nouvelles perfections. »

Nous retrouvons au terme de la philosophie de Leibnitz ce que nous avons rencontré au début et dans toute la suite de sa vaste déduction : les idées de progrès, de gradation continue, d'harmonie, et toutes ces idées dérivant d'une idée première, l'idée de la force en action. Il est clair que Leibnitz est tout entier dans cette idée, et que non-seulement sa métaphysique, mais tous ses travaux en physique, en mathématiques, en physiologie, en géologie, en un mot toutes ses découvertes dans les genres les plus divers en découlent comme de leur source.

Il y a aujourd'hui des critiques qui traitent la métaphysique avec un superbe dédain. S'ils consentent à admirer Aristote, c'est comme naturaliste, Descartes, c'est comme géomètre, Leibnitz, c'est comme mathématicien. Aristote est fort heureux d'avoir écrit autre chose que sa *Métaphysique;* ce qui l'a sauvé, c'est son *Histoire des animaux*. Est-ce avec son *Cogito ergo sum* que Descartes aurait découvert sa nouvelle géométrie? Ce sont les progrès antérieurs de la science et son propre génie de géomètre qui lui ont suggéré sa découverte, et ce pas immense fait en avant a été le point d'appui de Leibnitz, qui ne serait pas Leibnitz, mais un rêveur inutile, s'il n'avait inventé que les monades et l'harmonie préétablie.

Voilà les beaux raisonnements de nos esprits positifs; mais en vérité ils choisissent assez mal leurs preuves, car toute l'*Histoire des animaux* d'Aristote est fondée sur une idée métaphysique particulièrement méprisée de certains savants, l'idée de cause finale. Selon Aristote, toute la nature est animée d'une aspiration secrète vers un bien qu'elle ignore, mais qui l'attire invinciblement. Chaque règne, chaque espèce est un effort qu'elle fait pour atteindre une fin qui est le point de départ d'un effort nouveau vers une fin plus haute, jusqu'à ce qu'on arrive à la fin dernière, qui n'est autre que Dieu. L'homme est au milieu de cette échelle infinie; toute la nature aspire vers lui, et lui, c'est à Dieu qu'il doit aspirer. Et voilà comment Aristote a été conduit à prendre l'organisation de l'homme comme un type en y rapportant tous les organes des êtres inférieurs. C'est là une vue de génie, j'en atteste l'admiration reconnaissante de Cuvier, et il faut y voir le germe de cette physiologie comparée qui est l'honneur de notre temps; mais quiconque isole cette idée de l'ensemble des vues d'Aristote, j'ose dire qu'il n'en comprend pas toute la portée et toute la grandeur.

Est-ce aussi un procédé vraiment philosophique de couper Descartes en deux, de mettre d'un côté le métaphysicien, de l'autre le géomètre, afin d'exalter celui-ci aux dépens de celui-là? Descartes est un, et ses idées de physicien, de physiologiste, de géomètre, forment un tout indivisible. Croyez-vous travailler à la gloire du père de la philosophie moderne et expliquer l'influence prodigieuse qu'il a exercée sur les progrès de l'esprit humain en le réduisant à n'être, comme tel de nos savants, qu'une *spécialité?* Si Descartes a fait une révolution en physique et en physiologie, c'est parce qu'il avait fait une révolution en métaphysique. C'est le métaphysicien dans Descartes qui ramenait, par une analyse profonde, la notion de la matière à l'étendue et au mouvement, et de là une physique nouvelle qui a pu contracter avec les mathématiques une alliance féconde, susciter Newton et aboutir au véritable système de l'univers. Qu'est-ce au fond que la grande découverte mathématique de Descartes, selon les juges autorisés? c'est un moyen de transformer et de simplifier toute une série de problèmes en ramenant les grandeurs géométriques à des grandeurs d'une forme plus générale et plus simple. N'est-ce point là une vue de métaphysicien creusant jusqu'au fond les notions premières pour en atteindre les éléments et s'élever ainsi au plus haut degré d'abstraction et de généralité?

Je demande maintenant si ce n'est pas défigurer Leibnitz et le briser puérilement en mille morceaux que de vouloir séparer ses découvertes en tout genre de sa métaphysique, qui en fait l'unité. Il est clair d'abord que toutes ses idées de physicien sont fondées sur deux bases métaphysiques, la notion de force et le principe de la moindre action. En physiologie, sa théorie de la préformation organique est évidemment liée à ses vues générales sur le développement continu des êtres. C'est au hom de la loi de continuité qu'il a prophétisé l'existence d'êtres intermédiaires entre le règne animal et le règne végétal, qu'il appelait fort bien des *plantes-animaux*, et c'est ainsi qu'il a suggéré à l'un de ses disciples, Tremblay, la découverte capitale des polypes. Cette même puissance de divination se montre dans sa géologie, qu'un savant distingué vient de remettre en lumière[1]. Leibnitz est un des premiers qui aient refusé de voir dans les empreintes organiques qu'on trouve sur les hautes montagnes des jeux de la nature ou des effets du hasard ; il explique ces phénomènes et beaucoup d'autres par l'action naturelle et combinée de l'eau et du feu, et, toujours guidé par ses vues métaphysiques, il semble montrer du doigt à Cuvier et à Blainville la place des espèces perdues. Mais arrivons à la plus belle de ses découvertes scientifiques, celle du calcul infinitésimal ; je demande s'il ne revenait pas de droit à Leibnitz, ce procédé merveilleux qui a soumis l'infini au calcul? Leibnitz est le grand théoricien de l'infini. Il a passé sa vie à réfléchir sur toutes les formes que l'infini peut revêtir, soit dans la nature, soit dans les combinaisons de l'esprit humain. Aussi les nouvelles publications tendent à établir de plus en plus que Leibnitz n'a rien emprunté à Newton. Il semble même que dans l'ordre du temps il ait devancé son rival illustre ; mais sans faire de conjectures prématurées, ce qui prouve avant tout son droit d'inventeur, c'est la forme même de sa découverte, forme si impor-

[1] *Protogée*, traduite par le docteur Bertrand de Saint-Germain, avec une introduction remarquable par la sobriété d'une érudition étendue et par une netteté et une précision toutes philosophiques.

tante en mathématiques, où la langue est la moitié de la science. Or Euler et Lagrange, Laplace et Poisson, et après eux leur digne interprète, M. Biot, ont expressément reconnu que la supériorité du calcul de Leibnitz et son originalité même tiennent à sa forme, entièrement dégagée de l'idée de mouvement, plus métaphysique par conséquent, et par là plus simple et plus féconde[1].

Entre la monade leibnitienne et l'infiniment petit mathématique, est-il possible de méconnaître l'analogie? Leibnitz lui-même se plaît à la signaler, tout en ayant soin de nous montrer la différence, que certains de nos contemporains ont méconnue. Décomposer les éléments finis de la grandeur en éléments infiniment petits, puis recomposer la grandeur et la rétablir dans son unité, ce procédé, qui est celui du calcul différentiel et intégral, est-il autre chose qu'un cas particulier du procédé général de Leibnitz en métaphysique? Leibnitz contemple l'ensemble des phénomènes du *Cosmos*, et partout il trouve des composés. Or le composé suppose le simple. Il faut donc, pour atteindre les véritables éléments, pousser jusqu'à l'infini et concevoir des unités indivisibles; ce sont les forces élémentaires. C'est à l'aide de ces forces, en les concevant infinies en nombre et en durée, en les rattachant entre elles par la loi d'une gradation continue, en suivant le cours de leurs transformations perpétuelles et les voyant émaner d'un principe commun, c'est ainsi que Leibnitz recompose le monde

---

[1] Voir les derniers articles de M. Biot sur Newton dans le *Journal des Savants*.

après l'avoir décomposé. Il intègre après avoir différencié, il fait la synthèse après avoir épuisé l'analyse.

Et comment nous représente-t-il la Divinité? sous les traits d'un géomètre qui sans cesse résout ce problème : l'état présent d'une monade étant donné, calculer toute la suite de ses états passés, présents et futurs, et par elle tous les états présents, passés et futurs de tout l'univers. Or, comme pour Dieu penser et faire c'est tout un, Leibnitz a pu écrire cette parole ingénieuse et profonde : *Dum Deus calculat, fit mundus;* Dieu calcule, et le monde se fait.

On me dira : Mais enfin la métaphysique de Leibnitz a passé, et son calcul reste. Je réponds qu'il y a en effet dans la philosophie de Leibnitz, comme dans toute philosophie humaine, des parties caduques, mais j'ajoute que les grandes idées du profond métaphysicien ont survécu à la ruine de quelques-unes de ses théories. Aujourd'hui autant et plus que jamais la philosophie de l'histoire comme l'histoire naturelle, l'étude philosophique des langues et du droit comme celle des couches terrestres et des révolutions du globe, sont encore pleines des idées métaphysiques de Leibnitz, toujours vivantes et toujours fertiles. Que dirait ce grand homme, s'il voyait les airs de dédain que prennent certains critiques et certains savants en parlant de sa métaphysique, au moment même où ils en invoquent les principes sans le savoir? Je le vois répéter avec un sourire calme et malicieux son mot spirituel : « J'aime à voir fleurir dans les jardins d'autrui les plantes dont j'ai fourni la graine. » Aussi bien il a suffi à Maine de Biran, au commencement de ce siècle, d'une idée de Leibnitz pour jeter par terre l'empirisme de Condillac et lancer la philosophie française dans une voie plus large et plus haute, et ceci me conduit à un dernier trait que je voulais signaler dans cet inépuisable génie.

Leibnitz n'a jamais cru que sa doctrine fût tout entière à lui, ni qu'elle rendît toute autre doctrine inutile. Il appliquait à l'histoire de la philosophie et il s'appliquait à lui-même son principe de la continuité; car, suivant lui, le signe d'une grande philosophie, c'est d'absorber toutes les doctrines antérieures en les fondant au creuset d'une idée nouvelle. « Les systèmes, disait-il, sont vrais dans ce qu'ils affirment, faux dans ce qu'ils nient. » Donc la doctrine la plus vraie, c'est la plus compréhensive, comme Dieu est le principe le plus parfait, parce qu'il exclut toute négation.

Il faut entendre Leibnitz faire la part de ses devanciers et sa propre part avec une largeur de critique, une sérénité d'appréciation et une hauteur de point de vue vraiment incomparables : « J'ai été frappé d'un nouveau système... Depuis je crois voir une nouvelle face de l'intérieur des choses. Ce système paraît allier Platon avec Démocrite; Aristote avec Descartes, les scolastiques avec les modernes, la théologie et la morale avec la raison. Il semble qu'il prend le meilleur de tous côtés, et qu'après il va plus loin qu'on n'est allé encore... La vérité est plus répandue qu'on ne pense; mais elle est très-souvent fardée, et très-souvent aussi enveloppée et même affaiblie, mutilée, corrompue... En faisant remarquer ces traces de la vérité dans les anciens, ou, pour parler plus généralement, dans les *antérieurs*, on tirerait l'or de la boue, le diamant de la mine, et la lumière des ténèbres, et ce serait en effet *perennis quædam philosophia.* »

C'était donc assez pour Leibnitz d'avoir apporté une idée nouvelle, et il laissait à ses successeurs la gloire de l'absorber à leur tour dans une idée plus complète. Voyons si la seconde philosophie allemande, celle qui a succédé à Leibnitz et à Wolf, a vraiment agrandi leur héritage. Plus qu'aucun autre, Hegel s'est flatté d'avoir absorbé et dépassé tous ses devanciers ; c'est cette prétention que nous allons maintenant discuter.

IV

Si l'originalité est une des ambitions les plus hautement déclarées de Hegel, elle est aussi un des plus puissants prestiges de sa doctrine. Et cependant, la philosophie de Hegel fût-elle neuve, cela ne voudrait pas dire qu'elle fût vraie, le faux et l'absurde même pouvant avoir leur originalité ; mais enfin ce serait quelque chose d'avoir ajouté une grande et nouvelle erreur à l'histoire des erreurs de l'esprit humain.

J'interroge les interprètes de Hegel, et ceux qui l'ont exposé avec impartialité sur pièces authentiques, comme M. Wilm [1], et ceux qui l'ont supérieurement discuté,

[1] Dans son *Histoire de la philosophie allemande*, 4 vol. in-8°.

comme M. Vacherot [1], ou ceux enfin qui l'ont, comme M. Véra [2], fort bien traduit et commenté. Trois idées se détachent sur le fond du système : l'idée de l'identité de la pensée et de l'être, l'idée du *processus* nécessaire et éternel de l'absolu, enfin l'idée de l'identité des contradictoires. Éclaircissons un peu ces formules, qui n'en ont pas médiocrement besoin.

La nouvelle philosophie allemande a commencé par un doute : la pensée humaine saisit-elle véritablement les êtres? ou, en d'autres termes, les idées sont-elles l'expression des choses? C'est ainsi que s'offrit à l'esprit de Kant le problème éternel. Il parut le résoudre par une sorte d'idéalisme sceptique. Suivant lui, en effet, l'univers n'est autre chose que l'ensemble de nos sensations. Qu'est-ce que la matière en soi? Un agrégat de molécules ou un système de forces? Est-elle finie ou infinie dans l'espace? est-elle éternelle? a-t-elle commencé? y a-t-il même de la matière? Nous l'ignorons. Et nous qui raisonnons sur la matière, que sommes-nous? Nous sentons nos modifications intérieures, nous saisissons la surface de notre être, mais le fond, est-il un ou multiple, étendue ou pensée, esprit ou matière? Autant de questions, autant d'énigmes. A plus forte raison l'existence de Dieu, sa nature, son mode d'action,

---

[1] Voyez son livre la *Métaphysique et la Science*, tome II, page 233 et suiv.

[2] *Logique de Hegel*, traduite pour la première fois et accompagnée d'une introduction et d'un commentaire perpétuel, par M. Véra, 2 vol. in-8. — Du même auteur, *Introduction à la philosophie de Hegel*.

sont-ils pour nous des mystères impénétrables. Que savons-nous donc en définitive? qu'il y a en nous des idées, et que ces idées se développent suivant certaines lois. La pensée et ses lois, le sujet et ses formes, voilà le terme de la science.

Cette doctrine paraît faire la part bien petite à l'esprit humain. Elle est timide et modeste au premier abord; mais cette modestie est un leurre. Le scepticisme n'est ici que l'orgueil spéculatif qui se déguise pour faire accepter un dogmatisme énorme. Il y a au fond du doute apparent de Kant une idée d'une hardiesse extraordinaire : c'est la réduction des deux éléments dont se compose la science à un seul, c'est la confiscation générale des êtres au profit de la pensée.

Ce ne fut pas Kant lui-même qui dégagea nettement cette idée, mais son disciple Fichte, un de ces héroïques logiciens qui n'ont peur de rien, pas même de l'extravagance. Kant croyait avoir assez fait de transformer tous les problèmes philosophiques par un changement radical de point de vue : il avait essayé en métaphysique la révolution de Copernic en astronomie; il avait placé au centre, comme le soleil du système, la pensée humaine, jusque-là reléguée à la circonférence. La hardiesse de Fichte fut plus grande : il déclara que la pensée était à la fois le centre et la circonférence, qu'elle faisait tout, qu'elle était tout. C'est ce qu'on appelle en Allemagne l'idéalisme subjectif absolu.

Voilà la pensée allemande achoppée à une absurdité, car quoi de plus absurde et de plus impossible que de nier l'être? Il fallait reculer, changer de direction, ou périr. Ce mouvement nécessaire fut l'ouvrage de Schelling. Il replaça en face l'un de l'autre les deux termes du grand problème, la pensée et l'être, le sujet et l'objet. Mais comment aller d'un de ces termes à l'autre? comment expliquer leur coexistence et leur rapport? comment sortir du dualisme? Schelling fut frappé d'une idée, c'est que l'opposition apparente de l'être et de la pensée, de la matière et de l'esprit, pourrait bien couvrir une intime analogie, car enfin la matière la plus grossière renferme encore des forces et des lois. Or la force est quelque chose de spirituel, et la loi, c'est de l'intelligence, c'est de la pensée à l'état objectif. D'un autre côté, la pensée n'existe pas d'une manière abstraite ; elle a un point d'appui dans le lieu, dans le temps, dans un sujet matériel. Or, s'il y a de la pensée dans la matière et de la matière sous la pensée, si le sujet et l'objet, loin de s'exclure, se supposent et se pénètrent réciproquement, ne peut-on pas concevoir à l'origine des choses un principe unique où la matière et l'esprit ont leur racine commune, où le sujet et l'objet trouvent leur point d'indifférence et d'identité? Ce principe, se déployant en vertu de son essence, n'est d'abord que matière diffuse. Par degrés, il prend une forme plus précise, il devient espace, chaleur, lumière, mouvement, spontanéité, vie. Arrivé là, il commence à sentir et à gouverner plus librement son activité ; il monte les degrés de l'échelle animale. Il dormait dans le minéral et dans la plante, il rêvait dans l'animal, il se réveille dans l'homme. Ici la pensée prend conscience d'elle-même ; elle aspire de plus en plus à se saisir, à se maîtriser, à se comprendre. Le progrès de ce mouvement, c'est l'histoire de l'homme, ce héros de l'épopée éternelle que compose l'intelligence céleste, et dont le terme, c'est d'arriver à la plénitude de la pensée et de la liberté.

Telle est dans ses traits essentiels la conception de Schelling, et il suffit de cette esquisse pour montrer que des trois idées dont Hegel revendique la découverte, l'idée de l'identité de la pensée et de l'être, et l'idée du *processus* éternel et nécessaire de l'absolu, il en est deux au moins qui appartiennent à Schelling (lui appartiennent-elles tout à fait? c'est ce que nous verrons tout à l'heure). Reste la troisième idée, l'idée de l'identité des contradictoires.

Cette fois il semble que les droits de Hegel à l'originalité soient incontestables. Soutenir que l'être et le néant sont identiques, que le principe fondamental de la logique en vertu duquel les contradictoires s'excluent a fait son temps, et qu'il doit céder sa place à une logique transcendante qui réduit tout à l'identité, voilà qui est à coup sûr assez nouveau; mais tout esprit exercé devinera qu'il y a ici quelque secret, car si Hegel s'était borné à dire qu'en toutes choses le oui est identique au non, on ne pourrait le défendre contre ceux qui l'ont flétri du nom de sophiste, et dans ce cas même il n'aurait pas le triste mérite d'être original, puisqu'il ne ferait que recommencer Gorgias. Toutefois ce genre de réfutation est trop aisé pour être sérieux, et au lieu de lancer l'anathème contre Hegel, il vaut mieux essayer de le comprendre.

Hegel a été frappé, comme tout esprit philosophe, des contradictions de la pensée humaine. Ce n'est pas lui, ni son maître Kant qui ont inventé les *antinomies;* mais ils les ont fait ressortir avec une admirable profondeur. Qui ne sait combien l'idée d'un monde éternel confond l'imagination? et d'un autre côté, quoi de plus difficile à faire accepter à la raison pure que l'idée d'un commencement absolu des choses? Pareillement, si vous donnez des limites à l'univers, Descartes vous dira que vous enfermez l'œuvre de Dieu dans une boule; mais si vous vous hasardez, sur la foi de Pascal, à concevoir l'univers comme une sphère infinie dont le centre est partout et la circonférence nulle part, on vous accusera de témérité et de contradiction. Que dirai-je de l'antinomie de l'esprit et de la matière? Dieu est-il esprit? comment alors a-t-il fait la matière? Est-il matière? comment a-t-il fait l'esprit? Et l'antinomie de la Providence et du libre arbitre? Si Dieu agit sur le monde, comment ne fait-il pas tout? et si l'homme fait quelque chose, la Providence n'est donc pas toute-puissante? Certes, elle serait longue la liste des antinomies, et je ne veux pas l'épuiser; mais j'en citerai une qui peut-être les renferme toutes : c'est l'opposition du fini et de l'infini. S'il y a un Dieu, ce Dieu est l'être infini, illimité, parfait; il est toute pensée et toute activité. Comment alors y a-t-il de la place pour autre chose? L'infini, par sa perfection même, ne peut sortir de soi. Or, s'il ne peut sortir de soi, la création est impossible et le fini n'est qu'une illusion. D'un autre côté, si vous posez le monde comme fini, il est clair qu'il ne se suffit pas à lui-même. Le fini suppose donc l'infini ; mais en même temps il l'exclut, car étant hors de lui, il le limite, et en le limitant il le détruit.

Qui ne connaît pas ces oppositions est peu philosophe ; qui s'imagine en avoir la clef n'est pas modeste ; qui se persuade qu'à défaut de la philosophie, les dogmes de tel ou tel culte les font disparaître est sujet à illusion. Au surplus, je ne reproche pas à Hegel d'avoir essayé de résoudre les antinomies de la raison, c'était son droit de grand métaphysicien, je dis seulement qu'il ne les a pas résolues, et que dans son erreur même il a été beaucoup moins original qu'il ne l'a cru.

Rendons-lui cette justice qu'il n'a pas cherché à atténuer, à adoucir ou à tourner la difficulté. Loin de là, je dirais plutôt qu'il l'a grossie ; c'est en l'abordant de front et en la poussant à bout qu'il a cru en triompher. La contradiction, s'est-il dit, est partout ; elle est dans la pensée comme dans les êtres. Mais quoi ! c'est peut-être là un trait de lumière. Qui sait si la contradiction n'est pas dans la nature même des choses ? Or, supposé qu'il en fût ainsi, on comprendrait fort bien que la contradiction se rencontrât nécessairement dans la pensée humaine, et alors, au lieu de s'effrayer de telle ou telle contradiction particulière, il faudrait chercher partout les contradictions, les recueillir, les rapprocher, les coordonner pour les ramener à une loi générale, et de la sorte pourquoi n'arriverait-on pas à trouver la loi suprême des choses et la méthode qui doit présider à l'organisation de la science absolue et définitive ?

Les philosophes, depuis Platon, se sont consumés en

vains efforts pour passer du réel à l'idéal, du fini à l'infini. Ce passage ne pouvait être trouvé sous le règne de l'ancienne logique, car entre l'idéal et le réel il y a contradiction. De même tous les grands physiciens ont cherché le passage de la pensée à l'être, du sujet à l'objet, et ils n'ont pu le trouver. C'est encore parce qu'ils se sont laissé effrayer par la contradiction des deux termes. Au lieu de s'arrêter court ou de chercher quelque chemin détourné pour éviter l'obstacle, il fallait résolûment passer par-dessus. Oui, la matière et l'esprit, le sujet et l'objet, le fini et l'infini, sont contradictoires, cela est vrai; mais en même temps ils sont identiques. Tout être est à la fois matériel et spirituel, fini et infini, immuable et en mouvement, mortel et divin. La vie n'est que la lutte et l'harmonie des contradictions. La matière se transforme progressivement en esprit; l'infini par sa nature sort de lui-même : il se brise, il se contredit, il devient fini. L'éternité devient temps, l'immensité devient étendue, l'être abstrait se fait concret, le positif absolu se nie en se déterminant, et cette contradiction primitive, loin d'empêcher la création, en est le moteur véritable. C'est pour sortir de la contradiction qui est dans son fond que l'être entre en mouvement pour concilier les éléments rebelles de son essence. Contradiction et identité, thèse, antithèse et synthèse, voilà la loi de la création, voilà le rhythme éternel et universel de l'idée.

Telle est la grande découverte de Hegel, celle qui ravit ses disciples d'étonnement et d'enthousiasme. Lui-même, ce hardi et puissant esprit, s'en est tellement enivré qu'il a entrepris l'immense labeur d'appliquer son idée au système entier des existences. Et il ne s'est pas découragé un instant, durant vingt années, jusqu'au jour où il est mort à la tâche. Il part d'une première contradiction, celle du néant et de l'être, réconcilie ces deux idées dans celle du devenir, et puis, allant de l'abstrait au concret, passant de la logique pure à la physique, à l'astronomie, à la physiologie, puis du monde corporel à l'homme, parcourant la religion, l'art, la politique, la philosophie, Hegel explique toute l'histoire de la nature et toute celle de l'humanité par un système de contradictions qui se rattachent toutes à celle de l'être et du néant, première contradiction, mère de toutes les autres. Et c'est ainsi qu'il croit avoir pacifié l'esprit humain, réconcilié tous les systèmes, expliqué toutes les religions, fondé enfin la science absolue et dit le dernier mot de la philosophie.

Aucun esprit un peu exercé et un peu calme ne contestera la grandeur de l'effort et ce qu'il a fallu, pour suivre jusqu'au bout un pareil dessein, de force dans l'esprit, d'étendue dans les connaissances, de courage dans le caractère et de foi généreuse au fond du cœur ; mais la question est de savoir ce que vaut l'idée première. Je m'adresse aux hégéliens et je leur dis : Prenez-vous le principe de l'identité des contradictoires dans son sens rigoureux? On vous dira tout net qu'il est absurde. Le mot est dur ; mais je m'en rapporte ici à mes adversaires, par exemple à M. Véra, un des dévots de Hegel. Je lis dans sa savante introduction que si par principe de contradiction on entend que la même chose ne peut pas être et n'être pas dans le même temps et sous le même point de vue, alors ce principe est incontestable[1]. Voilà un aveu dont je prends acte ; il honore le bon sens de M. Véra. Mais, quoi ! lui dirai-je, y a-t-il donc deux manières d'entendre le principe de contradiction ? Quand Platon, qui l'a formulé le premier, l'opposait avec tant de force et une ironie si perçante aux Thrasymaque et aux Polus, l'entendait-il autrement ? et Aristote, qui en a fait l'axiome fondamental de sa logique, ne le prenait-il pas dans la même sens ? Que venez-vous donc nous parler de deux logiques, la logique de l'entendement, fondée sur le principe de contradiction et bonne apparemment pour les esprits vulgaires, et la logique de la raison, logique nouvelle, logique transcendante, à l'usage des penseurs de l'école allemande ? Malheur aux inventeurs de logiques nouvelles ! Il n'y a pas deux logiques, car il n'y a qu'un esprit humain.

Mais si vous reculez sagement devant la négation du principe de contradiction, que devient votre principe fastueux de l'identité des contradictoires ? Il se réduit à dire que les contradictions sur lesquelles le scepticisme s'est appuyé de tout temps ne sont qu'apparentes, que ce sont de simples oppositions qui peuvent être conciliées. Si vous ne dites que cela, je dis comme vous ; seulement je vous attends à l'œuvre. Et quand vous m'annoncez que vous avez trouvé une méthode infaillible pour résoudre toutes les oppositions, je vous écoute non sans quelque défiance, mais du reste avec infini-

---

[1] *Logique de Hegel*, tome I, page 41 et suiv.

ment de curiosité. Quel est donc ce moyen infaillible et universel de conciliation? Si je vous entends bien, il consiste à substituer à l'idée d'un Dieu créateur, tirant l'univers du néant, l'idée d'un devenir éternel et nécessaire, où l'être et le néant contractent un mariage éternellement fécond, en d'autres termes, à remplacer l'idée d'un Dieu distinct de l'homme et objet de son adoration par l'idée d'un Dieu qui n'est d'abord que l'être indéterminé, mais qui, se déterminant par une loi nécessaire de son essence, devient successivement toutes choses, et parvient enfin dans l'homme à la pleine conscience de lui-même. Ceci est très-clair, j'en conviens; par malheur, ceci n'est pas original. Vous avez pris cette idée dans Schelling et dans Fichte.

— Oui, répondrez-vous, j'ai en commun avec Schelling l'idée du développement progressif de l'absolu; mais ç'a été chez lui une simple intuition : il n'a pas su tirer parti de son idée, l'organiser en système, trouver une méthode pour déduire le néant de l'être et le fini de l'infini. Moi, Hegel, j'ai trouvé cette méthode. — Soit; mais encore une fois quelle est cette méthode? est-elle fondée sur l'identité des contradictoires, oui ou non? Si vous abandonnez cette identité prise au sens strict et absolu, votre système n'est que celui de Schelling mis sous des formes régulières, et alors vous devez renoncer à vos prétentions à l'originalité, ou bien, si vous voulez à toute force être original et avoir découvert une logique nouvelle, alors il faut reprendre le principe de l'identité absolue des contradictoires, vous inscrire en faux contre le sens commun, et soutenir que, rigoureusement parlant, l'être et le néant, le fini et l'infini, le oui et le non, sont identiques.

C'est ici que vous attendent d'habiles dialecticiens; ils vous arrêtent dès votre première déduction. Elle consiste à montrer premièrement que l'être et le néant sont identiques, — secondement qu'ils sont contradictoires, — troisièmement qu'ils s'identifient dans le devenir. Mais d'abord vous ne prouvez pas l'identité de l'être et du néant. Assurément l'être pur, l'être absolument indéterminé, est fort éloigné de la réalité; néanmoins il en retient quelque chose, car c'est un terme positif : donc il n'est pas identique au néant, qui est tout négatif. Si l'être et le néant n'avaient pas de différence, vous ne pourriez pas les distinguer, les nommer, car deux identiques ne font qu'un. Vous vous acharnez en vain contre la loi primitive de la pensée; vous oubliez cette maxime : « Il ne faut pas se roidir contre les choses, car elles ne s'en inquiètent pas. »

Admettons maintenant qu'il y ait d'abord identité, puis contradiction entre ces deux concepts; on ne vous accordera pas pour cela qu'ils doivent se concilier dans le devenir. Le concept du devenir est un concept tiré de l'expérience. Il suppose le changement, le temps, la succession, le nombre, ou tout au moins la possibilité de tout cela. Or le conflit de ces deux pures abstractions, l'être et le néant, est un conflit stérile, incapable de rien engendrer de concret, de réel et de vivant.

Ce ne sont là que quelques-unes des difficultés que soulève la déduction de Hegel. M. Trendelenburg en

Allemagne et tout récemment en France M. Paul Janet, dans un livre d'une vigoureuse et fine dialectique, les ont mises dans le plus grand jour. M. Janet fait voir avec une sagacité supérieure que si la logique de Hegel se réduit à montrer en toute chose des oppositions et à essayer de les concilier, elle n'est qu'une imitation de la dialectique platonicienne. Ce n'est pas Hegel qui le premier a été frappé de l'opposition de l'être et du néant, de l'unité et de la pluralité. Platon, dans deux de ses plus profonds dialogues, a développé cette opposition. Le *Parménide* est destiné à prouver que l'unité et la pluralité sont inséparables, quoique opposées. Le but du *Sophiste*, c'est d'établir que l'être et le non-être ne sont pas absolument inconciliables [1]. Qu'a fait Hegel? il a exagéré la pensée de Platon. Au lieu de résoudre les oppositions, il a transformé de simples oppositions en contradictions absolues, et par là il s'est retranché tout moyen de les concilier.

Point de milieu : il vous faut maintenir le principe de l'identité des contradictoires, et alors on vous défie de faire un pas, ou reconnaître que ce qu'on appelle contradiction n'est qu'une simple opposition, et alors adieu la logique nouvelle, adieu le rhythme de l'idée, adieu la méthode absolue, adieu l'originalité de Hegel! Le système de Hegel n'est plus qu'une forme nouvelle donnée à l'idée de Schelling. Or les historiens de la philosophie vont arriver à leur tour, et ils ne manqueront pas de vous montrer que l'idée même de Schelling n'est

---

[1] Voyez le remarquable ouvrage intitulé *la Dialectique dans Platon et dans Hegel*, par Paul Janet, 1 vol. in-8°.

pas une idée vraiment originale. Ce qui trompe ici, ce sont les mots, les formules, qui ne devraient être que les servantes dociles des idées et qui en sont les ennemies mortelles. L'identité absolue, le sujet-objet, l'indifférence du différent, tous ces grands mots dont Pascal dirait : *Je hais les mots d'enflure*, tout cela fait illusion. Eh bien! tout cela, c'est le vieux panthéisme. M. Schelling est plus original que Hegel; mais il n'est pas vraiment original. Il n'est qu'un kantien devenu spinoziste. Ajoutez que ce kantien est un homme de la plus belle imagination, versé dans toutes les connaissances humaines, semant les aperçus à pleines mains et parlant un langage plein de poésie et d'éclat. Mais ils ont beau dire, lui et Hegel, que leur système n'est pas celui de Spinoza, qu'il a manqué à Spinoza l'idée de l'absolu en travail pour arriver à la conscience de lui-même, le fond reste identique, et je nie que même avec cette addition le panthéisme ait beaucoup gagné à passer de Spinoza à Schelling et de Schelling à Hegel. Ceci m'amène à dire au moins un mot sur le fond des choses.

V

Évidemment ce n'est pas en quelques lignes qu'on peut juger un système qui a occupé la vie d'un esprit très-étendu et très-vigoureux. Je veux expliquer seulement sous quel jour nouveau se montre la philosophie allemande, aujourd'hui qu'elle est sortie de ses voiles et et que la lumière s'est faite.

Le système de Hegel se présente au premier abord comme aussi éloigné que possible du sensualisme; car l'Allemagne le prend de très-haut avec les sens et les faits de l'expérience. C'est par la seule spéculation *a priori* qu'elle prétend construire le système des choses. La foi dans les idées y est poussée jusqu'au paradoxe. Ainsi Hegel vous dira non-seulement qu'il y a dans tout être réel une idée, mais que l'idée, quoique invisible, est plus réelle que l'être même que vous voyez et touchez. Un individu, pour Hegel, n'est pas quelque chose de vraiment réel; séparé de son idée, conçu comme pur individu, il n'est plus qu'une abstraction.

Est-ce là un jeu d'esprit? Je ne pense pas. Si donc il en est ainsi, qu'y aura-t-il de plus réel et de plus sacré pour Hegel que l'idée de Dieu? Aussi Hegel paraît-il profondément convaincu de l'existence de la Divinité. Ce principe qu'il appelle l'Idée et qui apparaît sans cesse à toutes les mailles du réseau inextricable de sa déduction, ce personnage mystérieux qui est pour ainsi dire l'acteur unique et tout-puissant du drame, Hegel se plaît à le nommer l'Esprit universel. Il reproche à Spinoza d'avoir fait de son Dieu une sorte de matière, au lieu de le concevoir comme sujet, comme esprit vivant; — il accuse le géomètre de l'*Ethica* de s'être inscrit en faux contre les causes finales, ce qui lui a fait perdre, suivant Hegel, le sens de la nature et celui de l'histoire, d'avoir nié la liberté en réduisant tout au mécanisme, enfin de n'avoir compris que d'une façon très-incomplète la portée profonde des dogmes chrétiens. Hegel est-il sincère en parlant ainsi? Je le crois fermement.

Et cependant essayons d'aller au fond de sa pensée, à ce fond reculé, qui souvent reste obscur aux yeux mêmes du penseur de génie, et ne se révèle qu'avec le temps à ses disciples ou mieux encore à ses adversaires. Hegel place à l'origine des choses une première idée, l'idée de l'être pur. Otez ce principe, le système entier s'évanouit. Rétablissez-le, tout en sort nécessairement. Voilà donc le point de départ; allons au point d'arrivée. L'esprit universel, d'abord être pur, sort de cet état d'indifférence; il entre dans le devenir, il parcourt toutes les formes et tous les degrés de la vie. Où vient-il aboutir? à l'homme. Cela doit être, dit Hegel. En effet, quel est le but du mouvement de l'esprit universel? c'est d'entrer en pleine possession de lui-même par la conscience et la liberté. Or cette fin magnifique s'accomplit dans l'homme et ne peut s'accomplir qu'en lui; elle est l'ouvrage de la civilisation et surtout de la philosophie. C'est par elle que la civilisation se complète, et que l'homme, après avoir traversé les formes imparfaites de la société civile et les symboles successivement épurés des arts et des différents cultes, arrive enfin à comprendre le fond de la politique, de l'art et de religion, qui est la liberté universelle et l'universelle identité.

Je demande où est Dieu dans ce système. Est-il au point de départ, au point d'arrivée ou sur le chemin? Dans les autres grands systèmes de panthéisme, Dieu est ou paraît être au point de départ. Ainsi il est très-certain que le Dieu de Plotin c'est l'Unité, et que le Dieu de Spinoza c'est la Substance. Hegel est, je crois, le premier panthéiste qui ait déclaré que l'être pur, point de départ de sa philosophie, est une pure abstraction. Je lui reconnais volontiers cette originalité-là. Il confesse expressément que l'idée de l'être pur est une idée très-pauvre et très-vide, qu'il n'y en a pas de plus pauvre et de plus vide [1]. — Cela se conçoit : il voulait identifier cette idée avec celle du néant; il fallait bien la rabaisser. Mais cela mène loin. Si l'idée de l'être pur est la plus creuse de toutes les idées, elle ne saurait aspirer au titre de Dieu. Quel est donc le Dieu de Hegel? N'étant pas au point de départ, chose fort étrange, est-il au point d'arrivée? Ce point d'arrivée c'est l'homme.

Il n'y aurait qu'un moyen pour Hegel d'échapper à cette conséquence, ce serait de dire que Dieu est partout et nulle part, qu'il n'est ni au point de départ ni au point d'arrivée, qu'il est la loi nécessaire qui fait passer l'être de l'un à l'autre; mais alors Dieu ne serait qu'une abstraction. Où trouver le point d'appui de son être et comment lui donner un sujet d'inhérence? Si donc l'on ne veut pas que ce Dieu s'évanouisse en fumée,

[1] « L'être et le non-être, dit Hegel, sont les déterminations les plus pauvres, par cela même qu'elles forment le commencement. » — « Le point essentiel dont il faut bien se pénétrer, c'est que ce qui fait le commencement, ce sont ces abstractions vides (*Durftige, leere Abstraktionen*), et que chacune d'elles est aussi vide que l'autre. » (*Logique,* part. I, § 87 et 88, pages 14 et suivantes du tome II de la traduction de M. Véra.)

si on tient à le réaliser, il faut nécessairement l'incarner dans l'homme.

Quoi de plus arbitraire maintenant et quoi de plus absurde que cette incarnation? De quel droit prétend-on arrêter à l'homme le mouvement de la dialectique? Quoi! l'esprit universel est en quête de la perfection, et, devenu homme, il s'arrête là! Pourquoi ne se fait-il pas ange? pourquoi ne quitte-t-il pas la terre pour le ciel? Hegel n'entend point ainsi les choses. Suivant lui, l'homme est le dernier mot de la nature, et la terre est le séjour nécessaire de l'Esprit universel. A ce compte il est assez étrange que l'homme habite une planète aussi modeste que la terre; il faut revenir à l'astronomie de Ptolémée, et le système de Newton est injurieux à l'esprit humain. Je conviens que M. Hegel n'a pas poussé la logique jusque-là; mais il est très-clair qu'avec ses airs d'idéalisme et ses professions de foi spiritualistes et chrétiennes, sa philosophie aboutit à ce résultat, que tout part du néant pour s'arrêter à l'homme, et qu'au-dessus de l'homme et au delà de la vie terrestre il n'y a rien. C'est ce qu'on appelle en bon français de l'athéisme et du matérialisme absolus.

Ici les hégéliens se récrient, et peu s'en faut qu'ils ne se déclarent calomniés. On leur fait, disent-ils, une guerre peu loyale en les combattant avec les préjugés du sens commun. Ne sait-on pas, entre philosophes, que le Dieu du vulgaire n'est autre chose qu'une idole? Il suffit donc, pour ne pas être matérialiste et athée, d'admettre le Divin, l'Idéal, alors même qu'après avoir posé d'une main cet idéal, on le retirerait de l'autre en le réduisant avec toute sorte de précautions et d'égards à une catégorie de l'esprit humain, ou en déclarant avec franchise et naïveté qu'il ne manque à sa perfection qu'une seule chose, qui est d'exister.

Les hégéliens ont senti ce côté faible de leur système, et pour le couvrir ils ont imaginé de faire au bon sens un grand sacrifice, comme sur un vaisseau en péril on jette à l'eau ce qui est trop lourd ; ils ont fait le sacrifice de Spinoza. J'en connais qui vont jusqu'à dire que le spinozisme est un crime. Eh ! grand Dieu ! qu'a donc fait cet honnête Spinoza de si criminel ? Après avoir été persécuté par les dévots, il ne lui manquait plus que les injures des panthéistes ! Son crime, disent-ils, c'est d'avoir nié l'idéal, méconnu la finalité de la nature, la liberté de l'homme, et tout réduit au fatalisme. Vous parlez d'or, dirai-je aux hégéliens ; mais est-ce à vous de parler ainsi ? Quoi ! vous avez emprunté à Spinoza son idée de l'immanence [1], aussi bien que son idée de l'identité du sujet et de l'objet [2], et puis vous venez lui faire un procès criminel ! ceci est de l'ingratitude et, qui plus est, de la maladresse, car la différence qui vous sépare de Spinoza est bien petite, en vérité. Il n'a pas compris, dites-vous, que le développement de l'absolu devait avoir un terme, une fin idéale, et que cette fin, c'était l'affranchissement complet de l'esprit ; mais vous, qui l'accusez de fatalisme, de quel droit parlez-vous des

---

[1] « Deus est rerum omnium causa immanens, non vero transiens. » (*Éthica*, part. I, prop. 18.)

[2] « Ordo et connexio idearum idem est ac ordo et connexio rerum. » (*Ibid.*, part. II, prop. 7.)

fins de la nature? Vous êtes dupes d'une illusion ou vous voulez faire des dupes. Je comprends que la création ait une fin, s'il y a un créateur intelligent et libre qui se soit proposé cette fin, et qui y conduise toutes choses ; mais si ce que vous appelez Dieu n'est qu'un principe inconscient qui se développe sans le savoir et sans le vouloir, quand vous venez m'apprendre que le monde est sorti du néant sans autre cause que le besoin de résoudre l'antinomie du néant avec l'être, et sans autre fin que de donner à un philosophe allemand l'occasion de s'immortaliser en découvrant qu'il n'y a de ciel que sur la terre et de Dieu que dans l'homme, je dis alors qu'avec tous vos raffinements dialectiques et vos grands mots de *divin* et d'*idéal*, vous tombez au-dessous du vulgaire, qui adore du moins de nobles symboles, tandis que vous, vous déguisez votre incrédulité sous des formules trompeuses, à moins que vous ne vous incliniez dévotement devant des mots.

Telle est, s'il faut le déclarer nettement, notre opinion sur le fond de l'hégélianisme : c'est assez dire quel genre d'influence nous le croyons propre à exercer sur la pensée française. Selon nous, il ne peut aujourd'hui produire que deux effets également funestes, je veux dire d'abord : favoriser le scepticisme, et puis précipiter le mouvement qui pousse les esprits au dédain de la métaphysique et au culte exclusif des sciences positives. Ce sont deux des plus graves maladies morales de notre temps.

Il y a parmi nous une école critique qui a écrit sur son drapeau la formule hégélienne : L'être n'est qu'un éternel devenir. Je dis à ces savants hommes, à ces esprits ingénieux : Vous avez une mortelle peur des opinions vulgaires, vous voulez être originaux ; mais vous ne faites après tout qu'exagérer les principes d'une école voisine que vous maltraitez volontiers, l'école historique. Vous voulez donner à la science pour base l'érudition, soit ; mais l'érudition ne se suffit pas à elle-même. Vous savez ce que les diverses races d'hommes ont pensé du beau, du juste, du divin ; mais vous ne savez pas ce qu'il faut en penser, et vous ne voulez pas qu'on s'en inquiète. Vous oubliez que la critique n'est possible et féconde que pour qui a un criterium. Or où est votre criterium en philosophie, en politique, en esthétique? Hegel du moins ne s'est pas arrêté au devenir, il en a cherché la loi ; mais vous, de Hegel vous reculez à Héraclite. Souvenez-vous qu'après Héraclite sont venus Protagoras et Pyrrhon. Vous êtes des critiques sans criterium, c'est-à-dire des sceptiques, et le scepticisme, dans la pratique, c'est l'indifférence.

Et puis prenez-y garde : l'habitude hégélienne de voir partout des contradictions, de les créer sans raison, de les résoudre sans rigueur, est une habitude sophistique. On en voit des traces chez Hegel, à plus forte raison chez ses disciples [1]. L'habitude aussi de s'imaginer qu'il y a deux logiques, celle du vulgaire, à qui le principe de contradiction suffit, et puis une logique transcendante, qui nous élève au-dessus du sens commun et où les contradictions ne sont plus qu'un jeu, cette habitude donne

[1] Voyez les écrits de M. Proudhon, particulièrement le *Système des contradictions économiques*.

à l'esprit une superbe et une outrecuidance fâcheuses. On en viendrait, comme les Thrasymaque et les Prodicus, à croire que le critique, faisant à son gré le beau et le laid, le vrai et le faux, tirant l'être du néant et le néant de l'être, est une espèce de Créateur, de Tout-puissant. Il y a là une ivresse des plus dangereuses : dans les esprits supérieurs, cela tourne à l'exaltation; dans les esprits simplement distingués, c'est un ridicule.

Si l'abus de la critique mène à l'indifférence et à l'orgueil, le culte exclusif des sciences positives produirait pis encore, car j'aime mieux l'exaltation orgueilleuse de l'esprit que son abaissement. L'hégélianisme, qui enivre certaines intelligences, a le triste privilége de produire également l'effet contraire. Cela se conçoit : s'il n'y a pour l'homme d'autre horizon que celui de ce monde, si au delà de l'univers matériel rien n'existe que l'insaisissable absolu, qui en lui-même n'est qu'une abstraction creuse et ne se réalise qu'en prenant un corps dans l'espace et dans le temps, il est clair que la métaphysique n'a plus d'objet. Il faut laisser l'âme et Dieu aux enfants et aux femmes, et la véritable théodicée consiste à étudier, non pas les attributs inutiles d'un être fantastique, mais les dimensions réelles de l'étendue et les utiles propriétés de l'électricité et de la chaleur. Toute science humaine est dans l'étude des faits, toute action humaine dans l'application de ces faits à nos besoins physiques, et tout idéal de société dans l'art d'assurer aux hommes à tout prix le plus grand bien-être matériel et la plus parfaite sécurité.

Est-ce là que les sciences doivent conduire la civilisation moderne? Il faudrait alors maudire le jour où elles sont sorties du génie de Descartes, de Leibnitz et de Newton ; mais ces noms seuls nous avertissent que le divorce entre les sciences positives et les nobles spéculations est un divorce artificiel. Il a sa cause dans l'immense étendue que les sciences ont prise depuis soixante ans, et, il faut bien le dire, dans la rareté d'esprits tout à fait supérieurs. Vienne un Leibnitz, il dira aux philosophes : Cultivez les sciences ; pour moi, j'ai commencé par la physique et les mathématiques, et ce sont elles qui m'ont aidé à saisir le côté faible de Spinoza et à trouver une métaphysique meilleure qui, à son tour, m'a fait voir plus clair dans les sciences particulières. — Puis il dira aux savants : Gardez-vous de dédaigner la métaphysique. *Pour moi, si j'ai tant travaillé, ç'a été, je l'avoue, pour l'amour d'elle.* On n'est grand dans une science particulière qu'en s'élevant au-dessus. Rien de plus trompeur que la passion aveugle des applications immédiates ; les plus utiles découvertes ont été faites par des théoriciens qui avaient l'air de ne s'occuper que de l'inutile. Courir aux résultats en dédaignant la théorie, c'est vouloir les effets en supprimant les causes, c'est couper l'arbre pour manger le fruit. Que deviendront les sciences, réduites à des spécialités? elles se diviseront de plus en plus et s'en iront en poussière. Pour qu'elles fleurissent, il faut qu'elles vivent d'une vie commune, qu'elles se touchent et se rejoignent par leurs principes généraux. Plus de divorce alors entre la métaphysique et les sciences positives. L'esprit humain retrouve son unité, et l'univers son divin principe. Le mathématicien philosophe s'élève jusqu'à celui que Képler appelait après Platon l'éternel géomètre; l'astronome ne nie plus le moteur universel; les sciences physiques reconnaissent des sœurs dans les sciences morales; le politique et le jurisconsulte rattachent leurs recherches aux décrets de la justice et de la sagesse éternelles; le linguiste est averti, par les lois immuables des idiomes les plus divers, qu'il y a un premier principe de la parole qui est aussi le premier principe de la pensée, et l'historien, dans la suite des révolutions et des empires, reconnaît la même sagesse toute-puissante qui brille dans l'architecture des cieux, et d'où émanent tout ordre, toute existence, toute vie, toute harmonie, toute beauté.

FIN.

TABLE DES MATIÈRES

Avant-propos	1
I. — Roger Bacon d'après de nouveaux documents	1
II. — La Réforme de Ramus	59
III. — Descartes, sa vie et son œuvre	81
IV. — Les origines du panthéisme de Spinoza	185
1. — La personne et les idées de Spinoza	189
2. — Spinoza et la Kabbale	263
3. — Spinoza et Maïmonide	269
4. — Spinoza et Descartes	330
V. — Malebranche, sa personne et son caractère, d'après deux biographies et une correspondance inédites	353
VI. — Leibnitz et la dernière philosophie allemande	401

Paris. — Typ. de P.-A. Bourdier et Cie, rue Mazarine, 30.

www.ingramcontent.com/pod-product-compliance
Lightning Source LLC
Chambersburg PA
CBHW050249230426
43664CB00012B/1887